责任编辑　王彩琴　曲双琪
版式设计　李　灵
责任校对　王巧艳

当代社会问题研究

吕庆广　王平一　等著

中共中央党校出版社

图书在版编目（CIP）数据

当代社会问题研究/吕庆广，王平一等著．—北京：中共中央党校出版社，2007.6
ISBN 978-7-5035-3659-5

Ⅰ.当… Ⅱ.①吕…②王… Ⅲ.社会问题-研究-世界 Ⅳ.D58

中国版本图书馆 CIP 数据核字（2007）第 038235 号

中共中央党校出版社出版发行
社址：北京市海淀区大有庄 100 号
电话：(010) 62805800（办公室） (010) 62805818（发行部）
邮编：100091 网址：www.dxcbs.net
新华书店经销
北京纪元彩艺印刷有限公司印刷 河北三河市佳拓装订厂装订
2007 年 6 月第 1 版 2007 年 6 月第 1 次印刷
开本：880 毫米×1230 毫米 A5 印张：12.625
字数：340 千字 印数：1—2000 册
定价：25.00 元

目 录

1	导 论	全球化与社会问题
1	第一节	全球化与全球社会的出现
5	第二节	社会问题研究的理论路径
12	第三节	本书的写作思路与结构

上篇 全球社会问题

19	第1章	环境与生态问题
19	第一节	全球环境与生态状况
27	第二节	全球环境与生态问题原因分析
30	第三节	中国环境与生态问题
34	第四节	环境治理与生态修复的几点建策性思考
41	第2章	全球移民问题
41	第一节	移民的分类与社会影响
47	第二节	当代移民潮的特点与根源
50	第三节	非法移民问题
58	第四节	全球移民问题的对策与全球移民的未来
62	第3章	婚姻家庭问题
62	第一节	变迁中的家庭及家庭问题的出现
66	第二节	全球背景下的婚姻家庭问题

| 76 | 第三节 社会干预与未来的选择 |

82	第4章 妇女问题
82	第一节 妇女运动与女性主义
87	第二节 全球化背景下的妇女热点问题
90	第三节 中国的妇女问题
98	第四节 社会性别主流化

102	第5章 同性恋问题
102	第一节 同性恋的界定和原因分析
107	第二节 国外同性恋问题的历史与现状
114	第三节 中国同性恋问题的历史与现状
121	第四节 关于同性恋问题的社会政策思考

125	第6章 自杀问题
125	第一节 自杀的界定与自杀现状
132	第二节 自杀的原因和预兆
140	第三节 自杀的预防和控制

147	第7章 毒品问题
147	第一节 全球吸毒与毒品走私现状
152	第二节 贩毒吸毒社会原因分析
160	第三节 中国的毒品犯罪与吸毒问题
163	第四节 综合治理：反毒品斗争的经验与对策

170	第8章 恐怖主义问题
170	第一节 恐怖主义的界定及其表现
174	第二节 当代恐怖主义的特点与类型
179	第三节 现代恐怖主义的社会根源

186	第四节	反恐：一个艰巨的社会系统工程
192	**第9章**	**失业问题**
192	第一节	关于失业的理论与类型
196	第二节	西方发达国家失业状况、原因以及改进措施
200	第三节	转型时期中国失业状况
202	第四节	青年失业问题

下篇 中国社会问题

215	**第10章**	**当代中国人口问题**
215	第一节	人口问题概述
222	第二节	人口老龄化问题
227	第三节	人口出生性别比问题
236	**第11章**	**当代中国流动人口问题**
236	第一节	中国流动人口的内涵和构成
238	第二节	流动人口的社会地位
242	第三节	中国流动人口问题形成的原因
247	第四节	流动人口的社会影响与对策
255	**第12章**	**当代中国的贫困问题**
255	第一节	全球化时代的贫困问题
261	第二节	中国农村贫困问题
268	第三节	中国城市贫困问题
276	**第13章**	**当代中国收入差距问题**
276	第一节	收入分配与收入差距
278	第二节	我国居民收入差距的现实状况

282	第三节	居民收入差距扩大的成因分析
287	第四节	解决收入差距过大问题的对策探讨

295	第14章	当代中国的腐败问题
295	第一节	腐败的概念和分类
299	第二节	腐败现象产生的原因、特点和危害
308	第三节	当代中国的反腐败对策

316	第15章	中国网络社会问题
316	第一节	网络社会问题的概念
323	第二节	网络社会问题的类型
331	第三节	网络社会问题的控制

336	第16章	当代中国卖淫嫖娼问题
336	第一节	卖淫嫖娼的界定与全球状况
342	第二节	中国卖淫嫖娼活动的现状和特点
347	第三节	卖淫嫖娼现象存在的原因、危害和治理

359	第17章	当代中国的信任问题
359	第一节	信任概述
366	第二节	中国城市居民信任状况
373	第三节	关于中国城市居民信任状况的讨论

380	第18章	当代中国青少年犯罪问题
380	第一节	青少年犯罪的现状及特点
385	第二节	青少年犯罪的原因
392	第三节	预防青少年犯罪的对策

导论　全球化与社会问题

第一节　全球化与全球社会的出现

一、全球化大潮及其特点

"全球化"（Globalization）最初是作为一个经济学概念提出来的，一般认为其发明权属于联合国前首席经济学家 S. 奥斯特雷，他在上世纪 80 年代后期创造了这一用语[①]。然而，自 20 世纪 90 年代以来，全球化概念早已超越经济学范畴，成为经济学、哲学、政治学、社会学、文学、历史学、伦理学、教育学、法学等学科不同程度地予以关注和研究的对象，甚至日益成为诸多学科领域的"显学"。

全球化作为一个客观的社会发展进程，呈现出历史性的不可逆转趋势。按照普遍性观点，全球化起始于 16 世纪初的地理大发现，经过 500 多年的风雨历程，以资本和技术为核心的市场力量攻克了一个又一个农耕文明的田园堡垒，终结了游牧世界数千年的马背信步，甚至让仍在密林中过着茹毛饮血生活的原始族群三级跳，一跃而进入功利社会。人类逐渐从各自相对孤立和封闭的生存状态中走出来，相互交往与沟通，相互理解与兼容，在充满和谐与冲突的、持续不断的互动中冲破了原有的文明小群体意识，构建起整体文明大群体认同。"地球村"、"人类共同体"等概念不再是早期思想家、未来学家和预测学家们的梦想，而是一种正在变得真切的社会存在。

全球化从经济生活开始，强有力地推动人类社会在经济、政治、文化诸领域的深刻变革。全球化导致的全球社会大变革及其趋

[①] 另一种观点认为最先提出这一概念的是经济学家 T. 莱维。

势可以分别从经济、政治、法律和文化等方面进行考察。在经济领域，全球性生产立体分工格局日益突显，除少数极度落后和封闭的经济社会外，几乎每个民族国家都日益紧密地成为国际分工体系中的一个结点。任何力图脱离全球体系独自发展的想法或计划不是不切实际就是愚不可及，如果强制性割断与全球社会的经济联系，结果往往不是衰退就是崩溃。在政治领域，自18世纪开始，民主、自由、平等、公正等政治理念逐渐成为全人类共同的理想和追求，专制、独裁、特权、不公早已成为贬义词和现代文明社会所不齿的现象。虽然在民主含义的理解上存在争议，但没有人公开否认民主的合理性和进步性，民主已成为现代文明的核心。文化方面则主要体现在不同民族文化之间的交融日益深化，文化平等思想和全球文化多元主义获得越来越多的人的赞赏。与政治文化紧密相关的法律领域，法哲学和法律规范的跨民族性特别在国际法层面最为集中地得到反映。

全球化表现出明显的非均衡性特征。全球化虽然是对当代人类社会发展的整体描绘，但不等于它在任何地方都是齐头并进的。就像有人为之欢呼，有人百般诅咒它一样，人们对它持有大相径庭的立场，这是全球化在人类认知领域非均衡性的表现。持肯定态度的人看到的是全球化的积极面，而怒气冲冲的反全球化斗士则更多地看到它的阴暗面。在经济文化的全球参与度上，全球近两百个民族国家的差异性和层次性无需细言。部分国家在全球化进程中在生产、流通、投资、分配和消费等领域的国际化水平较高，从而占据了较有利的位置，从全球化中获益甚丰；大部分国家国际参与度相对较低，从全球化中获益有限甚至害大于利，这是一些反全球化理论家特别是当代欧美不少"西方马克思主义"学者把全球化与"美国化"相等同的根本原因所在。其实，全球化的非均衡性是十分正常的现象，人类历史本身的进程就从来没有均衡过，发展有先有后，有快有慢，有高有低，先进者或发展层次与水平较高者比后进者或水平层次较低者拥有种种优势是必然的，人类文明史表明，人类社会的进步就是在先进与后进的追赶与竞赛中获得动力的。

全球化不可争议的现实后果和可预知的趋势是加速全球性社会变革的进程,向真正意义上的人类全球社会迈进。

二、全球社会的现实性与全球社会问题的多域性

在德国学者马丁和舒曼的《全球化的陷阱》、英国学者 A. 鲁格曼的《全球化的终结》和 G. 汤普森的《文化帝国主义》等著作里以及 P. 赫斯特与 L. 韦斯等人的相关论著中,以怀疑眼光看待全球化进程,认为所谓全球化只不过是国际化,民族国家依然是经济活动的基础和管理者,世界经济依然为少数发达国家所主导;民族国家权力弱化的观点不仅与事实不符,而且显然带有意识形态偏见。一些学者不仅认为全球化是一个"神话",甚至认为是一个阴谋,是代表跨国金融资本和跨国公司利益的西方自由主义人为制造出来的口号,目的是通过制造一个全球化符号信仰让美国主导的跨国资本横行世界,最大限度地攫取全球资源和财富,法国社会学家布迪厄堪称代表。他断定全球化"是一个十足的神话,一种强势言论,一种强力观念","其功用是让人们接受一种复辟,回归到一种野蛮无耻但理性化的资本主义。"[①]

那么,全球化是"神话"、"阴谋"、"陷阱",还是对人类社会的现状和发展趋势的客观描述呢?答案是肯定的。全球社会的现实性不难从以下几方面感受到。其一,生产和消费的全球一体化趋势。商品生产的跨国界特点早在 20 世纪中后期已被人们感受到。美国波音公司的飞机生产从设计到组装完成,需要全球 40 多个国家协作才能实现。一个芭比娃娃的生产也是如此。虽然中国大陆拥有全球一半的生产厂家,但一件玩具涉及到的国家却不少。1996年,美国《洛杉矶时报》曾算过一笔账:一个芭比娃娃在美国售价

[①] 布迪厄:《遏止野火》,见河清:《全球化与国家意识的衰微》,中国人民大学出版社,2003年版,第113—114页。

为9.9美元，其中美国境内的运输、广告和商家利润占7.9美元，剩余的2美元中，原材料占65美分，中国厂家劳务成本占35美分，香港中转玩具商家获得10～20美分。原材料中，石油产自沙特，美国得州等地的煤油厂精炼成乙烯，台湾加工成塑料颗粒用于制造娃娃的身体，日本提供尼龙制的头发，美国生产硬纸包装盒。类似的情况在其他产品领域随处可见。这使传统的双边贸易计算方法日渐失去意义①。此外，控制全球生产1/2的跨国公司逐渐向无国界经济方向发展，使传统的国别经济体制受到严峻挑战。如名列财富500强之首的沃尔玛公司在全球一百多个国家开展经营活动，2005年全球分店已达到5350家，员工超过160万，年销售额超过3000亿美元，并仍在以10％的速度增长②。在消费方面，从人们日常生活中所消费的物品看，全球化特征更为明显。人们的衣食住行和休闲娱乐几乎都直接或间接地与全球化生产和消费链连接在一起，从普通家庭常见的电视、冰箱、洗衣机、空调、电话、电脑到品牌服装、世界性连锁超市、洋快餐、进口果蔬饮品、好莱坞大片、网络冲浪、名牌轿车，再到出境游等等，不仅意味着生活水平的提高，更代表了一种与传统封闭式生活方式明显有别的开放性生活方式的出现。其二，由信息技术推动的跨国化新生活方式的发展。首先是便捷的交通工具使人们越来越频繁地进行跨国旅游、交往、工作、学习甚至迁移，全球出境游和移民他国的热度长盛不衰是最好的证据。其次，互联网的飞速发展使跨国界交往的成本大大降低，电脑对人的思维习惯和时空观念的改变是极其深刻的。最后，同步化的卫星通讯系统使人际交往更加便捷开放。其三，跨国界组织的发展。自近代以来，国际组织发展迅猛，迄今为止，影响较大的国际组织已超过4000个，其中政府间国际组织超过500个，它们中的90％都是20世纪的产物。到上世纪末，非政府间国际组

---

① *Los Angeles Times*, sept. 22, 1996.
② 王蓁，《如果沃尔玛拥有自己的银行……》，http：//www.globrand.com/2006/05/13/20060513-21323-1.shtml.

织（NGO）的数量已达到近3万个。虽然它们规模、宗旨和层次不同，但大多与全球或地区性问题相联系。其四，全球意识的发展。这不仅表现在理论界对人类未来共同体的设想与追求持续不断，也不仅表现在全球治理观念和建立全球伦理主张正在得到越来越多的人的认同，更重要的还表现在越来越多的国家正在通过教育等手段强化全球意识的培养。

全球社会的到来并不意味着传统社会问题的消解，正相反，因全球化而生的新社会问题不断进入人们眼帘的同时，许多传统社会问题仍然存在甚至更加严重和复杂化。全球化时代社会问题的最突出特征是其跨国界性。无论是社会问题的成因、范围，还是其影响，都表现出多国性和全球性。社会问题的领域之广，种类之多丝毫不逊于以往。目前最引起全球关注的问题主要有环境污染与生态保护、全球迁移、毒品与犯罪、性别平等与少数群体权利、婚姻家庭的变动与危机、人类个体的精神病症、种族/民族关系以及贫困和腐败等等。这些问题的根治或缓和是任何单一民族国家都无能为力的，必须由全球集体协调一致，共同治理才有可能见效。同时，全球化及其所产生的社会变革也对传统社会学及其社会问题研究范式提出了挑战，社会问题研究的视野和方法必须与时俱进，进行相应变革。

第二节 社会问题研究的理论路径

一、传统社会问题研究的理论与方法

什么是社会问题？自19世纪经典社会学时期以来，社会问题就一直是众多社会学家思考的对象，甚至于可以说社会学是伴随着工业文明的发展及其大量社会问题的产生而出现的。从孔德开始，经过斯宾塞，再到涂尔干、韦伯、齐美尔和马克思等，几乎都是从对社会问题的观察和思考入手，深入探索系统化的解决之道，逐步形成各自的社会理论。虽然他们在社会问题的认识上都比较宏观，

如孔德和涂尔干一生都在为社会失序而忧心如焚,齐美尔为工业社会的文化矛盾而绞尽脑汁,韦伯为社会官僚机体的非人化而扼腕兴叹,马克思则对社会体系的不合理性拍案而起。然而,他们却都没有直接就社会问题概念给出定义,虽然以后的学者主要沿袭孔德和涂尔干的思想,把社会问题与失范或失序挂钩甚至画等号,但在对这一概念的界定上却仍然各有侧重。以 20 世纪美国社会学界为例,对社会问题的理解至少先后有社会病理说、社会解组说、价值冲突说、偏差行为说以及标签理论。其中默顿的偏差行为理论为社会问题研究成为社会学重要分支奠定了基础。因此,理论背景的差异、研究兴趣和重点的不同、社会发展水平的多层次性以及文化环境的多样性等等,决定了社会问题定义上的众说纷纭。

著名社会学家 C 赖特·米尔斯认为,所谓社会问题就是公众问题,是社会中许多人而非个别人遇到的公共麻烦。美国学者乔恩·谢泼德和哈文·沃斯则在《美国社会问题》一书中指出:"一个社会的大部分成员和社会一部分有影响的人物认为不理想、不可取,因而需要社会给予关注并设法加以改变的那些社会情况即社会问题"。①

在中国社会学界,较有代表性的观点是费孝通先生的看法:"社会问题是社会关系或环境失调,致使社会全体成员或部分成员的正常生活乃至社会进步发生障碍,从而引起了人们的关注,并需要采取社会的力量加以解决的问题。"②

其他界定大同小异。如郑杭生先生在其主编的《社会学概论新修》中的定义为:"社会问题是指在社会运行过程中,由于存在某些使社会环境失调的障碍因素,影响社会全体成员或部分成员的共同生活,对生活正常秩序甚至社会运行安全构成一定威胁,需要动员社会力量进行干预的社会现象。"③《中国大百科全书(社会学

---

① 朱力等著:《社会问题概论》,社会科学文献出版社,2002 年版,第 4—5 页。
② 社会学概论编写组:《社会学概论》,天津人民出版社,1984 年版,第 308 页。
③ 郑杭生主编:《社会学概论新修》,中国人民大学出版社,1994 年版,第 412—413 页。

卷)》的定义也相近：社会问题"指社会关系或社会环境失调，影响社会全体成员或部分成员的共同生活，破坏社会正常活动，妨碍社会协调发展的社会现象。"①

从上述界定可知，社会问题至少包含四要素：（1）是一种客观社会存在；（2）影响到相当数量的人的生活；（3）对社会和谐发展产生不利影响；（4）需要用社会力量来解决或克服。这四个方面应该是判断一个社会事件是否是社会问题的基本依据。

那么，应该如何来研究和解决社会问题呢？20世纪初的社会病理学认为，社会问题是人与社会状况背离了健康的道德期望，其根本原因是社会化过程的失败，解决办法是施以道德教育；二战前居主导地位的社会解组论认为，社会问题源于社会变迁与文化冲突导致的失调，最有效的解决办法是尽快重建社会规范与秩序；其后的价值冲突论则断定社会问题源于不同价值群体之间的对立与冲突，如何消除对立与冲突是解决社会问题的出发点；偏差行为理论认为，社会问题属于偏差行为或状况，起因于不恰当的社会化，最佳解决途径是重新社会化；社会冲突论者认为，社会问题源于不同社会群体间的利益矛盾与冲突，只有通过社会变革消除引起冲突的社会结构才能根本解决问题；在标签理论者眼中，社会问题的认定具有主观性特征，是社会对某个群体或个体标示化的结果，因此，改变定义和由消除标示产生的利益是解决社会问题的出路。

不难看出，以上理论和方法中任何一种都无法涵盖全部社会问题事件。它们往往在洞察到社会事实的一面时，忽略甚至于歪曲了社会事实的另一面。而且稍加注意，我们会发现，无论是社会问题界定要素所及，还是种种理论所论，都没有跳出国家界域。无论是"社会存在"、"相当数量的人"，还是"社会力量"，都是以民族国家界域为其范围的，也就是说"社会"在这里是特指，而不是泛

---

① 《中国大百科全书（社会学卷）》，中国大百科全书出版社，1991年版，第327页。

指,是小社会,而不是大社会,是"民族国家社会"的简称,而不是全球社会。在认识和解决民族国家内部某些社会问题时,这无疑有极强的针对性。然而,从总体上看,这种以民族国家疆域为范围的社会问题界定及其理论与方法在全球化时代已经难以应对诸多现实挑战,这必然在客观上促使我们进行思考并在理论和方法上进行总结和创新。

二、关于全球化背景下社会问题研究理论与方法的思考

那么,如何看待全球化背景下的社会问题呢?毫无疑问,传统民族国家范围内的社会问题与全球化时代的社会问题有较多承袭性,但其差异性也是十分明显的。由于注入了全球化因素,许多社会问题的原因变得复杂化了,解决社会问题的决策和实施过程也变得更加复杂和困难了。

与传统社会问题比较,全球化时代的社会问题具有与众不同的特点。

首先,社会问题范围上的全球性。越来越多的社会问题在表现范围上都具有全球性特征,如环境污染与保护、贫困与收入差距、同性恋与艾滋病、吸毒贩毒、非法移民、恐怖主义和暴力犯罪等,基本上覆盖了全球每个角落。很多问题已经形成全球性网络,如全球贩毒网和恐怖主义网络就是例子。

其次,社会问题起因的域外性和影响的跨国界性。全球经济文化交流的频繁和融合的加速导致一些本属于个别国家和地区的社会问题"外溢"到其他国家和地区,演变为全球性问题,艾滋病、毒品和恐怖主义等都有类似情形。同时,一国或一个地区发生的社会问题会直接间接影响周边国家和地区,金三角的鸦片种植不仅在当地产生了种种社会问题,而且远远扩大到周边国家甚至世界各地;1969年瑞士莱茵河化工污染形成的环境问题不仅影响瑞士,也同样成为德、法、卢、比、荷等同流域国家的严重环境问题;80年代末苏联切尔诺贝利核事故造成的灾难除苏联外,受到危害的还包括欧洲十几个国家;非法移民成为欧美一大社会顽疾,也构成离岸国家的社会问题。

再次,社会问题相互具有因果关联性。这无论在民族国家界域还是全球界域都是相同的,一个社会问题构成另一个社会问题的因,同时它本身可能又是其他社会问题的果。如贫困无疑是跨国移民的主要根源,但同时大规模移民尤其是非法移民又成为发达国家贫困的渊薮,欠发达国家人才和资本移民反过来又加剧了发展的困难;环境恶化产生贫困,贫困又是破坏环境与生态的真凶;人口爆炸性增长直接间接导致贫困,贫困反过来又成为人口增长失控的重要根源;环境恶化、贫困、人口增长失控和社会不公导致政治动荡、族群冲突和恐怖主义等非良性事件频仍,后者则成为通过发展解决前述问题的拦路虎。

最后,社会问题解决的多国性和全球性。虽然有联合国等政府间权威国际组织和众多非政府国际组织在运作,但国际组织毕竟不同于民族国家,其权威和效率是远不能与后者相提并论的。这就造成联合国等围绕全球社会问题制定的种种政策文件的落实较为困难,执行、有条件执行、个别执行、不执行是普遍现象。故全球社会问题的解决最终还是要由民族国家来完成。但由于社会问题所具有的跨国性,单一国家显然是力不从心的,如对全球整体环境污染的根治问题,防止大气污染进一步恶化问题,国际河流水体污染防治问题,大范围的土地荒漠化逆转问题,禁毒防毒问题,反恐问题,等等,没有双边或多边架构下的有效而密切的合作是难以推进的。也正因为这一点,加上全球社会的多样性和复杂性,使社会问题具有长期性和顽固性特征,在短期内根治的设想是不现实的。

全球化背景下社会问题的特点决定了社会问题研究和解决问题的政策制定过程在理论与方法上必须要有新的思路。

第一,必须树立全球社会统一体的思想。所谓全球社会统一体就是把世界作为一个单一的体系看待,要有一种全球性意识。必须改变过去以民族国家界域为社会大系统的思维架构,形成以全球社会为大系统,跨国性地区为子系统,民族国家为子系统下的行动系统单元的新观念。每个单元系统与子系统和总系统之间存在密切的信息和能量交换关系。

第二,在认识社会问题的起因和性质的过程中,必须把全球化作为一个关键因素予以考虑,尤其要注意"国沟"问题。所谓"国沟",指的是国与国之间由于历史文化背景、政治社会制度、经济体制与发展水平的差异形成彼此间观念意识的隔阂和工作态度与生活方式上的不协调现象。这就要求在研究中必须充分应用比较方法对不同国家进行分析对比,进而找出问题所具有的共性和个性根源与特征。比如同样是贫困问题,欧美社会的贫困与发展中国家的贫困就有质的不同,前者基本上是相对贫困,后者则表现为以绝对贫困为主、相对贫困亦具有普遍性的特征。同样是恐怖主义问题,有的根源于宗教,有的是民族分裂主义作祟,有的则以政治意识形态和黑社会犯罪为温床。

第三,解决社会问题的决策过程要充分考虑跨国合作机制的构建和完善问题。如针对贫困问题的基本对策是发展,发展所涉及的能源、资金、市场、技术、交通和人力资源等要素的合理配置则往往是在超越国界的区域甚至全球范围内获得实现。很多问题都直接间接与经济不发达相关,通过跨国协作不仅能解决欠发达问题,而且也是根本解决如毒品泛滥诸问题的出路,欧洲联盟的发展是生动的例证。通过密切型的跨国区域合作,不仅推动了区域经济的发展,也带动了区域社会的进步。恐怖主义、民族分裂主义等社会问题虽然依旧存在,但比冷战时代明显缓和。目前,中国与东盟合作向 2010 年前建立自由贸易区的目标迈进,并在共同开发利用湄公河流域资源和运输方面有了实质性进展,这对解决该区域贫困和毒品生产诸问题的影响十分深远;在中亚地区,中国与俄罗斯和中亚相关国家以"上海合作组织"为平台展开的合作也在不断深化和扩展,这不仅在我国西部大开发战略中构成了极其重要的一环,在为西部加速发展创造了稳定开放的区域环境的同时,也为应对恐怖主义和"疆独"等民族分裂主义的挑衅提供了强有力的支撑点。而以资源出口为基础的中亚国家同样从这一合作中获得了其发展所需的社会稳定和稳定的市场。

第四,各民族国家在制定综合性或区域性发展计划时,应与周边国家和地区充分协调,达成谅解。当今世界民族国家间大多数矛盾冲突都与民族本位主义相关。如阿以冲突、印巴矛盾等,虽然夹杂着复杂的历史文化与宗教因素,但各自在谋求发展过程中制定发展计划时往往只考虑自身利益,无视甚至损害邻邦利益成为司空见惯的事。阿以间在约旦河水利用上的纠纷,印巴在印度河上游水源控制上的矛盾成为这两个地区冲突不断的重要根源。可以说,如果各国政府在制定环境资源利用和社会经济发展计划时能清醒地意识到他国利益的存在并予以尊重,一些矛盾和冲突就有可能避免,相应的社会问题也会较容易得到解决。

中国学者雷洪指出,解决社会问题必须遵循社会规律性、社会规范性、社会公众性、社会效益性与社会进步性五大原则,① 我们认为这五大原则用来指导全球社会问题的解决还是可行的。所谓社会规律指社会现象背后内在的联系。任何社会都是由人、环境、文化三大要素构成的,解决社会问题——无论是民族国家内部还是全球范围——需要正确了解和把握这三者间的关联性与特殊性;所谓社会规范,指人们活动的准则,是一个有序社会得以存在的基础。遵守社会规范原则,就是要把社会问题的解决建立在维护国家乃至全球社会规范基础之上,以和谐社会和和谐世界为追求目标;社会公众性原则,指社会问题的解决必须有利于维护和谋求社会公众利益,在全球化时代表现为社会大多数利益、民族利益、人类整体利益的和谐统一;社会效益性原则,指社会问题的解决必须以最大限

---

① 雷洪:《社会问题——社会学的一个中层理论》,社会科学文献出版社,1999年版,第108—115页。

度地促进民族国家和人类社会健康可持续发展为宗旨,在人的生存质量得到不断提高的同时,人的生存环境也得到相应的保护和优化;社会进步原则,指社会问题的解决必须以推动全球社会局部和整体的发展进步为根本目的。

第三节 本书的写作思路与结构

本书结构上分为上下两篇,上篇主要讨论全球性社会问题,下篇则集中分析当代中国公认的社会问题。可以说,上篇的全球性社会问题多具有宏观性和一般性,而当代中国社会问题相比较之下则具有明显的具体性和个别性。在全球性问题中我们能看到与中国社会相关的一些问题,在中国社会问题中我们也不难发现全球社会在该问题上的状况。简单说来,从全球化的视野出发,立足中国,放眼世界,通过对中外普遍存在的社会问题和虽具特殊性但却较为重要的社会问题的简要分析,揭示各种社会问题的内涵、根源、性质、特征和影响以及对策性思考。这是本书的最大特点和新颖之处。而反映时代气息和以全球化的大背景为依托同时也正是本书的基本价值所在。因此,在写作过程中我们尽量体现全球性眼光,特别是全球性专题着重于国外或全球宏观内容分析,进行有一定深度的中外比较研究,并尽可能反映学术界最新最前沿的成果,尽可能搜集和应用最新资料与信息。

以全球社会学的眼光来看待人类社会问题是本书的基本立意。在上篇中,我们安排了9章内容,虽然无法覆盖全球所有社会问题,但却是当今较具全球性的问题。另外,有些问题,如贫困、人口和腐败等问题虽然是全球性的难题,但考虑到中国在这些问题上较具代表性,故在上篇中未专章列出,而是放在下篇中国社会问题中予以探讨。

当今中国正处在全面社会大变革中,因而是社会问题层出不穷的时期,对全球化背景下中国社会问题进行分析探讨的时代意义和学术价值是不言而喻的,通过对中国社会问题的个性化展示以揭示全球化对民族国家社会的影响和相互关联度是我们写作本书的基本思路。本书之所以用一半篇幅来描述当代中国社会问题,除本书主要面对中国读者这一考虑外,主要理由就在这里。

2005年初,中国社科院发布的"2004—2005年社会形势分析与预测"表明,有七大类社会问题最为严峻,成为当代中国发展所面临的主要障碍。主要包括:(1)快速工业化和城市化导致4000万农民失去耕地带来的一系列矛盾;(2)日益扩大的收入鸿沟;(3)失业问题压力日增;(4)脱贫工作依然任重道远;(5)反腐败与政治改革同步问题;(6)可持续发展受到资源、能源和环境的严重阻碍;(7)经济社会快速发展导致的社会变迁和心理的变化(如低收入群体对生活的失望和不满等等)①。

以上七个方面主要涉及结构性社会问题和变迁性社会问题,其实越轨性、病态性和心理性社会问题对社会的和谐发展造成的阻力也是不小的。因此,在章目安排上,我们在充分体现上述调查结果的同时,尽力考虑点与面的平衡,在后三类社会问题中选择一些公认的问题置于写作框架中。当然,有些社会问题虽然也很重要,但限于篇幅,只能忍痛割爱了。

作为一部集体著作,除基本写作体例外,我们不强求写作风格上的一致,事实上这也是做不到的。如有的章节可能偏重于理论分析,有的偏爱实证研究,这与具体社会问题的特殊性有关。只要这些问题的论述不脱离全球化背景,并围绕全球大社会与民族国家小社会的关联互动这一主线直接或间接地进行分析,就基本体现了本书的写作意旨。当然,正是由于本书的集体著作特点,各个章节理论和论证在内容的深广度上是不一致的,甚至可能存在种种不足或缺误,还望学界同仁和读者诸君不吝指正。

---

① "Survey: Seven social problems hinder China", http://english.people.com.cn/2005-1-24.

本书各章作者安排如下：
吕庆广：导论、第一、二、五、七、八章；
吕　青：第三、六章；
王平一：第四、十四、十五、十六章；
肖凌燕：第九章；
李彩霞：第十章；
李尚敏：第十一章；
王金元：第十二章；
孟庆恩：第十三章；
奚春华：第十七章；
万　伟：第十八章。
全书最后由吕庆广负责制作目录和统稿。

参考文献：

[1]［英］罗宾·科恩、保罗·肯尼迪：《全球社会学》，北京：社会科学文献出版社，2001年版。

[2]［英］戴维·赫尔德等：《全球大变革：全球化时代的政治、经济与文化》，北京：社会科学文献出版社，2001年版。

[3] 朱力等著：《社会问题概论》，北京：社会科学文献出版社，2002年版。

[4] 孙嘉明、王勋：《全球社会学：跨国界现象的分析》，北京：清华大学出版社，2006年版。

[5] 蔡拓等：《当代全球问题》，天津：天津人民出版社，1994年版。

[6] 雷洪：《社会问题——社会学的一个中层理论》，北京：社会科学文献出版社，1999年版。

[7] 斯蒂芬.D.克莱斯勒：《结构冲突：第三世界对抗全球自由主义》，杭州：浙江人民出版社，2001年版。

[8] 鲍宗豪：《全球化与当代社会》，上海：三联书店，2002年版。

[9] 李惠斌主编：《全球化与公民社会》，桂林：广西师范大学出版社，2003年版。

[10] 程光泉：《全球化与价值冲突》，长沙：湖南人民出版社，2003

年版。
[11] 杨雪冬:《全球化:西方理论前沿》,北京:社会科学文献出版社,2002年版。
[12] [美]麦克尔·哈特、[意]安东尼奥·奈格里:《帝国——全球化的政治秩序》,南京:江苏人民出版社,2003年版。
[13] [德]乌尔利希·贝克:《全球政治与全球治理:政治领域的全球化》,北京:中国国际广播出版社,2004年版。
[14] 社会学概论编写组:《社会学概论》,天津:天津人民出版社,1984年版。
[15] 郑杭生主编:《社会学概论新修》,北京:中国人民大学出版社,1994年版。
[16] A. Giddens, *Runaway World: How Globalization is Reshaping Our Lives*. New York: Routledge, 2000.
[17] A. Giddens, *The Consequences of Modernity*. Cambridge: Polity Press, 1990.

上 篇

全球社会问题

第1章 环境与生态问题

第一节 全球环境与生态状况

一、人类生存环境的恶化

什么是环境？环境是指人们生存于其中的基本物质状态，主要由空气、水、土地构成。它既为我们提供了居所，又为我们提供了生存的资源。

人类是地球环境变迁的产物。在人类进化史的数千万年中，作为地球上一种生命形式和幸运的物种，人类一直紧紧依赖大自然为生。即便是进入文明社会，人类依然离不开对自然环境的依赖，只不过在人与自然关系中，从过去的被动性中摆脱出来，更加具有主动进取性而已。这种主动性由人类在物质和精神财富的惊人创造力上表现出来，近代以来人类无论是在科技的发明创造，还是在经济的日新月异，乃至社会财富的急剧增加方面，其成就之辉煌前所未有。然而，这些人类成就在很大程度上是以牺牲环境换来的。换言之，人类在不断征服和改造自然的同时，也成了自身赖以生存的自然与生态环境的最大破坏者。自20世纪后期以来，人类整体生存环境呈现日益恶化趋势。

从整体上看，环境问题是由自然本身和人类活动共同作用所致。前者如地震、台风、火山喷发、旱涝、沙化、海啸、风暴、泥石流和山体滑坡等自然灾害，被称为原生环境问题；后者则包括人类生产与生活造成的环境与资源的污染与破坏，这种由人类活动导致的环境退化或环境污染被称为次生环境问题。事实上，许多自然灾害的发生与人类活动有着直接间接的关系，即原生环境问题与次生环境问题很难明确区分，二者常常混杂在一起，许多原生环境问题其实是人类活动所致。因此，环境与生态问题主要是人类的历史和现实活动的副产品。甚至可以说，当人类从食物采集者变为食物生产者、尤其是学会使用生产工具和火那一天起，长达万年的对环境的破坏记录也就开始了。目前人类面对的总体环境问题大致可分为如下几个方面。

(一) 大气层污染、酸雨和臭氧层空洞

在地球表面存在着一个厚度达到 20 千米，为人类和众多生物的存在提供支持的大气层。然而，主要由于人类的活动，大气层存在的形式正在发生不利于人类和其他生命存在的变化。引起变化的直接因素就是大气层污染。所谓大气层污染，指大气中污染物质的浓度和比例达到有害程度，从而对生态系统造成破坏，进而对人类和各种生物种群的生存构成威胁的现象。大气污染物主要有一氧化碳、氧化氮、二氧化硫、碳氢化合物和微粒等，大多来自工业废气、汽车尾气、燃烧和核爆炸等人类活动。相关研究表明，在人类活动远未占据地球主导地位的原始时代，大气中氧的含量比今天多。目前自然界氧含量约为 21%，在大城市地区则降到 12%~17%。如果降至 6%~7%，生命系统将无法持续[1]。在过去的 12000 年左右的间冰期（目前仍在继续），大气中的成分相对稳定，如二氧化碳一直稳定在百万分之二百八十。但由于 20 世纪以来燃烧化石燃料和大肆砍伐森林的影响，大气中二氧化碳含量上升到了百万分之三百五十以上，而且还在加速上升。大气污染的严重后果之一是温室效应，气候普遍转暖，冰川融化，海平面上升，对全球沿海地区众多知名都市和乡村构成致命威胁。一些岛国如马尔代夫等将面临灭顶之灾。正如美国学者阿鲁普·沙所说："随着全球气候转暖的增加，物种及其栖息地日渐减少，生态系统自然调适的机会逐渐减少。"[2] 大气污染造成的另一个严重后果是全球变暗。研究

---

[1] [美] 欧文·拉兹洛：《布达佩斯俱乐部全球问题最新报告：第三个 1000 年》，社会科学文献出版社，2004 年版，第 17 页。

[2] Anup Shah, "Climate change and global warming", http://www.globalissues.org/EnvIssues/GlobalWarming.asp.

表明,由使用化石燃料形成的空气污染物产生的云层把更多的太阳光反射回了太空,使到达地面的热和能量减少。全球变暗的直接后果是,北半球海洋因热能不够无法形成降雨。上世纪70—80年代导致埃塞俄比亚等非洲国家数百万人死亡的大旱的罪魁祸首就在于此。

酸雨是大气污染最典型的表现。所谓酸雨,是指pH值小于5.6的一切形式的降水,如雨、雪、露、雾和冰雹等,即这些降水都是酸性的。酸雨中的酸来自两类大气污染物:二氧化硫(SO_2)和氧化氮(NO_X)。酸雨杀死水中生命、树木、庄稼和其他植物,损害建筑物和历史遗迹,剥蚀铜铅管道,对汽车等人造物造成危害,使土地肥力下降,引起有毒金属渗透进地下饮用水源。目前,平均每天有250000吨硫酸作为酸雨降落在北半球。

臭氧层空洞是大气污染和大气成分变化的最严重后果之一。臭氧(O_3)是地球大气层的重要组成部分,它是地球生物体的保护伞,它吸收并阻挡绝大部分紫外线到达地表,使地球生命能安全生存繁衍。然而,气候变暖正在使臭氧层变稀变薄。特别是当今人类大量使用氟利昂,使臭氧浓度明显下降,导致近年来常常在极地上空出现臭氧空洞。目前南极上空的臭氧空洞已是美国领土面积的3倍。美国航天航空署的科学家预测,照目前趋势,到2030年整个臭氧层将耗竭消失。[1] 臭氧层的破坏,大量紫外线辐射到地面,不仅大大增加了人们患皮肤癌、黑色素瘤和白内障的几率,而且还导致动植物生殖能力的下降、生态系统的弱化,最终导致地球生命系统难以为继。

(二)陆地水体和海洋污染

陆地水体污染和海洋污染指主要因人类活动导致某些物质介入水体,使其化学、物理、生物或者放射性等方面特征改变,造成水质恶化,从而影响水的有效利用,危害人体健康或者说破坏生态环

---

[1] Anup Shah, "The Ozone Layer and Climate Change", http://www.globalissues.org/EnvIssues/GlobalWarming/Ozone.asp.

境的现象。水体污染源很多，除自然界自身向水体释放的有毒物质外，大量来源于居民日常生活中产生的各种生活污水，企业生产过程中排放的各种工业污水，农业生产过程中含有农药、化肥等有毒化学物质的农田退水，还有战争等人为破坏造成的水体污染，这些被污染的水经江河流入海洋，又污染了海洋。而油轮在海上航行常因失事等造成严重海洋污染。陆地水体和海洋污染造成的危害十分严重。首先是严重危及人的健康，导致急慢性中毒，诱发癌症等致命性病症。其次，危及经济发展。工业生产会因水体污染影响产品的产量与质量，农业生产则可能会因严重水污染而歉收甚至于颗粒无收，渔业会因江河湖汊和海洋污染而产量下降，甚至空网而归。如长江近年来鳗鱼和刀鱼产量的大幅度下滑就与水体的污染有直接关系。在美国，路易斯安那海岸至得克萨斯海岸之间的墨西哥湾被人们称为"无生命区"，造成这一恶果的罪魁祸首是过多养分（主要是农业施肥和家禽粪便所产生的氮肥和磷肥等）通过密西西比河流入大海促成海藻繁生。结果是渔业衰退，沿海海牛、海草、珊瑚和其他海洋生物大量死亡。美国沿海三分之一的沼泽地也因此遭到破坏[①]。中国沿海频繁发生的赤潮现象也与海洋水体污染紧密相关。

（三）森林锐减、水土流失与土地沙漠化

毁林开荒放牧和对木材需求的直线上升所导致的无节制的乱砍乱伐，加上酸雨和森林火灾等使森林面积锐减。联合国粮农组织统计，全球每分钟有21公顷（52英亩）森林消失[②]。1978年，全球森林面积为31亿公顷，今天则减少到21亿公顷[③]。森林面积减少直接导致水土流失和沙漠化。全球平均每分钟有50吨肥沃表土

[①] ［美］安塞尔·M. 夏普、查尔斯·A. 雷吉斯特、保罗·W. 格兰姆斯：《社会问题经济学》，中国人民大学出版社，2003年版，第77页。

[②] ［美］欧文·拉兹洛：《布达佩斯俱乐部全球问题最新报告：第三个1000年》，社会科学文献出版社，2004年版，第47页。

[③] 王尚银主编：《中国社会问题研究引论》，浙江大学出版社，2005年版，第49页。

被风吹走,每小时有 685 公顷耕地变为荒漠。全世界每年损失的表土达到 240 亿吨。据联合国粮农署估计,照目前趋势发展下去,到第三个千年到来时,地球将失去 20%～30% 的表土。这是很难挽回的,因为自然界创造 10 毫米的表土需要 100—400 年,创造 30 厘米厚的表土需要 3000—12000 年。全球干地面积约占陆地总面积的 40%,而每年沙漠化的面积达到 6 万平方公里。沙漠化最严重是非洲,全洲 2/3 面积被沙漠和干旱地区所覆盖,沙漠化面积占全球的一半。亚洲有一半以上的干旱地区受到沙漠化的威胁,中亚地区尤其严重。拉美和加勒比海地区则有近 1/4 的土地沙漠化。全世界受到沙漠化威胁的国家达到 110 多个。目前养活着世界 1/3 人口的干旱地区已有 10%～20% 的耕地无法耕种。

(四) 生物多样性丧失

许多生物在人类的活动中逐渐失去生存的空间和条件,已经灭绝或濒临灭绝。300 万年前,地球上有 25 亿种物种,如今只剩下 1 亿种,已灭绝的物种中,60% 是在上个世纪与地球永别的。现存的一些生物则处于危机中,如老虎的数量在上个世纪减少了 95%;非洲狮子在 20 世纪 80 年代还有 200000 头,到 2003 年只有 20000 头了;印度秃鹰曾经是数量最大的鸟类之一,但据英国药物协会(BMA) 2005 年 6 月的一个出版物报告,在最近的 12 年中,印度秃鹰减少了 97%[1]。马达加斯加岛在近代之初拥有 12000 种植物和 19 万种动物,而现在其中至少一半的物种已经消失[2]。海洋动物中的鲸、海豚等生物在人类的大肆捕捞和军舰油轮潜艇航行产生的污染和声呐的干扰等人类活动中,生存方式被搅乱,数量大大减少。海底的珊瑚也在人类破坏和水体污染中大量死亡。

---

[1] Anup Shah, "Nature and animal conservation", http://www.globalissues.org/Envlssues/Nature.asp#DecliningNumberofTigers.

[2] 世界环境与发展委员会:《我们共同的未来》,吉林人民出版社,1997 年版,第 187 页。

(五) 固体废弃物污染

凡人类一切活动过程产生的，且对所有者已不再具有使用价值而被废弃的固态或半固态物质，通称为固体废物。各类生产活动中产生的固体废物俗称废渣；生活活动中产生的固体废物则称为垃圾。固体废弃物污染是人类活动对环境造成污染最常见的现象。据统计，全球每年的垃圾超过450亿吨，仅美国一国就达到120亿吨。1999年，美国小小的特拉华州就有111个大型垃圾场，宾夕法尼亚州有102个，纽约州有84个，加利福尼亚有96个[1]。固体废弃物种类繁多，主要分生产与生活两大类。其中有毒垃圾在3亿吨左右[2]。还有相当数量的垃圾为自然无法降解之物，如中国到处可见的塑料类袋、盒、包装材料造成的"白色污染"，构成固体废弃物污染的重要部分。固体废弃物既污染空气，损害人类和其他生物的呼吸系统健康；又污染水体，危及人类饮用水安全和水中生物的生存；还污染土壤，改变土壤性质与结构，阻碍植物生长，威胁人类生产的稳定发展。

此外，电磁波和噪声污染也日益严重。随着技术革命的不断推进，特别是电子业的迅速发展，电磁波对环境的污染也渐渐引起人们的关注。越来越多的证据表明，不同种类的电子产品和设备辐射出的从低频到高频的电磁波对生物体的健康存在负面影响。如令人头晕目眩，食欲不振，浑身乏力，昏昏欲睡，血压失常，烦躁易怒，白细胞减少，流产或畸胎，患白内障，诱发癌症等。除辐射产生的问题外，电视和计算机通过花费人们的闲暇时间"削减了为了保持身体健康必要的运动"。[3]汽车对健康的影响更是不可否认，它

---

[1] [美]安塞尔·M.夏普、查尔斯·A.雷吉斯特、保罗·W.格兰姆斯：《社会问题经济学》，中国人民大学出版社，2003年版，第81页。

[2] 王尚银主编：《中国社会问题研究引论》，浙江大学出版社，2005年版，第47页。

[3] [美]欧文·拉兹洛：《布达佩斯俱乐部全球问题最新报告：第三个1000年》，社会科学文献出版社，2004年版，第22页。

在让人减少运动方面的作用不比电视和计算机差。

城市化与城市环境危机联袂而来。1800年,全球还没有一个人口超过百万的城市,而1950年这样的城市已达到46个。2000年全球超过1000万人口的超大型城市已有19个。预计到2015年将达到23个[①]。1900年,全球城市人口只占总人口的14%,21世纪初已超过50%,预计到2030年会达到60%以上。城市化一方面意味着人类的进步,但另一方面则预示着人类生存面临新挑战。城市在带给人们种种现代化的生活与工作方式的同时,也带来了严重的污染,除前面所提及的污染大多源于城市外,城市最突出的污染要数噪声污染了。机器的轰鸣、金属割裂与撞击、汽车、轮船的鸣笛、人群的喧哗等等,勾勒出城市空间的音响图。噪声对人健康的危害早已是不争的事实。

二、资源短缺与枯竭危机
（一）能源短缺

在当今人类赖以为生的资源中,除土地和水外,石油和天然气无疑是最核心的能源,是众多不可再生资源中最不可再生的。目前,全球已探明的石油储量为10330亿桶,若以日消耗7300万桶计,还可供全球消耗40年[②]。而根据有关学者最乐观的估计则是,世界原油储量,还能开采使用约76年,天然气储量还能开采使用约96年,煤储量还能开采使用约220年,核燃料储量还能开采使用约86年[③]。进入21世纪以来,全球油气价格一路走高,现已突破70美元大关,比1973年前的一桶3美元的基数提高了20多倍。而价格上升仍在持续,有学者预测不远的将来可能会超过100美元。油价一路上扬一方面说明需求量的有增无减和供不应求的总趋

[①]《世界加速城市化》,《人民日报》2001年6月6日。
[②] [美]迈克尔.T.克莱尔:《资源战争:全球冲突的新场景》,上海译文出版社,2002年版,第19页。
[③] 张玉新:《试谈能源危机和解决的方法》,《应用能源技术》2003,(4)第7页。

势早已成为定局,另一方面又预示着油气资源所支撑的现代经济社会可持续性的问题不再是空穴来风,而是非常现实的挑战。能源危机已成为当代人类社会面临的重大经济问题。

(二)水资源短缺

水是生命之本。生命可以没有空气和阳光,但不能没有水。一个人没有食物可以活一个月,但若没有水,活不过一个星期。粗略一看,生活在地球这个蓝色星球上的人类会缺水的说法似乎是耸人听闻,因为这个行星的表面毕竟五分之四被水覆盖。然而,这五分之四的水体中97.5%是苦咸的海水,其余三分之二集中在极地冰盖和地下。在湖泊、河流和水库中可供人类消费的可更新淡水仅占地表水的0.007%。这个微不足道的份额却构成了地球生命存在的核心支柱。半个多世纪前,全球淡水储备量为人均17000立方米,到1999年降至7300立方米,预计到2025年将进一步减少到人均只有4800立方米。在上个世纪中叶,世界上还没有一个国家面临灾难性的缺水,而在今天,全世界缺水人口已高达35%。到2025年,欧洲和美国人均水储备只有1950年的一半,亚洲和拉丁美洲只有1/4,非洲和中东只有1/8[1]。这将威胁到占全球人口2/3的50亿人的生活与生存。根据世界银行的计算,以人类生产和生活用水平均衡量,年人均最低限度所需水量为1000立方米(26.5万加仑),而1990年西亚和非洲的埃及、约旦、以色列、也门、肯尼亚等17个国家年人均只有854立方米,到2025年将下降到402立方米左右[2]。水资源的短缺已成为人类社会冲突与战争的重要根源,自20世纪中叶以来,阿以冲突、印巴克什米尔争端等都与水资源密切相关。

(三)土地资源递减

除了前述水土流失、沙漠化和污染造成土地资源减少外,人口

---

[1] [美]欧文·拉兹洛:《布达佩斯俱乐部全球问题最新报告:第三个1000年》,社会科学文献出版社,2004年版,第16页。

[2] [美]迈克尔.T.克莱尔:《资源战争:全球冲突的新场景》,上海译文出版社,2002年版,第150页。

的增长、工业化和城市化的迅猛发展不断侵蚀和蚕食宝贵的土地资源。据联合国粮食和农业组织估计，全球现有30亿公顷农田（450亿亩），平均两人一公顷（其中71%在发展中国家）。乍一看，土地数量上似乎没问题，但其实问题不小。一是土地资源分布不均匀，二是土地质量上差距较大，三是土地数量上处于递减状态。平均每年减少的土地面积在700万公顷上下。随着城市化在全球的进一步蔓延，土地的递减趋势不仅不会扭转，甚至可能会加速。土地的不断减少直接威胁着人类生存的根基。

第二节 全球环境与生态问题原因分析

一、启蒙哲学与工业社会价值观

早在古希腊时代，思想家们在思考人与自然关系时，为未来欧洲人对自我与世界的认知提供了一个基础性的图景：人类是大地上具有特别价值和美德的生物，人是衡量世界的尺度，发挥人的潜力是目标所在。这种哲学认识深刻影响了文艺复兴和启蒙运动。自文艺复兴尤其是17、18世纪启蒙运动以来，人类的世界观逐渐从过去屈服于宗教的强大震慑力转向对自身能力的自信。人从神权阴影下的卑微中抬起头来，以自我为中心，信步走到历史的前台，以为世界是为他/她生的。人是主体，世界是客体，作为唯一有理性能力的生物，主体的人总是居于主导地位。可以对世界发号施令。培根就曾十分自信地宣称："世界为人服务，而不是人为世界服务"，通过科学和人的理性管理的世界会变成一个美丽的乐园。所以，尊贵而崇高的人类享有高于一切其他动物的权利，更不用说享有超乎自然界之上的权利，"将人类帝国的界限，扩大到可能影响到的事物"属于再正常不过的事[①]。理性主义和科学主义构成启蒙思想的

---

① [美]唐纳德·沃斯特：《自然的经济体系：生态思想史》，商务印书馆，1999年版，第50—51页。

核心。在启蒙思想家眼中，理性是无所不能的人类进步的原动力。人能够凭借得天独厚的理性能力，从大自然获取所需生存资料，最大限度地满足或实现自己的物质和精神需求。因此，人类生存的积极方式就是永不停息地征服自然和改造自然，这种思想成为人类进入工业社会的精神引擎。工业时代的价值哲学便由此应运而生：科学技术＋效率＝进步的等式把主体的傲慢浓缩于其中。虽然不乏头脑清醒的智者如梭罗等人对人与自然平等和谐关系的畅想，还有浪漫主义大师们对自然及其神奇力量的敬意，但以利润动机驱动的工业社会普遍相信的却是：资源无限，增长无限，利润无限，享乐无限。在1972年罗马俱乐部《增长的极限》报告发表前，对科学技术万能的崇信，对经济会无止境增长的乐观信念成为人类盲目的集体意识的直观表达。这种集体意识构成工业社会生活方式的基础。

二、全球增长的主体模式：资源消耗与浪费

直到上世纪70年代前，世界经济的增长模式可以概括为一句话，这就是：资源的最大限度开发与投入，经济增长速度与资源投入规模成正比。换言之，通过大量消耗资源来增加物质财富。作为生产资料的资源在生产过程中的浪费现象十分普遍，19世纪以来民族国家之间的冲突和战争接连不断，绝大多数都是因争夺资源引起，彼此都想尽可能占有最大数量的资源，却很少思考节约性地利用资源，最大限度地提高资源利用效率。技术进步在欧美发达国家经济增长中的贡献虽然越来越大，如美国经济增长率主要是靠技术创新所获得，其比率约为75％，但基础还是靠资源的投入。广大发展中国家的发展则主要靠大规模的资源投入予以维持，由于技术水平低下，管理落后，这种投入表现为极大的环境破坏与资源浪费，结果往往是山不再青，水不再碧，地不再绿。此外，消费社会的无节制的消费造成的浪费也是十分惊人的，以美国为例，美国人口仅占全球人口总数的近5％，却消耗了全球近50％的工业矿产资源。

美国人平均每年扔掉纸张6000万吨，瓶和罐3800亿个，听盒7600亿个，还有价值500亿美元的金属①。如果整个人类都以美国的消费模式生活，地球的生态系统可能会很快崩溃。然而，现今绝大多数发展中国家事实上正是在以美国为榜样，把追求美国式生活水准作为奋斗的目标或方向。

三、人口爆炸性增长的环境后果

环境问题与人口增长密切相关。在全球人口数量微不足道的时期，环境问题虽已存在，但主要是由自然本身因素所使然。随着人口的增长，人的因素渐渐成为决定性因素。据研究，全球人口总数在100万年前约为125000人，1万年前为532万人，两千年前为13300万人，1950年达到24亿，②随着人类进入21世纪，全球人口数量也突破了60亿大关，并且正以每年8000万左右的速度增加，到2025年，全球人口预期将超过80亿，到世纪中叶，将达到100亿~120亿。新增加的人口主要集中在经济欠发达国家和地区，这些国家和地区的生态环境大多已处在如履薄冰的地步，人口膨胀造成的环境压力十分巨大。表面上看起来，60亿人口只占地球生物物质的0.014%，或动物生物物质的0.44%，这么微不足道的比例不应对地球生态系统构成威胁，但其实不然。人类的规模与它对自然体系的影响力是不成比例的。以发达国家中产阶层的消费水平来看，如果他或她预期寿命为80岁，其一生将消耗掉的物质产品和服务为：80万千瓦时的电，250万升水，2.1万吨汽油，22万公斤钢，1000棵树的木材，同时生产出60吨城市垃圾。③ 事实上，发达国家人口仅占全球人口的10%~15%，如果其余85%~90%的

---

① 刘永涛：《当代美国社会》，社会科学文献出版社，2001年版，第311页。
② L. S. Stavrianos, *The World to 1500: A Global History*. Englewood Cliffs, N. J.: Prentice-Hall, Inc, 1970, P. 183.
③ ［美］欧文·拉兹洛：《布达佩斯俱乐部全球问题最新报告：第三个1000年》，社会科学文献出版社，2004年版，第23页。

人也如此生活,地球将会是什么样?

第三节 中国环境与生态问题

一、客观生态环境

中国陆地面积达到960万平方公里,占全球陆地面积的1/15,仅次于俄罗斯和加拿大,居世界第三位。还有18000多公里的海岸线和辽阔的领海。有着多样化的气候和地形地貌,有丰富的各种地表资源和地下矿藏,但是,中国却有着世界第一、占全球1/5的人口,资源绝对数量虽居世界前茅,但除以13亿人口后,却普遍低于世界平均水平。据统计,我国人均耕地为世界平均水平的1/3,人均森林面积为世界平均水平的1/6,人均草原不到世界平均水平的一半,人均矿产资源也只有世界平均数的1/2。人口数量在中国环境问题上具有决定性的影响,与人口压力相关的森林减少和水土流失在中国历史上早已有之。因此,人口压力与环境问题在中国历史长期发展过程中是两个互相关联的方面,许多历史变迁和现实发展中的问题都与二者千丝万缕地联系在一起。不过,环境问题成为社会关注的对象还是进入20世纪的事。在20世纪20—30年代,上海苏州河的臭味已是引起讨论的问题。1949年前,除上海外,沿海其他一些新兴工业城市如无锡、青岛、大连等由于工业和交通运输发展带来的污染已经达到一定程度。但从全国来看,因现代工业和城市化导致的污染仅是个别和局部的,不具有普遍性。真正具有普遍性的环境污染问题还是建国后,特别是20世纪70年代末改革开放后才逐渐形成的。

目前,我国环境与生态问题总体趋势并不令人乐观。首先,水土流失和荒漠化趋势增强。全国水土流失面积达到367万平方公里,占国土面积的1/3强;荒漠化面积262万多平方公里,占国土面积的27.3%,每年仍以2460平方公里的速度扩大。建国以来的半个多世纪,全国有66.6万公顷耕地、235万公顷草地和639万公顷森林变为沙地①。水土流失和沙化的根本原因在于经济动机驱使下的人的无节制行为，这些行为可概括为滥垦、滥牧、滥樵和滥采四大类②。

其次，大气污染严重。由于中国能源结构中煤占据支配地位，二氧化硫大量排入空中造成严重污染。2005年，中国二氧化硫排放量位居世界第一，达到2549万吨，比2000年增加了27%。中国城市空气质量普遍较差，包括北京、上海在内的主要大中城市近几年一直在最不适合人类居住城市榜上有名。中国是二氧化碳等温室气体排放量仅次于美国的国家。随着汽车时代的滚滚而来，汽车尾气排放造成的污染将加重大气污染的程度。空气污染导致的酸雨已在20多个省市出现，酸雨面积占到了国土面积的30%。

再次，水资源短缺和水体污染严重。中国水资源总量居世界第六，人均拥有量仅为世界平均量的1/4，且分布不佳，主要集中于西南和南方，北方普遍缺水。同时，全国江河湖海和地下水的污染达到了令人震惊的地步。1/4的人口饮用受到污染的不符合卫生标准的水。全国不受污染的水域仅占少数，城市地区的污染最严重，97%的城市浅层地下水受到污染；七大水系中，黄河、淮河和太湖水域70%以上被污染，海河、松花江、辽河流域污染段也在60%以上。1~3类水质的不到30%，36%的城市河段为劣5类水，失去了使用功能。75%的湖泊因氮、磷污染造成富营养化加剧，如滇池虽已投入数十亿治理资金，但仍未改变劣5类水质、为厚厚的绿色漂浮物覆盖的状况。2005年吉林化工厂爆炸造成的松花江污染致使哈尔滨供水出现严重危机是近来最具典型性的水体污染事件。由于污染，许多城市成为"水质性缺水"城市，如有"东方水都"美誉的上海在上世纪末被联合国宣布为水质性缺水城市。此外，海洋污染情况也极其严重。上世纪末调查表明，每天排入渤海湾的工

---

① 刘振英：《中国可持续发展问题研究》，中国农业出版社，2001年版，第77页。
② 樊胜岳、高新才：《中国荒漠化治理的模式与制度创新》，《中国社会科学》，2000，(6)。

业废水达到760万吨,每年有40多吨汞、4000多吨砷、60多吨镉、700多吨铅流入渤海。而渤海和黄海的原油污染面积早在20世纪70年代中期就已达到14400平方公里。严重破坏了该海域的渔业生产。

最后,生物多样性弱化。虽然在过去30多年中,中国政府在保护生物多样性方面在人力物力和财力的投入上年年增加,但濒危物种数量却有增无减。目前我国物种总数为35144种,其中高等植物中濒危或接近濒危的达到4000~5000种,高于世界10%~15%的平均水平。在联合国《国际濒危物种贸易公约》所列的640种世界濒危物种中,中国占1/4,达到156种。

二、对发展思想的误读和粗放式增长的巨大环境资源代价

发展是人类共同面临的长期性课题,特别是发展中国家,由于社会经济落后,对发展的追求更为强烈。中国作为最大的发展中国家,发展的任务尤其紧迫。建国以来,中国一直在为实现快速发展以摆脱贫穷落后处境而作艰苦的努力。在这个过程中,制定了一些影响深远的发展战略和政策,如工业方面的"以钢为纲",农业领域的"以粮为纲"方针,在贯彻执行中产生了不少问题。前者导致如上世纪50年代急于求成的"大跃进"运动,60多万个设备简陋、效益低下的小钢炉、小炉窑、小水电和小水泥厂遍地开花,使矿产和森林资源遭到大范围破坏,造成的资源浪费空前绝后。同时,由于管理混乱,"三废"排放放任自流,致使环境污染迅速蔓延开来。后者因片面追求亩产上"纲要",引发大面积毁林毁草开荒和围湖围海造田,破坏了生态平衡,加剧了水土流失和土壤侵蚀。建国后的30年里,中国损失了1/4的森林。一些省区甚至损失了50%以上。20世纪80年代以来,经济工作成为重中之重,然而,经济建设中出现片面追求指标和数字的唯GDP现象,这些问题说穿了,其实质是对发展的误解,对现代化的肤浅解读。以为发展就是经济增长率,而现代化就是工

业化，甚至于是重工业化。20世纪50年代的全民齐上阵，大炼钢铁运动显然就是源于这样的认识。改革开放时代，强调发展是硬道理，没错，但不少人把它绝对化，理解为为了发展，环境、资源等等的破坏和浪费在所不惜。结果是环境遭到严重破坏，资源的浪费性消耗十分惊人，在不少地方生态系统的创伤已恶化到无法修复的地步，如北方和西北草原的沙化问题就是例子。

简单地说，自建国以来的近60年中，中国经济社会的发展速度举世公认，发展所带来的社会进步有目共睹。特别是改革开放以来1/4个世纪中的巨大变化令人惊叹和折服，创造了世界经济史上飞速发展的奇迹。然而，这一成就的代价是十分巨大的，它是建立在牺牲环境和资源的粗放式增长基础上的。中国要在本世纪中叶进入中等发达国家阵营，必须彻底改变这种难以为继的发展模式。

三、中国环境治理的对策和存在的问题

从20世纪70年代开始，中国政府逐渐意识到环境问题的严重性和环境污染治理的紧迫性，着手进行环境与生态保护方面的政策和法规的制定。特别是改革开放以来，中国政府对环境保护的重视日益增强，1979年试行《中华人民共和国环境保护法》，1989年正式颁行，为国家的环境保护提供了法律依据。与环保相关的法律法规日益系统化，各种政策措施纷纷出台，中长期环境保护战略和计划以及临时性对策一应俱全。从成果看，主要有如下几方面：（1）通过封山育林和飞播造林等在"三北"、长江中上游、黄淮辽珠流域和沿海建造2000多万公顷的防护林，荒山荒地绿化成效明显，全国森林覆盖率提高了1.56个百分点。（2）对水土流失和荒漠化的治理已经成为中国最大的生态系统工程，通过造林、育草和封沙等手段，沙区生态有了改善。一些地区的水土流失得到缓解，如每年进入黄河的泥沙量减少了3亿立方米。（3）为保护生物多样性进行了不懈努力，在全国各地建立一大批规模、种类和层次各异的自然保护区和森林公园，面积达到98万平方公里。（4）加大限制工

业三废排放的力度,扩大治理污染的财政投入度,如淮河、海河、太湖治理都超过百亿;通过西气东输等大型工程的完成,使沿海大中城市逐渐用清洁的天然气代替污染严重的煤气。在"十五"结束时,对三废排放的控制取得了一定成效。如,2004年二氧化硫排放总量为2254.9万吨,仅比2000年增加了13%,烟尘、工业粉尘、氨氮、工业固体废弃物等同比分别下降了6.0%、17.1%、37.5%、43.8%。①(5)大力推动和促进环境产业的发展,如生态农业雨后春笋般地成长起来。工业领域积极倡导循环经济,并通过技术革新和创新努力降低单位产品生产中的能耗,提高效率。(6)逐渐加大环保投资额。1981年为25亿元,为GNP的0.52%;1994年为307.20亿元,为GNP的0.68%。"九五"和"十五"期间的投入进一步加大。而据国家环保总局计划,"十一五"期间,环保投资总额将达到14000亿元,占同期GDP的1.5%以上。②

存在的主要问题有六:其一,法律法规的执行上不能完全到位;其二,国民整体文化教育素质低下导致普遍性的环保意识弱,缺少环境危机意识;其三,急功近利、见利忘义在环境保护中仍然时有发生;其四,由于人口基数过于庞大,形成资源的绝对短缺;其五,与总体技术水平低下相关联的传统生产方式和消费方式,依然在不断向环境加压;其六,基本上仍属于事后治理模式,事前保护意识大多停留在宣传上。

第四节 环境治理与生态修复的几点建策性思考

一、以共同的环境伦理来重塑人地和谐关系

人与人之间的关系需要伦理规范,人与自然界的关系同样需要

---

① http://gov.people.com.cn/GB/46728/53739/53900/3755158.html,2005-10-10.

② http://www.chinanews.com.cn/finance/gncj/news/2006/06-28/750407.shtml.

建立伦理规范。1993年,在美国芝加哥召开了世界宗教会议,会议通过了致力于人类和平与可持续发展的《全球伦理宣言》,呼吁建立一种全球伦理学,其中有四条久经考验的共识为人类行为的指导原则:一种非暴力和尊重生命的文化;一个公正的经济秩序;一种宽容的文化和互相信任的生活;男女间的平等权利与伙伴关系。其中第一条就与人与自然界的和谐相关。同年11月18日,70个国家的1670位科学家,其中包括102位诺贝尔奖金获得者,共同签署了一个声明,赞同通过构建一种新伦理来发动一场运动,以扭转人类现今生存环境恶化的趋势。他们警告说:"如果要避免人类的巨大苦难,如果希望我们在此行星上的全球之家不被无可挽回地破坏……我们看管地球和在它上面的生物的责任需要有大变化",人类对环境的糟蹋和破坏可能引起广泛不利的后果,如"生物学系统不能预知的崩溃……生命世界可能变得不能以我们知道的方式维持生命。"[1]

其实,环境伦理思想并非是当代思想者的突发奇想,早在数千年前的中国和古希腊就有学者作过类似的思考。先秦诸子思想中不难找到人与自然和谐相处的思想记载。如孟子就主张人对大自然的利用和开发要力避破坏性与掠夺性,"数罟不入洿池,鱼鳖不可胜食也;斧斤以时入山林,林木不可胜用也"。[2] 汉代学者董仲舒的"天人合一"论则最贴切地描绘了人与自然和谐相处的图景。所谓"天人合一",有两层意思,一是人由自然生成,应服从自然界的普遍规律;二是自然界的普遍规律与人类的道德关系最高原则是一而二、二而一的关系。换言之,人与自然是一体不可分割的,人依赖自然界生存,在向自然索取中,人有义务肩负起保护自然的责任。

在20世纪中叶美国著名学者阿尔多·利奥波德的环境保护经

---

[1] [美]欧文·拉兹洛:《布达佩斯俱乐部全球问题最新报告:第三个1000年》,社会科学文献出版社,2004年版,第84页。
[2] 《孟子·梁惠王》(上),宋元人注:《四书五经》上,中国书店,1984年版。

典《沙乡年鉴》中，明确提出了作为环境伦理最为核心的土地伦理[1]。土地伦理的核心是人必须改变传统的人与土地之间的主客体对立意识，把土地作为一种具有道德能力的伙伴对待。

简单地说，人类的可持续生存发展需要一种以人与自然和谐相处为特征的环境伦理学。这种伦理学要求人们做到：消除主体与客体二元对立的传统哲学，放弃人类高于自然界的傲慢自大心理，以平等之心善待自然，甚至可以把自然想像为具有人格的伙伴，如《植物的欲望》一书所描绘的那样[2]。有了全球环境伦理学作为行为规范，相关政治经济与社会决策就会高屋建瓴，避免片面性和近视，或为眼前蝇头小利而牺牲长远利益，甚至导致已经百孔千疮的生态系统丧失修复的机会。

捷克前总统、作家哈维尔曾于1990年公开指出，"没有一场人类意识领域的全球革命，一切都不会变得更好……这个世界迎头走向的灾难——生态的，社会的，人口的灾难或文明的总崩溃——将不可避免。"[3] 这不是危言耸听，而是基于现实图景的深刻的忧患思考。改变观念是人类摆脱困境的第一步，形成并接受共同的环境伦理规范是其方向。

二、全球环境政策的完善与落实

1972年，联合国在斯德哥尔摩召开人类环境会议，会议通过的《只有一个地球》和《人类环境宣言》成为全球可持续发展的第一块基石。这两个报告明确提出要"重建地球上的秩序"，号召人类在共同的看法和共同的原则基础上去"保持和改善人类环境"。

---

[1] ［美］奥尔多·利奥波德:《沙乡年鉴》，吉林人民出版社，1997年版，第191—214页。

[2] ［美］迈克尔·波伦:《植物的欲望：植物眼中的世界》，上海世纪出版集团，2005年版。

[3] ［美］欧文·拉兹洛:《布达佩斯俱乐部全球问题最新报告：第三个1000年》，社会科学文献出版社，2004年版，第145页。

1987年，联合国下属的"世界环境与发展委员会"发表了《我们的未来》报告，首次提出了可持续发展概念（sustainable development），产生了深远影响。

1992年，联合国在里约热内卢召开环境与发展大会。共有170多个国家派代表出席会议。会议通过了《里约环境与发展宣言》和《21世纪议程》两个纲领性文件以及《关于森林问题的原则声明》，签署了《气候变化框架公约》和《生物多样性公约》。这是人类环境史上的一次盛会，它把可持续战略和行动推进到了一个新阶段。

1995年柏林会议，为工业化国家减少温室气体排放确定了时间表；1996年日内瓦会议，批准了柏林会议所通过的文件，石油输出国组织不再反对为减少温室气体排放所采取的行动；1997年京都会议通过《京都议定书》，要求发达国家减少温室气体排放量；1998年布宜诺斯艾利斯会议、1999年的波恩会议和2000年的海牙会议，主要讨论贯彻执行《京都议定书》问题；2002年G8峰会的主题仍然是讨论落实《京都议定书》问题。2005年开始了第二轮减少温室气体排放的谈判，计划在2008—2012年间兑现《京都议定书》所规定的温室气体排放数量。最后结果如何，只能拭目以待。

可以看出，联合国在环境保护上在推动相关国际合作方面一直在进行不懈努力，但从围绕《京都议定书》的批准上的矛盾和对立不难发现，阻力重重。其中最关键的国家美国对《京都议定书》的态度从克林顿时代的拖延到小布什时期的拒绝，使这一文件的落实一波三折。美国政府对减少温室气体排放计划的立场实际上反映了美国企业界的态度，因为这直接影响到它们的利益。甚至如美国国家航空航天署也是京都文件的反对者，当其气候专家试图谈论温室气体排放与全球变暖问题时，该部门和白宫对他施加压力让他沉默[1]。一句话，民

---

[1] Andrew C. Revkin, "Climate Expert Says NASA Tried to Silence Him", New York Times, 2006-1-29.

族利己主义是妨碍国际合作的渊薮。

因此，如何使相关国际协议落实和完善是全球环境保护工作向前推进的关键，其中最为重要的是排放大国要有勇气承担起责任，严格遵守国际义务，把温室气体排放量控制住，并稳步减少，在资源利用等方面也是如此。发展中国家同样要严格履行国际条约义务，展开国际合作，立足于国情，探索出具有自身特色的可持续发展之路。

三、促进环境保护与生态修复的国际合作

环境问题是人类社会共同面临的难题，在当今世界，绝大部分环境问题都是跨国界的全球性问题。如大气污染、土地荒漠化、海洋和江河水体污染、放射性物质污染等等，不是跨国性的不多见。具体如中国每年春天北方和西北地区的沙尘暴，不仅对中国相关地区造成严重空气污染，同样也给邻近国家造成污染，甚至在美国加利福尼亚上空也检测到了来自蒙古高原和西伯利亚途经中国的沙尘粒子；法国每年有 12.4 万吨的硫沉降来自德国，而法国亦产生 16.7 万吨硫降落德国；加拿大每年所降酸雨的 50% 来自美国。环境污染的全球化早已是不争的事实。这就决定了环境保护与治理的有效性赖于跨国界的双边和多边合作。目前中国在河北、内蒙等地防沙治沙中与周边的日本、韩国等国的合作就是生动的例子。由于环境问题是长期性的难题，临时性的国际合作虽然不可少，但长期性的合作更为重要。这需要相关国家通过双边或多边政府间国际组织或非政府国际组织等通力合作，构建完善的合作架构与平台，密切协作，才能稳步开展工作，获得回报。

可以肯定，只要全球能够奉可持续发展理论为圭臬，真正形成人与环境一体的共识，并有效地建立起长期协作或者合作机制，从根本上改变消费社会习以为常的导致资源严重紧张的过度消费导向，接受一种节约型的、人与自然伙伴型关系的、真正健康的生活方式，那么，我们既可以为自己创造一个优美的家园，又可以为子

孙后代留下一份可以发扬光大的基业，使复活节岛的悲剧①不在人类未来命运中重演。

参考文献：

[1] ［美］欧文·拉兹洛：《布达佩斯俱乐部全球问题最新报告：第三个1000年》，北京：社会科学文献出版社，2004年版。

[2] 世界环境与发展委员会：《我们共同的未来》，长春：吉林人民出版社，1997年版。

[3] ［美］迈克尔.T.克莱尔：《资源战争：全球冲突的新场景》，上海：上海译文出版社，2002年版。

[4] ［美］戴斯·贾斯丁：《环境伦理学》，北京：北京大学出版社，2002年版。

[5] 孙周、李若梅：《中国环境问题》，郑州：河南人民出版社，2000年版。

[6] 王尚银主编：《中国社会问题研究引论》，杭州：浙江大学出版社，2005年版。

[7] 刘振英：《中国可持续发展问题研究》，北京：中国农业出版社，2001年版。

[8] 黄忠晶、李弘毅主编：《当代中国社会问题研究》，银川：宁夏人民出版社，2001年版。

[9] ［美］唐纳德·沃斯特：《自然的经济体系：生态思想史》，北京：商务印书馆，1999年版。

[10] ［美］奥尔多·利奥波德：《沙乡年鉴》，长春：吉林人民出版社，1997年版。

[11] ［美］迈克尔·波伦：《植物的欲望：植物眼中的世界》，上海：上海世纪出版集团，2005年版。

[12] ［美］安塞尔.M.夏普、查尔斯.A.雷吉斯特、保罗.W.格兰姆斯：

---

① 复活节岛，位于南太平洋东部，属于智利。在波利尼西亚人移居前，该岛森林密布，动植物种类繁多，各种资源十分丰富。然而，经过无数世纪的掠夺性开发利用，到近代欧洲人发现它时，它已经成为一个荒凉岛屿，只有岛上巨大的石雕像默默无语地铭刻下曾经发生过的文明故事。

《社会问题经济学》，北京：中国人民大学出版社，2003年版。
[13] 雷切尔·卡逊：《寂静的春天》，长春：吉林人民出版社，2004年版。
[14] 刘永涛：《当代美国社会》，北京：社会科学文献出版社，2001年版。
[15] 宋元人注：《四书五经》上，北京：中国书店，1984年版。
[16] 孙嘉明、王勋：《全球社会学：跨国界现象的分析》，北京：清华大学出版社，2006年版。
[17] Carolyn Merchant, *Radical Ecology: The Search for a Livable World*. New York: Routledge, 1992.
[18] Michael E. Zimmerman, *Contesting Earth's Future: Radical Ecology and Postmodernity*. Berkeley and Los Angels: University of California Press, 1994.
[19] Jeffrey Jacob, *New Pioneers: The Back-to-the-Land Movement and the Search for a Sustainable Future*. University Park, Penn.: Pennsylvania University Press, 1997.
[20] L. S. Stavrianos, *The World to 1500: A Global History*. Englewood Cliffs, N. J.: Prentice-Hall, Inc., 1970.
[21] D. Goldblatt, *Social Theory and the Environment*. Cambridge: Polity Press, 1996.
[22] J. Hannigan, *Environmental Sociology: A Social Constructivist Perspective*. London: Routledge, 1995.
[23] E. Grove, *Ecology, Climate and Empire: Colonial and Global Environmental History 1400 − 1940*. London: White House Press, 1997.

第2章 全球移民问题

第一节 移民的分类与社会影响

一、移民问题的由来

什么是移民？移民也称为人口迁移，一般的权威工具书的解释是：(1)移民是一种人类社会现象，指从一个地方迁移到另外一个地方或国外永久定居的行为；(2)指一个地区或国家向另一个地区或国家迁移的个人或居民群体。简单说来，移民的涵义包括迁移行动和迁移者两个方面。因此，所谓移民，就是指人类社会在不同地理范围内的迁移行为和迁移者。

移民是一种古老的社会现象，从某种角度讲，人类历史就是人类各个群体在全球不断迁移的过程。人类从东非大裂谷流向世界各地，在迁移中生存下来，在大地的各个角落创造出各具特色的文明和生活方式[1]。而促使个人和群体移民他乡的动因是十分复杂的，既有经济的原因，也有政治、军事、宗教和文化原因。移民背景的复杂多样，使移民问题和其他种种社会问题相联系，对移出地和移入地社会的影响是十分深广的。特别是现当代的移民潮，对相关国家和地区的冲击是十分巨大的。"现在，世界上几乎没有什么国家或地区没有输入和输出劳动力。"[2] 人口的流入和流出构成全球社会日常生活的重要组成部分，也同时成为全球社会问题的一个不可忽略的方面。与此同时，全球性移民的迅速增长所揭示的不仅仅是移民本身的问题，它与全球众多社会问题紧紧地联系在一起，如跨国

---

[1] 关于人类起源问题，学术界有多种观点，其中在国际学术界最为流行的是人类共同起源于东非大裂谷，本书故同此说。

[2] [英]戴维·赫尔德等：《全球大变革：全球化时代的政治、经济与文化》，社会科学文献出版社，2001年版，第413页。

经济关系，全球社会网络问题，市场与国家利益，财富的两极化，经济发展与环境压力，全球化与地方矛盾，国家公民与全球公民的冲突，自下而上和自上而下的全球化对立，个人权利与群体利益，一元文化与多元文化以及现代性与后现代性的碰撞等。

二、移民的类型学分析

在移民问题研究中，国内外学术界不同程度地对移民类型给予了关注和探索，在这些研究成果基础上，从不同的角度出发，我们可以把移民分类如下：

（一）内部移民与外部移民

从地理上划分，可分为内部移民与外部移民两种。所谓内部移民，指的是一国之内的人口迁移运动。外部移民则相反，指的是跨国界的人口迁移运动。无论是从历时性角度还是从共时性角度看，内部移民是移民主体，但外部移民对国家政治经济文化和社会生活的震荡是最大的，因此，从全球化和全球社会的角度看，我们着重关注和研究的应该是跨国移民或外部移民现象。

（二）向心移民与离心移民

向心移民，指一国或一个地区内，人口向该国或该地区政治经济文化中心迁移和集聚的现象。离心移民则是指一国或一个区域内居民背离政治经济文化中心地区的反方向迁移行动。历史上由于和平稳定和经济繁荣等引起的人口向经济政治文化中心聚集运动是向心移民的主要特征，工业化过程中，农村人口涌入城市成为典型的向心移民运动。相反，由于战争和军事政治安排导致的人口向边远地区扩散则是常见的离心移民现象。20世纪中后期在欧美发达国家开始出现的逆城市化运动则是现代最具代表性的离心移民运动。

（三）精英移民与大众移民

所谓精英移民，在工业时代以前主要指军事、政治和宗教等领域的贵族迁移活动，一般表现为"国家和帝国边缘地区的军事征服，同时伴随着贵族及其追随者向更广大地区的移民。这种精英迁移也可能伴随着传教士、商人和官僚等精英迁移以及定居的游牧者和农民迁向新的、人口较少的地方的民众迁移。"① 在当代则主要包括两种人：一是知识移民，二是资本移民。前者一般指掌握专业技术的高级技术和工程人员；后者指拥有相当资本的投资者。而大众移民则是指精英移民之外的迁移者。有史以来，大众移民构成了移民群体的绝大部分，是人类迁移和文明交融的主体。在现代，虽然接受移民的国家越来越多地限制大众移民，把移民准入门槛提高到只有精英群体才能跨入的水平，但通过合法或不合法手段进入的大众移民仍占移民总数的最大多数。精英移民与非精英移民是对移民现象进行定性研究的重要依据，因为它直接关系到移民规模及其强度的判断。

（四）强制移民与非强制移民

所谓强制移民，顾名思义是指非自愿性的迁移活动，如历史上许多文明社会都普遍存在的因政治战略和军事行动需要而进行的强制民众向边境集体迁移，或对违法犯罪者和政治失信者进行的流放安排。另外，由于政治、宗教与民族压迫等造成的难民潮也属于强制性移民，如古代犹太人被迫在全世界的流浪，近代印第安人在白人西进中被迫西迁，中东地区几次阿以战争导致大批巴勒斯坦人背井离乡，等等。同时，在强制移民中，须注意存在一种政策移民，即政府出于政治经济和社会发展战略考虑，将国内某个地区的居民大部或全部迁移到其他地区，如中国的三峡工程使三峡库区数百万居民离开故土，迁移到长江中下游地区。非强制移民则是与强制移民相对应的概念，如战后以来美国国内东部和北部地区居民向西部和南方阳光地带的迁移浪潮，改革开放以来中国大陆西部和北部人口向东部和南部经济发达地区的流动，显然就是典型的非强制移民运动。

（五）经济移民与政治移民

所谓经济移民，是指由于经济原因或出于经济目的而发生的迁

---

① ［英］戴维·赫尔德等：《全球大变革：全球化时代的政治、经济与文化》，社会科学文献出版社，2001年版，第393页。

移行动和迁移者，如许多国家内部普遍发生的落后地区居民向经济发达地区迁移，战后全球不发达国家和地区向发达国家和地区的大规模移民浪潮就是例子。政治移民则是指由于政治原因或出于政治目的而进行的迁移活动及迁移者。如因持不同政治见解在原居住地受到政治迫害或承受政治压力而到他国寻求政治庇护的政治避难者，或因国内军事与政治斗争失败而流亡国外者，这些移民可能是永久性的，但更可能只是暂时性的。

（六）永久移民与非永久移民

移民还可分为永久性和非永久性两种。永久性移民指永久性离开原居住地不再回归的迁移运动和迁移者，如17世纪跨越大西洋前往美洲的清教徒就属于永久性移民，当代许多跨国移民并成功获得目标地国籍者也是永久性移民。非永久性移民则是指暂时离开原居地的移民和迁移活动。世界各地的难民大部分都属于非永久移民，一般在原居地战争、动乱、灾荒、瘟疫等消弭后就会回去，例如阿富汗战争结束后，大多数难民就从周边国家返回家园。

三、跨国移民的双向影响

对接受国的影响：（1）提供了社会经济发展所必需的劳动力。历史上美国的西部开发，特别是铁路建设时代的速度奇迹，与欧洲源源不断的爱尔兰等国移民和数十万中国劳工的辛勤工作密不可分。20世纪中后期海湾地区的石油业同样建立在亚非众多国家移民劳工的汗水中，如果没有他们，科威特、沙特阿拉伯和其他中东产油国的滚滚财富根本无从创造出来；（2）带来了接受国发展所需的相当大部分的资本。在每个时期，移民群体中总或多或少有一定比例的以投资为目的的亚群体，他们为目的地国家和地区带去了发展或开发急需的资金，促进了相关产业的发展；（3）促进接受国科学技术的发展与进步。从早期开始，技术移民就是移民队伍中一支备受重视的力量，他们以其独特技艺或新颖经营理念为移入地的建设作出了无可争议的贡献。以美国为例，如果不是大批欧洲科技人才在20世纪30年代来到美国,"曼哈顿计划"的成功是不可想象的。仅仅在1949—1969年的20年间,从发展中国家移民美国的高级人才就达到14.3万人,他们为美国至少创造了630亿美元的财富。20世纪60年代"阿波罗计划"的成功是他们的集体智慧和汗水所浇铸的;(4)大大丰富和发展了接受地的文化。由于移民来自世界各地不同民族和不同文化,他们在工作生活中往往会呈现出对本民族文化与主流文化的双重认同,即在接受主流文化的同时,会自觉不自觉地与自己的母文化有机结合和融汇在一起。另外,移民的到来会导致跨种族婚姻和家庭数量的增加,有效推动不同文化间的交流、理解与融合。在日本,1970年国际婚姻只有5546个,占当年婚姻总数的0.5%,但到2000年已达到36263个,占当年婚姻总数的4.5%,增长了6倍半。[1] 2004年,美国每15对夫妻中有1对为跨种族婚姻。在跨种族或跨国婚姻稳步扩大的过程中,主流文化日益趋于多调多色化。

对输出国的影响:从积极因素方面看,在一定程度上减轻了社会经济负担;移民寄回的大量外汇为民族经济发展提供了重要的资金支持,如亚洲的菲律宾、土耳其和巴基斯坦等国,在经济发展过程中移民劳工寄回的外汇成为支撑发展的重要资本源;部分移民把先进的技术和管理经验等带回国,有利于本国社会的发展与进步;促进了与移民对象国之间的经济政治和文化联系与交往。从消极因素方面看,主要表现在三个方面:其一,许多中高层次人群从欠发达国家迁移到发达国家,使人才资源十分有限的欠发达国家和地区在人才竞争中处于更加被动和不利地位。技术人员向那些劳动力丰富和收入高的国家的流动加剧了国际不平等,因为"资本贫乏地区持续的人才外流剥夺了这些地区用于劳动力社会再生产的投资中的大部分。"[2] 如前述14万多高级人才

---

[1] 《青年参考》2002年3月22日。
[2] [美]詹姆斯·H. 米特尔曼:《全球化综合症》,新华出版社,2002年版,第76页。

移民美国，为美国创造巨额财富的同时，却对输出国产生了严重影响，其中仅教育费用损失就达到 50 亿美元。世界最贫困的非洲地区人才流失对社会经济发展造成的影响尤其严重。联合国教科文组织在上世纪 90 年代初对非洲 25 国的调查表明，由于人才流失，教科文卫事业人才匮乏现象极为突出，一些国家大学师生比达到 1：50，个别学校缺员达 80％。科特迪瓦城市地区平均 7 万人有 1 名医生，乌干达东部地区 400 万人口只有 1 名外科医生。为弥补真空和缺额，各国政府不得不高薪从国外聘请专业人员，每年非洲花在 10 万外国专业人员身上的费用在 80 亿美元以上，如果改用本国专业人员，可降低成本 30％～50％。① 其二，部分资本移民的迁移导致不少国家有限的资本流向国外，加剧了资金短缺的严重性。以拉丁美洲为例，自上世纪 80 年代开始，出现了一个十分反常的经济社会现象：作为发展中国家和地区，本应是国际资本的输入地，但却出现资金输出远大于输入的状况，除拉美地区社会环境的差强人意因素外，腐败问题在其中占有相当的比重。结果是，一方面发展所需资金十分匮乏，另一方面却是国内有限资本源源不断流出，导致社会经济发展跌进停滞不前的"陷阱"。其三，合法和非法移民渠道的存在，客观上为一些国家腐败分子潜身藏影提供了可行的选择和出路。如中国大陆改革开放以来一些腐败分子携带巨额非法所得亡命海外的案件时有发生，据估计，每年流向国外的非法所得平均在 200 亿美元以上。虽然可以通过国际合作依据国际法进行引渡，但由于各国司法程序不同，定罪和事实认定上存在歧异，要成功引渡一个犯罪分子，费时费力，成本巨大，如赖昌星案就是这样，直到今天，能否成功引渡仍是未知数。可以说，有相当一部分腐败分子现今依旧在国外逍遥法外。

---

① 《光明日报》1993 年 7 月 27 日。

第二节 当代移民潮的特点与根源

一、当代移民潮的特点

第二次世界大战的结束开启了当代移民潮的序幕。在东西半球和南北半球之间,在各大洲之间,在发达国家与不发达国家之间,在发达国家与发达国家之间以及发展中国家之间的移民现象日益普遍。从宏观上看,战后以来全球移民潮的特点如下:

其一,移民规模十分巨大,且呈多方向多层次性。1914 年前的一百年,全球移民总数约为 8500 万,其中包括 6000 万迁居美洲、大洋洲、东非和南非的欧洲人,1000 万东迁西伯利亚和中亚的俄罗斯人,1200 万移居东南亚的中国人,150 万移居东南亚和东非南非的印度人以及 100 万移居北非的南欧人。1945 年后,国际移民规模远远超过这一水平,并且增长迅速。到 20 世纪末,全球移民人数已经达到全球人口的 2% 以上。[1]

其二,美国和西欧国家构成移民大潮行进的主要目的地。从 1965 年到 2000 年,移居美国的人口达到 2300 万,大多来自拉美和亚洲[2]。同一时期,进入欧洲西部的移民也超过了千万人。1950 年,欧洲外来移民为 510 万,只占欧洲人口的 1.3%,1990 年则增至 1660 万,占欧洲人口的 4.5%。[3]

其三,处于世界经济体系同心圆外围的亚非拉广大地区是移民的基本输出地。如果说第二次世界大战前欧洲国家构成了全球移民的主体的话,战后情况则发生了根本变化。广大南方国家成为全球

---

[1] [美]詹姆斯. H. 米特尔曼:《全球化综合症》,新华出版社,2002 年版,第 71 页。

[2] U. S. Immigration and Naturalization Service, *2000 Statistical Yearbook for the Immigration and Naturalization Service*, http://uscis.gov/graphics/shared/aboutus/statistics/yearbook2000.pdf.

[3] [英]罗宾·科恩、保罗·肯尼迪:《全球社会学》,社会科学文献出版社,2001 年版,第 295 页。

移民的主要源头。战前欧洲人口向南北美洲和其他地区的输出在战后逐渐停止，欧洲反过来成为移民接受地区，来自南美、东南欧、西亚和非洲的移民成为战后欧洲经济腾飞的动力和支柱。

其四，许多国家呈现出输出输入双重身份。如日本、韩国和拉美的一些国家。当大批日本人向北美和拉美地区迁移时，来自东南亚和拉美的移民虽然数量有限，但却构成了日本历史上一个重要的外来移民源。拉美本身同样，既是亚洲移民的目标地之一，又是北美外来移民的主要源头。

其五，由亲属等形成的社会网络或社会资本在移民过程中具有不可或缺的作用。国外有关国内移民和跨国移民的大量研究表明：移民过程大多通过亲属网络和社会网络来策划和安排。澳大利亚沃隆贡大学社会变迁和紧急情况研究所的斯蒂芬·卡斯尔斯教授明确指出："大部分移民在跨国社会网络中发生，这种网络将相隔遥远的家庭和社区连结在一起。"[①] 美国社会学学者塔玛·戴安娜·威尔森则通过对美国墨西哥移民的长期调查研究和对墨西哥境内哈利斯科州进行的跨国移民问题研究，发现了移民网络的运作机制与规律：(1) 移民网络具有多区域性特征；(2) 工作场所和工作类型是移民网络的落脚点；(3) 移民网络扩张过程中"弱关系的力量"具有重要意义；(4) 作为社会资本的松散网络；(5) 作为社会资本的紧密网络。这五个方面是相互关联的。[②]

其六，精英移民日益成为合法移民的主体，大众移民则日益被挤向非法渠道。以美国的拉美裔移民为例，据美国皮尤拉美裔研究中心主任罗伯托·苏罗估计，其中有 35%～45% 为非法移民。[③] 战

[①] [澳] 斯蒂芬·卡斯尔斯：《全球化与移民：若干紧迫的矛盾》，见中国社会科学杂志社编：《社会转型：多文化多民族社会》，社会科学文献出版社，2000 年版，第 245 页。

[②] [美] 塔玛·戴安娜·威尔森：《弱关系、强关系：墨西哥移民中的网络原则》，《思想战线》2005，(1) 第 46—55 页。

[③] Simon Romero and Janet Elder, "Hispanics in U. S. Report Optimism", *New York Times*, 6 August, 2003.

后以来美国的移民政策基本上就是沿着保障精英移民畅通无阻这条主轴进行调整的。

二、当代移民潮的根源

是什么力量推动全球性移民潮涨潮落的呢？原因还得从移民输出国和输入国两方面谈起。首先，发达国家战后以来经济的快速发展需要从国外引进劳动力以弥补国内劳动力市场的相对匮乏。众所周知，上世纪从1950年至1974年的约1/4个世纪的时期，世界经济经历了一个长周期的快速发展，被经济学家称为经济史上的"黄金时代"。除个别例外，几乎所有欧美发达国家都受惠于这一波发展浪潮。然而，与经济飞速发展相反，人口的增长却日益趋缓。西欧的德国、瑞士等甚至出现人口负增长的趋势，法国虽然有戴高乐式的民族主义强力推动，但出生率也仅维持略微高于死亡率的水平。出生率不断下降引起的最直接后果是，劳动力的短缺很快显现出来，成为社会经济进一步增长的制约，引进外籍劳工势成必然。以欧洲为例，20世纪50年代外国移民数量仅为本地人口总数的1.5%，到1990年后扩大到4.5%，增长了3倍。①

其次，发展中国家的巨大人口压力客观上要求通过输出人口以减轻重负。战后以来全球移民潮中的绝大多数移民提供国都是人口众多的国家，如南亚的印度和巴基斯坦，东南亚国家，东亚的中国和韩国，中南美洲的墨西哥和加勒比海诸国，西部非洲和北非的一些国家，人口压力一直是历史性的难题。

再次，经济欠发达国家和地区普遍的贫困推动社会中低层阶级移民国外谋生。虽然移民群体遍及世界各地，几乎所有民族国家都存在迁出迁入现象，但迁出远远大于迁入的基本上是那些经济社会发展较落后的国家和地区，通过移民谋求改变或改善经济困境成为

---

① ［英］罗宾·科恩、保罗·肯尼迪：《全球社会学》，社会科学文献出版社，2001年版，第295页。

迁出的首要动机。

最后，战后绝大部分第三世界国家和地区长期处于内战频仍和社会动荡中，直接间接地构成了向外迁移的持久动力。如北部非洲的伊斯兰国家，不仅社会下层为谋求改变经济困境向外移民，经济上成功的中产阶级也纷纷走向移民之路，原因是国内社会动荡不已，缺乏安全感。拉丁美洲也有相类似的情形。另外，许多国家政治经济制度和文化体制上的专制则是促成社会中上层移民国外的重要因素。

第三节　非法移民问题

一、全球非法移民状况

所谓非法移民，指通过各种不合法的手段和渠道移居他国的行为和人群。非法移民和合法移民一样，主要迁移目的地是北美洲和西欧经济发达国家和地区，因而成为这些国家和地区的突出社会问题之一。据英国政府移民与国籍管理局2000年的估计，全球每年非法进入他国者有3000万人之多[1]。目前，每年非法进入北美和西欧的移民人数没有精确统计数字，但数量不少。以美国为例，大量非法移民进入美国是1965年移民法通过以后的事。因为之前美国没有全国性限制或移民入境的法律，只有几个州对此略有限制。1965年相对宽松的移民政策、更加便捷的交通手段和各种促进移民进入势力的活动加在一起，导致非法移民成为一种严重社会问题。美国边境巡逻队捉住的企图非法入境人数，20世纪60年代有160万人，80年代达到1190万人，90年代1290万人。现在每年进入美国的非法移民估计不下百万。在20世纪90年代进入美国的移民中，约四分之一是非法移民[2]。另外，有人估计，1975年进入美国的墨西哥人中2/3是

---

[1] *Economist*, 24 June 2000, p. 63.
[2] [美]塞缪尔·亨廷顿：《我们是谁？美国国家特性面临的挑战》，新华出版社，2005年版，第186、149页。

非法移民①。美国人口迁移研究中心的研究显示，美国现有非法移民 1200 万，其中墨西哥人占 620 万，其他拉美国家的移民为 250 万。非法移民中，有一半的人没有高中毕业文凭，他们在制造业的就业比例占 20%，在饮食娱乐业占 16%，在建筑业占 13%，此外还有 11% 从事管理和专业技术工作，从事农业的 4%。②

在欧洲，来自亚洲和东欧的非法移民令欧盟大伤脑筋。2005 年欧洲发生了两起令人震惊的事件。一是 11 月巴黎郊区发生种族骚乱并扩大至法国全境；二是 7 月英国伦敦遭受了有史以来最严重的连环爆炸式恐怖袭击，共造成 700 多人伤亡。这两起事件的肇事者都是本地土生土长的第二代青少年移民。这令许多欧洲人感到苦恼，同时令人思考。

据不完全统计，欧盟 3.8 亿人口中，外来移民达 1700 多万，占人口总数的将近 5%。其中德国的移民是 740 万，占人口总数的 8.9%；法国为 480 万，占人口总数的 6.3%；英国的这一比例为 3.8%，均超过了欧盟的平均数。另外，非欧盟成员国瑞士的移民占人口总数的 19%，为欧洲国家之最。

大量外籍工人进入欧洲。这一代移民为了养家糊口，高高兴兴地干苦力，与当地人相安无事。他们当中的许多人不会讲当地语言，长期生活在自己的文化氛围内，去自己的清真寺，看祖国的电视节目。然而他们的下一代则完全不同：他们出生在当地，能熟练地讲当地语言，大多受过基础教育，但仍很难得到一份像样的工作，多数人还是干当地人不愿干的脏活、累活，有的甚至失业。感到社会不公正的年轻一代移民往往采用暴力发泄其强烈不满。

总的来说，来自世界各地的移民对当地社会和经济发展做出了重要贡献。如德国 GNP 的 9% 为外籍工人所创造。在慕尼黑这样

---

① Edmonston and Passell, eds., *Immigration and Ethnicity: The Integration of America's Newest Arrivals*. Washington D. C.: Urban Institution Press, 1994, p. 8.
② 《华盛顿观察》：非法移民问题凸现美国社会裂缝。http://www.chinanews.com.cn/news/2006/2006-04-01/8/711108.shtml.

的大城市，72%的环卫工人是外籍工人，护理人员的37.6%是外国人①。但同时，过多的外来移民也给欧洲的社会福利、社会治安带来了强烈的冲击。此外，当地人出生率降到历史最低点，而外来移民的出生率较高，占欧洲人口的比例也越来越大。这引起当地国民的不安和恐惧。有人担心，不久的将来，外来移民人数会超过当地人口，长此以往，西方价值观和生活方式将会有所改变。近年来，欧洲极右翼政党就是抓住选民的这种心理，高举"反移民"大旗，推崇种族主义，从而赢得了中下层选民的支持，在政坛上异军突起。

推动非法移民冒险偷渡和越境的最重要的因素还是经济。以美墨两国比较，2003年，墨西哥人均GDP仅为美国的1/9～1/10，若这一差距被消除，或者缩小至1/3，墨西哥非法移民冒险越境的动力就会大大减弱。而现实是，沿美墨边境线墨西哥一侧的400万居民是墨西哥收入最高的人群，而另一侧美国境内的200万居民虽是美国收入最低的群体，但明显比墨西哥一侧收入最高群体要高得多。②而北非马格里布国家的穆斯林之所以源源不断地向西欧迁移，同样也主要源于地中海南北的经济差异，西欧国家人均收入大约是北非地区的10倍，这使西欧像磁石一样吸引着隔海相望的非洲居民。撒哈拉沙漠及以南国家4亿多人口，而经济总量却只相当于数百万人口的比利时，这也能说明为什么中南部非洲是世界上移民人口最多的地区。

二、非法移民带来的社会问题

非法移民在全球移民运动中是个最具热点性质的问题，因而是相关国家和社会高度关注和重视的对象。非法移民对相关国家和地区的影响是多方面的，首先，增加了输入国的社会负担。由于非法

---

① 孙嘉明、王勋：《全球社会学：跨国界现象的分析》，清华大学出版社，2006年版，第91页。

② 钱浩：《美国西裔移民研究——古巴、墨西哥移民历程及双重认同》，中国社会科学出版社，2002年版，第90—91页。

移民大多是低教育层次和低技能的体力型劳动者,而欧美经济发达国家劳动密集型产业已基本处于消失状态,他们的到来很难找到适合他们能力的工作,而目的地国家各级政府出于人道主义考量,不得不为他们提供最基本的生存条件。长此以往,各国地方政府深深感到不堪其负。

其次,扩大了贫困社会阶层的层次与数量。在西方发达国家,贫困问题往往与移民特别是非法移民紧密相连。以美国为例,"任何有关美国贫穷问题的讨论,都会涉及移民问题。"哈佛大学肯尼迪政府学院经济及社会政策教授波查斯的解释是,两者之所以有关联,"是因为美国越来越多的穷人是外国出生的人,而且不合比例的,很大数目的移民都从高中辍学。"他认为,移民和贫穷问题几乎可以划等号,其中一个主要的原因是,至少有1/3的移民是来自墨西哥。"墨西哥裔教育水平较低,受过少于8年教育者占很大比例,有很多人更只有3至4年的学历,少数人甚至没有受过教育。""因此,移民对劳工市场可以有很重大的影响。在过去20年,高中辍学者的工资,已经下跌5%至8%。"①

再次,加剧了接受国文化冲突与矛盾。以美国为例,虽然源源不断的一代又一代移民的到来为美国的发展和壮大提供了人力资源,但由于移民文化背景的多样性,使主流文化与众多民族亚文化之间不可避免地出现矛盾。如人口快速增长的墨西哥拉美裔移民存在远比其他民族更强烈的本民族文化认同。在邻近墨西哥的美国西南部地区,从加利福尼亚、新墨西哥、亚利桑那到得克萨斯等州,讲西班牙语的墨西哥裔居民数量急剧增长,大有压倒其他族裔之势。以美国西部最大城市洛杉矶为例,2000年拉美裔人口占全市总人口的46.5%,按目前的发展速度,到2010年将达到60%以上②。他们中有相当多的人拒绝美国主流文化,特别是

---

① 《美国贫穷与移民问题不可分》。中国侨网,2005年11月8日。
② [美]塞缪尔·亨廷顿:《我们是谁:美国国家特性面临的挑战》,新华出版社,2005年版,第188页。

墨西哥裔移民。据1990年代中期的调查，墨西哥裔美国人是美国所有族群中认同美国身份比例最低的群体，他们中存在一股抵制同化于美国主流文化的强大亚文化独立意识，这最突出地表现在以维护西班牙语为核心的拉丁文化和生活方式而发起的奇卡诺运动的方兴未艾上。这一运动的宣言公开其政治目标为：在美国西南部从加州到得克萨斯的广大地区建立一个名为"阿兹特兰"的国家①。在欧洲，穆斯林人口的迅速增长同样带来了诸多文化冲突问题。而在移民人数很少的日本，除来自朝鲜半岛的韩国侨民外，来自拉美的日本血统移民抵抗同化的文化矛盾也普遍存在②。

又次，增加了就业压力和与目标国居民的紧张关系。虽然大部分移民到达目标国后，基本上从事一些繁重和低薪的工作，对接受国居民的影响很有限。但是，由于移民大多吃苦耐劳，在陌生的土地上为生存而顽强奋斗，因而有相当一部分人获得了成功，甚至取得了令人瞩目的成就。作为少数群体自然会显得十分突出，让接受国居民，特别是经受结构性失业痛苦折磨的人产生错觉，以为失业是因为移民抢走饭碗所致，加上一些工会领袖和部分政客的添油加醋的发挥和鼓号，对移民的敌视就形成一定的社会氛围，进而影响着社会政策的制定。美国目前反对非法移民最积极的就是工会和中低阶层人员，原因就在于他们是高技术社会中受失业威胁最大也最难再就业的弱势群体。

最后，对输出国和地区也产生了一些消极影响。影响之一是，造成广大发展中国家社会经济发展迫切需要的技术人才大量外流，即所谓脑力流失。如印度虽然每年培养的软件人才居世界第二，但大多流向美国等发达国家；中国自改革开放以来也有数十万高级人才流出。中国和印度等国家虽然人口众多，但却每每感到人才不敷发展之需。中国北大、清华等一些高校每年都有大批量的毕业生和

---

① 钱浩：《美国西裔移民研究——古巴、墨西哥移民历程及双重认同》，中国社会科学出版社，2002年版，第337—338页。
② [日] 广田康生：《移民和城市》，商务印书馆，2005年版，第一章。

未毕业生出国留学,其中大多数学成不归。尽管近来随着中国经济的迅速发展和中国实力的增强,学成归国人数日益增多,但仍未根本改变大多数长期居留海外或入籍成为永久移民的状况。影响之二是,非法移民的有增无减已经成为影响双边和多边国家关系的持久性因素。例如,近些年来美国与墨西哥政府之间纠缠不休的一个重要问题就是非法移民问题。

三、相关国家的对策

从总体上看,各个国家或政府在移民问题上所采取的政策各不相同,效果也不尽一致。有些国家出于经济发展需要,执行相对宽松的接纳移民政策,如欧洲的法德英荷等国;有的国家则严格限制移民进入,如日本虽然在上世纪60年代开始接纳少量拉美和亚太移民,但一直禁止大规模移民的进入,当日本移民大批量进入拉美,在巴西、秘鲁、智利等国的大城市中形成许多日裔居住区时,日本接受的主要是为数不多的日本血统的拉美人。

作为移民国家的美国,其移民政策自20世纪初以来呈现出日益收紧的发展轨迹。特别是第二次世界大战结束以来,美国朝野就移民问题展开过多次争论。上个世纪60年代的争论产生了1965年的《移民法》,对移民进入美国的配额限制更加严格。进入90年代以来,围绕移民问题的争论更加激烈。自冷战时期以来,美国在非法移民问题上的对策主要有五个方面:(1)加强边境控制;(2)通过警察和军队联手,采取大规模搜捕和遣返行动;(3)完善和强化立法;(4)部分废止"肯定性行动"所给予非法移民的福利待遇和帮助;(5)抬高入籍门槛,使非法移民获得合法身份的难度加大。2005年年底,美国众议院通过了关于解决非法移民问题的改革法案,该法案主要侧重于打击非法移民和保障美国的安全,主张严厉处罚那些雇用和帮助非法移民的人,并主张在美墨边境设立"安全墙"。法案还将"非法滞留美国"定为重罪,主张对进入美国的非法移民进行犯罪惩罚。这一法案的出台引起全美数十个城市百万拉美裔的大示威和抗议游行,成为棘手的政治难题。2006年3月27日,参议院提出了相对较温和的移民改革法案。然而,美国非法移民问题短期内很难彻底解决。因为它涉及到方方面面的利益,从雇用非法移民中获益的雇主反对实行严厉的打击非法移民政策,像美国西南部阳光地带的农场主和城镇企业主与店主等通过低薪雇用墨西哥裔非法移民而大获其利,普通中产阶级家庭则长期从非法移民生产出的廉价农产品受益。他们的态度比较温和,参议院的倾向主要反映了他们的主张;相反,因非法移民廉价劳动力而受到威胁的普通工人反对非法移民最激烈,其政治要求则集中在众议院内。据美国人口研究中心的夏米教授估计,美国非法移民的解决可能前景有四:一是大赦;二是遣返;三是实施客籍工人规定,给他们提供成为美国公民的机会;四是维持现状[①]。要在短期内彻底解决这一问题显然是不现实的。

面对日益壮大的移民大军,欧洲各国采取种种措施作出回应。从宏观上看,主要有三:一是鼓励移民接受西方现代文明普遍价值观,促进移民融入欧洲现代社会。如法国过去半个多世纪的政策就是立足于同化或融合移民,使移民在语言文化等方面法兰西化。但现实情形是,生活在法国的数百万穆斯林仍然坚守其文化传统,在法国自成一体,并不时与主流文化发生激烈冲突。迄今为止,西欧各国政府推行的融合政策可以说是不成功的。外来移民没有完全融入西欧社会,形成了一个对外界相对封闭、对内自有一套规则的"平行社会"。二是联邦德国为代表的国家采取严格限制移民入籍的政策,使移民仅仅成为外籍工人而已。结果造成许多主要来自土耳其的移民在德国定居已第三代还是无法加入德国籍。最终还是造成封闭型小社会的出现。三是各国政府纷纷收紧移民政策,制定或修

---

① 《华盛顿观察》:非法移民问题凸现美国社会裂缝。http://www.chinanews.com.cn/news/2006/2006-04-01/8/711108.shtml.

改国籍法和移民法,严厉打击非法移民,鼓励技术移民。但是,几乎各国都未能有效阻止非法移民。首先,由于饥饿、贫困与战乱,非洲和亚洲发展中国家的一部分人不惜以性命作押,偷渡到福利制度相对较完善的欧洲以求谋生。其次,一些利欲熏心的不法分子还从东欧和亚非发展中国家拐骗年轻女子和伤残者,到西欧国家卖淫和沿街行乞,并将大部分所得占为己有。还有,随着欧盟的不断东扩,新入盟国家的移民大量涌入老成员国,给本来就紧张的就业市场带来更大压力。

从某种角度看,欧洲移民问题比美国要严重和复杂得多,一是美国本身是移民国家,具有充分的解决移民问题的历史经验,而欧洲不具备这一点;二是美国的非法移民主体来自拉美,种族和文化上与美国主体居民没有本质性区别,故存在的冲突主要不是文化上的。欧洲的非法移民则主要来自非洲和亚洲,文化差异十分明显,特别是穆斯林移民占据移民主体,基督教与伊斯兰教的历史文化冲突对双方都是记忆犹新。解决起来特别困难。如2005年欧洲报刊上关于穆罕默德的漫画引起的穆斯林抗议浪潮就最深刻地揭示了这种文化敏感性。而同期发生的巴黎穆斯林移民为主体的社会骚乱以及欧洲富裕国家政治保守派和极端势力抬头的种种征兆,充分说明欧洲社会存在由文化差异引发社会群体冲突的强大势能。如何应对这一挑战成为欧洲联盟在相当长的时期必须要正视的问题。

移民问题是欧美各国内政外交长期面临的主题之一,这一主题的解决是非常复杂而艰难的。要真正解决好移民问题,需要相关国家和政府改变思路,从全球社会的高度,以发展的眼光,文化多元和平等的意识,制定并切实实施系统和行之有效的社会政策,循序渐进,为移民创造一个和谐友善的良性生存环境。尽管移民问题的根本解决任重道远,但有一点可以相信,移民在北美和欧洲等新家园如果有了自尊、地位和发展的前途,自然会为融入新的家园而付出努力,矛盾冲突也就会少一些。

第四节　全球移民问题的对策与全球移民的未来

一、全球移民问题的对策思考

移民本身是人类社会的正常现象，人类文明的产生发展与人类各个群体之间的交互流动密切相关，甚至可以说人类整体的进步与不同文明群体间的融合度成正比。移民问题之所以成为社会问题的关键在于：其一，全球性移民潮的规模远远超过以往历史上任何一个时期，对移出国和移入国的影响越来越大，这本身就是问题；其二，作为人力资源重要配置方式之一的移民的非均衡性流动加剧了全球资源分配的不公；其三，移民的数量和群聚效应在目的地国产生了文化冲突等种种社会问题；其四，移民流出国因人才流失致使经济发展受阻，贫困问题加剧；其五，大量非法移民与全球性犯罪问题直接间接关联，从组织运送非法移民中获取暴利成为黑社会组织乐此不疲的动力；其六，相关国家移民政策与社会公正和基本人权保护之间的矛盾引发社会紧张。

那么，解决问题的思路何在？

首先，由于移民的核心根源在于民族国家间发展水平的巨大落差所形成的强大推拉力，加快低度发展地区的发展是解决这一问题的根本出路。

其次，逐步建立和完善全球性人员自由流动的市场机制，消除黑社会控制的非法移民运输存在的巨大利润空间。与此同时，加强相关政府间的双边和多边对话与合作机制，在解决非法移民问题上达成谅解和共识，是应对非法移民问题的重要途径。

再次，以文化平等主义反对文化霸权主义，把文明间相互理解与信任塑造为真正跨种族交往的基础。接受移民的社会普遍存在的问题是，主流文化的自大与傲慢与移民少数群体文化自尊之间的对立或对抗。前述北美西班牙裔文化对主流的盎格鲁－撒克逊文化之间和欧洲基督教社会价值观与穆斯林文化的冲突就是典型例子。2006年7

月，美国皮尤调查中心（Pew）针对穆斯林问题的调查发现，对西方国家穆斯林群体自我文化认同的看法，穆斯林和非穆斯林有着天壤之别。美、英、俄、法、德、西、印非穆斯林接受调查者认为穆斯林认同增加是坏事的比例分别为 46%、59%、54%、87%、83%、82%、78%，而英、法、德、西穆斯林接受调查者则相反，认为穆斯林认同增加是好事的比例分别为 86%、59%、48%、75%。① 这其中的差异就与文化上的排异心态和文化优越感有关。

最后，主要移民接受国在移民政策的制定和修改过程中，必须处理好因移民尤其是非法移民问题产生的压力与移民基本权利保护之间的关系，使二者间形成较好的平衡。通过立法和相关政策为移民创造一个不受歧视的相对公平和谐的生存环境，对移民在文化和生活中的适应性给予最大限度的帮助，消除新来乍到移民的孤寂无助感，在就业、教育和社会保障等方面为移民及其后代创造有利条件，不仅能改善他们的处境，铲除社会不满的根子，也能更好地使他们较快融入主流社会。

二、全球移民的未来

全球性迁移是全球化进程中的一个重要景观，它深刻地揭示了全球化对全球社会的强大作用。如果说经济活动和资源配置的全球化是一种不以人的意志为转移的内在规律或力量推动的结果，现代全球性移民浪潮的持续高涨同样是经济文化全球化总体发展趋势的客观要求和强大动力所致。在人类进入 21 世纪的今天，正如科恩和肯尼迪所说，"没有一个国家再需要大量的和所有的移民，但许多国家仍然需要数量很大的特殊移民。"特殊移民是些什么人呢？答案是：受过良好专业训练的人、年轻人、具有良好身体素质的人、受过良好教育的人以及没有依赖性的那些人等。同样受到欢迎

---

① "Muslims in Europe: Economic Worries Top Concerns About Religious and Cultural Identity" http://pewglobal.org/reports/display.php?ReportID=254 2006-7-6.

的还有那些所谓的"商业移民",因为他们会带来财富和就业机会。① 因此,跨国移民潮在可预见的将来不仅不会退潮,而且还会一浪高过一浪,世界各国在人才争夺战中将会使人才移民的准入门槛逐渐放松,但会加大对非法移民的防堵力度。

可以肯定,随着全球化的进一步向深度和广度发展,国家与国家之间的政治、经济和文化交流与融合持续加强,与资本、商品、服务日益在全球自由流动一样,人员的全球自由迁移将成为人类社会最自然的状态。全球迁移的自由度与全球一体化的进度呈正相关性。但至少在可预见的将来,全球人口流动的总体趋势不会逆转:东方向西方迁移,南方向北方流动,发展中国家向发达国家转移,随着发达国家人口老龄化日益严重,对劳动力的渴求会使西方国家继续保持对欠发达世界人口的吸附力,这其实正好反映了全球化进程中权力不平等的一个重要方面。目前世界经济中发达国家拥有巨大的数量优势构成了一种霸权话语,这种话语通过市场游戏规则来支撑和体现,在人力资源领域继续使众多市场份额有限的全球政治经济行为体处于失语状态。南北差距持续拉大的趋势在看得见的未来不会根本扭转,这就决定了经济发展程度较低的国家在与经济实力雄厚的欧美发达国家就移民问题进行对话时,仍将明显处于弱势。亚非拉不少民族国家虽然想方设法通过最大限度的政策优惠和民族主义情感等软性手段来弥补物质实力的劣势,但收效甚微。因此,移民问题在未来仍然是制约民族国家关系的一个结,仍是全球化进程中人类社会面临的种种重大问题中的一个。

参考文献:

[1] [英] 罗宾·科恩、保罗·肯尼迪:《全球社会学》,北京:社会科学文献出版社,2001年版。

[2] [英] 戴维·赫尔德等:《全球大变革:全球化时代的政治、经济与

---

① [英] 罗宾·科恩、保罗·肯尼迪:《全球社会学》,社会科学文献出版社,2001年版,第300页。

文化》，北京：社会科学文献出版社，2001年版。
[3] 中国社会科学杂志社编：《社会转型：多文化多民族社会》，北京：社会科学文献出版社，2000年版。
[4] [美] 塞缪尔·亨廷顿：《我们是谁？美国国家特性面临的挑战》，北京：新华出版社，2005年版。
[5] 戴超武：《美国移民政策与亚洲移民》，北京：中国社会科学出版社，1999年版。
[6] 梁茂信：《美国移民政策研究》，长春：东北师范大学出版社，1996年版。
[7] 钱浩：《美国西裔移民研究——古巴、墨西哥移民历程及双重认同》，北京：中国社会科学出版社，2002年版。
[8] [日] 广田康生：《移民和城市》，北京：商务印书馆，2005年版。
[9] [美] 詹姆斯.H.米特尔曼：《全球化综合症》，北京：新华出版社，2002年版。
[10] 孙嘉明、王勋：《全球社会学：跨国界现象的分析》，北京：清华大学出版社，2006年版。
[11] Thomas Sowell, *Migrations and Cultures: A World View*. New York: Basic Books, 1996.
[12] Edmonston and Passell, eds., *Immigration and Ethnicity: The Integration of America's Newest Arrivals*. Washington D. C.: Urban Institution Press, 1994.
[13] W. H. McNeill and R. S. Adams, eds., *Human Migration: Patterns and Policies*. Bloomington: Indiana University Press, 1978.
[14] G. Wang, eds., *Global History and Migration*. Boulder: Westview Press, 1997.
[15] S. Castells and M. Miller, *The Age of Migration: International Population Movements in the Modern World*. Basingstoke: Macmillan, 1998.
[16] Nicolas Capaldi, ed., *Immigration: Debating the issues*. New York: Premetheus Books, 1997.

第3章 婚姻家庭问题

第一节 变迁中的家庭及家庭问题的出现

一、家庭及其承担的社会功能

关于家庭的概念,一直存在着不同的解释:一些心理学家强调家庭是人与人之间的生理结合。如奥地利心理学家 S. 弗洛伊德认为家庭是肉体生活与社会机体生活之间的联系纽带。马克思和恩格斯则从人类自身再生产的角度来理解家庭。他们认为,"每日都在重新生产自己生命的人们开始生产另外一些人,即增殖。这就是夫妻之间的关系,父母和子女之间的关系,也就是家庭。"① 社会学家更多地从家庭的社会属性方面来解析家庭。如美国社会学家 E. W. 伯吉斯和 H. J 洛克在《家庭》(1953年)一书中指出:"家庭是被婚姻、血缘或收养的纽带联合起来的人的群体,各人以其作为父母、夫妻或兄弟姐妹的身份相互作用和交往,创造一个共同的文化。"② 中国社会学家孙本文认为,"所谓家庭,是指夫妇子女等亲属所结合之团体而言。故家庭成立的条件有三,第一,亲属的结合;第二,包括两代或两代以上之亲属;第三,有比较永久的共同体生活。"③《中国大百科全书·社会学卷》给"家庭"条目所下的定义是:家庭是由婚姻、血缘或收养关系所组成的社会生活的基本单位。虽然人们对于家庭的定义各不相同,然而"家庭在其古典结构中通常包括父母、子女和亲缘关系相近的人们,由于来自相同的祖先,有着因婚姻而产生的特殊关系,形成一个系统。"④ 同时,这个系统又是社会系统的一个子系统。家庭和社会相互联系

---

① 《马克思恩格斯全集》第3卷,人民出版社,1972年版,第32页。
② 《中国大百科全书·社会学卷》,中国大百科全书出版社,第102页。
③ 孙本文:《社会学原理》,商务印书馆,1935年版,第441页。
④ 邓伟志、徐榕:《家庭社会学》,中国社会科学出版社,2001年版,第19页。

与依从，家庭在人类生活和社会发展方面承担着重要的职能，满足人和社会的多种需求：首先，对大多数人来说，家庭是实现社会化的基本单位。其次，家庭满足人们的性欲调控、情感慰藉、繁衍后代等各种需求。再次，作为一种初级群体，家庭还是一种实现社会控制的基本工具。

在社会学家看来，所有的社会（无论是过去的还是现在的）都试图通过有组织的信仰和行为模式——即"社会机制"——来满足基本社会需求。家庭、宗教、教育、经济体制、法律制度、医疗体制以及政治体制，这些都是社会机制的主要形式。它们中的任何一项都包括一系列稳定的价值观、社会规范、地位身份、角色以及处理日常生活需求和问题的参与团体。每一种社会机制的确切性质都各不相同，这取决于一个社会的文化和发展的阶段。社会机制规范着我们的期望值和价值观。因此对一个社会而言，它是至关重要的。它们在实现其文化上所规定的目标的有效程度决定了这个社会幸福感的程度。如果一个社会机制在社会整体中特别有益于其中的某一部分，或者如果它失去了效力，那么这个社会的稳定就受到了威胁，其成员就不可能过上心满意足的生活。

虽然现在大多数人依然认为，家庭是以婚姻、血缘关系为主要纽带的人类社会生活基本单位。然而我们很难将现在多元的家庭结构和形态与传统的家庭定义对应起来，家庭功能的变迁也让我们对家庭这种社会机制在满足社会成员的需求和稳定社会方面的功能产生怀疑。

二、全球化背景下的家庭变迁

家庭是社会发展到一定阶段的历史产物。家庭的发展随着社会的变迁经历了无数次的变革，从血缘家庭到普那路亚家庭，再到对偶家庭，最后是一夫一妻制家庭。从此，家庭进入了一个长期相对稳定的发展阶段。可以说，直至20世纪50年代家庭的变动还是比较缓和的。然而，20世纪后期，世界经历了一场波及到整个人类的戏剧性的深刻变革，它反映在当代世界的政治、经济和社会生活的态度、行为等各个方面。在这个瞬息万变的时代里，家庭不可能成为世外桃源。W. J. 古德在他的《世界革命与家庭模式》这本代表作中，公开声明："史无前例的工业化和城市化以其强大的社会威力影响着每个我们熟悉的社会。在新几内亚、中国、南斯拉夫这些相距较远、文化迥异的国家中，传统的家庭制度都在变化——这又何尝不是工业化和城市化的结果呢。"① 古德强调指出：社会的普遍性变迁摧毁了旧的社会秩序和传统的家庭制度。20 世纪 50 年代，西方国家中由家庭成员、亲属和众多仆人组成的大家庭不见了，由夫妻和未婚子女组成的核心小家庭在社会生活中占绝对优势。到 70 年代，当离婚大潮狂风骤雨般袭来之时，许多人对这种小家庭产生了逆反心理，开始采取独居、未婚同居、男女群居、同性偶居等"替代"生活方式。于是，未婚同居家庭、未婚单亲家庭、群居家庭、同性恋家庭、不要孩子的"丁克家庭"等五花八门的家庭形式接踵而至。传统的家庭制度和家庭观念面临着时代的严峻挑战。有的西方学者把它概括为六大危机，又称"六 D 危机"：(1) 违背期望（Deviation from expectation）：家庭成员违背家庭的期望；(2) 丧失荣誉（Disgrace）：家庭成员的行为损害家庭声誉；(3) 经济萧条（depression）：家庭收入减少，难以维持原有的生活水平；(4) 家庭成员分离（Departure of family members）：由于人口流徙和工作变动，家庭成员离家生活；(5) 离婚（Divorce）；(6) 死亡（Death）：家庭成员死亡。这六大危机造成了西方传统家庭的动荡和解体。②

中国的家庭变革，就是在全球性家庭巨变的高潮中发生的，并成为它的一个重要组成部分。从总体来看，中国家庭的全面变化是建国后开始的，进入快速发展的高潮却是改革开放之后的二十多

---

① [美] 马克·赫特尔著：《变动中的家庭——跨文化的透视》，浙江人民出版社，1988 年版，第 4 页。
② 张怀承：《中国的家庭与伦理》，中国人民大学出版社，1993 年版，第 278 页。

年。改革开放之后，以往数代同堂的大家庭也在解体，核心小家庭占家庭总数的70%左右。困扰西方社会的家庭问题也在困扰着中国。有些人据此认为，当今家庭变革的趋势是小型化、核心化、多样化。有些专家学者也认为，家庭是从结构复杂的"大家庭"向结构简单的"小家庭"转化，从家庭形式的"单一性"向"多样性"转化。从现象看，似乎如此。实质上，则是一夫一妻制家庭经历了数千年的历史发展之后，正发生着一场性质与形态的大变革，即从农业社会的血亲主位、父子轴心、男性专权的传统一夫一妻制家庭，向工业社会的婚姻主位、夫妻轴心、两性平等的现代一夫一妻制家庭转化，家庭发展将进入一个新的历史阶段。世界上还没有一种变化像家庭变化这样，能如此贴近人们的实际生活，牵动人们的切身利益，触动人们的心灵世界，拨动人们的情感生活。

三、家庭问题的提出与界定

家庭巨变以及由此产生的各种现象是家庭从传统到现代的必然发展趋势，还是危及社会秩序的问题，哪些现象我们可以把它们界定为社会问题，而哪些现象只是伴随社会变迁出现的婚姻家庭方面的变化。要界定婚姻家庭问题，我们首先要回顾社会学家是如何界定社会问题的。公认的社会问题一般具备以下4个要素：(1) 它们对个人或社会造成物质或精神损害；(2) 它们触犯了社会权力集团的价值观或准则；(3) 它们持续很长时间；(4) 由于处于不同社会地位的群体会做出不同评判，对它们的解决方案也往往多种多样，因而在如何解决问题上难以达成一致[1]。在界定婚姻家庭问题时，我们除了要依据以上4个要素，还要从家庭及其他社会机制所承担的社会功能加以考虑，当我们分析今天的家庭时，可以发现其中许多功能是由外来的因素所完成的——通过学校、警察、疗养院和其他机构。工业化把生

---

[1] [美]文森特·帕里罗等：《当代社会问题》，华夏出版社，2002年版，第6—7页。

产功能从家庭中剥离开来,而随着其他社会和经济变化的发生,大部分剩余的功能也被剥夺。由于没有什么功能留给家庭去完成,它成了一个脆弱的组织。罗伯特·尼斯贝特提出了一个令人深感不安的问题,这就是一个被剥夺了功能的组织是否还是使其成员产生心理认同的来源。更为严重的是,当家庭的功能外移,其他社会机制感受到家庭变化所带来的消极后果时,家庭外移的功能并没有被其他社会机制完全承接,或不能很好地承接时,引起文化和社会的失调,人们感到迷惑不解,一些儿童失去了社会化的摇篮,一些老人无依无靠,一些成年人的情感与物质需求得不到满足,人们无幸福感,社会无秩序,我们可以将引发这些现象的婚姻家庭问题称为社会问题。

第二节 全球背景下的婚姻家庭问题

一、西方社会的家庭问题
（一）高离婚率及其消极影响

在传统西方社会,婚姻是稳定而持久的。然而这种情形现在已发生很大的改变。在美国,从 1965 年到 1979 年,离婚率翻了一倍多,从 2.5‰ 上升到 5.4‰。离婚率在 1981 年达到顶峰,此后比较稳定并有一定下降。尽管 20 世纪 80 年代和 90 年代初期呈现出缓和的形势,但离婚数量仍然很大,在 1996 年 40% 的初次婚姻以离婚结束①。在 1960 年到 1970 年,英国的离婚率以每年 9‰ 的稳定比例增长,在这十年中翻了一番。到 1972 年,又增加了一倍。1980 年以来,离婚率在某种程度上稳定下来,但与以前任何时期相比,仍处于高水平。现在有 2/5 的婚姻是以离婚而告终的②。离婚率的增长是影响包括美国和英国在内的许多工业化社会家庭模式

---

① ［美］文森特·帕里罗等:《当代社会问题》,华夏出版社,2002 年版,第 285 页。

② ［英］安东尼·吉登斯著:《社会学》(第 4 版),北京大学出版社,2003 年版,第 226 页。

的最重要的趋势。

　　显然，离婚率并不是婚姻不幸福的直接指标。高离婚率之所以会成为社会问题之一是因为离婚会使个人受到长期或短期的消极影响，父母的婚姻破裂会影响到子女，离婚率的上升使人们感到婚姻变得更加冒险和不可靠：(1)离婚对成年人的影响：高离婚率引起社会的忧虑，担心遭受这种崩溃的个人会受到长期和短期的消极影响。保罗·波汉南把离婚描述成一个多阶段的分离过程：感情上离婚、法律上分离、经济上脱离、监护权脱离（就照顾孩子而言），社会离婚（必须通知各自的家庭和朋友）及心理离婚（个人必须为自己明确一个新的、无伴侣的身份）[①]。由于依恋的对象已经分离，当事人在离婚的各个阶段中要分别经历悲痛、焦虑、恐慌和消沉等。(2)对孩子的影响要视下列情况而定：父母离婚时他们的年龄、父母冲突的程度、以后与不是监护人一方的家长关系的性质和密切程度以及再婚家庭（如果有的话）的组成。研究得出的结果并不总是一致的。但一般性的结论是：相对于那些在完整家庭长大的儿童，父母离异的孩子接受教育的时间会缩短，更有可能从事低收入的工作，更可能靠福利救济而生活，而且更有可能早婚，他们在少年犯罪、同伴关系和学校表现上出现问题的概率较高。

　　为什么离婚越来越常见呢？这涉及到社会变革的许多因素：(1)家庭与经济过程关系的变化是首要的因素。在传统社会，家庭更大程度上是一个经济自足单位。男性与女性都从事经济活动，女子的劳动是与男子的劳动相互依从的。即使到了后来，家庭工业盛行一时，家庭又以生产单位的面貌出现，所有的家庭成员都从事生产劳动。其结果就是经济上的相互依存，而这也往往会转变为感情上的相互依恋。随着科技的发展，所有的一切都发生了变化，家庭更多的是消费中心，而不是生产中心。(2)影响婚姻关系的重要变

---

① Paul Bohannan, *Divorce and After* (Garden City, N. Y.: Doubleday/Anchor Books, 1971).

化的另一个因素是城市化和人口的地域的流动性的增长。因为这个变化削弱了社区与宗教机构对于家庭成员的控制和支持。(3) 人们对婚姻的态度的变化、法律的变革以及对婚姻期望值的改变也是影响离婚率的重要因素。大多数国家已在向离婚更容易的方向迅速迈进。在无过失离婚法颁布以前,离婚诉讼按着传统的普通法律程式,是一个势不两立的过程:原告的成功意味着被告的过失。第一部"无过错"(no fault)离婚法是20世纪60年代中期被一些国家引入的。自那时以来,西方许多国家竞相采用此类法规,只是细节上有所不同而已。它的普遍性表明,人们都已经认识到婚姻解除的原因往往是许多因素造成的,并且应由夫妻双方共同负责。(4) 妇女经济独立性增强,使她们有更多的可能来解除失意的婚姻。

(二) 单亲家庭的增长及相关问题

单亲家庭现在越来越常见。到20世纪90年代中期,英国已经有160万对的单亲家庭,而且这一数字还在增长。导致单亲家庭的因素有夫妻分居、离婚、父母一方的死亡或者非婚生育。英国160万对单亲家庭中,增长最快的类型是单身、未婚母亲,1997年占全部单亲家庭的42%。在美国的单亲家庭中,白人女性户主家庭通常源于离婚,黑人家庭主要是由于未婚母亲,而拉美裔的单亲家庭是由离婚、未婚和丧偶等原因共同造成的。许多单亲父母,不管其是否曾经结婚,仍然要面临经济上的无保障问题,又要承受社会的不赞许态度。由于获得监护权的妇女占绝大多数,因此单亲家庭大部分是以女性为家长。虽然女性户主的家庭可以为孩子的成长提供必要的情感支持,但这类家庭更容易成为贫困家庭。

(三) 家庭暴力和虐待

研究家庭暴力方面的拓荒先驱是M. A. 斯特劳斯(Murray A. Straus),他在占有大量资料的基础上,从跨文化的角度对家庭暴力的普遍性作了尝试性的探讨。他深信,家庭中的攻击和暴力的各种类型在世界各地都能见到，它们具有跨文化的普遍性。① 我们把家庭暴力定义为，由一个家庭成员对另一个家庭成员或另一些家庭成员所进行的身体虐待。研究表明，身体虐待的首要对象是孩子，尤其是6岁以下的儿童。丈夫对妻子的施暴是第二种最常见的类型。由于夫妻关系中的隐私和秘密的观念，他们常常不愿公开自己的遭遇。此外，羞耻以及遭到虐待后会带来的社会耻辱也阻碍了妇女去寻求外界的帮助。在英国，每四起谋杀案中就有一起是由一个家庭成员对另一个家庭成员实施的。在美国，超过25％的杀人罪是由丈夫或妻子针对他们的配偶所为。

家庭暴力最明显和严重的危险是肉体创伤和死亡。目睹暴力行为的孩子会在心理和情感方面受到永久的伤害。那些目睹家庭内部暴力行为的孩子长大以后可能会相信，暴力是一种解决问题的可行方式，男孩可能会成为施虐者，而女孩则会同他人建立被虐待关系，或者他们会求助于酒精或毒品以减轻自己的焦虑。

为什么家庭暴力如此普遍？有几个方面的原因。第一，作为家庭生活特征的情绪紧张度与个人亲密感的结合，家庭关系纽带通常充满着强烈的情绪色彩，常常把爱与恨混合在一起。第二个影响因素就是这样一个事实：许多家庭内的暴力，实际上是为人们所容忍甚至赞同的。第三，家庭的私有化及与此相一致的家庭与社区和扩大亲属之间关系的隔离也是家庭暴力发生的原因，私有家庭阻断了社会对其成员的控制，也使他们与邻里、扩大家庭的纽带几近消失。第四，家庭暴力与各种社会模式之间有相关性。斯特劳斯采用跨文化的研究方法，发现某社会的暴力程度越高，家庭中的暴力水平也越高。他假定社会中的暴力与攻击和家庭内的暴力度存在某种相互依存的关系：家庭内部的暴力度随着社会暴力度而递增，反之亦然。②

---

① ［美］马克·赫特尔著：《变动中的家庭——跨文化的透视》，浙江人民出版社，1988年版，第327页。

② ［美］马克·赫特尔著：《变动中的家庭——跨文化的透视》，浙江人民出版社，1988年版，第329页。

二、中国的家庭问题

当今中国在社会大变革中经历着新旧体制的转化，家庭也在进行新旧形态的转换。家庭在变革中的剧烈震荡，最突出的表现就是各种家庭问题接踵而生。中国的家庭问题既有随着全球化进程的日益加剧，在各国普遍出现的问题，如离婚率攀升、不稳定的家庭对婚生子女伤害的加剧、家庭暴力剧增、婚外情泛滥等。也有旧社会死灰复燃的问题，如农村中的早婚早育、包办买卖婚姻、重婚纳妾等。还有一些改革开放以后，急剧出现的问题，如随着独生子女政策的推行，人口流动的加快，以及社会保障的缺位而出现的日益松弛的血亲纽带、空巢家庭、老人的赡养等问题。

（一）家庭暴力问题

我国的家庭暴力并不像欧美经济发达国家那么严重，但在家庭变革过程中，随着两性冲突的尖锐化，家庭暴力无论在城乡都占有相当的数量，近年来还有日趋严重和增多的趋势。据1990年全国妇联对11省市进行妇女地位调查的统计数字显示，不同程度地遭受家庭暴力的女性占到被调查者总数的30%。随后，在上海、北京等地进行的婚姻质量调查，进一步证实了这一比例的准确性[①]。潘绥铭等于1999年8月到2000年8月，在全国60个地方对20~64岁的总人口进行的随机抽样调查表明，在全国总人口中，一辈子里曾经有过夫妻暴力的人总计占37.2%。其中，丈夫单方面打过妻子的占18.9%，妻子单方面打过丈夫的占3.3%，夫妻都打过对方的占15.0%。在调查之前的一年里，发生夫妻暴力的人总计12.1%。其中，丈夫打妻子的占5.6%，妻子打丈夫的占4.1%，夫妻互相打的占2.4%。[②]

今天的家庭暴力与改革开放之前有明显不同，带有新的形式和特点：（1）以前的家庭暴力多集中在文化层次较低的农民、工人、

[①] 高鸣鸾等：《"围城"内的暴力——殴妻》，中原农民出版社，1998年版，第6页。
[②] 《南方周末》2002年4月18日。

无业人员之间，现在则扩展到社会各个阶层和各种文化层次的人群。（2）以前的家庭暴力丈夫处于主动地位，妻子则处于被动地位，往往扮演着挨打、退让、忍耐的角色。现在具有独立经济能力和自主意识的妻子，变得不再像过去那么顺从，也不愿随丈夫任意摆布了。（3）以前丈夫打妻子多处于管教心理，只要妻子驯服，行为上往往留有余地。现在妻子的反抗常使家庭暴力在心理上带有敌对性，行为上带有攻击性。

（二）现代的离婚潮与单亲家庭问题

中国建国之后出现了三次离婚高潮，但改革开放之后出现的第三次离婚高潮，持续时间最长。在近二十多年来，离婚率逐年稳步上升，至今虽有微弱波动，却没有较大的回落迹象。离婚率持续上升的原因，可以从以下几个方面分析：（1）社会转型期间，人们的婚姻观念发生了重大变化。市场经济激发出来的主体意识和自主精神，使人们越来越注重个人在婚姻中的感受以及婚姻对个人价值。冲破各种世俗观念，追求适合自己的幸福婚姻，已成为一种时代潮流。（2）家庭变革期间，婚姻的性质和基础也在发生变化。现在，男女结婚已从两个家庭的事变为两个人的事，婚姻基础也从经济变成爱情。（3）现代社会中两性的强烈吸引与激烈冲突同时并存，使婚姻变的既亲密又脆弱。因为市场经济在人们面前展现出一个眼花缭乱的多彩世界，烘托出一个千姿百态的现代生活，人们的眼界开阔了，心思变活了，男女接触的机会多了，选择的机会多了，彼此的吸引也就更为强烈了。在激烈的社会竞争中，当夫妻之间的人生追求、生活态度、价值观念逐渐拉大距离，一方在婚姻生活中得不到满足，渴望夫妻间的心理感情沟通而不可得时，其他异性的一点体贴和同情，就会使之移情别恋而成为婚姻的不稳定因素。

离婚对当事人来说，是一个极为痛苦的过程。调查发现，多数夫妻在离异过程中都不同程度地出现过冷战、争吵、打骂、出走、捉奸、分居、在法庭上互相揭短、使隐私暴光等。离婚不仅给当事人造成极大的精神痛苦和心理压力，还给由此而形成的单亲家庭带来巨大的经济损失和生活困难。据第四次人口普查的资料,我国父单亲家庭占家庭总户数的1.88%,母单亲家庭占3.22%[①]。单亲家庭逐渐增多,这些家庭面对经济、情感等方面的困扰较多,由此而引发家庭成员的行为异常和非正常心理案例不断产生,继而带来了不少严重的社会问题,如犯罪、吸毒、失业等。

(三) 日益松弛的血亲纽带及相关问题

血亲纽带的松弛,虽说是现代社会给家庭带来的自然现象,但是家庭毕竟是由婚姻、血亲、供养三种要素组合而成的社会基本单位,缺少哪一种要素,家庭都不能完整、健全、稳定向前发展。血亲纽带的松弛,必然给人类的生息繁衍,以及家庭与社会的稳定发展带来这样那样的问题。

1. "丁克家庭"的出现:"丁克"即英文缩写"DINK"的译音,意为"双收入,无子女"。"丁克家庭",就是那些具有生育能力的夫妇自愿不生育,选择"两人世界"生活方式的家庭。"丁克家庭"的出现绝非偶然,它同家庭变革中血亲纽带的松弛紧密相连,也同社会转型给人们带来的种种生活困惑密切相关。

2. "空巢家庭"的难题:"空巢家庭"是以"鸟儿飞去,巢儿空空"作比喻,意指子女长大成人之后纷纷离去,只剩下老年父母孤独守"空巢"的家庭。空巢老人家庭产生的社会问题是:精神生活质量下降;生活没人照料、疾病无人过问;物质生活困难。与城市空巢老人相比,农村空巢老人面临的困难更多:随着计划生育政策导致的人口出生率的下降和人口平均寿命的增加,农村的"老龄化"进展迅速,按照65岁及以上人口占总人口的比例衡量,农村的老龄化率2000年已经超过城镇,在未来较长的时期内,农村老人的绝对数量会继续增加。而农村的养老、医疗等社会保障体系还没有建立起来,依靠子女养老的农村老人不仅要遭遇年轻一代"孝

---

① 曾毅等:《中国家庭结构的现状、区域差异及变动趋势》,《中国人口科学》1992, (2)。

道"观念弱化的冲击,还要面对青壮年大量外出务工无法尽"孝道"的困境。于是,"出门一把锁、进门一盏灯"成了时下许多农村老年人生活的真实写照。

3. 流动人口子女家庭教育问题:随着户籍管理制度的逐步松动,流动人口家庭化将出现扩大趋势,流动人口的规模越来越大,其家庭教育问题将会越来越突出。一方面,目前城乡有别的义务教育体制造成了流动人口的义务教育的极度匮乏,从而客观上加大了流动人口子女家庭教育的需求。另一方面,流动家庭本身存在的种种障碍造成其家庭教育困难重重,很难给子女提供优质、高效的家庭教育。

(四)市场经济下各种违法婚姻的蔓延

20世纪80年代以来,随着我国改革开放的深入,社会新旧体制、新旧势力的矛盾冲突十分激烈。在市场经济大潮的冲击下,各种陈旧的思想意识、风俗习惯,伴随着尚未完全消失的旧体制、旧势力沉渣泛起,遂使各类违法婚姻四处蔓延,造成严重的社会危害。其中发展较快的违法婚姻主要有以下几种:

1. 早婚回潮:男女未达法定年龄而结婚者,视为"早婚"。我国自古就有早婚的传统,建国后,由于政府的大力宣传和民众的逐步觉悟,晚婚晚育已在社会生活中蔚成风气。例如,江苏20世纪70年代的晚婚率一般保持在60%以上,部分县(市)达到80%左右,大城市达90%以上[①]。然而,20世纪80年代以后,部分地区的早婚早育又重新回潮。据第四次人口普查10%的抽样资料,1990年与1982年相比,全国15~19岁女性的已婚比例由4.38%上升到4.71%,13~21岁男性的已婚比例由2.32%上升到6.51%。就连推行晚婚较好的江苏省,80年代的晚婚率也在下滑,到1989年已降至29%。据有关部门90年代初的测算,全国每年未达到法定婚龄的早婚者占实际成婚总数的20%左右,全国每年早婚早育出生的

---

① 夏海勇等:《江苏人口与社会发展》,江苏人民出版社,1996年版,第160页。

婴儿约占新生儿的10％，约占计划外出生婴儿的1/5。①

2. 包办买卖婚姻重新抬头：包办买卖婚姻，即指父母或其他第三者违反婚姻自由原则，或以索取钱财为目的，强制干涉子女或其他人婚姻的行为。建国后，国家严禁包办买卖婚姻和其他干涉婚姻自由的行为，致使包办买卖婚姻迅速减少，在大城市中几近绝迹。可是，20世纪80年代以后这种违法婚姻又在某些经济落后的农村地区重新发展起来，形式多种多样，其中主要的有：订娃娃亲；换亲、转亲；索要高额彩礼；用钱买亲。从80年代到90年代，全国大部分省区都出现了拐卖妇女案件，较为严重的有四川、广西、云南、贵州、山东、安徽、内蒙古等省区。经济贫困和地区间经济发展不平衡，是包办买卖婚姻难以绝迹的物质基础，精神文化生活贫乏和旧习俗、旧道德的泛起，则是它赖以存在的思想文化基础。

3. 重婚纳妾的复活：20世纪80年代以来，在经济发达的城乡富裕地区，出现一批腰缠万贯的"大款"，这些人经常往来于全国各地，借经商办事之机，以金钱开路，在异地买卖房屋，不顾家乡有妻子儿女，肆意与第三者过夫妻生活。也有人在家乡明目张胆地纳妾，而当事人的妻子因依赖丈夫供养或其他经济利益而忍气吞声。这样，就使"妾"这具封建僵尸借着金钱的力量开始还魂。90年代之后，重婚纳妾又以"包二奶"形式在全国各地泛滥起来。据广东省21个市的妇联信访反映的情况，从1992年到1996年，妇女投诉丈夫"包二奶"的案件有20246宗；从1996年到1998年，直接到省妇联投诉"包二奶"案件有802起宗。②

4. 非法同居的泛滥：什么是非法同居？目前理论上尚无明确的界定，还在争议之中。司法审判中的非法同居案件有以下几种类型：(1) 结婚不登记型的非法同居，也就是未婚男女不履行结婚登

---

① 《中国人口报》1992年7月14日。
② 《广东将立法惩治"包二奶"》，《新华日报》2000年1月26日。

记手续，不领结婚证就以夫妻名义同居。这种情况多发生在农村，有些农民法律意识薄弱，以为举行婚礼就算结婚，就是合法夫妻了，不重视登记问题。还有些农民到外地打工经商，在流动中结识了对象，又懒得回乡办登记手续，就以夫妻名义同居。此外，早婚、包办买卖婚姻，也往往不履行登记手续而同居。(2)姘居型非法同居。所谓"姘居"，是指男女双方或一方有配偶，在婚姻之外公开同居。(3)不知对方有配偶而与之公开同居。非法同居破坏了我国婚姻法的严肃性，造成人们婚姻关系混乱，家庭不稳定；同时也破坏了国家的计划生育政策，使人口增长失去控制。而且，这种非法同居未经法律认可，没有婚姻效力，也得不到法律保护，当事人的各种社会权益时常受到损害，还不断引发妇女儿童被虐待，被抛弃，流落街头，无家可归，以及自杀、仇杀等悲惨事件。

(五)社会转型期出现的其他家庭问题

除了上述违法婚姻会对家庭与社会造成危害以外，还有许多现象是反传统家庭的形式，也会使一些人对婚姻产生惧怕心理，对家庭产生失望情绪。

1. 复杂的婚外情及其困惑：婚外情是婚外两性关系的现代形式。它指男女双方或一方有配偶，在婚姻之外建立的恋情关系或情人关系。20世纪80年代称为"第三者插足"，人们对此怀有贬斥和憎恶的心理。90年代初称为"婚外恋"，现在则称为"婚外情"或"情人现象"，人们对此多持理解与宽容的态度。实际生活中婚外情的表现多种多样，相当复杂。尽管婚外情是各种各样的，有一点却是共同的，即都是一种不规范、不稳定的两性关系，也是不被社会承认和保护的两性关系。婚外情的最大危害，就是对现实婚姻家庭的冲击和破坏。人们在探究大量离婚案件出现的原因时，发现"丈夫有外遇"、"妻子不忠实"，始终是当事人起诉离婚的主要理由，并排在各种离婚理由的第一位。就全国而言，据不完全统计，80年代末90年代初因婚外情所造成的离婚案约占离婚案总数的

25%~35%，有些地区甚至达到 40%~50%[①]。所以，婚外情是"美满婚姻的杀手"，"平静家庭的定时炸弹"。

2. 不稳定的未婚同居：未婚同居是未婚男女未经法律认可而生活在一起，结成非永久性的、没有约束力的生活联合体。在当今中国，未婚同居虽不算"合法"，也很难说"非法"。因为它是未婚男女在恋爱阶段的暂时同居，开始时带有试婚性质，同居一般觉得合适便走上婚姻殿堂，不合适便分手。同居期间，一般以朋友相称，对他人没有太大的损害，所以不能完全等同于非法同居。人们对此有不同的说法与评论，同居者本人经历着成功与失败的不同遭遇，也有不同的感受和看法。同居现象的大量出现，无疑对我国现行的婚姻制度和中国人历来的婚姻观念形成强大的冲击。

3. 现代的独身族：我们这里所说的"独身"，并不是由某种客观原因造成的传统独身，而是达到结婚年龄自愿不结婚。现代独身起源于西方经济发达国家，随后在欧美各国流行，并波及到亚洲各国。在我国，20世纪90年代初期，从一所大学对在校生婚恋志向的调查中发现，有近20%的大学生不愿结婚，有近25%的人持游移态度，即不急于走进婚姻"围城"[②]。独身者增多，会带来人口生育率的下降，独身者过多，势必要冲击现存的婚姻制度和男女性关系的规范化，独身生活对当事人的身体、心理健康都会产生影响。

4. 浮出水面的同性恋：改革开放之后在国外同性恋解放运动的影响下，中国的同性恋也有"浮出水面"之势。

第三节 社会干预与未来的选择

家庭在变革的震荡中出现的种种问题，给人们的生活带来强烈的震撼，对社会形成巨大的冲击。人们在惊疑和困惑之中，开始为

---

① 潘允康、柳明主编：《当代中国家庭大变动》，广东人民出版社，1994年版，第117页。
② 曹英：《独身：人生的一种选择》，《社会》1992，(10)。

家庭的前途和人类的命运担忧。美国未来学家奈斯比特断言：家庭正在走向消亡，"社会的基本建筑构件正在从家庭转变为单独的个人。"① 也有些学者认为现代化造成的家庭危机已经给人类生活的失范以严厉的惩罚，人们必须改变目前消费主义的家庭生活方式，后工业时期必然是传统的回归。由于学者的出发点和观察角度不同，对家庭未来的判断不尽相同。但相同的事实是：家庭尽管发生了变化，而且还会发生变化，但是家庭并没有崩溃或为世人所弃，家庭依然是繁荣兴旺的社会细胞，世界上绝大多数人都生活在家庭中。当务之急应该是有计划地针对家庭问题，进行必要的社会控制，减少因家庭问题带给人们的伤害，而不是坐等"家庭的消亡"或"传统的回归"。

一、针对家庭暴力的社会干预

从世界范围看，随着社会的发展以及妇女运动的开展，至20世纪70年代，针对妇女的暴力问题成为西方女权主义运动关注的焦点。1993年，世界人权大会通过的《维也纳宣言和行动纲领》，第一次承认发生在私领域（包括在家庭中）的对妇女的暴力构成对人权的侵犯。同年，联合国大会在《消除对妇女的暴力宣言》中采用了"对妇女的暴力"的概念，这个概念在20世纪90年代逐渐为社会所接受，改变了那种认为家庭暴力是私人关系中的个人问题，暴力行为是个人行为，公权力不宜干预的观念，将家庭暴力界定为社会和法律问题而并非仅仅是施暴个人或私人关系的现象。1995年世界妇女大会通过的《行动纲领》以及2000年联大特别会议通过的最后文件，也在12个关切领域中专门列举了对妇女的暴力（最主要的形式之一是家庭暴力）。目前，世界上已有四十多个国家制定了专门的反对家庭暴力的法律、法规。我国也于2001年修改

---

① [美]约翰·奈斯比特：《大趋势》，中国社会科学出版社，1984年版，第231页。

后的婚姻法中明确规定"禁止"家庭暴力。

除了进行法律改革,许多国家还采取行政的、社会救助的种种措施防治家庭暴力。在英国,艾琳·皮西的《轻点喊,否则邻居会听见》一书导致了齐斯威克妇女援助会的建立。这个机构后来成为全世界遭殴打妇女避难所的蓝本。这种避难所不仅提供食物和住宿,而且还帮助受害人树立自尊提供个人和集体的咨询。许多国家还开通了免费热线电话,并通过各种方式,对为家庭暴力受害者提供法律服务的律师及非专业辩护人进行专业培训,寻求改变社会态度的行动。

在我国,可以从以下4个方面入手,防治家庭暴力:(1)制定一个全国性的反对家庭暴力的专门法律,对家庭暴力采取法律手段进行干预。(2)发挥行政机关的作用,加大对家庭暴力的行政干预力度。(3)完善社会救助体系,形成以居民(村民)社区为基础单位的多机构合作、共同反对家庭暴力的社会氛围。(4)一切教育单位应对学生开展性别平等、反对家庭暴力的宣传教育;在全社会树立起平等、民主、和平的新型家庭关系的观念。

二、为单亲家庭提供服务与社会保障

在发达国家,政府对单亲家庭十分重视,已将其纳入社会保障给以特别关怀,许多非政府组织及社会工作者都把单亲家庭作为自己重要的服务对象。在美国对有子女困难家庭的资助(AFDC)项目,要求政府以现金资助单亲有子女家庭,或父母失业和丧失劳动能力的家庭。项目由联邦和州政府联合管理。各州根据联邦政府指导性指标确立发放标准。按照要求,一个家庭的收入不超过基本支出(房租、食品、衣物和家用品等)的185%,家庭财产不超过1000美元或父母一方每月雇佣劳动少于100小时,可以享受资助。通常54%的支出是由联邦政府承担,其余的则由州及地方政府支付。此外,联邦法规定,家庭的收入每增加1美元,资助则减少1美元。英国现有300万儿童生活在无人工作的家庭或单亲家庭中,导致儿童贫困现象严重。为此,英国政府承诺对所有有儿童的家庭,尤其是贫困家庭提供支持和帮助,具体措施之一就是从 1999 年 4 月起将儿童福利从原来的每周 2.95 英镑提高到 14.40 英镑(第一个孩子),并且进一步增加抚养 11 岁以下儿童的家庭所能得到的补贴。除了努力提高看护质量外,工作家庭税收减免,还对工作家庭提供更为慷慨的帮助,增加相应税收减扣项目,低收入者因家有儿童而享受税收减免,几乎可以弥补儿童看护费用的 70%。

目前,中国大城市里相对贫困的人口中,单身母亲及其未成年子女构成了特殊的一群,这一群体的人数还在逐年增长,但目前政府的福利政策和传统的社会保障系统都远未顾及到他们。中国目前对单亲家庭没有特殊的、专门的优惠政策,单亲家庭所产生的经济问题、子女抚养问题、教育问题,在很大程度上必须依靠单亲家庭自身的努力来解决。近年来,随着单亲家庭这个特殊群体日渐壮大,在北京、上海等大城市已经意识到了关心单亲家庭的重要性,纷纷成立了相关机构从咨询与社会服务的角度来为单亲家庭服务,给予他们更多的理解、关怀和支持。社区及妇联基层组织也已开始关注单亲家庭,并建立社区社会支持及救助网络。但总的说来,这些社会组织或机构在为单亲家庭提供资助方面仍时有时无,时聚时散,尚无法形成制度性力量。单亲家庭受益面、受益程度十分有限。所以,在建立中国社会保障制度中有必要将单亲家庭专门予以考虑,制定一些特殊的规章制度,比如为单亲家长提供技能训练和就业机会,在经济上给单亲家庭一定的保证,免征单身母亲的个人所得税,学校、医院、托儿所、幼儿园和各种公用事业,对单身母亲及其子女给予优待等。

三、加强空巢老人的生活照料

世界各国老年人的生活方式有两种机构养老和居家养老。前者的照料和护理由社会福利服务机构兴办的养老机构负责,后者所需要照料和护理由社会服务机构提供上门服务。发达国家都建有一定数量条件良好的养老机构,但是居家养老仍然是绝大多数老年人首选的生活方式,理由是家庭始终是人们互相交往、终生依赖的基本形式,也是思想感情交流最充分的场所。和国外一样,我国大多数老年人也愿意在家里度过晚年,所以在我国还是要建立以家居养老为主,社会养老为补充的多元养老模式:(1)加强家庭支持网络,提高居家养老质量。通过改造现有的家庭居住模式,使已婚子女住在父母身边,形成"分而不离"的模式;(2)政府应采取切实可行的政策措施,推进社会化养老福利事业不断发展;(3)建立与完善集中住宅区的社会服务,解决空巢老人的生活照顾问题;(4)将家政服务"乡村化",创造新型养老模式,使两种养老模式各显其能,才是当今农村养老工作关心的焦点。

四、开展婚姻与家庭辅导

在现代社会,婚姻辅导是与德国和奥地利的门诊服务一起发展起来的。1919年,一家由马格努斯·赫什费尔德领导的私人机构柏林性研究所成立。它是就性和婚姻方面的问题提供建议与指导的中心。1922年,面向准备完婚的人的首家婚姻健康咨询中心在维也纳开张。后来在德国和奥地利的其他城市以及欧洲国家也相继出现了这样的中心。在美国,专业性婚姻辅导机构有很多,性质各异。欧美的婚姻与家庭辅导可以分为三类或三个层次:(1)婚前辅导:协助个人或谈恋爱的人解决追求伴侣和婚姻筹备方面的问题。(2)婚姻辅导:涉及的是夫妻关系、夫妻计划和夫妻问题。(3)家庭辅导:对象是丈夫、妻子和孩子多方组成的群体,涉及孩子的管教、钱财的安排使用、教育、沟通等家庭需要受过训练的辅导员给予协助的问题。

这些国家婚姻与家庭辅导的实践证明,社会需要一些机构和专业的工作人员来帮助那些在婚前担忧的人们、遇到婚姻破裂的夫妻,以及成为单亲家庭、做了未婚父母的人们,为他们提供资源信息、帮助无人照看的孩子、开展培训、咨询、安排寄养孩子、领养孩子和许许多多其他相关事宜。

关于婚姻的研究也证实，21世纪婚姻家庭会更复杂和易碎，需要一种更强有力的社会反应，通过咨询及其他服务形式来安抚人们渡过一系列的困难。幸福的婚姻有赖于人从小所受的教育、家庭的影响、人对婚姻的态度、婚后夫妻二人的平等沟通与相处。所以，家庭需要终身教育，以预防为主，从家庭教育、学校教育、婚前教育、婚后教育几个方面入手，让人们懂得幸福婚姻对人一生的重要性，教会人们营造幸福婚姻。

参考文献：

[1] 尹希成、巫宁耕等：《困扰人类的全球问题》，北京大学出版社，1999年版。

[2] 沙吉才主编：《当代中国妇女家庭地位研究》，天津人民出版社，1995年版。

[3] 刘达临等：《中国婚姻家庭变迁》，中国社会科学出版社，1998年版。

[4] 童星：《世纪末的挑战》，南京大学出版社，1995年版。

[5] [法]安德烈·比尔基埃等主编：《家庭史》，三联书店，1998年版。

[6] 陈一筠：《现代婚姻与性科学》，社会科学文献出版社，1998年版。

[7] 谭琳、陈卫民：《女性与家庭》，天津人民出版社，2001年版。

[8] 赵学林：《再婚家庭状况调查》，经济日报出版社，2002年版。

[9] 沈崇麟等：《世纪之交的城乡家庭》，中国社会科学出版社，1999年版。

[10] 徐安琪、叶文振：《中国婚姻质量研究》，中国社会科学出版社，1999年版。

第4章 妇女问题

第一节 妇女运动与女性主义

一、西方的妇女运动

妇女运动的第一次浪潮始于19世纪后半叶,到20世纪初达到高潮。在欧洲大陆,妇女运动的源头一般被认为来自法国大革命的自由平等思潮的影响。妇女运动第一次浪潮的第一个目标是为妇女争取选举权。尽管遇到了强大的阻力,妇女争取选举权的斗争还是取得了相当的成功。新西兰妇女在1894年第一个争得了选举权,紧随其后的是澳大利亚、芬兰和挪威妇女,其他欧洲国家妇女大多在第一次世界大战之后获得了选举权。妇女运动第二个目标是争取妇女受教育的权利。当时,女性应不应该有受教育的权利,应该受什么样的教育成为争论的焦点。随后,各国妇女纷纷提出实现受教育权利的要求,女子学校大量涌现,很多女童直接进入原来只收男童的学校。第三个目标是争取女性尤其是已婚妇女的就业权利。女权主义提出:为了经济独立,所有妇女都应当在劳动市场上与男人作自由平等的竞争,争取同工同酬。在妇女运动的第一次浪潮进入尾声时,妇女在选举权、教育权和就业方面取得了极大的成就:越来越多的妇女获得了选举权;妇女教育广泛开展;妇女就业增加。但是,传统的性别角色规范并没有改变,因此,妇女运动第一次浪潮的其他目标还包括为妇女争取在婚后保留财产的权利;不受丈夫虐待的权利;为妇女争取儿童抚育费;提高女孩同意性交的年龄线;产假问题和堕胎问题等。

妇女运动的第二次浪潮兴起于20世纪60—70年代。这次妇女运动起源于美国,在欧美各国妇女争取到选举权后,妇女运动进入了一段较长时期的沉寂,直到 60 年代后才再度形成一个活跃的高潮。妇女运动第二次浪潮的基调是要消除两性差别,并把这种差别视为造成女性对男性从属地位的基础。妇女运动要求各个公众领域对妇女开放,缩小男女差别,使两性趋同。第二次浪潮规模宏大,涉及到各主要发达国家。妇女运动第二次浪潮兴起之后,关于妇女应不应当就业的争论已经不再是焦点,因为女性大量就业已经成为现实;随着妇女的普遍就业,关于女性角色的争论也结束了——过去人们一直为女人的角色是否应当主要是母亲和妻子、她们是否天生适合留在家里争论不休。现在妇女就业也带来了一些新问题,比如,社会上已经改变了男主外女主内的传统观念,但女人仍旧面临一个如何在平等工作机会与传统母亲的角色与职责之间取得平衡的问题。在妇女运动的第二次浪潮中,一些早期妇女运动中争论过的问题又在多年沉寂之后重新提了出来。例如,关于女人究竟在劳动市场上同男人平等竞争还是应当争取对女人的特殊保护问题,还有女性是应当模仿男人的生活方式,还是应当创造一种女性自己的生活方式。妇女运动的新口号是:女性特质是世界的唯一希望所在。针对性骚扰与家庭暴力等问题,妇女提出:个人问题就是政治问题(The personal is political),并开展提高觉悟的小组活动方式,指导妇女调整与男友的关系,进而开展为通过有利于提高妇女地位的新法案而争取同情的活动。

妇女运动的第二次浪潮对女性研究在诸多学科中的确立与发展起了推动作用,女性意识的觉醒使他们不满于人文社会科学的现状,对传统的学科知识敢于提出置疑。

二、西方的女权主义

在妇女运动的第二次浪潮中,形成了妇女研究的热潮,妇女研究(又称性别研究)作为正式的研究领域于 20 世纪 60 年代首先在美国和英国出现,现已成为西方学术界的重要研究领域。

妇女研究，在西方又称为女性主义或女权主义（feminism）①，理论流派众多，他们在很多问题的看法上不仅存在分歧，有时针锋相对。自由主义女权主义是最古老的一个女权主义流派，其思想渊源可追溯到西方中世纪过后的启蒙运动。它赞成自由主义思想原则，主张每位妇女在现行体制内通过个人之间的公平竞争，获得与男子平等的法律地位与社会地位。因此，它致力于男女之间的平等权利，反对所有歧视妇女的法律。但它并不主张对妇女实行保护性立法，或给妇女特别的保护性待遇，因为这样就等于承认了妇女的弱势地位，而且有损于公正及公平竞争的原则。

社会主义女权主义则恰恰相反，其理论前提就是承认妇女是弱势群体，并且认为妇女所处的不利地位不是单个妇女的过错，而是体制的不平等造成的。它在具体策略上同自由主义女权主义也是针锋相对的——竭力为妇女争取保护性立法，强调对妇女实行特殊的劳动保护措施。因此它更强调平等，而不是公正。社会主义女权主义主张将妇女所处的地位同阶级压迫、阶级剥削以及阶级斗争联系在一起加以考虑，并认为，妇女要争取最终的解放，离不开受剥削阶级的斗争和解放。它很注意妇女在家务中所付出的无酬劳动，认为这是使妇女沦为二等公民的一个重大原因；它的目标之一是为妇女争取家务劳动的补偿和实现家务劳动社会化。

激进女权主义的主要理论倾向在于强调妇女在生理上的特征，它不仅认为女性的生理特征——其中最值得重视的是生育能力——是使其陷于不利地位的主要原因，而且认为妇女的生理特征是优越的，尽管它长期以来一直处于受贬低的地位。激进女权主义创造出父权制理论，用以概括男权社会的压迫性质，并认为性别间的压迫是人类社会最古老、最普遍又最典型的压迫形式，其重要性超过了其他的压迫形式，如阶级压迫、种族压迫、民族压迫等。激进女权

---

① feminism，译成中文，有"女权主义"和"女性主义"两种译法。但说到西方，比较多的用"女权主义"，说到国内的研究，比较多的用"女性主义"。我们对"女权主义"有一种本能的排斥。

主义是一种基于本质主义的女权主义流派,其中最极端、最激烈者认为,只有依据女性的特征,才能建造一种更和平、更自然、更和谐的社会秩序,因此,弘扬女性特质是解除人类社会种种弊端的好办法,人类的希望就寄托在这里。

后现代女权主义是近年来出现的一个女权主义流派,由于它所借重的后现代主义极具颠覆性,鼓吹对所有大型理论体系的否定,其中包括对以往两性概念的划分及所有有关两性关系理论的批判,所以又被认为是妇女运动的第三次浪潮。它是反本质主义的。它的目标不是在现行体制中争取男女平权,也不是要把男人压迫女人的现行体制颠倒过来,而是要消解现行的两性观念,解构所有以往有关两性关系的理论。它强调话语即权力,致力于创造妇女的话语。它强调身体、感情和直觉,抨击男性中心主义的精神、理性和逻辑,力图用一套新的话语来取代性别主义话语。

除了上述几种主要的女权主义流派之外,还有众多次要的理论流派,如生态女权主义、心理学女权主义、第三世界女权主义、黑人女权主义、分离主义女权主义、文化女权主义、女同性恋女权主义等。过去几十年间女权主义流派的大量分化和重新组合,已经使过去三大家的区分变得不再清晰可辨,目前,女权主义的理论呈现出多元的格局。

三、中国妇女研究理论范式的演变

改革开放前,我国占主导地位的理论是马克思主义的妇女解放理论。妇女解放,就是指推翻妇女所受到的压迫、解除妇女所受到的束缚,使她们得到自由和发展。马克思主义者把妇女解放当作无产阶级解放的组成部分,当作无产阶级历史使命的重要内容,把男女平等作为妇女解放的具体内容,他们经常把妇女解放和男女平等并列。解放以后,动员妇女走出家门参加生产,通过法律以确定家庭中的性别平等和政治、经济权利的平等成为党的政治目标之一。通过政府的安置,城市人无论男女绝大多数都进入了公有制企业或事业单位，城镇男女两性有着同样的就业机会，并享受"单位制"带来的所有保障与福利。农村的集体制度使得家庭作为经济单位丧失了部分重要性，生产方式和家庭劳动力的分配变为由集体决定，衡量劳动力的办法是以计件和计时为基础的工分制，虽然男性劳动力和女性劳动力的工分有差别，但是妇女为集体付出的劳动能以一种公开的形式体现出来。这样，中国妇女在较短的时间内从"家庭中人"变成了"社会中人"。

改革开放以后，高度集中的政治体制和计划经济体制积聚与配置资源方式发生了很大改变，妇女问题也随之凸现，人们开始反思妇女特殊命运和女性角色，反思"时代不同了，男女都一样"，"男同志能办到的事，女同志也能办到"等政治口号，并对妇女地位进行全面反思：中华人民共和国成立以后，男女平等的立法和政策改变了中国社会对女人的传统观念，第一次在法律上把女性作为主体、作为与男性对等的人来看待，强调男女具有平等的权利，应当说是具有很强的反封建意义。也是对长期形成的社会性别制度进行的深刻而广泛的挑战。然而，当时的性别立法充满了理想主义，更多停留于一般的原则规定和宣言，对延续千年的父权制缺乏深刻反省，对改造父权制的难度缺乏认识。在政策层面上，始终未对父权制的父系、父姓、父居进行认真的清理，更谈不上逐渐改变建立在父权制基础上的社会结构。

在上述背景下，急需从学术上对妇女所遇到的现实问题作出解答。1993年底，联合国"马尼拉亚太区域妇女会议"之后，国际社会对中国妇女的关注和投入明显增强。1993年海外中华妇女学会第一次同中国妇女研究会合作，同天津师范大学的妇女研究中心一起举办了为期两周的"第一届中国妇女与发展研讨会"，会上明确用"社会性别"这个词介绍gender这个新概念，在会上引起震动。1995年第四次世界妇女大会在北京召开，中外妇女的直接交流更是达到高潮，国际妇女运动的口号和议题很快为中国妇女研究者所熟悉。"用妇女的眼睛看世界"是95论坛最富鼓动性和影响力的口号,"将性别纳入发展决策的主流"是《行动纲领》的一条主线。这些鲜明的口号是建立在社会性别的理论基础上的,95世界妇女大会把"社会性别"的研究范畴、社会性别理论引入我国妇女研究领域,使我们开始尝试用新的视角分析妇女问题,弥补了以往妇女研究中存在的"性别盲点"。越来越多的研究者改变了传统的研究模式和路径,自觉地将"以研究对象为主体,以研究者为组织者,研究者与实际工作者相结合,重在帮助妇女改善生存和发展状况"的参与方式方法运用到研究中。①

社会性别(gender)是相对于生理性别(sex)而产生的一个概念。它最早出现于20世纪70年代初的国际妇女运动,80年代后被联合国采用,是90年代以来国际上分析男女平等的重要概念。社会性别(gender)是指人们所认识到的男性与女性之间存在的社会差异和社会关系。即指在一个特定社会中,由社会形成的男性或女性的群体特征、角色、活动等责任。在对社会性别问题性质的认识上,强调社会性别问题的实质是社会问题。涉及到政治、经济、文化、社会的方方面面,同时是男性和女性两性的问题,没有全社会的关注和行动,没有男性的改变和参与,不可能从根本上解决社会性别平等问题。

第二节 全球化背景下的妇女热点问题

一、全球化及其对妇女的影响

随着全球化进程继续对全球经济机会施加影响,对不同人群而言可谓机遇和风险并存,其影响是不均等的。全球化对妇女的双面影响表现为:一方面,如果利用全球化带来的机会促进性别平等,妇女可以从中受益,另一方面由于世界各地都存在两性不平等和歧

---

① 王金玲:《中国大陆女性社会学的发展与建设》,《妇女研究》,2002,(2)第9页。

视,妇女受到全球化不利影响程度超过男子。

从全球化对妇女在就业和经济参与方面的影响看,主要表现在以下几个方面:(1)全球经济的自由化和一体化,使得劳动力市场变得更加灵活、短期和兼职化,妇女往往是这些就业形式的承担者,而这些就业形式一般不受标准劳工立法保护。(2)经济全球化带来国际间产业结构变化,随着发达国家的劳动密集型产业向发展中国家转移,一方面,在发展中国家妇女转向有薪职业的同时,发达国家妇女丧失工作;另一方面,在劳动密集型出口工业妇女比例增加的同时,资本和技能密集程度较高的工业中女性的比例却在下降。(3)经济全球化带来的就业机会增长,一方面使妇女获得更大的自主权、选择权、自尊和较高的社会地位,另一方面,家庭中不平等的家务负责和在有薪职业中的边缘地位,使妇女难以摆脱家庭中的依赖地位和次要养家人的角色。(4)经济市场化的影响,使保健和社会福利的费用从公共部门转向家庭,增加了妇女、特别是贫困妇女的负担,尤其是在经济困难时,家庭成为最后一道福利保障,妇女要为此承担不成比例的重负。

二、全球化背景下的妇女热点问题

全球化背景下的妇女热点问题集中反映在 1995 年世妇会(北京)的《行动纲领》和 2000 年 23 届妇女问题特别联大(北京+5)的《成果文件》中以及第 49 届联合国妇女地位委员会(北京+10)的《北京+10 秘书长报告》中。

1995 年联合国在北京召开了第四次世界妇女大会,通过的《北京宣言》和《行动纲领》成为国际社会推进性别平等、发展与和平的目标与准则,成为在全球提高妇女地位和赋权妇女的使用频率最高的词汇之一。《行动纲领》提出了 12 个重点关注的领域,它们分别是:(1)妇女持续且日益沉重的贫穷负担;(2)教育和培训不平等和不足,而且不能平等接受教育和培训;(3)保健和有关服务不平等和不足,而且不能平等获得这些服务;(4)对妇女的暴力;(5)武装或其他种类冲突对妇女、包括生活在外国占领下的妇女的影响;(6)经济结构和政策、一切形式生产活动和取得资源机会不平等;(7)男女所在各级分享权力和决策方面的不平等;(8)在所有各级缺乏足够的机制促进妇女地位的提高;(9)既不尊重也不充分促进和保护妇女的人权;(10)对妇女采取陈规定型的看法,妇女不能平等利用和参与一切通讯系统,尤其是传播媒体;(11)在管理自然资源和保护环境方面两性不平等;(12)持续歧视女童并侵犯女童的权利。它们构成执行、监督和评价妇女工作的基本框架。

2000年,在23届妇女问题特别联合大会(简称北京+5)上通过的《成果文件》中,提出的新挑战是:经济结构调整对妇女的新挑战;流动中的妇女;新信息技术对妇女的挑战;艾滋病流行对妇女的影响;环境恶化对妇女的影响;贫困对老年妇女和其他弱势妇女的影响。

2005年,第49届联合国妇女地位委员会会议(简称北京+10)在纽约联合国总部召开,会议的主要目标有二:第一,审议《北京行动纲领》和23届特别联大《成果文件》的执行情况;第二,确定目前新的挑战,并制定提高妇女与女童地位和加强其能力的前瞻性战略。

总的来说,《北京行动纲领》实施10年来,世界各国在落实《北京行动纲领》的过程中取得了很大的进展,妇女的地位和作用在全球范围内发生了一些变化。主要表现在:性别平等意识逐渐提高并得到全球公认;全球各国普遍建立了提高妇女地位的机制;很多国家和地区程度不同地进行了相应的法律和政策改革;提高了妇女人权的意识,尤其是在反对对妇女的暴力和劳动权利方面;妇女参与就业和公共生活的人数有所增加;全世界妇女和女童接受教育和识字的机会增多;妇女健康的意识逐渐提高,产妇和儿童的死亡率逐渐降低;在执行《北京行动纲领》中建立了广泛的政府与非政府之间的合作伙伴关系,等等。

但是，在全球化、市场化、私有化的背景下，受新自由主义、保守主义、军国主义、恐怖主义和顽固的父权制的影响，《北京行动纲领》中的很多目标还远未实现，推动两性平等仍然面临着巨大挑战：妇女仍然是贫困中的主要人口，集中在非正规领域和农业部门，很少有社会保护；在许多国家，妇女仍然缺少土地所有权和继承权；妇女参与各级决策的比例仍然有限；女童的失学率和文盲率仍然很高，高等教育中的性别不平等仍然存在，学校课本和课程中的性别角色定型仍普遍存在；妇女保健的可获得性仍然是一个全球的问题，妇女和女童是 HIV/AIDS[①] 的主要危险者；军事侵犯和其他形式的强迫和性虐待，仍然危害着处于武装冲突和种族冲突中的无数的妇女和女童，拐卖妇女儿童、强迫婚姻、强迫卖淫等问题有所加剧；等等。有的非政府组织认为，尽管联合国一系列纲领和宣言都努力推动法律和政策变革，以保护和提高妇女的地位与权利，但是从现状看，一些妇女的状况比 10 年前更糟了，甚至有所倒退。

第三节　中国的妇女问题

中国自 1971 年恢复联合国合法席位后，积极参与了联合国提高妇女地位和促进性别平等的各项活动，于 1980 年率先签署了《消除对妇女一切形式歧视公约》（CEDAW）。中国不但是联合国第四次世界妇女大会的东道国，中国政府还是承诺社会性别主流化的 49 个政府之一。然而，"消歧公约"、社会性别主流化理念、《行动纲领》并没有得到广泛宣传和实施；男女平等虽然是基本国策，但它的执行力度和重视程度显然没有计划生育这一基本国策那样大。联合国衡量妇女地位有三项核心指标，一是议会中女议员的比例，二是在非农部门就业的拿工资的女性的比率，三是高中女生的毛入学率。第一个指标联合国规定的达标值为 30%，中国 2003 年

---

① HIV，人类免疫缺陷病毒的英文缩写；AIDS，艾滋病的英文缩写。

是 21.8%,这个指标的排序我国自 1994 年以来不断下降。第二个指标值达标为 45%。中国 1997 年为 39%。第三个指标值达标为 95%,中国为 65.1%。

一、社会性别分化及性别不平等

从社会性别的角度看,中国的结构性别在 1978 年以后出现了明显的分化趋势,男女两性在就业、收入、家庭地位等方面的差距拉大,女性整体地位边缘化、弱势化。

(一)城镇女性的在业率下降,就业层次降低

1979 年以后的经济体制改革,是以增强企业活力为中心环节的,其主要思路就是扩大企业自主权,减少行政干预,从那时起下岗就成为一个突出的问题。在企业剥离的人员中,女性占多数。全国总工会女工部 1988 年的调查表明,所调查 660 个企业(11 个省市)在已游离出生产过程的编余人员中,女性占 64%,在商业、服务业企业中女性占 82%,作为传统"广就业政策"最大受益者中的中国女性面临着前所未有的"就业危机"。面对市场配置劳动资源,就业压力加大的情况,虽然男女的在业率都有所下降,但与男性相比,女性的下降幅度高于男性,从全国妇联和国家统计局所做的调查来看,2000 年,18 到 64 岁的城乡女性在业(指调查前一周从事有报酬的工作或劳动)比例为 86%,比男性低 6.6 个百分比。城镇女性 18 至 64 岁的青年女性在业率 72%,比 1990 年降低了 16.2 个百分点。国企职工专项调查数据表明,国企下岗女工普遍感到再就业困难,她们中有 49.7% 的人认为自己再就业时受到年龄和性别歧视,比下岗男工高 18.9 个百分点。从再就业的层次上看,原来在计划经济体制下,妇女就业几乎百分之百是正规就业,全国妇联的这次调查显示,60%~70% 的妇女是正规就业,还有一部分是非正规就业,比如做小时工、临时工等,这些工作一般是层次低、收入低、不稳定。男女职工再就业上的差别有拉大的趋势,体制内的资源更多地流向男性。

"中国社会结构变迁研究"课题组的调查①以职业分类为基础，以组织资本、经济资本和文化资本拥有状况为指标，对当代中国社会阶层结构划分出十大社会阶层：（1）国家与社会管理者阶层（指领导干部，拥有组织资本）；（2）经理人员阶层（指大中型企业的高中层管理人员，拥有较多的组织资本和经济资本）；（3）私营企业主阶层（拥有经济资本）；（4）专业技术人员阶层（拥有文化资本）；（5）办事人员阶层（中低层公务员、企事业单位中的基层管理人员和非专业性办事人员，拥有少量组织资本或文化资本）；（6）个体工商户阶层（拥有少量经济资本）；（7）商业服务业员工阶层（基本没有三种资本）；（8）产业工人阶层（基本没有三种资本）；（9）农业劳动者阶层（基本没有三种资本）；（10）城乡无业、失业、半失业人员阶层（指除在校学生外的无固定职业的劳动年龄人群，基本没有三种资本）。在这样一个等级性的社会阶层结构当中，性别分布是：三个最具优势地位的阶层（控制着组织资源的国家与社会管理者、控制着经济资源的私营企业主、以及拥有较多文化资源、经济资源和组织资源的经理人员）都是以男性为主（约占 3/4）②。在社会的中间层中，现代中产阶层（专业技术人员和办事人员）男女分布较平均，但现代中产阶层的上层（较高等级的专业技术人员）中男性比例较高，而中下层（较低等级专业技术人员和办事人员）女性比例较高；传统中产阶层（个体工商户）中则男性比例高于女性。在社会经济地位较低的阶层，商业服务业人员中男女

---

① "中国社会结构变迁研究"是中国社会科学院课题，该课题组于 2000 年先后对中国的湖北省汉川市、辽宁省海城市、福建省福清市、贵州省镇宁市、安徽省合肥市、江苏省无锡市和吴江市七都镇、广东省深圳市、北京燕山石油化工总厂、吉林省长春第一汽车制造厂、天津南开大学等市、县、厂、校，进行了典型调查，以问卷抽样、入户访谈、座谈会、调查会的形式，取得了 11000 份问卷资料和近千份各类成员的访谈记录。以此批经验资料为基础，课题组经过近一年的分析研究，撰写并发表了《当代中国的社会阶层研究报告》（陆学艺主编，2002）。

② 张宛丽：《现阶段中国社会分化与性别分层》，http：//www. sociology. cass. net. cn/shxw/shjgyfc/t20040927_2865. htm.

分布较平均，产业工人中男性比例高（占3/5）；无业失业半失业人员中女性比例远高于男性（女性约占70%～80%）。特别值得注意的一个现象是，家庭主妇及从未就业的女性人数在上升，并且这一群体的年龄在年轻化。

(二) 农村女性的发展资源约束与弱势地位

改革开放和社会变迁对农村妇女的影响是多层面的：

首先，家庭承包责任制强化了家长的权力，加深了妇女在婚姻关系中对丈夫的依赖。因为从夫居是我国农村地区普遍的居住方式，在从夫居制度下，女方嫁到男方后，进入男方原有的亲属网络，渐渐与女方父母方面的亲属网络疏远。亲属网络的社会性别化一方面降低了女性对其出生家庭的价值，另一方面也使女性在夫居家庭中处于不利的地位。中国的传统社会是"家本位"的社会，所谓"家本位"，是相对于个人本位而言的，它强调个人的行为和社会关系要以家庭或家族为中心，围绕家庭或家族的利益展开。在基于父权制的"家本位"文化中，男人为了获得个人的权利、地位而维护家庭，男人的权利、地位与家庭和家族的利益及地位是一致的；女人则往往需要牺牲个人的权利和地位去维护家庭，女人的权利、地位与基于父权的家庭和家族的利益、地位之间是有矛盾的。再加上在土地承包过程中的不规范做法更使妇女的权益直接遭受侵害。如在责任田的分配上，一些地区否认妇女是劳动力，不给分责任田，有些地区分地年龄划分不平等，妇女被无条件缩短了从事农业生产的时间，还有就是在各地农村普遍存在的妇女异地结婚导致的"两田落空"现象（一方面表现为由于妇女异地婚姻，婚出地急于收回土地，婚入地因种种原因不分给土地导致"两田落空"；另一方面表现为由于男到女家落户而拒绝分给男方土地）。在珠江三角洲不少村民委员会通过征地补偿、土地有偿转让、村内物业出租、村办企业等多种途径，积累了可观的集体收入，定期或不定期地分配征地补偿款或向村民发放分红。许多村的村规民约规定，"外嫁女"及其子女不得参加分配或不能取得全额分配。宗法社会的身份界定居然在农村集体利益的分配中被遵奉。

其次,在离土浪潮中男女两性流动机会不同,女性受到资源的约束。根据劳动部、农业部等的抽样调查,20世纪80—90年代向外流动的农村劳动力中,女性约为1/3~1/4。从若干年份人口普查资料和1%人口抽样调查资料看.我国农林牧渔劳动者中女性所占的比例1982年为46.79%,1987年为47.38%,1990年为47.94%,1995年为48.52%,呈持续增长趋势。《第二期中国妇女社会地位抽样调查主要数据报告》的资料显示,2000年从事纯农业的农村妇女比例为82.1%,比男性高17.4个百分点。而兼营非农业生产经营活动的男性为35.3%,比女性高近一倍。在非农化过程中,农村经济又被分化为农业和非农业部门,形成"双二元结构",农业成为弱质行业,女性多数被"沉积"在弱质行业,这一现象又被称作"女性农业化"趋势。

女性在种植业中所占的比例越来越大这一趋向的结果是种植业中女性缺少发展资源。所谓发展资源,是主体得以超越生存层次的,使自身获得发展的要素。发展资源的容量决定了主体的发展空间。种植业中女性的发展制约表现为:(1)接受教育和培训机会少,《第二期中国妇女社会地位抽样调查主要数据报告》显示,尽管女性受教育水平有了很大提高,但农村妇女的受教育水平仍然偏低,与男性相比差距较大。农村女性文化程度为初中以上的比例是42.3%,比男性低20.8个百分点;女性文盲率为13.6%,比男性高9.6个百分点。在接受成人教育方面,农村无论男女,基本集中于专业技术培训和文化补习/扫盲两项,但女性以文化补习/扫盲为主,比男性高23.4个百分点,而接受专业技术培训则比男性低13.2个百分点。(2)流动机会少,流动产生的机会对一个群体而言是与发展程度成正比的,农村现阶段的流动包括地域流动和职业流动及升迁流动,流动不一定都是向上流动,但它带来发展空间的扩张和与新生产要素结合的机会。恰恰是女性的流动机会少,导致她们较少占有发展资源,不能移出低效行业强占强势领域,而沉积下来。(3) 非技术化现象，在农业部门，农业技术历来是男性的优势领域，而农业现代化进程并未改变这一状态。以江苏为例，目前，在苏南地区的农村中，农业综合机械化水平已达 60%，农业劳动力产生新的分化—掌握农业现代技术的专业队和一般不掌握多少专业技术的普通劳动力之间的分化。女性虽然在农业劳动力中处于数量的多数，但并不掌握农业的关键技术，机耕、灌溉、水管、植保、施肥等都由农机队和农技站等专业、服务组织管理，一些地方甚至播种、收割也都由机械或专业人员进行，而这些服务管理人员的绝大多数乃至清一色是由男性组成。

其三，在由农村社会变迁带来的职业阶层分化过程中，女性被低层次化了。根据农业部、中共中央政策研究室农村固定观察点对 1992 年分布在 29 个省市的 312 个固定观测村点的专项调查，在 7604 户农民的职业分布中，男性乡镇企业管理者与乡村干部是女性的 5 倍和 5.5 倍。金一虹通过对苏南非农产业中的性别利益结构研究发现[1]：在一个基本完成非农化过程的乡村社会，个体的利益差别不再表现于务工还是务农之上，而是主要表现于他在工业社会的等级结构中处于什么位置。影响利益分化的重要因素是农民职业的分化和流动。她认为非农化带来利益进一步分化是客观存在的。

（三）男女两性收入差异呈扩大趋势

由于男女两性在劳动力市场上的就业率不同，职业类型不同，使得两性收入差异呈扩大趋势。1999 年城镇在业女性（包括各种收入在内）的年平均收入为 7409.7 元，是男性收入的 70.1%，男女两性的收入差距比 1990 年扩大了 7.4 个百分点；以农林牧渔业为主，女性 1999 年的平均收入为 2368.7 元，是男性收入的 59.6%，差距比 1990 年扩大了 19.4 个百分点。[2]

在城镇，男女两性的收入差距与在业状况和职业层次直接相

---

[1] 《非农化过程中的农村妇女》，《社会学研究》，1998,（5）。

[2] 第二期中国妇女社会地位调查课题组：《第二期中国妇女社会地位抽样调查主要数据报告》，《妇女研究论丛》，2001,（5）。

关。女性较多地集中于收入偏低的职业,在相同的职业中女性的职务级别又比男性低。尽管数据显示,女性中各级负责人有所增加,各类专业技术人员的比例还高于男性,但这两类职业中,女性占同类男性收入的比例仅57.9%和68.3%,低于平均水平。在农村,农业比较收益不高和农业劳动女性化趋势,是农村妇女收入低于男性的主要原因。农村女性从事非农性生产经营获得的报酬为总收入的13%,比男性低9.6个百分点。①

(四)家庭的性别分工进一步强化

女性在劳动力市场上的劣势地位加剧了她们在家庭的从属地位,女性处于较低工资的职业地位促使女性依赖男人,女人似乎可以把自己无力买到的物品和生活方式,通过嫁人、通过从属于男人而实现。上海市妇联在2000年底的一次调查表明,34%的上海人赞同"干得好不如嫁得好"的说法,其中女性的支持率还高于男性5个百分点。

《中国妇女地位调查》显示,有85%以上的家务劳动主要由妻子承担,女性用于家务劳动的时间平均每天4.01个小时,比男性多2.7个小时,城镇在业女性每天家务劳动时间平均为2.9个小时,比男性多1.6个小时。上海市妇联在2000年底的调查结果是,与10年前相比,上海城乡男女两性每天用于家务劳动的时间均有所下降,但两性家务劳动时间的差距有所扩大。以女性为主承担家务劳动的格局仍然未变,3/4的家务活由妻子承担,女性平均每天用于家务劳动的时间为3.5小时,比男性多近2个小时,两性家务劳动时间的差距比1990年增加了36分钟。调查还显示,近44%的男性和37%的女性赞同"男主外女主内"的传统性别分工模式。

体制变革以来,结构性别的分化说明,在当代中国的社会阶层

---

① 第二期中国妇女社会地位调查课题组:《第二期中国妇女社会地位抽样调查主要数据报告》,《妇女研究论丛》,2001,(5)。

分化加剧、社会流动加快的社会背景下，女性群体是不成比例地分布在各个领域的边缘和较低层次上。性别因素对个人的社会经济地位获得存在着影响。这也说明，在所有的社会不公正现象中，持续时间最长、跨越领域最广泛、涉及人数最多的，是性别的不公正和不平等，它贯穿在任何阶层，任何地方，任何行业里，表现在社会生活的方方面面。

性别分化产生不平等的两性关系一般会经历三个阶段：首先是从生理上的性别差异到社会性别差异，然后是从社会性别差异到对社会性别的差异评价，最后是差别评价导致性别不平等。女人能生育本是生理现象，但因此而认为女人就应该照养孩子，操持家务，以"男主外，女主内"为普遍模式，就是把生理上的性别差异模式化为社会性别差异，把生理上的因素转化成社会文化因素了。家庭中的劳动分工模式进一步扩大到社会生活中，导致职业上的性别隔离，某些工作被贴上性别的标签，女性就业就局限在那些所谓女性化的领域。然后再赋予社会性别化的劳动以不同的价值，男人承担的工作被认为是重要的、关键的，女性承担的工作则被认为是次要的、附属的。在差别评价的基础上，社会通过一定的制度安排，造成男女同工不同酬的客观现实，从而导致男女两性在家庭和社会各方面事实上的不平等。

二、性别比失衡与性别不平等

如果说，社会性别分化是体制变革以来妇女生存发展环境的变化以及男女不平等的集中表现，那么，出生性别比的失衡则是性别不平等的代际转移方式。对男孩的性别偏好，使那些生了女孩的妇女备受歧视，迫使他们强烈地希望生男孩。这种非理性的生育意愿，正是不平等的生存处境迫使妇女作出的非自主性选择。

国际上长期观察的结果显示，在未受到干预的自然生育状态下，出生人口性别比介于 103 至 107 之间，联合国 1955 年设定的正常值在 102 至 107 之间。我国 1953 年、1964 年、1982 年、1990

年和 2000 年五次人口普查出生人口性别比分别是 104.9、103.8、108.5、111.3 和 116.9，从 1982 年以来有明显偏高势头，并有继续攀升的迹象。如果以 107 为合理范围的最高限，2000 年全国只有西藏（102.7）、新疆（106.1）和贵州（107.0）在正常界域，其余都超过了标准，其中有 7 个省超过了 120.0，海南和广东高达 135.6 和 130.3。国家统计局公布的 2004 年人口变动情况抽样调查结果报告，零岁组的人口性别比为 121.18。我国已成为世界上出生人口性别比失调程度比较严重、持续时间比较长的国家。

这种状况，从现实来看至少有这样几方面的危害：(1) 在 40 岁以下人口中每个年龄别中男性人口平均较女性多出一百多万人，势必造成婚配压力，由此可能增加社会的不安定因素；(2) 女性是人口再生产的主体，女性人口的减少，会使人口再生产出现障碍，引发人口年龄结构的失衡，加重人口老化的程度；(3) 男性人口的过剩将进一步对女性就业产生"挤压效应"，而女性就业机会的减少会直接影响妇女地位的提高；(4) 女性人口的减少，将导致少年儿童人口的萎缩和老年人口的增加，由此会使消费需求减弱，进而影响经济的增长。

因此，妇女问题绝不仅仅是妇女自身的问题，而是男女两性的问题，是社会的问题。

第四节　社会性别主流化

联合国第四次世界妇女大会上，将性别观点纳入社会发展各领域的主流（又称为"社会性别主流化"［gender main-streaming］）被确定为促进两性平等的全球战略。随后，联合国和各国政府都对实施社会性别主流化的《北京行动纲领》作出了承诺。社会性别主流化日益受到国际社会的关注，成为全球以人为中心的社会发展模式的重要组成部分。联合国经济及社会理事会关于社会性别主流化的定义是："社会性别主流化是评估在各个领域和层面所规划的行动对男性和女性的影响的过程,包括立法、政策和项目。该策略使男性和女性的观点和经验成为设计、实施、管理和评估各社会层面政策和项目不可或缺的一部分,从而保证男性和女性能够平等受益,避免不平等现象的发生。其最终目标是实现性别平等。"[①] 社会性别平等主流化包含两个相互关联的方面:社会性别平等与主流化。

1. 社会性别平等的基本前提是承认并尊重所有人的基本权利和尊严,不分种族、性别和年龄、阶层。社会性别平等意味着男性和女性的不同行为、期望和需求均能得到同等考虑、评价和照顾。社会性别平等并不意味着女性和男性必须变得完全一模一样,而是说他们的权利、责任和机遇,并不由他们生来是男还是女来决定。社会性别平等要求从人的基本权利出发,重新审视和反思现存的两性关系和性别规范,促使男女两性的全面健康发展。

2. 社会性别主流化就是将社会平等意识引入社会发展的所有领域和决策主流。社会性别主流化首先强调社会性别问题实质上是社会问题,而不是妇女问题,它涉及到政治、经济、文化、社会的方方面面,没有全社会的关注和行动,没有男性的改变和参与,不可能从根本上解决平等问题。生物的因素并不能解释两性在权力中存在的等级差异,正是由于通过社会决定、社会学习和社会控制机制,社会确定了其对两性社会经历、资源和报酬的差异性系统。所以,社会性别主流化,就是要把性别问题纳入政府工作和社会发展宏观决策的主流,在国家立法、政府政策制定或发展规划方面,都要充分体现对社会性别议题的关注,通过改变社会政策、制度、法律、文化和社会环境,使妇女和男人平等参与社会发展和受益。

3. 社会性别主流化的核心要素包括:(1)政府决策层明确而坚定的政治承诺;(2)制定性别平等战略和行动计划;(3)在政府和决策机构中设立提高妇女地位的专门机构和进行专业人员配置;

---

① http://www.unchina.org/unifem/chinese/aboutunifem.htm.

（4）建立性别平等机制，包括社会性别统计、社会性别评估、社会性别审计等；（5）制定和贯彻社会性别平等政策、法律、项目，并提供社会性别平等预算。社会性别主流化本身并不是一个目标，而是实现社会性别平等的一种手段。通过社会性别主流化，促进我们所处的社会逐渐消除社会性别歧视，实现社会性别平等和社会性别公正。

参考文献：

[1] 朱易安、柏桦：《女性与社会性别》，上海教育出版社，2003年版。

[2] 荒林、王红旗：《中国女性文化》，中国文联出版社，2001年版。

[3] 吴小英：《科学、文化与性别——女性主义的诠释》，中国社会科学出版社，2000年版。

[4] 王政：《女性的崛起——当代美国的女权运动》，当代中国出版社，1995年版。

[5] 王政、杜芳琴：《社会性别研究选择》，生活·读书·新知三联书店，1998年版。

[6] 李小江：《身临"奇"境——性别、学问、人生》，江苏人民出版社，2000年版。

[7] 王红旗：《中国女性在演说》，中国时代经济出版社，2003年版。

[8] 克瑞斯丁·丝维丝特著：《女性主义与后现代国际关系》，浙江人民出版社，2003年版。

[9] 邱仁宗等：《中国妇女与女性主义思想》，中国社会科学出版社，1998年版。

[10] 李银河：《女性权力的崛起》，文化艺术出版社，2003年版。

[11] 李小江等：《平等与发展》，生活·读书·新知三联书店，1997年版。

[12] 李小江等：《批判与重建》，生活·读书·新知三联书店，2000年版。

[13] 林爱冰等：《社会变革与妇女问题》，中国社会科学出版社，2001年版。

[14] S. Harding, *The Science Question in Feminism*, Cornell University

Press，1986.
- [15] 鲍晓兰主编：《西方女性主义研究评价》，北京：三联书店，1995年版。
- [16] 李银河主编：《妇女最漫长的革命——当代西方女性主义理论精选》，北京：三联书店，1997年版。
- [17] 库恩：《科学革命的结构》，商务印书馆，1980年版。
- [18] 《中国妇女运动历史资料》（1921—1927），人民出版社，1986年版。
- [19] 陆学艺主编：《当代中国社会阶层研究报告》，社会科学文献出版社，2002年版。
- [20] 孟宪范：《转型社会中的中国妇女》，中国社会科学出版社，2004年版。
- [21] 郑真真、解振明：《人口流动与农村妇女发展》，中国社会科学出版社，2004年版。
- [22] 李银河：《生育与村落文化》，中国社会科学出版社，1994年版。
- [23] 倍倍尔：《妇女与社会主义》，中央编译出版社，1995年版。
- [24] 钱明怡等编：《女性心理与性别差异》，北京大学出版社，1995年版。
- [25] 《行动超越语言》，内蒙古人民出版社，1998年版。
- [26] 王逢振编：《性别政治》，天津社会科学院出版社，2001年版。
- [27] 沃斯通克拉夫特：《为女权辩护》，商务印书馆，1995年版。
- [28] 金一虹：《父权的式微——江南农村现代化进程中的性别研究》，四川人民出版社，2002年版。

第5章 同性恋问题

第一节 同性恋的界定和原因分析

一、同性恋界定

什么是同性恋？同性恋（homosexuality，也译作"同性爱"）一词，最早由德国医生本克特（Benkert）于1869年提出，后成为描述同性恋现象的专门术语。然而，远在该词发明前，同性恋就已是人类一个古老的社会现象。可以说，它和人类的历史一样悠久。不过，不同的时代，不同的民族和种族，在同性恋问题上的看法各不相同。正如美国著名学者葛尔·罗宾（Gayle Rubin）所指出的，"同性恋行为在人类行为中一向存在。但是在不同的社会和不同的时代，它或者受到赞赏，或者受到惩罚；或者被要求去做，或者被禁止去做；或者是一种暂时的经历，或者是一种终身的职业。"[①] 从目前国际社会的普遍认识来看，一般认同这样的看法，即同性恋是一种与大多数人类个体异性性选择相反的少数群体同性性选择行为或倾向。同性恋可见于各种年龄段，但以中青年多见。早在1948年美国著名性学问题专家A.金西就初步认定，有4%的男子或多或少是终身的同性恋者，另有6%的人在16～55岁之间至少有3年曾经是完全的同性恋者[②]。据统计，同性恋在男性中约占5%，女性中占3%[③]。另据美国学者上世纪80年代末的调查，有14%的男性和10%的女性把同性恋想像为一

---

① ［美］葛尔·罗宾等：《酷儿理论》，文化艺术出版社，2003年版，第25页。
② Alfred C. Kinsey, Wardell B. Pomeroy, and Clyde Martin, *Sexual Behavior in the Human Male*. Philadelphia: Saunders, 1948, Pp. 650—651.
③ 郭卜乐：《同性恋》，http://www.zgxl.net/sexlore/xdyh/txl.htm, 2005-7-9。

种"令人愉快"的行为①。同性恋者中有相当多的人属于双性恋，即对同性和异性都产生性爱欲望和维持与异性和同性的性关系。同性恋现象是跨地区跨文化中普遍存在的现象，存在于各个种族、各个阶级、各个民族和各种宗教信仰的人们当中。

具体而言，同性恋的认定至少包括这样一些基本条件，其一，情感与性欲的对象只限于同性；其二，有不可抑制地想要和同性有亲密行为的幻想；其三，在性方面对异性有排斥或恶心的反应；最后，它不是一种情境性反应，而是一种持续性的同性行为②。即必须把专一性或偏爱的同性恋与所谓境遇性（偶然性）同性恋区别开来：后者往往是男女与其同性被长期关在一起的结果，例如在海船上的船员或在监狱中的服刑者。一旦脱离这种特殊环境，他们就会放弃同性恋行为。

在理解同性恋一词时，必须强调的是，同性恋也是一种"恋"。"这是一种恋情，是爱情（如果我们不依传统的错误的观点视之的话），并不仅仅是性冲动、性欲的满足和欢欣，并不仅仅是性交。"③换言之，我们不能也不应该以是否有过肉体上的交合为判断现实中同性人群是否为同性恋的唯一依据，这与我们在判定异性恋时是一样的，即应该以是否有感情为根本的依据。因为同性性交和同性恋之间是不能划等号的，二者在伦理道德评判上是有区别的。

二、同性恋原因分析

（一）传统理论解释

自 19 世纪中后期开始，西方学者在理性和科学信念指引下，力图对同性恋问题进行"病理"解剖，以得到令人信服的答案。但

---

① Paul Cameron, "What Causes Homosexual Desire and Can It Be Changed?" http://www.familyresearchinst.org/FRI_EduPamphlet1.html#footnote.

② 王学富：《同性恋问题》, http://www.zijin.net/blog/more.asp?name=wxf&id=2993, 2005-8-11.

③ 《对同性恋的伦理道德思考》, http://cul.bokee.com/phenomenon/sex/39192-1.shtml, 2005-9-6.

这些以医学和心理学等学科为基础的研究出发点明显存在问题：其出发点建立在把研究对象视为"病人"或"不正常"人的基础上，即"同性恋被看作与道德堕落有关的心理或精神疾病"①，得出的结论难免引起质疑。如同性恋是"雌雄同体"，同性恋者具有男性的肉体和女性的灵魂的看法曾经很有市场。有一些学者如克拉夫特－埃宾、摩尔等人虽然强调同性恋具有先天与后天两种因素，但仍认为同性恋是一种令人厌恶的精神病或神经症。

著名学者布洛赫一度也把同性恋视为一种变态现象，但通过与同性恋者的交往和观察，他发现：同性恋者大多为健康个体，与世界各地的不良文化影响无关，真正的同性恋并不是变态造成的，更不是道德堕落所致。

弗洛伊德经过长期临床观察研究，得出同性恋是婴幼儿期性心理与性行为的残留和继续的结论。他说"同性恋是人成长经历的阶段，异性恋是成熟的表现"。弗洛伊德的观点对后世一些研究者产生了不小影响。英国著名性心理学家霭理斯通过对33位同性恋者的研究，认定同性恋的产生源于先天因素。他因而提出，社会对同性恋应采取容忍的态度。

金西认为，"把人类及哺乳动物归类为异性恋的印象，是对于事实的扭曲，它的根据是人为的哲学，而不是对哺乳动物行为的观察。"② 在他看来，许多学者之所以把异性恋视为正常，把同性恋视为异常，主要原因在于：他们把人类性行为的功能仅仅限于繁殖这一单项选择上，否定或忽视了性行为对人身心的愉悦等功能及其重要性。同时，无论是同性恋性行为，还是异性恋性行为，二者都是通过学习而获得的行为方式，而且在很大程度上是个体所处的特殊文化环境的产物，他反对把同性恋归于精神病或变态人格。相似

---

① 张北川，[美]琼·高芙曼（Joan Kaufman）：《同性恋与艾滋病防治》，《广西民族学院学报》，2005，(2)。

② [美]雪儿·海蒂：《海蒂性学报告（男人篇）》，海南出版社，2002年版，第655页。

地，还有一些学者认为，同性恋与异性恋的区别，就像人类群体中少数人习惯用左手，大多数人习惯用右手一般，是一种先天形成的偏差，没有任何道德意义可言。

简单说来，在同性恋形成原因的传统解释上，大致可归纳为三种理论：一是道德论。持这种观点的人认为同性性行为的发生是一种个人道德品格低下的反映，是个人沉迷于自我放纵的生活方式而不愿承担社会责任的结果；二是精神病论。持这种观点的人主要是一些心理分析学者，他们相信，同性恋是一种不正常的性倾向和行为，源于个人成长过程中家庭环境的不良或早年受到的性心理和生理损伤；三是基因与荷尔蒙论。认为性选择的同性偏好与道德堕落或心理病态无关，根本原因在于先天的基因遗传和荷尔蒙水平异常。

（二）同性恋原因分析

对于同性恋发生的原因，目前仍无定论。从以下不同学科的解释可知该问题的复杂性：

第一，生物学观点。主要从生物机体遗传和内分泌两个领域寻找同性恋行为的生理机制。在遗传学方面，有人发现同性恋者在单卵双生子中远比双卵双生子中多见，而且男同性恋可能是母系遗传的。在内分泌系统因素方面，有人认为性腺分泌不平衡是导致同性恋的原因。男同性恋者血液和尿中睾丸酮较异性恋对照组少，而女同性恋者尿中睾丸酮较异性恋对照组多。同时男同性恋者精子计数较少，畸形精子较多。另外，也可能是同性恋的心理和行为引起激素水平的变化。实验结果证明，给男同性恋者补用睾丸激素的结果并不能激起他的异性恋行为，而只是增加了同性恋行为中的性欲强度。

第二，心理分析学观点。如果正常的性心理发展受到不良的家庭或环境影响，成熟的异性恋驱力将被阻滞或者歪曲。家庭的影响在同性恋的发生上是非常明显的。男同性恋者的母亲具有一个显著特点，就是同同性恋倾向的儿子异乎寻常地亲密。弗洛伊德认为这引起了孩子的自恋,但也有学者认为是爱的排斥性使他们对母亲过分崇拜,其他的女性都看不上,同女人的交往略为失败,从而加强了对异性的应激性拒绝。懦弱无能的父亲也使儿子无法得到一个适当的行为模范。为了儿子听话,常反对粗鲁莽撞行为,而鼓励更富于女性化的活动。生活在男性比较多的环境中,或者经常与异性玩耍,或者被当作异性对待,可能使女童发生角色认同错乱,使其性格、生活风格男性化,对异性恐惧和紧张。①

第三,经济社会学观点。经济因素在同性恋的发生上可能有一定作用,贫困的生存环境和条件与同性恋的发生之间有一定的关联,虽然其中的具体原因还有待深究。特别是男性,由于经济贫困无力娶妻或者出于某种逃避男性责任的潜在倾向,易导致同性恋。

第四,文化社会学观点。文化传统对个体和群体生活的影响在同性恋问题上也不难找到足够的证据。首先,在全球众多文化形态中,存在一些鼓励同性恋行为的文化模式。如南太平洋一些岛屿上的居民和撒哈拉以南非洲的一些部族中,就存在强烈的同性恋文化。据青岛大学教授张北川的研究,中国福建山区的一些地方,历史上也存在同性恋现象。如1991年就有一对男同性恋公开举行婚礼。其次,不同的宗教在同性恋问题上的态度有较大差异。最后,在反对同性恋的文化中存在程度差别。如欧洲基督教社会和儒家文化主导的东亚地区,都反对同性恋行为,但激烈程度和理由却有很大不同。近代之前的欧洲对待同性恋的态度十分严厉,其主要理由是《圣经》中上帝明确反对并惩罚这种行为。中国则不然,如孔孟等人之所以反对同性恋,主要理由是它会导致政治腐败,奸人当道。因此,中国社会对同性恋的态度明显比欧洲温和。

第五,激进社会理想的影响。20世纪60年代末,一场声势浩大的女性主义和同性恋造反运动异军突起,对欧美社会产生了巨大

---

① 郭卜乐:《同性恋》,http://www.zgxl.net/sexlove/xdyh/txl.htm,2005-7-9。

冲击。从女性主义运动的目标看,虽然存在实现途径和方式的温和与激烈之分,但追求真正性别平等社会这一点上是没有争议的。但一些较激进的反叛者力图以最激烈的手段和方式达到目的。因为在她们眼中,两性平等的实现有一个基本条件,这就是:彻底颠覆父权社会的一切,尤其是婚姻和家庭制度。其中最有效的方式除了独身外就是同性恋。1972 年,女同性恋者夏洛蒂·本奇在女同性恋刊物《狂想》上撰文,宣称女同性恋是消灭现存不合理制度的关键,异性恋则相反是维持这一制度的手段。在她看来,只有成为同性恋,妇女才能真正获得自由。而在此之前的 1968 年,著名女权主义者凯迪特曾专门著文指出,女性性快感中心是阴蒂,而非传统上理解的阴道。换句话说,女性的性愉悦并非只能从男性处获得,女性相互间也能实现。这为女同性恋实践提供了理论依据。有一些较激进的女权组织如 C-16 等就把同性恋和独身作为基本战略和组织纪律来奉行。由于同性恋被定义为政治策略和一种新生活方式,组织中相当数量的女性不得不口是心非地宣称自己是女同性恋。[①]在上世纪 60 年代末和 70 年代的青年男女造反者中,有相当多的人不是从异性恋转入同性恋,就是在继续异性恋的同时保持同性恋生活方式。

简单地说,同性恋的原因复杂多样,既有先天生物进化过程中性选择的自然变异,又有后天文化与经济政治环境的影响,但何种因素起主导作用还有待研究。

第二节 国外同性恋问题的历史与现状

一、欧美社会同性恋问题的历史与现实

如果从历史的视角加以考察的话,我们会发现欧美同性恋现象

[①] Kathleen C. Berkeley, *The Women's Liberation Movement in America*. Westport, Connecticut/London: Greenwood Press, p. 50.

可分为三个阶段：一是古希腊和罗马时期，二是中世纪到 20 世纪中叶，三是战后特别是 20 世纪 60 年代以来的现代时期。在古希腊和罗马社会，同性恋现象十分普遍，上至贵族，下至平民百姓，选择同性恋生活方式或双性恋生活方式的人占有相当的比例。因此，尤其是在古希腊社会，同性恋被视为与异性恋一样的正常生活方式。在古希腊众多学者和普通民众眼中，个人的性指向只是个人的个性特点之一，与个人品德毫无关联。据考证，柏拉图的《会饮篇》是人类最早从正面探讨同性恋现象的著作。在柏拉图看来，人类具有三种性别形态，即男人、女人和两性人。而苏格拉底则把自己见到美男子卡米兹时的情感反应描绘为就像少男少女的一见钟情："那时我不知所措。……我只觉得浑身着火似的，几乎要发狂了。"据后人解释，苏格拉底之所以最终没有陷入同性恋，不是他所崇尚的理性与克制精神消解了这种情感倾向，就是他的惧内性格把这种情感意向压制下去了。①

　　罗马帝国时代，随着基督教在欧洲统治地位的逐步确立，同性恋从一种正常生活方式变成一种不道德甚至是犯罪行为。《圣经》中明文规定："若男人同男人同寝，如男之与女，做此丑事的两人应一律处死，应自负血债。"② "作娈童的，亲男色的，……都不能承受神的国。"③《圣经·创世纪》中索多玛城被上帝毁灭的故事是尽人皆知的，而索多玛人的罪恶便是耽溺男色。④《圣经》是西方社会反同性恋思想的源头，而天主教会是《圣经》反同性恋教义最坚定的执行者。不过，需要说明的一点是，欧洲社会真正把同性恋视为一种罪恶并加以严厉惩罚是 12 世纪之后的事。据耶鲁大学教授鲍斯威尔研究发现，12 世纪之前，欧洲同性恋者实际上处于十分

---

① 王学富：《同性恋问题》，http：//www.zijin.net/blog/more.asp?name=wxf&id=2993，2005-8-11.
② 《圣经·旧约·利未纪》第 20 章。
③ 《圣经·新约·哥林多前书》第 6 章。
④ 《圣经·创世纪》第 19 章。

有利的社会地位。①

虽然在基督教教义的精神钳制和天主教会的严厉打压下，同性恋作为罪大恶极的行为在欧洲受到全面禁绝，但是，隐秘的同性恋生活仍不绝如缕。文艺复兴时期，伴随着思想解放大潮而来的是，生活中的性选择问题不仅成为艺术和文学表现的主题之一，而且一些大师级人物如达·芬奇和米开朗琪罗等人的同性恋者身份也成为公开的秘密。然而，人本主义和推崇理性的启蒙运动虽然使人从宗教束缚下解脱出来，宗教法庭对人生活的强制干预权力日益丧失，但不断强化的国家法律权威对个人生活的规范作用却有增无减，同性恋行为在法律领域被视为犯罪行为而被惩处，在17世纪的西欧如英国，沉迷同性恋行为者甚至会为此付出生命。19世纪的维多利亚时代，性行为方面的清规戒律更是让同性恋没有合法地公开存在的空间。正如福柯在《性史》中所追溯的，伴随着工业革命而来的是世俗社会政府和医学专业权威的日益增强，这导致对同性恋的谴责从宗教转移到世俗社会和医学界[②]。

20世纪70年代前，同性恋群体一直面临着社会法律和道德的双重压迫，同性恋行为大多采取极度隐秘方式，在主流社会意识中，同性恋不仅非法和不道德，而且本身是一种病态或变态。60年代以黑人民权运动为先导的社会抗议运动引发了女性运动和同性恋运动，性别平等和性选择自由作为一种基本人权主张演变为70年代的时代强音。传统社会性观念受到强烈震荡而逐渐从刚性向柔性转变。换言之，社会从把同性恋视为妖魔鬼怪和洪水猛兽慢慢转向容忍与接纳，同性恋个体和群体从社会非法群体的地位逐渐获得解放，逐步获得了社会合法地位与生存权利。当然，具体到不同国家，情况有所不同。相比之下，西北欧国家情况较好，如瑞典、丹麦和荷兰等国被视为同性恋者的天堂，在这些国家，"在很大程度

---

① 《古老的同性恋》，http://www.kaobi.net/book/gaa/gaa33.html.
② 福柯：《性史》，青海人民出版社，1999年版。

上,已经赋予同性恋者与异性恋者同样的权利,甚至同样的尊重。"但在英语国家中,还远未达到这一步[1]。如在美国,对同性恋提供法律保护的州不足 10 个[2]。

二、欧美在同性恋问题上的观念变革

欧美社会在同性恋问题上的态度自上世纪 70 年代以来发生了较大变化。这种变化的总体趋势是日益宽容化。首先,医学界不再把同性恋列入精神病系列,承认了同性恋为正常人的性和情感选择之一。1973 年,美国精神病医学会在第三版《精神与肉体疾病诊断统计指南》(DSM) 中第一次把同性恋从精神病名单中删除,承认同性恋是与异性恋一样的正常性与情感选择,这为同性恋获得公开的社会生存空间创造了条件。1992 年,世界卫生组织全面接受了把同性恋视为与异性恋平行的观点,这在成员国中产生了震撼性影响。

其次,立法领域在同性恋群体权利的保护等方面不断扩大立法力度。目前,在美国和欧洲,同性恋群体特别在城市中构成了人口的相当大的部分,其政治影响力有增无减,如今很少有政客胆敢直接表达对同性恋的反感。以美国为例,在艺术界、学术界、政界、大众传媒以及其他有影响的社会领域或部门,批评同性恋性态或同性恋者几乎就像是批评黑人、妇女或犹太人一样,是一种禁忌。从上世纪 80 年代末开始,通过立法保护同性恋者权益的国家越来越多。2000 年以来,陆续有国家通过立法承认同性婚姻。除西欧外,对同性恋群体权益保护最有力的国家当推南非。在南非,明确地将对同性恋的歧视与种族、肤色和性别歧视并列,将反对这些歧视写入宪法。

再次,文学艺术和影视作品对同性恋问题的重视和表现不断强化,逐渐使同性恋亚文化向成为主流文化的一个重要部分方向发

---

[1] [美]理查德·A.波斯纳:《性与理性》,中国政法大学出版社,2002 年版,第 389 页。

[2] [美]施密特、谢利、巴迪斯:《美国政府与政治》,北京大学出版社,2005 年版,第 124 页。

展。以电影为例，20世纪60年代以前，好莱坞反映同性恋主题的电影只有1959年由同性恋剧作家田纳西·威廉斯的舞台剧改编的《去年夏天，突然……》一部，但自1960年以来，描写同性恋主题的电影呈欣欣向荣之势。代表性的作品有：《孩童时刻》（1961年）、《侦探》（1968年）、《午夜牛郎》（1969年）、《乐队男孩》（1970年）、《血腥的星期天》（1971年）、《巡视》（1980年）、《做爱》（1982年）、《蜘蛛女之吻》（1985年）、《本能》（1991年）、《费城》（1993年）、《鸟笼》（1996年）、《亮相前后》（1997年）、《善恶花园的午夜》（1997年）、《男孩不哭》（1999年）、《美国丽人》（1999年）、《天才瑞普利》（1999年）、《时时刻刻》（2002年）、《亚历山大》（2004年）、《断背山》（2005年）等。特别是华裔导演李安导演的《断背山》，作为同性恋题材影片，引起的好评和反响如潮，并先后获得了美国和英国电影人协会的几项大奖以及奥斯卡最佳导演奖，在一定程度上说明社会对同性恋问题认识上的理性化趋向和接受程度。

最后，社会生活中虽然仍然存在种种不利于同性恋人群的观点和意识，但同过去相比，同性恋者公开按照自己的意愿生活已不再是一种奢望。尤其是随着美国等西方国家多元文化意识的不断张扬，反文化歧视成为一种政治社会导向。在美国，这种导向可归结为建立在法律保障之上的"政治正确"（Poli tically correct）判断。即在人们日常工作生活中，特别是在对待其他文化、异己性别和异类生活方式等问题上，必须秉持平等观念，在言语上忌用一些带有歧视性和侮辱性的词语。在同性恋语词上，一般倾向于用Gay/Lesbian取代Homosexual，用Same Sex代替Sodomy，以Straights代替Heterosexuals，以Heterosexism代替Heterosexual Values，以Homophobia代替Not pro-homosexuality，等等[1]。即

---

[1] Alvin J. Schmidt, *The Menace of Multiculturalism: Trojan horse in America*. Westport, Connecticut and London: Praeger, 1997, pp. 87-88.

前者是符合政治正确原则的，后者则不然。

三、当代西方在同性恋群体权益保护方面存在的问题

20世纪60年代末和70年代初，男女同性恋运动所追求的基本目标是：(1) 终结各种形式的针对同性恋的社会控制；(2) 通过民权立法禁止住房和就业方面对同性恋者的歧视；(3) 取消反肛交法案；(4) 接纳男女同性恋关系；(5) 纠正大众传媒对同性恋者的负面描绘[1]。这些目标已经程度不等地获得实现。然而，与同性恋解放运动所追求的真正平等的社会身份地位和完全自由的生活方式目标比起来，还有很大的距离。具体表现在以下几方面：

首先，关于同性恋的法律定性问题还没有根本解决。以美国为例，目前仍有近一半的州将肛交（sodomy，包括肛交和口交）视为犯罪。虽然同性恋不再是精神病，但美国精神病协会的上述权威出版物中，与同性恋生活关系十分密切的恋物、易性、异装等现象，仍被确认为心理障碍[2]。与此同时，近年来出现一些不利于同性恋权益保护的司法判决。如1996年最高法院在"隆梅尔诉埃文斯"案中以平等为理由，判决科罗拉多州保护同性恋者不受歧视的法律无效[3]。

其次，在就业和就学等领域，同性恋者受到的歧视仍明里暗里地存在。在美国，虽然克林顿政府在促进职业领域同性恋者权利平等方面作了不懈努力，但职业领域中针对同性恋的种种限制仍然存在。以军队为例，20世纪90年代初反对同性恋者入伍的理由在现在仍然被一些人所坚持。这些理由主要有四：(1) 同性恋者有可能因其身份受到敲诈而被迫泄露军事机密；(2) 同性恋者的气质多带

---

[1] Margaret Cruikshank, *The Gay and Lesbian Liberation Movement*. New York: Routledge, Chapman & Hall, Inc., 1992, p. 9.

[2] [美]葛尔·罗宾等：《酷儿理论》，文化艺术出版社，2003年版，第17页。

[3] [美]施密特、谢利、巴迪斯：《美国政府与政治》，北京大学出版社，2005年版，第124页。

艺术化和女性化，因而不如异性恋者稳定；（3）如果军官是同性恋，可能对下级进行性骚扰；（4）同性恋参军会影响军队的士气①。但事实上军队中过去一直有同性恋者，现在也有越来越多的公开或不公开的同性恋者服役，这些反对的理由都是似是而非的。

再次，社会生活中对同性恋的敌意也严重残存着。同性恋者活动的场所如酒吧、舞厅等时不时会受到袭击和破坏，更有甚者，同性恋者会为自己的生活方式付出鲜血和生命。由于20世纪80年代以来艾滋病的传播速度有增无减，许多人把责任归咎于同性恋行为。出于对艾滋病流行的恐惧和无知，对同性恋的敌视具有相当规模的社会心理基础。

最后，同性恋婚姻的合法性只在部分国家和地区实现。如前所述，在北欧和西欧一些国家，同性恋已经获得和异性恋相差无几的自由权利，包括婚姻权利。但在美国，除少数州外，大多数州在立法上仍拒绝给予同性恋婚姻以合法权利。如犹他州、南达科他州、阿拉斯加州等地方立法机构在上世纪90年代中后期就通过立法，明确否定同性恋婚姻的合法性。这些州的立法者相信，给予同性恋婚姻合法地位将"威胁国家的道德基础"②。在美国50个州中，至今为止，还有一半左右存在惩罚同性恋的法律。

也正是因为还存在以上诸多问题，美国男女同性恋群体自上世纪70年代以来一直在致力于维护和伸张其权益。他们相信所选择的生活方式不仅是个人的，还是政治的和文化的。同性恋是一个整体，目标一致，这使他们逐渐打破原有的各自为政状况，走向联合，而联合产生的政治文化影响力是十分巨大的。1988年民主共和两党代表大会上，98%的公开身份的同性恋者参加了民主党大

---

① [美]理查德.A.波斯纳:《性与理性》，中国政法大学出版社，2002年版，第421—424页。

② Alvin J. Schmidt, *The Menace of Multiculturalism: Trojan horse in America*. P. 138.

会，这预示着同性恋的政治分量在不断增强[1]。从最近皮欧（Pew）调查中心的调查结果看，反对同性恋婚姻的人数由1996年的65%下降至2006年的51%，支持男同性恋者收养孩子的比例由1999年的38%上升到2006年的46%，支持女同性恋收养孩子的比例更高，由1994年的52%增至2006年的60%，反对同性恋者从军的比例从1994年的45%下降至2006年的32%[2]。这充分说明社会对同性恋群体合法权益的保护和重视在广度和深度上在稳步推进。

第三节　中国同性恋问题的历史与现状

一、中国历史上的同性恋问题

同性恋在中国历史上早已有之。清代文人纪晓岚在《阅微草堂笔记》中认为，"杂说娈童始于黄帝"[3]，其说无据，自非信史。有文字可考的中国同性恋记录始于商朝。《商书·伊训》中谈到"三风十衍"，三风之一的"乱风"中的一衍是"比玩童"，即今日的同性恋[4]。春秋战国时代，同性恋交往十分活跃。受卫灵公宠幸的弥子瑕和魏王宠儿龙阳君分别让同性恋有了"余桃"和"龙阳"的称呼。自两汉以降，帝王将相和文人才子的同性恋活动屡见不鲜。据《史记》和《汉书》记载，从汉高祖刘邦起始，前汉皇帝几乎个个都有同性情人，其中最著名的要数汉武帝、汉文帝、汉哀帝几位，而大将军卫青和霍去病等人，都有过同性恋经历。汉哀帝不忍推醒在他衣袖上熟睡的男宠董贤，起身时割断了衣袖，"断袖之交"从此成了同性相恋的佳话。汉代之后，男风（男同性恋）时盛时衰。

---

[1] Nail Miller, *In Search of Gay America: Women and Men in a Time of Change*. New York: the Atlantic Monthly Press, 1989 PP. 304—308.
[2] Less Opposition to Gay Marriage, Adoption and Military Service, http://people-press.org/reports/display.php3? ReportID=273, March 22, 2006.
[3] 转见《中国同性恋的历史》，http://www.sina.com.cn 2001-09-14.
[4] 转见《中国同性恋的历史》，http://www.sina.com.cn 2001-09-14.

明清时期，江南等地男风极盛。郑板桥在自叙中公开承认自己爱好男色。从《红楼梦》中对同性恋描写之自然平和不难了解同性恋行为的普遍性。

明清之际来华的众多传教士以及使团人员的"文化震惊"最能从一个侧面反映当时中国社会男风之盛。早在明嘉靖年间，葡萄牙商人盖略特·伯来拉（Galeote Pereira）在《中国报道》中就曾对中国社会的同性恋"罪孽"和"丑行"进行过抨击。万历十一年，利玛窦在一封信中写道："在这里，人人都深深地沉溺于这种可怕的罪行"。乾隆年间，作为马戛尔尼使团成员的约翰·巴罗（John Barrow）曾经到过中国南北各地，他为中国社会人们对同性恋行为没有"羞耻之感，甚至许多头等官员都会无所顾忌地谈论此事而不觉得有什么难堪"而震惊。而来华传教近50年的葡萄牙耶稣会修士阳玛诺同样指斥中国社会对于"男色大罪"是"人行无忌，弗以为羞"①。

同性恋之所以蔚成社会风气，究其原因，大致有三：其一，在漫长的历史中，中国的男性在履行成家立业，传接香火的责任之后，周围人对他们的同性恋情往往宽而待之。值得注意的是，中国古代对同性恋所持的态度至多是中性的，也就是不褒不贬。历史记载中的同性恋关系多以享乐和猎色为特点，从来不对维系封建社会的家庭伦理构成任何挑战或威胁。其二，在儒家经典里，与同性恋问题有某些联系的只有"巧言令色，鲜矣仁"②，"损者三友。友便辟、友善柔、友便佞，损矣"③，"恶佞，恐其乱义也"④ 等泛指性教导，孔孟未曾对同性恋本身表明过彻底否定的观点。孔子虽曾明

---

① 张杰：《明清时期在华天主教在同性恋问题上与中国的文化差异》，http://www.chsa.org.cn/htdocs/INDEX.ASP，2005-7-12。
② 《论语·阳货》。
③ 《论语·季氏》。
④ 《孟子·尽心》（下）。

确拒绝通过走弥子瑕门路争取卫卿一职①,但不是因为弥子瑕是同性恋,而是因为对弥子瑕通过与卫灵公的同性恋关系而权倾朝野的不屑。其三,明末的道德观念冲破了"存天理,灭人欲"的宋儒理学的束缚,伸张自然情欲的主张开始萌芽。王阳明及其追随者对个人表现和个性发展的崇尚集中反映了这种观念。他们认为,欲望和情感乃人之本性,压抑使人无为,人应该表达和释放来自内心和本性的情欲。这种纵欲哲学和与之相伴的享乐风气被后人视为明朝覆灭的原因之一。

满清入主中原后,十分重视礼教和律令的互补作用。传统礼教主张"正名",强调严格的社会秩序,女性守妇道,男性坚守父亲和丈夫的职责,而同性恋直接相悖于这些信条。由于男风鼎盛,同性恋在文学作品或文人手记中以前所未有的势头出现,导致了满清统治者对同性恋的关注,使之成了"社会问题"。1740年,中国有史以来第一部明确反鸡奸的法令出台。该法令将成年人出于自愿的肛交行为刑事化,成为清朝严格加强传统性别角色观念的一系列措施之一。该法令在中国历史上首次将同性恋行为社会化——同性恋不再是个人私事,它被当作一种"社会危害"受到了法律的干预。此后,同性恋行为在中国逐渐走向地下。西方的基督教和中国的礼教在镇压同性恋方面,终于不谋而合。

二、当代中国社会的同性恋问题

(一)近30年来中国同性恋状况

改革开放前30年,中国政府根本不承认中国社会存在同性恋问题,由于同性恋被视为流氓罪和精神病,同性恋者的活动大都处于极其隐秘状态,故不少国人对同性恋这一词语不是闻所未闻,就是以为是外国资本主义社会特有的"腐朽"事物。随着改革开放的向前发展,同性恋问题逐渐进入国人耳鼓和眼帘。同性恋群体也从

---

① 《孟子·万章》(上)。

"地下"走出来，逐渐走向公开或半公开的生活。如果追溯一下过去四分之一个世纪中国同性恋问题的发展轨迹，我们会发现许多值得标记的事。1981 年，《大众医学》发表张明园介绍《红楼梦》中同性恋现象的文章，认为同性恋是奇异的，但是否病态没有定论；1985 年，《祝您健康》发表阮芳赋《同性恋———一个未解之谜》一文，认为同性恋不是疾病，对同性恋者的歧视是多数人欺负少数人；1990 年代初，著名学者李银河和王小波等对数十名男性同性恋者进行个案访谈式研究，分别在香港和山西发表了研究报告《他们的世界——中国男同性恋群落透视》；1994 年，张北川所著《同性爱》一书出版，这是中国第一部全面讨论同性恋问题的学术著作；1995 年，《天津工人报》记者方刚的《同性恋在中国》问世；同年，北京同性恋组织"中国彩虹"向海外媒体发布同性恋解放公开信；北京男女同性恋者开始酒吧聚会，同性恋酒吧出现；1998 年，李银河《同性恋亚文化》一书出版；1998—2000 年，大量同性恋者网站或同性恋友好网站出现；2001 年，中国精神病学会颁布第三版《中国精神障碍分类与诊断标准》，同性恋首次不再被划为心理异常的病态；同年，湖南卫视《有话好说》栏目播出"走近同性恋"节目，这是中国电视媒体首次关注同性恋；还是这一年，第一届北京同性恋电影节在北京大学举行；2004 年，中国卫生部首次向世界公布有关中国男性同性恋人数及艾滋病感染的数据；2005 年，第一届同性恋大学生夏令营在北京举行；2005 年，中央电视台《新闻调查》播出同性恋与 AIDS 预防专题节目"以生命的名义"；2005 年，复旦大学开设本科生公选课《同性恋研究》；2005 年 11—12 月，"中国同性恋电影专题"在巴西电影节成功展映；2005 年，第一届北京同性恋文化节举行[①]；2006 年 2 月，中国第一部关于男同性恋的调查报告——《中国人的男男性行为：性与

---

① 《中国同性恋逐渐走向公开大事记（1981—2005）》，http：//news．tom．com 2006-01-13.

自我认同状态调查》问世,从性社会学的视角,全面、深入、具体、真实地描述出了中国社会男男性行为及其活动状态,揭示了中国"同志"人群隐秘的社会生活存在状态和鲜为人知的文化心态。

中国目前有多少同性恋者?至今没有一个准确的数字。李银河认为,中国同性恋人群在 3600 万~4800 万之间[①]。张北川等认为,中国男性同性恋者、双性恋者和易性症者人数约 2000 万[②]。中国卫生部在 2004 年 12 月 1 日公布了一个数字:中国有男同性恋者 500 万~1000 万[③]。这一数字是以性活跃期男性为统计对象,按照男同性恋者在其中占 2%~4%的数字比率得出的。由于中国人口基数庞大,一千万的规模并不算大。事实上,该数字明显偏于保守。另据相关研究资料估计,中国同性恋群体总数在 4000 万以上。其依据是国外权威研究的结论:同性恋在总人口中占 3%左右,中国的比例应该与此差不多。

以上几个数字哪一个更精确暂且不论,有一点是毫无争议的,中国同性恋者是一个极其庞大的社会群体。他们虽然生活在被西方同仁称为同性恋者天堂的中国,但他们毫无疑问是当今中国众多弱势群体中的一个独特群体,他们面对的生存挑战和生活压力不比他们的西方"同志们"少。事实上,与真正同性恋天堂的西北欧国家比起来,中国同性恋者的权利保护和自由度方面存在较大距离。

首先,中国同性恋者公开的生存空间仍较小,绝大多数仍然处于谨小慎微的隐蔽或半隐蔽状态。中国虽然不存在一些西方国家常见的激烈反对同性恋的极端主义社团,但社会对同性恋者的歧视是普遍存在的,例如,2001 年就曾经发生家长雇凶杀害青年女同性恋者的案件。

---

① 李银河:《同性恋亚文化》,中国友谊出版公司,2002 年版。
② 张北川、李秀芳、史同新等:《对中国男同/双性爱者人口数量与艾滋病感染率的初步估测》,《中国性病艾滋病防治》,2002-8。
③ 《我国公布男同性恋人数 体现人文关怀和社会公正》,http://news.tom.com 2004-12-02。

其次，社会文化传统的巨大压力迫使他们中绝大多数人违心地走与异性结婚组成家庭的道路。中国同性恋者除少数选择单身外，几乎都在无奈之下与异性结婚成立家庭，这可能是中国同性恋者与欧美同性恋者的最大区别，他们身心之痛苦可想而知。

再次，虽然没有一条法律视同性恋生活为非法，但要获得同性恋婚姻的法律保障还有漫长的路要走。如公安部和民政部分别于2003年和2004年批准服刑罪犯结婚，却同时禁止同性结婚。

最后，艾滋病常常与同性恋挂起钩来，对同性恋行为构成一种广泛的压制性社会氛围。

(二) 当代中国同性恋群体分析

金西在调查过程中，根据性关系发生的频度把同性恋分为六个等级：第一级为偶尔发生级；第二级为同性恋行为常见但低于异性恋行为级；第三级为与异性恋持平级；第四级为多于异性恋行为级；第五级为同性恋占支配地位级；第六级为绝对同性恋级。

据当代中国著名性问题专家刘达临和鲁有光两位教授的研究，当代中国同性恋群体可分为四大类：(1) 意向型同性恋，性意向为同性，但从未有过性行为。占调查案例的9.3%；(2) 情感型同性恋，有稳定专一的恋爱对象，并有性接触。占40.9%；(3) 性乐型同性恋，以性乐追求为主，无情感色彩，性关系不固定。占43.6%；(4) 复合型同性恋，爱恋对象为同性，对异性性爱厌恶，完全不能适应。占6.3%[①]。

目前国内外学术界多倾向于三分法：(1) 真性同性恋，即绝对同性恋；(2) 兼性同性恋，指可变性同性恋；(3) 假性同性恋，主要指境遇性或偶然性同性恋。

上世纪90年代以来的众多调查研究表明，现代中国同性恋群体具有如下总体特点：(1) 平均受教育水平和职业层次较高，高中

---

① 刘达临、鲁有光：《中国同性恋研究》，中国社会科学出版社，2005年版，第49、191—230页。

和高中以上者达到 69.8%,远高于平均水平;(2) 手淫比率较高,有手淫行为者达到 85.6%;(3) 双性恋比率较大,只对同性产生性冲动的占 54.9%,对同性和异性都产生性冲动的占 42.6%;(4) 发生同性性行为的比例相对不高,平均为 34.9%;(5) 有固定同性性伙伴的只占 37.4%;(6) 性角色不固定的达到 65.6%;(7) 思想压力较大,对同性恋的看法处于矛盾状态。社会调查表明,对同性恋抱赞成和同情态度的为 13.6%,抱不必多管的占 17.8%,大多数人持反对、厌恶和憎恨立场。受到社会环境压力的影响,同性恋者本身对同性恋行为抱理直气壮心理的不多,认为同性恋是有益的只占 5.1%,认为有害的占到 32.3%,认为无好坏之分的占 56.9%,不愿意承认自己是同性恋的人达到 85.1%;(8) 因同性恋而遭受各种处分甚至判刑的比率较大,正常生活和在押的同性恋者分别为 23.6%和 50.8%。另外,绝大多数同性恋者是由非遗传因素即后天原因所造成。对于所处的社会,他们认为自己无害于他人,更无害于国家民族,希望社会宽待他们。87.2%的同性恋者希望法律承认他们的合法地位,不歧视他们,不干涉他们的生活①。

三、同性恋问题与中国社会变迁

同性恋问题上的态度与社会政策是检验一个国家与社会文明程度的重要尺度,而其变化则是社会变迁的一种折射。

在 1989—1990 年全国两万例"性文明"调查中,接受调查的 3360 名大学生对同性恋的看法分别是:9.6%认为属于少数人的"正常行为",79%认为是"变态行为",4.3%认为是"不道德行为",3.1%认为是"罪恶行为",3.8%未答或不详。

到 20 世纪 90 年代中叶,任庆霞、张元等学者对 132 名大学生的调查结果说明,大学生中对同性恋的宽容度明显扩大:认为同性

---

① 刘达临、鲁有光:《中国同性恋研究》,中国社会科学出版社,2005 年版,第 329—331 页。

恋是正常行为的，男女大学生各占26％、23％；认为"不可理解"的各占21％、27％；认为是"变态、恶心"的各占27％、20％，未答的各占26％、30％①。进入21世纪以来，从一些调查报告看，随着同性恋问题在媒体中的频频出现，对同性恋的宽容度在缓慢提高。

据香港凤凰卫视报道，迄2005年止，中国大陆已在北京、上海、广州等13个城市出现同性恋咨询热线，这些热线多是同性恋志愿者或医学界人士、计划生育部门自发建立的，主要由从事艾滋病控制的英国贝利—马丁基金会资助。此外，不仅越来越多的同性恋网站在互联网上开通，在一些大中城市如北京、上海、杭州，公开的同性恋活动中心和机构经相关部门批准获得挂牌，如同性恋酒吧、餐厅、舞厅或同志俱乐部等大多以公开或半公开方式走近公众视野。

整个社会在同性恋问题上在过去十余年间观念的逐渐开明表明，由经济现代化主导的中国社会正在由观念相对一元的社会向多元社会发展，而多元社会在政治文化上的特点是文化平等思想居主导地位，相信包括同性恋亚文化在内的诸多亚文化在即将到来的多元社会结构中将会有一个相对宽松的生存空间。

第四节 关于同性恋问题的社会政策思考

一、同性恋与艾滋病传播问题

艾滋病病毒早在上世纪30年代就在非洲由黑猩猩传给人类。50—70年代在非洲出现了通过男女间性行为进行传播的规模越来越大的艾滋病流行症状。70年代从海地传入美国，在同性恋社区流行开来。如前所述，在世界各地都有不少人对"同性恋＝艾滋

---

① 刘达临、鲁有光：《中国同性恋研究》，中国社会科学出版社，2005年版，第65—66页。

病"的说法信以为然，殊不知这是错误的看法。因为艾滋病的传播主要通过输血和性行为发生，在性传播方面，不仅在男男性接触中发生，也在男女性行为中发生。20世纪末的大量调查发现，全球艾滋病感染者中75%～85%为男女间性行为传播，5%～10%为男男间性行为传播。当然，不同地区和国家比例上有差异，如发达国家艾滋病流行早期感染者多为同性恋者，发展中国家则很少。中国卫生部1997年公布的报告中认为，大城市艾滋病感染者中10%～20%是同性恋者，估测2010年男同性恋者中可能有30%感染艾滋病①。因此，同性恋虽然不是艾滋病的唯一病源，但同性恋群体却是这一传染病的重要受害者。在防治艾滋病的斗争中，如何为同性恋群体提供帮助与服务是决策部门在决策过程中应优先考虑的问题。据2006年初有关媒体报道，沿海某企业向市场推出为同性恋者专用的安全套，对于预防性病和艾滋病的传播具有不可低估的意义，这对进一步开展帮助同性恋者和其他人群抗击艾滋病工作提供了重要启迪：除了充分发挥政府政策力量并调动社会资源的传统思路外，有效利用日益成熟的市场机制往往能事半功倍。

二、中国同性恋权益保护与和谐社会建设

建设社会主义和谐社会是当今中国的综合性发展目标。和谐的内涵是，最大限度地保障和扩大每个公民的福祉和权益，增强社会群体和阶层之间的相互理解与信任，强化亲和力，从而激发出巨大的创造力和进取精神，推动全社会向既定目标前进。人数多达数千万的同性恋群体是中国社会一个处于受到不公平对待、备受歧视、身心承受巨大压力的人群，他们的生存权和自由选择性伴侣的权利能否受到尊重，与和谐社会建设能否顺利推进紧密关联。因此，我们认为，在解决同性恋问题上，可以从以下几方面入手进行决策：

---

① 张北川，[美]琼·高芙曼（Joan Kaufman）：《同性恋与艾滋病防治》，《广西民族学院学报》，2005，(2)。

第一，通过立法明确保障同性恋者的合法权利。在教育、就业和生活中禁止对同性恋者的歧视言行，并在条件成熟后承认同性恋婚姻的合法性。

第二，在文化教育和传媒等领域为同性恋"正名"。现代传媒基本上是站在异性恋者立场看问题的，同性恋的种种负面形象大多是媒体的"功劳"；媒体在同性恋问题上亟须有一个从倾向异性恋向中立性倾向的立场转变，在传媒中尽可能客观地对待同性恋人群，把他们当作人而不是怪物来看待。

第三，加大政策和资金投入力度，官民学三位一体，有效防治艾滋病的传播和蔓延。

第四，多管齐下，加强对非基因型同性恋者的矫正与治疗工作，当然，必须以治疗对象的自愿为前提。从国内外经验看，一般采用早期干预疗法和疏导矫正心理治疗方法。

第五，加强家庭和社会的后天同性恋预防工作：如重视婚前检查，加强胎教，给孩子正确的性别环境和性角色影响，重视婴幼儿的性心理卫生，正确引导儿童的社会交往，正确处理亲子间的亲情关系，做好早期干预工作等。

简单说来，同性恋问题的根本出路在于解决占人口3％的社会群体——全球2亿人，中国4000——所面临的社会不公正问题，这种不公正涉及文化传统与道德规范等核心层次，只能在社会转型中随着价值观的缓慢重构逐渐调适，但政府和社会文化先导机构的推进和导向力量的重要性是不言而喻的。

参考文献：

[1] [美]葛尔·罗宾等：《酷儿理论》，北京：文化艺术出版社，2003年版。

[2] [美]理查德.A.波斯纳：《性与理性》，北京：中国政法大学出版社，2002年版。

[3] [美]雪儿·海蒂：《海蒂性学报告（男人篇）》，海口：海南出版社，2002年版。

[4] 李银河：《同性恋亚文化》，北京：中国友谊出版公司，2002年版。
[5] 刘达临、鲁有光：《中国同性恋研究》，北京：中国社会科学出版社，2005年版。
[6] 宋元人注：《四书五经》，北京：中国书店，1984年版。
[7] [美]施密特、谢利、巴迪斯：《美国政府与政治》，北京：北京大学出版社，2005年版。
[8] Margaret Cruikshank, *The Gay and Lesbian Liberation Movement.* New York: Routledge, Chapman & Hall, Inc., 1992.
[9] Daniel Tsang, *The Age Taboo: Gay Male Sexuality, Power and Consent.* Boston: Alyson Publications; London: Gay Men's Press, 1982.
[10] Alvin J. Schmidt, *The Menace of Multiculturalism: Trojan horse in America.* Westport, Connecticut and London: Praeger, 1997.
[11] Nail Miller, *In Search of Gay America: Women and Men in a Time of Change.* New York: the Atlantic Monthly Press, 1989.

第6章 自杀问题

第一节 自杀的界定与自杀现状

一、自杀概念

(一) 自杀的概念

关于自杀的概念，国内外许多学者作了不同的定义：

1987年巴勒克拉夫（Barrraclough）及1990年的社会工作词典对自杀提出的定义为：个人有意自我的摧残，以行动（action）或不行动（inaction）来结束自己的生命。

法国社会学家涂尔干（Durkheim）将自杀定义如下："自杀，系指受害者本人，在明知其后果之下，直接或间接的经由积极或消极的行动所导致的死亡事件。"

犯罪学词典中对自杀的解释是："以各种方法毁灭自己生命之行为。"

不列颠百科全书将自杀定义为"有意或者故意伤害自己生命的行动"。

世界卫生组织将自杀分解成几个部分进行定义。自杀行为（suicidal act）：动机明白，而有不同程度致死性的自残行为。自杀（suicide）：造成死亡的自杀行为。自杀企图（suicidal attempt）：未造成死亡的自杀行为。

综合各种观点，我们认为，自杀就是个人决定用自己的手段来结束生命，或是有动机想毁灭自己，于是选择一种自己认为有效的方式来达到死亡的目的。

自杀者有正常人，也有精神异常的人。据国外统计，在不明原因的自杀者中，约有半数是原发性抑郁症患者。约10%~15%的自杀者患有原发性精神疾病。

（二）自杀行为的理论机制

自杀是一个非常复杂的问题，至今还没有学者可以完全解释人类的自杀行为。有人将导致自杀行为的原因分成基本因素和激活因素。基本因素是个体心理承受能力差，对自杀处于易感状态，而激活因素是突然的环境或心理刺激，是自杀行为诱发因素和导火线，是导致自杀的直接原因。至于自杀心态的形成机制，国外的学者提出了许多学说，如挫折论、疏远论及挫伤攻击学说等，其中较有影响的是法国涂尔干的社会文化理论和弗洛伊德的死亡本能学说。

涂尔干是法国的社会学家，当代实证社会学的创始人，也是世界自杀问题研究的先驱。他在1897年撰写了《自杀论》，提出了著名的自杀社会文化理论。他分析在不同时期、来自不同国家的数据，认为自杀是一种社会现象，并有四种不同的看法。

1. 自负型自杀（egoistic suicide）。这类自杀现象是由于个人与社区，甚至整个社会的关系非常疏离。这类人认为他们与其他人分割，并断绝所有与人接触、交往的机会。而这种情况令他们无法在社会中继续正常地生存下去。此类自杀在对外战争或在政治、家庭气氛浓厚的社会中发生的机会较低，但在离婚或无子女的人中则比较高。

2. 利他型自杀（altruistic suicide）。与上一种情况刚好相反。这类自杀者与其所属的社区、社会、团体有非常紧密的关系。并视个人为该社会、社区、团体的一部分，这种关系可以导致个人为了社区、社会、团体的利益而牺牲个人生命。印度的寡妇殉夫自杀或日本的剖腹自杀均属此类。

3. 失调型自杀（anomic suicide）。这类自杀行为可能由于个人与社会的关系产生某些突然变化而导致。诱因可以与一连串的丧失有关，例如：失去工作、亲人、遭遇巨变而带来的孤独、社交的隔离等。

4. 宿命型自杀（fatalistic）。这是个人因种种原因，受外界过分控制及指挥。典型例子是奴隶或监犯被困在囚室中，他们感到命运完全非自己可以控制。

涂尔干的自杀理论对自杀研究起到一定的指导作用，但是作为一种阐明自杀行为成因机制的理论还存在许多缺陷。例如把自杀行为仅仅归因于社会因素，而没有从生理—心理—社会多角度寻求解释，因此就显得简单化、机械化。对于自杀行为与社会的多项错综的联系，没有明确的理顺，因此，涂尔干的三种范畴说更近于一种描述，而不是一种理论假说。

著名精神病学家弗洛伊德则从心理分析角度去解释自杀行为。他认为，自杀是基于抑郁（depression）。并认为自杀就是"谋杀"。他认为，当个人失去了一个他既爱又恨的个体时，而又将此个体内摄，会由内引发出对该个体的一种侵略性或攻击性的感觉。若这些感觉非常强烈，该个体会进行自杀行为。他又假设人类自杀行为是因为人类有"死亡的本能"（death instinct），这是一种由内而发的本能，会引致个人发生自杀行为。

从上述的分析中可以看出，涂尔干认为自杀是社会与个人关系强弱及改变所致，人是被动的；而弗洛伊德则认为自杀对当事者来说是一种主动的侵略行为。不同的学者对自杀有不同的理解，以上两位的观点在研究自杀问题时较为普遍地被引用。

二、全球自杀现状

（一）全球自杀现象概况

在我们这个地球上，每年大约有 100 万人死于自杀，平均每 40 秒就有一个人自杀身亡。自上个世纪 50 年代以来，自杀在许多国家明显增加，特别是 70 年代以来更为严重。在西方发达国家，自杀已经成为日益严重的流行病。据世界卫生组织的统计，1950—1960 年间，全世界 30 多亿人口，每年就有 30 万人死于自杀，自杀率为 10/10 万，平均每天约 1000 人，几乎每一分钟就有一人自绝生命。2000 年全球约有 100 万人自杀死亡，而自杀未遂者则为此数字的10~20倍。自杀已成为世界各国关注的重大公共卫生问题。

在欧洲，法国、英国和德国等国家自杀率居高不下。被称为生活舒适的福利国家丹麦，自杀率是英国的3倍、挪威的2倍，居西欧之前。澳大利亚则被列为英语国家中自杀率较高的国家之一。在日本，女性自杀率居现代国家之首，青少年自杀率也是不断上升。美国的自杀难以抑制，每年约有200万人企图自杀，约2.5万人自杀死亡。20世纪90年代以来，自杀未能控制和减少，继续成为世界性的一个难题。

男性自杀率最高的国家为俄罗斯、立陶宛、拉脱维亚和爱沙尼亚等；年自杀率大于60/10万；女性自杀率最高的国家为日本、斯里兰卡、中国、匈牙利和爱沙尼亚等；年自杀率大于14/10万；部分非洲和拉丁美洲国家自杀率却非常低，年自杀率小于1/10万，如秘鲁、埃及等①。

从人群分布看，老年人及青少年是自杀率高发年龄组。若将各国青少年1980年与1970年的自杀案例作一比较就会发现，大部分国家的自杀率呈上升趋势。尤其以15~24岁的男性组别为多。在美国，青少年死亡的原因中，自杀已跃升为所有死亡原因的第二位。而1965年时还是死亡原因的第五位。

从世界范围看，欧洲的自杀死亡率最高，且以东欧为主，北美居中。除中国、日本外，亚洲较低，南美洲自杀死亡率最低。

据统计，俄罗斯人的自杀率要比世界平均水平高出近3倍。截止到2001年，俄罗斯每10万人中就有39.7人自杀。而男子自杀率高出女子5倍，其中更以45~54岁之间的中年男子最多。女子自杀者多为75岁以上的老人。专家认为，社会、政治和经济等问题造成俄罗斯自杀率过高的现象。②

---

① 《全球自杀率概况》，http://www.southcn.com 2003-09-10.
② 孙玉庆：《俄罗斯自杀率是世界平均水平两倍 男性高于女性》，http://www.CHINANEWS.COM, 2003-7-8.

第6章 自杀问题

自杀是日本政府的老问题。2003年，日本的总自杀人口达到34427人，创下历史最高峰。平均每天有94个日本人选择结束自己的生命。1998年亚洲金融危机后，日本自杀人数增加35％。这就意味着多了22万人自杀，相当于英国一个中等城镇的人口。专家称自杀在日本已经成为一种瘟疫，"集体自杀"则是"瘟疫中的瘟疫"。据日本政府的统计数字，2005年日本集体自杀人数达到91人，创历史最高纪录。如此高危险的数字让专家们不得不关注集体自杀人群的心理，以及集体自杀与网络时代的关系[1]。

韩国自杀流行成风。韩国警方的统计显示，2002年韩国共有13055人自杀身亡，平均每天达36人之多。1998年韩国爆发经济危机时的自杀人数为12458人，1999年有所下降，为11731人。但2002年自杀人数比2001年增长了6.3％。相对韩国4700万人口来说，自杀者的比例是相当高的。韩国自杀者的一个特点是青少年的比重较大。在2000年高达466人。2002年有所下降，但仍有272名中小学生自杀。学生自杀的主要原因是学业失败。专家分析，媒体对自杀事件的感性报道对缺乏分辨能力的中小学生造成了极大的负面影响[2]。

尼泊尔自杀现象日趋严重。近10年来尼泊尔共有10979人死于自杀，仅2002年就有1245人自杀身亡。自杀的主要原因一是由于家境贫寒，生活艰难；二是越来越多的妇女不堪忍受家庭暴力，自寻短见；三是有不少学生由于学习成绩不佳，考不上高中或大学而轻生。[3]

---

[1] 徐冰川：《日本去年91人网络"约死"集体自杀陡然大增》，http：//www.news.tom.com，2006-02-10。

[2] 《韩国自杀现象流行成风 平均每天36人自杀身亡》，http：//www.CHINANEWS.COM，2003-8-6。

[3] 宋德俊、吴海芒：《尼泊尔自杀现象日趋严重 一年1246人》，http：//www.xinhuanet.com，2003-11-17。

台湾自杀者年龄层逐渐下降。根据台湾卫生主管部门统计，2002年岛内自杀死亡人数达3053人，男女比例则为7比3。台湾媒体报道称，自杀年龄层逐渐下降，已成社会一大隐忧。其中25~44岁、45~64岁是自杀的两大年龄层，合占70%；老人占22%，虽然24岁以下仅占全部的7.27%，却是年成长率最高，高达18.1%，居各年龄层之冠。

自杀既是一个严重的社会问题，又是一个重要的公共卫生问题。自杀对家庭和社会带来的心理、社会和经济上的影响是无法估量的。自杀行为严重损害了人类心身健康，也给国家造成巨大的经济和社会负担，影响了社会生产力的发展。

（二）中国自杀现象概况

长期以来，中国关于自杀的数字缺乏完整的统计。自上个世纪70年代末、80年代初开始，中国有关当局开始对自杀问题有较大的关注。80年代以来，新闻媒体逐渐开始报道自杀事件。改革开放以来，中国的自杀率明显的上升。据2000年WHO-中国精神卫生高层动员会传出的消息，中国的自杀率在90年代中期已经达到22.20/10万，较70年代的18.40/10万有明显增长，其中城市自杀人数的上升可能是这种上升的重要因素。全国每年至少有25万人自杀死亡，200万人自杀未遂。大约每两分钟就有一人自杀，8人自杀未遂。自杀在中国已成为位列第五的死亡原因，仅次于心脑血管病、恶性肿瘤、呼吸系统疾病和意外死亡。而在15~34岁的人群中，自杀更是成为死因首位。

北京心理危机研究与干预中心调查显示，中国都市有精神障碍者、有夫妻矛盾者和经济困难者是最容易自杀的三大人群。女性自杀者是男性自杀者的3倍。自杀未遂病人中，96%为服毒自杀。许多自杀未遂者表现为冲动性自杀行为，37%的自杀未遂者自杀前考虑自杀的时间不超过5分钟，60%考虑自杀的时间不超过2小时。此外，大约60%的自杀者自杀前两天有一个急性诱发事件，一般是人际关系矛盾。

根据专家对中国自杀者进行心理解剖分析，发现中国自杀者有以下特点：(1) 农村自杀率明显高于城市，农村自杀率是城市的3倍，女性多于男性；尤以农村年轻女性最高；(2) 58%的自杀者为服用农药或鼠药，58%的自杀死亡者是服用农药而且难以成功抢救；75%的死者家中存放有上述毒药，62%的自杀者曾寻求医疗帮助；(3) 27%的自杀死亡者曾有自杀未遂史，其亲朋好友中47%曾出现过自杀行为；(4) 63%的自杀死亡者曾患有各种精神疾病，但接受过精神科医生诊治的不到10%；(5) 有28%的自杀者从未上过学；有1/3的自杀死亡者没有精神疾病，其自杀多属于急性人际矛盾之后的一种冲动行为。①

按照世界卫生组织制定的国际标准，每年自杀发生率每10万人中少于10人的，为低自杀率国家，每10万人中高于20人的，为高自杀率国家。1993年前，中国属于低自杀率国家。1993年，世界卫生组织在与中国卫生部于北京联合召开的"高层精神卫生研讨会"上公布的报告称，中国的自杀率为每10万人中22.2人，中国已经成为高自杀率国家②。值得一提的是，自杀已成为我国青少年人群首位死因。据世界卫生组织统计，中国青少年自杀率较高，其中15～24岁占自杀总人数的26.64%；25～34岁为18.94%（1987—1989年）。引人注目的是，5～14岁的少年儿童自杀占自杀总人数的1.02%（1988年）。中国青年女性的自杀率之高为世界之冠。③

---

① 《都市三大人群容易自杀，中国自杀者呈现四大特点》，http://www.yn.xinhuanet.com/2006-10-2.

② 《预防"自杀日"：中国已是高自杀率国家》，http://www.563.NET，2003-9-11.

③ 《预防"自杀日"：中国已是高自杀率国家》，http://www.563.NET，2003-9-11.

第二节 自杀的原因和预兆

一、自杀原因分析

自杀的原因十分复杂,它是生物、遗传、心理、社会、文化和环境等诸多因素相互作用的结果。国内最新资料表明,近70%的自杀死亡者和40%的自杀未遂者具有精神障碍。可以说,迄今为止,自杀之谜尚未完全解开。但学术界对此有各种理论或假说予以解释。

(一)"自杀潜在倾向"理论

精神分析学派的"自杀潜在倾向"理论认为,每个人都有所谓"自杀潜势",即死的本能,只是其强弱程度因人而异罢了。这种潜在倾向的强度在婴幼儿时候即已形成,其成因是家庭环境给个人造成的恐惧、忧虑、失意及爱憎。那些因各自的欠缺而自卑的人具有相当的自杀潜在倾向;反之,自杀潜在倾向较小。自杀尽管是自我毁弃,但仍是一种自我表现,是为寻求补过或解脱的唯一可行方式,因而是"超快乐原则"的最高形式。

(二)"自杀遗传本源"假设理论

该理论认为,由父母直接传递给子嗣的自我毁灭的倾向和特性,成为一种生理机制,处于半自发状态,使后代一旦处于相同情境时即做出与前辈相同的举动来。观察也似乎真的表明这种遗传的存在:自杀在某个家庭有规律地重复出现,甚至连自杀的方式都一样。作家海明威死于自杀,其叔父和弟弟亦是自杀身亡。这些几代人都同时不断受到自杀冲动刺激的例子似乎证明了自杀确实具有一定的遗传性。

(三)自杀的病源原理

精神病学家兹尔布格通过对大量住院病历的研究指出:"自杀可看作是精神病人的本性发展过程的反作用,它普遍地存在于各种精神病患者之中。"如临床上常见的躁狂型自杀(因幻觉或谵妄,病人自杀以逃避自己想象的危险和耻辱，或者服从来自上苍的密旨等）；抑郁型自杀（极度沮丧和忧郁，欢乐对病人已失去任何吸引力，一门心思地唯求一死，自杀竟成了思维无法控制的本能需要）；冲动型自杀（突然出现的一种病态冲动，找不出任何自杀动机或原因）；神经衰弱亦有可能导致自杀（一个纷乱的外界刺激环境会令神经衰弱者衰弱的神经痛苦不堪，因而便可能成为其自杀念头产生的温床。由此兹尔布格得出结论："精神病学中不受自杀冲动影响的单一的精神病实例是不存在的。"

（四）"自杀与天象因素有一定联系"的推测

认为：气温气候对生物体也存在着不同程度的诱发自杀倾向的作用。原因是外在气温突然而剧烈的变化，会扰乱生物体的内分泌和自律神经系统的活动，如果此时不注意调节，就有可能出现一种谵妄症，从而产生自杀念头和行动。春季气候变化较大，每年春季自杀率有所上升；过高或过低的气温也可能诱发自杀发生。

（五）"自杀是社会模仿"的理论

持这一理论观点的是法国社会学家加布里尔·塔尔德。他认为：自杀有很强的传染性，这种传染性在天生易受他人影响、特别是受自杀意愿影响的人当中格外普遍。模仿性因素是指具有同一化性质的行为，主观根据他们不同的可信度和社会流行程度而加以接受，并将它们转化为模式的概念。偶像的认同是意识形态教化和价值观流行的必然结果，它以时尚的形式传达出一定时期的价值取向和行为取向。特别是在亚文化层，偶像具有的巨大魅力和榜样感染力足以引起自杀。1986年4月8日，日本20岁的著名歌星冈田有希子突然跳楼自杀，消息传开的头10天内，就有20多人学着冈田有希子跳了楼。两个月内共有114名青年男女先后模仿跳楼自杀，出现了日本学者称之为冈田有希子症候群。

（六）"自杀与社会现实有关"

持这一观点的是法国著名社会学家爱米尔·杜尔凯姆。杜尔凯姆用大量事实和统计数据说明：自杀不能用个人的形式加以解释，从自杀的社会环境（包括政治生活、宗教信仰、婚姻家庭、职业集团、经济活动）中，才能找到某个人自杀的根源和背景。

综上所述，导致自杀的原因很多，但归纳起来不外客观和主观两种因素。

客观因素：(1)随着现代化建设的迅猛发展，贫富差距明显，社会竞争日益激烈，人们的心理负荷不断增加，心理障碍者日益增多，增大了自杀的隐患。市场经济秩序和机制还不规范和完善，在各个领域特别是经济领域，假冒、欺诈、暴力垄断、抢劫等不断出现，给受害者造成难以承受的压力和挫折。(2)现代科技信息革命促进了人类文明的发展，同时也给人们带来了许多新的问题，网络信息量大，泥沙俱下，鱼龙混杂。有的网站详细介绍自杀常用的方法及其痛苦值、致死值、麻烦值等内容，对人们的健康成长造成了极坏的影响。(3)报刊、影视等媒体为猎奇，淋漓尽致地描写自杀行为，大肆渲染悲观厌世情绪，潜移默化地影响着还缺乏鉴别力和抵抗力的青少年，成为自杀的潜在的社会因素。(4)随着教育改革的深入发展，学业上的压力，青春期的困扰，人际关系紧张，家庭压力和升学就业问题所产生的心理失衡，也是引发青少年自杀的重要原因。

主观因素：自杀的客观因素只是一个外因，主观因素才是自杀的依据。某些看来微不足道的事，却引发出自杀行为。(1)性格脆弱，挫折承受力低是自杀的重要内因。人的挫折承受力有高有低，挫折承受力高的人，对较大的挫折也能应对自如。而挫折承受力低的人，很小的挫折也会看成是不可克服的障碍，导致对人生和前途丧失信心，甚至酿成自杀。(2)情绪抑郁、性格孤僻是自杀的主观因素。情绪变化是正常的。人有自我调控情绪的能力，因此，很快能改变消极情绪，这是正常的心理现象。如果长期调整不过来，无精打采，缺乏兴趣，拒绝交往，回避朋友，反应迟钝，还会伴随食欲减退，失眠健忘，导致抑郁症的产生。研究表明，2/3的抑郁症患者有自杀的意念，长期随访表明，抑郁症患者的自杀死亡率约为

15%~25%。在我国抑郁症及其自杀造成的疾病负担之和已排在各种疾病的首位。(3)生理缺陷、才能不如人、社会经济地位差等均可产生自卑,长期自卑不能自拔,怀疑自己的人生价值,严重的自我否定,悲观沮丧以至产生绝望,走上自杀的道路。(4)气质本无好坏之分,但每种气质都有弱点,如不节制任其发展,再和别的消极因素相结合,也会产生轻生意念甚至自杀。抑郁质的人性格内向,挫折承受力低,容易走进死胡同。胆汁质的人容易冲动不计后果,也容易走极端干傻事。尤其是青少年,生活阅历浅,不成熟,再加上其他因素往往发生自杀行为。

二、自杀行为的心理特征

自杀行为共同的心理特征有以下几个方面:

(一)孤独心理

认为谁也理解不了自己,谁也帮不了自己,在这个世界上唯有自己最不幸、最痛苦,想以死来解脱困境。

(二)矛盾心理

想死的人同时有渴望获得帮助的需求,现实生活中许多有形无形的困难可以在死亡的幻想中得以解决和满足。

(三)冲动心理

特别是青少年的自杀意念常常在很短的时间内形成,因情绪激动而导致冲动行为,一想到死马上就采取行动。他们对自己面临的危机状态缺乏冷静的分析和理智的思考,往往认定没办法了,只有死路一条,思考变得极其狭隘。

(四)人际关系失调

自杀者大多性格内向、孤僻、自我中心,难以与他人建立正常的人际关系。当缺乏家庭的温暖和爱护,缺乏朋友师长的支持与鼓励时,常常感到无助,最后变得越来越孤独,进入自我封闭的小圈子,失去自我价值感。

(五)死亡概念模糊

青少年对死亡的概念比较模糊,有些人甚至认为死是可逆的,暂时的。因此对自杀的后果没有充分估计。

（六）认知心理偏差

抑郁症患者往往以非理性的认识和信念来分析和看待事物，主要表现在以下方面：（1）要求绝对化：企图自杀者的认知活动因情绪影响而变得歪曲。绝对化是指对任何事物怀有认为其必定如此的信念。比如"我做任何事都注定失败"、"周围的人肯定不喜欢我"。（2）过分概括化：指以偏概全，以一概十的不合理思维方式，做错一件事情，就认为自己一事无成。比如"我考试作弊，我爸爸一定不会饶恕我，永远不再爱我"。从而自暴自弃，自责自怨，自伤自毁。（3）低估自己：遭遇挫折和失败，就认为：我是一个没有用的人等，这种思维会引起情绪抑郁。

三、自杀行为的先兆

一般说来，自杀行为是有先兆的。人不会无缘无故地自杀，总有使其难以解脱的工作、学习和生活事件所困扰。这些事件又会引起自杀者心理上的矛盾冲突，绝望之后才出现自杀行为。因此，心理反常，行为反常是自杀的明显先兆。

（一）语言上的线索

在语言、文章、日记等方面，表现出想死的念头，谈话的内容常以死亡为主要话题。

（二）行为上的线索

突然的、明显的行为改变，如：由开朗变成退缩；突然增加药品或酒精的滥用；放弃个人的财产，或做事先的分配，如：立遗嘱、将心爱的东西分送他人。

（三）环境上的线索

重要人际关系的结束，或从社交圈中退缩下来。如：亲人死亡、与好朋友吵架、分手、自认失败等；生活发生重大的变动，如：财务困难、工作不顺，而产生对环境的适应不良。

（四）外表上的线索

睡眠与饮食状况变得紊乱、表情淡漠、注意力不集中、情绪不稳定、有忧郁的征兆。

（五）在心理上有所反应

心情紧张、焦虑不安；或平时爱说爱笑的人，突然抑郁寡欢，愁眉苦脸；或平时抑郁少言寡语的人，突然和周围的人同乐起来。情绪具有表达信息的功能，通过一个人的情绪变化，可以窥视其内心深处的痛苦、欢乐及其变化。

（六）有躯体方面的症状

如头痛、手脚发麻、出汗、呼吸短促，甚至全身紧张发抖等。心身是相互影响的，心理上的变化会反映到生理上，躯体变化反过来也影响心理状态。

（七）自杀最明显的先兆是准备自杀的工具

如购买敌敌畏、农药、鼠药、安眠药、硫酸等，再如准备绳索、刀剪等利器，还有选择触电的等等。

国外有研究资料表明，52%～60%的自杀者在行动前1～8周曾发出过求助信号。那种认为"想自杀的不会说，说要自杀的并不一定想自杀"的思想是错误的。事实上80%的自杀者在自杀前曾向外界表达过自己的自杀意图。

四、有关自杀的误解

在现实社会生活中，有关自杀的误解主要有以下一些：

（一）自杀事件一般都是无迹可循

自杀者的亲人、朋友等一般对自杀者的自毁行为都会感到意外及诧异。其实大部分的自杀者都有明显或间接的求助讯息。例如与好友道别、将事情安排妥当。根据一项调查老人自杀报告显示，有70%的老人在自杀前曾经向身边的家人及朋友显示其自杀的意图；而有30%的老人曾多次向家人或其他人以不同方式表示其自杀的意图。其实自杀者在作最后的决定前，很大程度会表现出内心的痛苦及犹豫，若自杀者身边的人能及时察觉并加以援手，可能会减少悲剧的发生。

（二）与可能自杀的人讨论自杀将诱导其自杀

事实上一般应该和可能自杀的人讨论自杀。与一个想自杀的人讨论自杀将可能使其产生相信的感觉，能够帮助他们正确处理一些重大问题，并缓解他们的压力，愿意花时间重新获得控制。

（三）威胁别人说要自杀的人不会真正自杀

当一些人向别人透露自己会自杀，特别是语带威胁或恐吓成分，很多时候会被认为是引人注意，或意图控制他人的手段，真正自杀机会并不大。在面对死亡抉择时，自杀者心情往往十分矛盾。所以，当我们面对别人透露自杀意念时应以严肃及谨慎态度处理。事实上大量的自杀身亡者曾经威胁过别人或者对他人公开过自己的想法。

（四）自杀是一种不合理的行为

事实上从自杀者的角度看，几乎所有采取自杀行动的人都有充足的理由。

（五）自杀者有精神疾病

事实上仅有小部分自杀未遂者或自杀成功者患有精神疾病。他们大多数人是处于严重的抑郁、孤独、绝望、无助、被虐待、受打击、深深的失望、失恋或者别的情感状态的正常人。

（六）想要自杀的人是真的想死

事实上很多人并不想死，他们只是想要逃离那个令人无法忍受的境遇，大部分曾经想过要自杀的人现在都很高兴他们还活着。他们说当时他们并不想要结束自己的生命，他们只是想终止自己的痛苦。

（七）情绪好转后自杀危机减少

一些情绪极度抑郁有自杀意念的案主，有时情绪会突然好转，可能令人误以为他们的自杀危机已减低，许多时候，案主就在众人放松防范下，突然自杀。其行为令人难以理解。其中一个解释是当一个人面对生死难以抉择时，可能会极为困扰。但当他已选择自杀时，像已放下心头大石，情绪反而较为平静。而且当案主死意甚为坚决时，他可能会尽量掩饰这个决定。工作人员在此时更加应该小心分辨及了解。

（八）想过一次自杀，就会总是想自杀

事实上大部分人只是在他一生中的某个时候产生自杀企图，在这段时间里，他们要么克服这种想法，要么寻求帮助，要么死亡。如果他们自己能够从短时的威胁中恢复过来，学会适应与控制，就会使自己的生活丰富多彩。

（九）一个人自杀未遂后，自杀威胁可能结束

事实上自杀最危险的时候可能是情绪高涨时期，当想自杀的人严重抑郁后变得情绪活跃起来的时候。一个危险的迹象是在抑郁或者自杀未遂后出现"欣然"期。

（十）一个想自杀的人开始表现慷慨并和他人分享个人财产，表明这个人有好转和恢复的迹象

事实上大多数想自杀者在情绪好转后，才有精力开始作出一定的计划，安排他们的财产。这种个人财产的安排有时类似于最后愿望与遗嘱。

（十一）自杀总是一种冲动行为

事实上有些自杀是冲动行为，另一些则是在仔细考虑之后才实行的。

（十二）一般人永不会有自杀的念头

很多人可能认为除了少数人外，一般人是不会有自杀的念头的。国外的一些研究表明，30%~50%（有部分甚至高达80%）的学生或成年人，表示曾有一次或多次自杀的念头。对于性格健康成长、家庭关系良好及有足够支持系统的人，其自杀念头稍现即逝，较少会发展成真正的自杀行为。相对于性格成长及精神状况已存有问题者而言，在缺乏支持及关怀下，其自杀意念则极有机会转成为具体的自杀行动[1]。

---

[1] 李建军：《中日两国青少年自杀行为比较研究》，《中国青年研究》2000，（2）。

第三节 自杀的预防和控制

一、自杀造成的危害

自杀从表面上看是个人问题，但事实上它是一个公共问题和社会问题。自杀所造成的损失从单一的个体来看是有限的，但从社会的整体来看却是巨大的。

自杀对家庭造成的影响：

除了会因失去所爱的人而难过、伤心，自杀者家属还会出现以下情况：

1. 愧疚：因没有在自杀者生前给予他/她足够的爱和关心而自责不已。

2. 受到社会的嘲弄：由于一些社会对自杀有宗教和文化上的禁忌，所以家属只能将自杀者的真正死因隐瞒起来，谎称是意外死亡。

3. 经济困难：由于失去家庭的主心力，家庭经济会陷于贫困。

4. 恐惧：自杀的阴影会一直留在自杀者家属心中。家中的其他成员，特别是年轻人，会担心自己将来是否也会自杀。很普遍的是自杀者家属在感情上从气愤转变为抑郁。

自杀对社会造成的影响：

中国目前尚无确切的数字来说明自杀所造成的直接经济、社会和心理损失。但评估自杀和自杀未遂所造成的损失的一个间接指标是，根据自杀和自杀未遂所造成的伤残调整生命年（DALYS）的多少来评估其卫生负担。根据世界卫生组织的资料，中国1998年自杀及自伤造成883.7万DALYS的损失，占全部疾病负担的4.2%。根据这一指标进行排序，自杀成为中国第4位重要的卫生问题，前三位分别是慢性阻塞性肺部疾病（占所有DALYS损失的8.1%）、重性抑郁症（占所有DALYS损失的6.9%）、脑血管疾病（占所有DALYS损失的5.7%）。自杀和自杀未遂造成如此高的卫生负担，这是因为自杀与其他疾病不同（如癌症和心血管疾病），大多数自杀死亡者和自杀未遂者年富力强。

但是，DALYS这个指标仅仅评估了个体死亡或自伤所造成的直接卫生负担，（如果不考虑对受害者的家庭成员和朋友或大的社会所造成的影响的话）与疾病或其他意外死亡不同的是，自杀给受害者的亲友造成严重的、持久的负面心理影响。研究表明，每出现1例自杀，平均至少对6个人产生严重的不良影响。在一些情况下，自杀死亡者的家人或好友随后会得抑郁症或自杀死亡。估计每出现1例自杀未遂，平均会使2个亲友受到严重伤害，尽管这种伤害持续的时间通常要比自杀死亡所造成的影响稍短。

根据保守估计的数字推算，即每年有25万人自杀死亡、200万人自杀未遂，1例自杀死亡可使6个人受到严重影响，1例自杀未遂可使2个人受到严重影响，自杀死亡给他人造成的心理伤害持续10年，自杀未遂持续6个月；那么每年有150万人遭受到亲友自杀死亡所带来的严重心理创伤，400万人遭受到亲友自杀未遂所带来的严重伤害。基于如上假设，我国每年有1700万人的心理和社会功能因他们所爱的人的自杀死亡或自杀未遂受到严重损害。保守的估计，所爱的人自杀会使亲友的心理、社会和职业功能降低20%，那么自杀每年会使卫生负担增加340万DALYS；这会使自杀所造成的总的卫生负担增加38%。

因此自杀死亡不仅仅是一个人的事情，它给人们带来的一系列问题和损失是无法用数字来形容和衡量的。

二、自杀行为的预防

自杀预防又称危机干预或心理危机干预。自杀预防问题在发达国家已引起全社会的关注，据20世纪80年代早期的统计，在美国20世纪70—90年代有数百个危机干预机构，几乎遍布全美国的各大城市。近年来我国的不少大城市，如北京、南京、上海等地也相继成立了危机干预与研究中心。

自杀研究的最终目的在于预防自杀。遗憾的是，到目前为止，世界各国在自杀预防方面还没有取得实质性的进展，精神疾病患者自杀亦未因治疗学的进展而减低。主要原因在于，自杀是极为复杂的社会行为，许多因素还没有弄清楚或者不能有效地控制；但不管什么原因，预防和控制自杀是我们的当务之急。

自杀预防的一般性措施：

预防自杀最根本的措施是国家政局稳定，发展经济，增加就业率，提高民众的生活水平，使民众安居乐业。创造比较宽松的社会民主生活的氛围。社会动荡，生活贫困，精神紧张，心理压力太大往往使承受力低的人群产生自杀行为。

（一）建立预防自杀的专门机构，完善危机干预机制

要充分认识人是求生的动物，绝大多数自杀者心理是矛盾的，即在同一时间内既想死又欲生。这时最需要人们去救助他们。世界上许多国家成立了各种专门的预防自杀机构，自杀预防中心、危机干预中心、救难中心、生命线等，利用便利的电话、互联网络进行危机干预和自杀预防。据台湾资料，在1997年向生命线求助的个案中，有0.1%的人自杀死亡（远高于一般人群），1.7%的人曾有自杀未遂，2.2%的人有过自杀念头。虽然没有足够的证据表明这些机构的工作降低了当地的自杀率，但对于处于危机状况的人提供支持和帮助的作用是肯定的。目前，中国南京、北京、上海、广州等大城市也有类似的机构或组织，有多条心理热线电话面向社会。我国北京、南京等地已成立心理危机干预与研究中心。但由于政府和社会的重视不够，大多面临经费紧张，人员缺乏等诸多问题。不仅如此，全国大多数地区连机构也没有建立起来。

（二）提高人们的心理素质

从宏观的层面上看，左右自杀率的因素主要是社会、经济和文化因素，但具体到个案来看，自杀者总是存在某些医学或心理学的问题，或者说，宏观因素总要通过对个体的影响才能导致自杀。因此，应该把提高社区人群的心理健康水平作为预防自杀的第一个层

次。要普及心理卫生常识，采用广播、电视、报纸、科普小册子、墙报、公众讲座等形式广泛地向社区人群宣传心理卫生知识；对于大中小学生，开设针对性较强的心理卫生课，使学生初步了解自己的心理，学会各种生活技能，即分析和解决问题、应付挫折、表达思维和情绪的能力。英美等发达国家已经把生活技能训练列为中小学生的必修课，在国内则仅有个别中学开设了相应的心理卫生课。建立社区心理咨询和心理保健系统：在每一个社区内均应设立相应的机构，配置相应的人员，开展心理咨询和心理保健工作，使有心理障碍的患者得到及时有效的治疗，使处于心理危机的个体及时得到专业性的支持和帮助。

（三）丰富生活，培养兴趣，树立生存的希望

充分认识移情的重要作用，希望的重新建立和他人的救助会使自杀者重新鼓起生存的勇气。家庭、学校、社区和单位一定要主动关心有自杀先兆者，唤起他们生活的希望，并帮助解决他们实质存在的问题。对有自杀倾向的人，应有正确全面的分析和评价。了解他们的生活历史，心理障碍，所遇挫折，不良情绪等，从而充分认识他们内心的矛盾冲突。做到早期发现，及早预防。尽可能使想轻生的人参加文体活动，写日记，生活有规律，做力所能及的事。向亲人倾诉隐私，把自杀念头说出来。参加郊游活动，尽可能寻求心理咨询人员的帮助。这一切都是为了缓解自杀的欲望，让他们体会生活的乐趣、生命的可贵。

（四）普及有关自杀的知识

目前社会上对自杀存在许多危险的误解，这些误解甚至在医务工作中也广泛存在。因此，要采取各种形式开展关于自杀知识的宣传和教育，使人们了解自杀，懂得识别基本的自杀危险信号，对有自杀意念或自杀未遂史的患者，能够采取一种同情，而不是歧视的态度。可举办各类自杀预防讲座，散发宣传材料等，使人们了解自杀的一些基本常识，能辨别有自杀危险的信号。当出现自杀危机时，知道如何处理以及如何向有关机构求助。目前从医务人员对自

杀知识的应答来看，平均应答正确率尚不到60%。相关知识的掌握仍不尽如人意。预防自杀最有效的措施之一是宣传教育。预防的基本目的是使广大民众知道自杀动力学，导致自杀的危险因素，自杀的先兆或线索，消除各种误解，以及普及咨询和干预的基本知识和技能。

（五）减少自杀的机会

在自杀意念出现到实施自杀行为之间，还有一个准备自杀的阶段。因此，要加强对常见自杀手段的管理，以达到减少自杀的目的。加强有毒物质的管理，特别是在农村，要加强对剧毒农药的管理和控制，对工业生产必需的有毒化学物质要进行严格的管理制度；加强对药品的管理，特别是对镇静药和抗抑郁药的管理，必须实行严格的处方用药制度，没有处方药房、药店不得出售这类药物；对医生每次处方的量要有严格规定；对抑郁症、精神分裂症和有自杀意念的患者，每次处方的量必须限制在一定的范围内，并由家属负责保管；加强对危险场所的防护和管理，如对多发自杀行为的大桥、高楼、风景名胜地进行针对性强的管理；加强武器管理，特别是枪支刀具等危险物品的管理。

（六）对相关医务工作者和心理咨询工作者进行培训

许多研究表明，自杀病人常首先求助于初级卫生保健机构或综合性医院，发展中国家的情况尤其如此。然而，大多数医务人员对自杀行为缺乏必要的了解，甚至对与自杀有关的精神疾病，如抑郁症等也缺乏认识，更谈不上进行危机干预和心理治疗了。对自杀未遂的处理模式，也是以躯体治疗为止，部分医务人员甚至在抢救和治疗自杀未遂者的过程中，用语言表示对自杀者及其自杀行为的厌恶和鄙视，成为医源性自杀的重要原因之一。在我国广大农村地区，自杀的手段以服有机磷农药最为普遍，但许多基层医生缺乏救治有机磷农药中毒的必要技术培训。此外，由于我国心理咨询专业发展较晚，专业队伍结构不合理，许多实际上从事心理咨询工作的人员同样缺乏对自杀的必要知识，尤其是非医学专业出身的心理咨询者对与自杀有关的精神疾病缺乏必要的认识。因此，加强对相关医务工作者和心理咨询工作者的培训已成为预防自杀的当务之急。

加强对重病人的监护。对于有自杀倾向的人，要避免接触其他想自杀的人和有抑郁倾向的人。不要让他们看关于自杀的影视、小说、报道等。不要让有自杀倾向的人接触自杀工具，禁止有自杀倾向的人上楼顶。要加强对重病人的监护，必要时劝其住院隔离，药物治疗。有研究表明，4%~12%的自杀未遂者日后因再次自杀而身亡。想自杀的人如能得到家长、亲戚、同事、朋友或咨询机构的严密监护，则完全有可能取得预防的效果。

（七）控制自杀个案的媒体报道

由于近几十年来大众传播媒介的长足发展，自杀案例的报道几乎可以深入到现代社会的每一个角落。与此相应的是，部分新闻机构和新闻工作者为了满足社会公众的猎奇心理，大量、详细报道自杀案例，特别是知名人物如影视明星、政界要人、社会名流、青少年偶像的自杀行为，结果导致一些青少年模仿。美国洛杉矶某电视台甚至现场直播了一个自杀案例，引起社会各界的强烈反响。因此，国家应制订法规或法律，严格限制这类报道，特别是对自杀方法的报道。

参考文献：

[1]《全球自杀率概况》，http：//www. southcn. com 2003-09-10.

[2] 孙玉庆：《俄罗斯自杀率是世界平均水平两倍 男性高于女性》，http：//www. CHINANEWS. COM，2003-7-8.

[3] 徐冰川：《日本去年91人网络"约死"集体自杀陡然大增》，http：//www. news. tom. com，2006-02-10.

[4]《韩国自杀现象流行成风 平均每天36人自杀身亡》，http：//www. CHINANEWS. COM，2003-8-6.

[5] 宋德俊、吴海芒：《尼泊尔自杀现象日趋严重 一年1246人》，http：//www. xinhuanet. com，2003-11-17.

[6]《自杀年龄层逐渐下降 岛内去年自杀身亡达3053人》，http：//

www. CHINANEWS. COM，2003－7－8.
[7]《都市三大人群容易自杀，中国自杀者呈现四大特点》，http：// www. yn. xinhuanet. com/2006－10－2.
[8]《预防"自杀日"：中国已是高自杀率国家》，http：//www. 563. NET，2003－9－11.
[9]李建军：《中日两国青少年自杀行为比较研究》，《中国青年研究》2000（2）。
[10]《有关自杀的误解》，http：//www. Southcn. com 2003－09－10.
[11]《中国部分自杀危机干预机构》，http：//www. Southcn. com 2003－09－10.

第 7 章 毒 品 问 题

第一节 全球吸毒与毒品走私现状

一、全球吸毒群体状况

毒品是万恶之源。1988年,第42届联大将每年的6月26日定为全球性戒毒日,其口号是"热爱生命,远离毒品"。全球戒毒日的设立从一个侧面说明毒品问题已成为世界性的严重社会问题,可以说,当今世界毒品的阴影无处不在。据调查,全球两亿多吸毒人口和毒犯遍及世界各地,中国目前八成的县市都与毒品有染。与毒品进行斗争已经成为全球社会安全的一项重要课题。

什么是毒品?迄今为止,国际社会还未能形成统一的定义。从词源看,毒品(drug)一词最早于17世纪初出现在欧洲,是随着人们对使用鸦片等麻醉药物的危害有了进一步认识后而逐渐流行开来的。一般认为,毒品是指以各种方式进入人体并最终给人带来危害的非食物的自然物品或化学合成物品,或者是指被人非法使用使人逐渐成瘾的麻醉药和精神药。世界卫生组织(WHO)的定义是:某种化学药物,通过吸食或注射进入人体后,用药者必须不断增加用药量,一旦停止用药,则会出现某种症状,长期使用会危及身体健康。1997年3月14日修订的《中华人民共和国刑法》第357条对毒品作了如下定义:"本法所称的毒品,是指鸦片、海洛因、甲基苯丙胺(冰毒)、吗啡、大麻、可卡因以及国家规定管制的其他能够使人形成瘾癖的麻醉药品和精神药品。"

毒品的种类很多,联合国《麻醉品单一公约》和《精神药物公约》中规定的麻醉品有128种,精神药物有99种。根据毒品对人体的影响效果的不同可把毒品分为麻醉剂、致幻剂、兴奋剂和镇静剂四类;按照生产方法的差异可分为天然毒品、精制毒品和合成毒品三类；从使用者的感受看，可分为软性毒品和烈性毒品两类；法学界则如上所述以麻醉药品和精神药品进行划分①。

所谓麻醉药品，是指对人的中枢神经系统有麻醉作用，连续使用后易产生身体依赖性，能上瘾成瘾的药品。具体包括四种类型：(A) 吗啡类 (morphine)。主要包括生鸦片、精制鸦片、吗啡、海洛因等②。(B) 大麻类 (cannabis)。主要来源于大麻植物，有大麻草、大麻树脂、大麻油及含有四氢大麻酚的物品。(C) 可卡因 (cocaine)。包括可卡因、可卡糊、可卡叶和含有可卡生物碱的制剂。(D) 合成类。如美莎酮、杜冷丁、安农痛以及含有这些成分的制剂③。总体上看，大麻是全球非法使用人口最多的毒品。

国际上常用"药品滥用"(drug abuse) 或"吸毒上瘾"(drug addiction) 等词语来表示吸毒行为。其学术解释是指人们反复、大量、非医疗目的地使用具有依赖性潜力的物质。据联合国《2006年世界毒品报告》，目前全球吸食毒品的人数在两亿以上，占全球15~64岁人群的5%④。其中1.624亿人吸食大麻，2500万人食用安非他明，1130万人食用海洛因，1340万人食用可卡因，1590万人服用鸦片制剂，970万人使用兴奋剂 (ecstasy)⑤。而全球可卡因最大消费群体在北美，约有650万人，占全球市场的一半左右。但不可忽视的是，西欧的可卡因消费正在强有力地增长中。在俄罗斯，毒品消费群体已经超过560万人，其数量还在增加。在贫困的中亚地区，吸毒人口增长了3倍，以毒养毒，这是中亚毒品生产迅

---

① 朱力等著：《社会问题概论》，社会科学文献出版社，2002年版，第203页。
② 对吗啡进一步提炼加工后，可得到一种名为"盐酸二乙酰吗啡"的物质，即海洛因 (heroin)。按其纯度分为2号、3号、4号三种，4号纯度最高，在90%以上，毒性最高，也最流行。
③ 朱力等著：《社会问题概论》，社会科学文献出版社，2002年版，第203—204页。
④ UNODC, "The world drug report: 2006", http://www.unodc.org/unodc/world_drug_report.html, 2006-6-27.
⑤ UNODC, "The world drug report: 2006", http://www.unodc.org/unodc/world_drug-report.html, 2006-6-27. p.35.

速上升的重要原因。从市场容量看，欧美发达国家是全球最大的毒品消费市场。美国总人口不到3亿，而一生中至少服用过毒品一次的人达到7200万，约为全国人口的1/3。目前美国吸毒人口占其总人口的8.2%。据总部设在里斯本的欧洲毒品监测中心2004年底的一份报告，过量吸毒已成为欧洲青年人死亡的主要原因之一。欧洲仅大麻吸食者就有2880万之多。

二、毒品生产与走私

（一）毒品生产

全球毒品生产主要集中在亚洲、拉丁美洲和非洲。南美洲哥伦比亚至秘鲁的丛林地带、东南亚位于中、缅、泰边境的金三角区域、阿富汗至土耳其一带的"金新月"地区以及非洲西部几内亚湾沿海地区是目前全球毒品生产的四大中心区域。

"金三角"地区：广义的金三角地区包括缅甸、泰国、老挝以及印度等一些邻近地区，面积大约为20万平方公里。这里地势险峻，人烟稀少，民族杂居，是世界上最大的毒品产地。其中缅甸是世界上最大的罂粟种植国之一。据有关资料统计，"金三角"年产鸦片约3000吨左右。"金三角"曾是缅甸的罗兴汉贩毒集团、坤萨贩毒集团及其他较大贩毒集团的根据地。据联合国报告，2005年，缅甸罂粟种植面积为49.2万亩，同比下降26%；鸦片产量为312吨，同比下降16%。[1]

"金新月"地区：主要由阿富汗、巴基斯坦、伊朗等国的交汇地区组成，同时还包括塔吉克斯坦、吉尔吉斯斯坦、土库曼斯坦、乌兹别克斯坦、哈萨克斯坦等国的部分地区。这一地区主要种植大麻和罂粟。其中阿富汗是世界上最大的海洛因生产国之一，阿富汗每年生产成千吨的鸦片，并且把鸦片提炼为海洛因。2005年，阿

---

[1] 中国公安部：《2006禁毒报告》，http://news.xinhuanet.com/legal/2006-06/23/content_4738474_1.htm。

富汗罂粟种植面积达 154.5 万亩，鸦片产量达 4100 吨，占世界总产量的 87%[①]。据联合国出版的《世界毒品报告：1997》报道，全世界非法生产的鸦片中，90%源于"金新月"和"金三角"两个地区。还有材料显示，西北欧地区 70%的海洛因和鸦片来自阿富汗。

"银三角"地区：其中心为哥伦比亚、厄瓜多尔、玻利维亚和秘鲁的交界地区。其中厄瓜多尔和哥伦比亚共同接壤的亚马孙地区的大约 50 平方公里左右的地带，是哥伦比亚贩毒分子控制的中心地区。情况与亚洲的"金三角"相类似，人们称之为南美洲的"金三角"。这一地区中，秘鲁、哥伦比亚和玻利维亚是最主要的古柯种植国和可卡因生产国。联合国出版的《世界毒品报告：1997》报道，上述三国可卡因的产量超过全球总量的 98%，全球古柯叶的种植面积为 22 万公顷，其中秘鲁占 1/2，哥伦比亚和玻利维亚各占 1/4。

非洲西部几内亚湾沿岸地带：非洲在 20 世纪 60 年代初时，毒品还很少。进入 80 年代后，由于国际贩毒活动的渗透和侵蚀，吸毒、贩毒和种植罂粟及大麻等活动日益蔓延。中非和西非等地区都大面积种植了罂粟和大麻[②]。

经过全球社会的不懈努力，全球毒品种植面积比上个世纪末有了进一步的缩小，产量也明显下降，如鸦片种植面积从 2004 年的 195940 公顷减至 2005 年的 151500 公顷。产量则从 4850 吨降至 4620 吨。[③] 但在一些地区仍然在增长，最典型的是阿富汗。当"金三角"等地的鸦片种植面积大幅度减少时，阿富汗的种植面积却在稳定增加。阿富汗已成为目前全球最大的鸦片和海洛因生产基地。

[①] 中国公安部：《2006 禁毒报告》，http：//news. xinhuanet. com/legal/2006-06/23/content_4738474_1. htm.

[②] http：//www. 37c. com. cn/topic/025/02504. asp? filename = 04/016. htm&mingcheng=禁毒史话.

[③] UNODC,"The world drug report：2006", p. 57.

(二) 毒品走私

由于吸毒和贩毒全球化的特点，以及国际制毒贩毒集团的存在，全球形成了一张严密的毒品走私网。(1) 全球毒品运输路线和中转地：在欧洲，巴塞罗那、阿姆斯特丹、巴勒莫、卢森堡、列支敦士登以及罗马尼亚和保加利亚的一些城市构成毒品贩运基地，罗马尼亚和保加利亚是毒品从亚洲转运欧洲的主要通道；拉丁美洲的特立尼达和多巴哥与巴哈马群岛是西半球世界毒品转运中心，委内瑞拉－加勒比通道是哥伦比亚毒品输往美国和西欧的主要路线，圣保罗和里约热内卢是毒品运往欧洲的重要中转站；非洲的摩洛哥是非洲大麻运往欧洲的集散地。阿尔及利亚、南非、尼日利亚和塞内加尔等国是主要中转站。另外，东非也已经成为全球重要毒品交易地区。肯尼亚和坦桑尼亚已成为南亚和中亚毒品通向欧美市场的主要集散地和中转站；在亚洲，毒品转运中心主要有香港、新加坡、曼谷、菲律宾、土耳其和黎巴嫩等地。(2) 缅甸海洛因走私通道有两条：一是向北经云南省到香港，再转运世界各地，另一条是向南，穿过泰国再往东。(3) 阿富汗毒品出境三通道。阿富汗是当今全球最大毒品生产和出口国之一，巴基斯坦则是其最大中转站。其毒品出境通道有三：一是从东北经塔吉克斯坦运往俄罗斯，再转运欧美各国，二是经伊朗往土耳其，再运往欧洲，三是经巴基斯坦转往伊朗，进入伊拉克，再到土耳其。这一条线路运量最大，被毒犯誉为"黄金路线"①。(4) 中国已然是国际毒品走私的新通道和新兴市场。在中国境内，主要通道有五条：① "金三角"──→云南、广西──→广东──→香港；② 曼谷──→广州──→香港；③ 曼谷──→新加坡──→广州──→香港；④ 香港──→广州──→上海──→美国；⑤ 香港──→广州──→北京──→西欧。另外，印度──→尼泊尔──→西藏──→四川的过境通道也在形成中，而绵延 7000 多公里的古"丝绸之路"如今已成为"海洛因之路"，成为"金新月"毒品的重要运输通道。

---

① 陈贝帝：《中国吸毒调查》，新华出版社，2006 年版，第 114—120 页。

除西南边陲和西北新疆等地外，在中国内地形成了三大毒品集散地：甘肃省广河县三甲集、宁夏回族自治区同心县、安徽省临泉县。①

在毒品走私过程中，除通过人身携带、动物藏毒、人体藏毒、物品夹带等传统方法运输外，还出现了一些新花样。主要有三点：其一，武装护毒。武装保护植毒贩毒不仅是"金三角"和南美贩毒集团的特点，世界各地越来越多的毒犯和贩毒组织都在向军事化发展；其二，高科技贩毒。如在拉丁美洲，麦德林集团衰微后，新生代携网络时代的高新科技悄悄占据了前辈的位置。他们采用因特网及其他高科技手段使可卡因生产和走私大幅度增加。他们甚至创造了一种极其复杂的 encryption 技术，使执法部门束手无策。"他们把合法生意与非法生意巧妙地糅在一起。"吸取前人的经验教训，保持低姿态，极少犯错误。要想打击他们十分困难②。其三，化学溶剂贩毒。主要表现为把毒品掺杂到某些物质中或变成其他物质，制成某些制品，运送到目的地后再还原成毒品。如布宜诺斯艾利斯机场曾发现一只重达 12.5 公斤、以可卡因毒品作材料、经过复杂化学加工程序制成的旅行箱；西班牙一毒犯把可卡因粉同一种特殊的水黏剂混合，制成各种颜色的油画颜料作画，每幅画的买主将画浸泡在特制的药水中，可回收到 200 克高纯度的可卡因。③

第二节　贩毒吸毒社会原因分析

一、欧美毒品问题的"60 年代"根源

在欧美地区，毒品很早就已成为社会问题。但成为令社会和政府感到束手无策的严重社会问题则是 20 世纪 60 年代以后的事。在 60 年代以前，无论是美国，还是欧洲的英国等国政府和学界，对

---

① 陈贝帝：《中国吸毒调查》，新华出版社，2006 年版，第 121—136 页。
② 陈贝帝：《中国吸毒调查》，新华出版社，2006 年版，第 137—142 页。
③ 陈贝帝：《中国吸毒调查》，新华出版社，2006 年版，第 143 页。

饮酒带来危害的担忧远远超过对鸦片和可卡因等毒品的忧虑,甚至在19世纪的一些学者心目中,鸦片等是有益健康的药品。19世纪的北美和西欧,毒品的使用是普遍的,如美国南北战争期间,吗啡作为止痛药在军队中流行,其后在社会上蔓延。1903年可口可乐中加入可卡因,深受消费者欢迎。1868年美国一本名为《治疗学文集》的教科书公开赞美鸦片能够"使道德和知识本能升华","鸦片可以提高人们的思维能力,让人有一颗仁慈心,想做大事,具有更高尚的虔诚精神……使用鸦片似乎可以使一个人变得更完美、伟大。"① 1895年英国一个关于鸦片的调查报告认为鸦片只是一种日常生活用品。虽然20世纪前期,美国声势浩大的进步运动推动了针对滥用麻醉品的相关立法,英国也与中国讨论禁止中印间的鸦片贸易问题,1909年美国牵头在上海召开了上海鸦片委员会国际会议,力争在反对鸦片贸易与吸食鸦片上进行国际合作,但收效甚微。美国、英国国内的吸毒现象仍旧存在,吸毒人员不断增加,到1914年,美国吸毒人数达到30万人。20世纪前期,美国法院曾就个人使用毒品是否合法展开过辩论,但未形成明确意见。不过,由于联邦和众多州拥有反对成瘾的立法,吸毒现象多半处于半隐秘状态,未能引起格外关注。

20世纪60年代的美国一改50年代的风平浪静,出现了高潮迭起的社会抗议与激进社会改革运动。参加运动的人员主要是高校的青年学生。运动随着越南战争的升级而升级,从之前的改革转向社会与文化的彻底变革。在造反者眼中,美国所代表的工业社会虽然物质财富十分丰裕,但却是压抑人性、使人缺乏真正自由的"病态"社会。这个由冷冰冰的机器及其法则组成的社会表面上前所未有地满足了人的物质需求,但却通过高技术手段和体制无孔不入的触角从人的心灵深处对人进行极其高超的社会控制,使人最高的自

---

① [美]戴维.F.马斯托:《美国禁毒史》,北京大学出版社,1999年版,第102页。

由——精神自由被牢牢地压抑住。人们被物质满足的虚假幸福所迷惑，成了维护现状并为之辩护的"单面人"[1]。人的思想和行为都被纳入了社会控制之中，自由的丧失和需要的扭曲意味着人本质的异化。为此，必须进行全面变革，变革途径被称为"大拒绝"，即对现有的一切予以彻底否定和抛弃，在此基础上创立新的自由社会。在具体实践中，毒品被视为大拒绝的动力源。这里的毒品，主要指大麻（marijuana）和LSD（麦角酸二乙基酰胺）以及主要用于麻醉的药物墨西哥致幻仙人掌（peyote）。前者为自然毒品，后者则是一种合成的致幻剂。在哈佛大学的里瑞教授和西部斯坦福大学年轻作家肯·克西的榜样作用下，成千上万怀抱社会理想主义的大中学生投入创造毒品亚文化的社会浪潮中[2]。据统计，20世纪60年代末，美国大学生中有5%～6%的人使用幻觉剂，在哈佛、耶鲁、芝加哥、斯坦福、伯克利、密歇根、威斯康星、加州理工学院和麻省理工学院等一流大学中，吸毒者在10%～50%之间。其他如俄亥俄州立大学和俄勒冈大学之类的高校，学生吸毒人数也在5%～20%之间[3]。以LSD为例，当时由于实现了地下大批量生产，任何吸食者只要花两美元就可吸食一次[4]。一家名为《另一个东村》的地下报纸曾这样问道：没有幻觉剂的世界能活吗?[5] 而一名造反者在《大麻革命》一文中则为吸食大麻唱赞歌："它使人感到更自然，就像一种行走在大地上的动物，而不是……机器上的一个小齿

---

[1] 马尔库塞：《单面人》，湖南人民出版社，1988年版。

[2] Martin A. Lee and Bruce Shlain, *Acid Dreams: The CIA, LSD and the Sixties Rebellion*. New York: Grove Press, 1985.

[3] Kenneth Keniston, *Youth and Dissent: The Rise of a New Opposition*. New York: Harcourt Bruce Jovanovich, Inc., 1971, PP. 232—233.

[4] Martin A. Lee and Bruce Shlain, *Acid Dreams: The CIA, LSD and the Sixties Rebellion*. New York: Grove Press, 1985, p. 146.

[5] Martin A. Lee and Bruce Shlain, *Acid Dreams: The CIA, LSD and the Sixties Rebellion*. New York: Grove Press, 1985, p. 155.

轮。"① 在 60 年代的美国，不管是校园、街头，还是农场群居村，不管是诗歌朗诵会，还是摇滚乐演奏会，不管是狂舞乱扭之时，还是在宗教冥想之际，毒品都是不可缺少的②。

进入 20 世纪 70 年代后，年轻人的造反渐渐烟消云散了，但他们所提倡的吸毒生活方式却在美国乃至欧洲漫溢开来。60 年代的许多嬉皮士在步入中年后逐渐回归社会，成为雅皮士：在商界、学界、政界和演艺界功成名就。但是，他们中相当多的人仍然执着于吸毒生活方式不改：无论是在硅谷、好莱坞，还是在华尔街，他们中间吸食可卡因者十分普遍③。事实上，毒品问题在美国之所以引起社会严重关注，或者说被看作是严重威胁社会安全的社会问题，与 60 年代反主流文化的毒品亚文化的传播紧密相联。唯一的区别是，60 年代的嬉皮士们是为实现一个理想社会而吸毒，70 年代以来的吸毒者则仅仅是为一时的自我身心快感而吸毒。但无论如何，他们却共同为构建全球毒品经济链贡献出了自己的财富与健康。

二、买方市场分析

是什么原因促使全球数以亿计的男女沉迷于毒品而不能自拔呢？由于吸毒人口中绝大多数为青少年，我们可以以这一群体为研究对象进行分析，从中可管见一斑。

（一）对富裕物质生活的乏味，促使发达国家青少年从毒品中寻求刺激

在美国大中城市，青少年吸毒现象越来越严重。他们对美国消费社会除了消费还是消费的生活日益厌烦，对学校教育日益乏味，精神空虚苦闷，试图从毒品中获得刺激与摆脱。在英法德意日和澳

---

① http://www.luminist.org/Archives/marijuana.htm.
② 吕庆广：《60 年代美国学生运动》，江苏人民出版社，2005 年版，第 310—311 页。
③ Myron Magnet, *The Dream and the Nightmare: The Sixties' Legacy to the Underclass*. New York: William Morrow and Company, Inc., 1993, p. 18.

大利亚等国家情形相似。联邦德国官方估计，德国吸食海洛因的人员中，少年儿童占35％。全国吸毒者的平均年龄为22岁。德国《明镜》周刊曾对52所中学作过调查，每两个15岁的学生中，就有一个吸毒至少一次，约20％的中学生经常吸毒[①]。

（二）现代社会快节奏的工作与生活方式使越来越多的中青年人备感压力，力求通过毒品获得身心的放松，视毒品为解压剂

现代社会技术的进步日新月异，竞争日趋激烈，对工作中的中青年人和即将走上职场的年轻人的压力越来越大。尤其是在失业率高达两位数的西欧，毕业即失业并非夸张之语。2006年春，法国学生针对新就业法的抗议示威活动演变为全国性的暴力冲突，这在一定程度上揭示了这一问题的严重性。

（三）贫穷国家青少年为摆脱贫困生活产生的绝望和身心痛苦，往往以毒品来麻醉自己

贫困是广大第三世界国家的共同特征，特别是在撒哈拉沙漠以南、中亚、南亚、东南亚、拉美安第斯山区、南太平洋诸岛，不少国家人民每日靠不足1美元的收入生活，处于绝对贫困之境。加上社会政治动荡不已，宗教、民族矛盾与冲突不断，内战频仍，导致经济社会发展迟缓，甚至裹足不前，而人口增长率又往往居高不下，饥寒交迫成为现实写照。毒品成为让人暂时忘掉令人失望的痛苦现实的最佳选择。

（四）青少年普遍具有好奇心，容易为毒品所诱惑

青少年时期是人一生中重要而特殊的阶段。在心理上具有婴幼儿和中老年人少见的特点。其一，好奇心强。不少青少年吸毒的原因就是因为对毒品的好奇。某省教委在中小学生中做了一次毒品的调查问卷，结果80％的青少年回答"如果有机会，愿意试一试毒品"，理由是新奇好玩；其二，喜欢冒险。在许多青少年心目中，

[①] 孙嘉明、王勋：《全球社会学：跨国界现象的分析》，清华大学出版社，2006年版，第219页。

吸毒是极富刺激的历险，值得一试；其三，大多无知。由于正处于发育期，认识和鉴别力较弱，常把某些"名人"、"明星"的吸毒行为当作时髦进行模仿，甚至轻信毒品能治病和减肥等谎言；其四，较强从众心理。青少年人际交往中具有突出的群聚性、趋同性和从众性特征，一些青少年仅仅是为与群体保持一致而跟随同伙吸毒的；其五，逃避心理作祟。处在青少年时期的人面临着种种成长的烦恼和压力，尤其会在升学、就业、恋爱等方面遇到各种挫折，其中部分人可能会消极逃避，借毒消愁；其六，普遍具有逆反心理。随着年龄的增长，青少年的独立意识日益强烈，对来自家庭和学校等成人施加的约束容易出现逆反心理，不当的教育方式容易把他们推进毒品的火坑。

当然，社会大环境的影响是不可低估的。如中国目前正处于剧烈的社会转型中，社会价值观念的变化十分明显，勤俭自律的生活方式正在为追求享受的风气侵蚀，一些公众人物把吸毒作为获得"快感"和"解脱"的主要途径来追求，而某些媒体则不作正面谴责，反而大肆炒作，误导青少年。另外，中国的独生子女社会在家庭教育方面存在种种问题，特别是过分溺爱等，导致年轻一代自私、任性，挫折承受力弱，缺乏较强的社会责任心，抵御毒品诱惑的能力较弱。

三、卖方市场分析

（一）贫困是毒品犯罪的最基本的根源

世界上所有毒品生产基地无一例外都在经济极其落后的国家或地区，无论是东南亚的缅甸、老挝，还是中亚的阿富汗、巴基斯坦，南美的哥伦比亚、秘鲁、玻利维亚，更不用说非洲撒哈拉边缘国家或东非国家，无一不在联合国所发布的最不发达国家名单上榜上有名。对于备受贫困折磨的人们，摆脱贫困所带来的痛苦的强烈渴望是驱使他们无视法律以生命作赌注冒险贩毒运毒的强大动力。在云南边境的一些少数民族村寨中，极度的贫困是许多家庭为毒品商人越境运载毒品的根本原因。中缅边境有一个叫班老村的寨子，几乎家家户户都参与运毒。2002年全村人均年收入仅区区300元，60%的人处于半饥半饱状态。一位村民说："谁不喜欢过好日子？谁愿意去背毒，去冒险？关键是我们穷。我们村的村民一年到头，不停地劳作，但是一半以上都吃不饱。所以，很多青年人都结伴，带着背篓，到缅甸去背毒。"① 从阿富汗到黎巴嫩的"金新月"地带，经济落后，而且自20世纪80年代以来战争、宗教与民族矛盾持续不断，难民数以百万计，种植鸦片成为他们无奈之下的生存选择。

（二）毒品市场的暴利是驱使毒犯铤而走险的内在力量

天下熙熙，皆为利来，天下攘攘，皆为利往。之所以在严厉的反毒品政策前毒品犯罪仍表现出道高一尺魔高一丈的趋势，是因为毒品经济链所形成的巨大利润空间的存在。据估计，1977年全球毒品年销售总额为1750亿美元，1989年为5580亿美元，2003年增长至8000亿～10000亿美元之间，占全球贸易总额的1/10，超过世界石油和天然气产业的收入，与全球军火交易额相差无几。一件毒品，从毒源地到最后的零售，每个环节都是巨大利润。例如，一件海洛因（700克）原料约为7500元上下，地下加工厂加工出来后，值16000元，纯利润为5000～8000元。毒贩贩运到广州，价格变为10万～16万元，纯利润在7万～13万元之间。如果是海洛因4号（俗称"中国白"），在缅甸境内每千克出厂价为1000美元左右，批发价2000美元上下，到达昆明后变为4万～6万元人民币，到广州为10万元人民币，到达纽约的批发价为20万美元，零售价则在50万美元以上，甚至超过百万美元。马克思在分析资本的动力时指出，如有10%的利润，资本就会蠢蠢欲动，有20%以上的利润，资本就会铤而走险，有100%的利润它就"敢于践踏一切人间法律。"这用来说明毒品市场的运转是很贴切的。

---

① 陈贝帝：《中国吸毒调查》，新华出版社，2006年版，第36页。

（三）恐怖主义的全球化发展对毒品生产与走私具有重要促进作用

20世纪70年代以来，国际恐怖主义愈演愈烈，恐怖主义的发展和恐怖组织的生存与毒品走私和交易紧紧地连在一起。如南美洲的麦德林卡特尔既是贩毒集团，又是恐怖主义组织。该组织用极其残酷的恐怖主义手段来对付反对毒品的人士，用恐怖主义来与政府对抗，影响政府决策。到1991年，被麦德林集团杀害的反毒官员、法官、警察、律师、记者和无辜百姓超过2万人，其中总统候选人3人，司法部长1人，警察1536人，法官157人，麻醉品事务官3491人[①]。最值得一提的是，前塔利班政权的经济支柱就是占世界2/3的鸦片种植与生产，而基地组织在阿富汗的一项活动内容就是种植鸦片，通过毒品交易来满足经费需求。本·拉登曾与车臣武装头目商讨，打算用3000万美元和两吨鸦片从高加索以北前苏联核武库中换取20枚核弹头，以改装成手提箱核弹。[②]

（四）世界上许多国家带有宗教与政治色彩的黑社会组织的生存和发展与毒品犯罪关系紧密

从意大利、美国、俄罗斯到日本，再到东南亚和港、澳、台地区，从西欧到北美，从拉美到非洲，从中东到南太平洋，黑社会势力无处不在。黑社会组织无恶不作，"贩毒是黑社会组织最大的行当，也是其经济基础的源泉。"[③] 不少黑社会组织正是因毒品而生，而一些历史悠久的黑社会组织如黑手党则在当代通过毒品贩卖得到新发展。俄罗斯和东欧国家新生的黑社会组织也大多与毒品共生。

（五）政府治理不力

与毒品经济关联的一些国家或政府从毒品交易中获得好处，在禁毒问题上缺乏坚定决心与意志。在哥伦比亚，毒品经济已占到其

---

① 李少军编：《国际安全警示录》，金城出版社，1997年版，第293—294页。
② 于泽等：《点击恐怖战争》，花山文艺出版社，2002年版，第123页。
③ 孙嘉明、王勋：《全球社会学：跨国界现象的分析》，清华大学出版社，2006年版，第222页。

国民经济的60%,政府反毒品政策的经济代价和对财政收入与经济发展的影响是不言而喻的。在西亚的贫穷小国黎巴嫩,情况相似。黎政府之所以对盘踞南部的真主党武装听之任之,与该国的毒品经济在政府财政收入中的地位密切相关。

(六)贩毒吸毒

虽然在贩毒集团中流行贩毒者不吸毒的说法,但调查表明,贩毒者中有相当数量的人吸毒,估计占1/3左右。由于长期吸毒所需资金不菲,不少吸毒者走上了以毒养毒的道路,通过参与贩毒获得毒资。

第三节 中国的毒品犯罪与吸毒问题

一、中国毒品犯罪与吸毒的历史与现状

中国历史上很早就在医疗界使用麻醉药品。据载,在隋唐之前,鸦片已经作为药品由波斯和阿拉伯商人输入中国。民间俗称为"阿芙蓉"。然而,中国人吸食鸦片的习俗是明清时期由欧洲人传来的。雍正年间开始实施严厉的禁烟令,但吸毒问题愈演愈烈,到鸦片战争前已经成为极其严重的社会问题。1842年后,鸦片贸易事实上的合法化,使中国的毒品犯罪和吸毒问题彻底失控。1949年后,中华人民共和国政府在全国范围内采取了坚决果断的措施,开展声势浩大的禁毒运动。封闭各地烟馆,收缴毒品和各种制毒设备以及贩运毒品所用枪支,严厉惩办制贩毒品的犯罪分子,对2000多万吸毒者实行强制戒毒,在三年内就基本禁绝了危害中国长达一个多世纪的鸦片烟毒,书写了人类禁毒史上最辉煌的一页。

然而,30年后,随着对外开放程度的不断深化,全球化浪潮的迭起,毒品再次卷土重来,成为当今中国社会一个严重社会问题。自1988年中国首次公布全国登记在册吸毒人数为7万人以来,吸毒人数直线上升:1993年达到25万人,1996年超过52万人,1999年为68.1万人,2000年达到86万人,2002年突破百万大关。

2003年为105万人，2004年超过114万人，2005年为116万人。实际吸毒人数远不止此数。根据国际上通行的计算方法，实际吸毒人数为登记在册人数的10倍，那么，我国吸毒者数量至少在1000万以上。即使以1∶7计算，也不少于800万人。1998年，全国破获毒品犯罪案件18.24万起，其中万克以上海洛因大案119起，抓获毒犯23.19万多人，缴获各类毒品17吨；1999年缴获各类毒品22.61吨；2000年缴获毒品近30吨。2005年，全国公安机关共破获毒品犯罪案件4.54万起。其中，千克以上毒品案件1794起，万克以上毒品案件342起，打掉制贩毒团伙1550个，抓获毒品犯罪嫌疑人5.8万名，缴获海洛因6.9吨、冰毒5.5吨、鸦片2.3吨、摇头丸234万粒、氯胺酮2.6吨、大麻941千克。全国检察机关共批准逮捕毒品犯罪嫌疑人46359人，起诉各类涉毒案件33750件46013人。全国共缴获易制毒化学品157.9吨。[1]

最为严重的是，中国不仅面对着周边毒源地毒品走私的威胁，在境内还出现毒品种植与生产加工的新挑战。在中国内地特别是西部地区的重庆、四川、江西、山西、河北、甘肃、内蒙、新疆、云南等省市，相继发现大面积种植罂粟的现象。其中的甘肃、内蒙、新疆、云南、四川五省区是最大最复杂的罂粟种植地。甘肃种植罂粟的县达到14个，在甘肃的临夏、甘南山区，有数千亩山地种植罂粟；内蒙在高峰期罂粟种植面积达到5000亩；山西省东北部与河北交界处的山区也有数千亩罂粟地；2004年，重庆奉节等地的罂粟种植面积近千亩；内蒙古自治区呼伦贝尔盟的大兴安岭山区，罂粟种植面积达到数千亩；河北省张家口有种植罂粟的历史传统，80年代逐渐恢复种植。

与此同时，在东部沿海地区的广东、福建等地出现了越来越多的毒品加工和制作的"地下基地"和"地下加工厂"。2005年我国

---

[1] 中国公安部：《2006禁毒报告》。

共摧毁34个制毒加工厂点。① 但是，毒品加工方法既有较复杂的高科技形式，也有家庭作坊生产的简单形式，隐蔽性较强。中国大陆破获的许多毒品加工案件中，有不少是家庭式生产。这就造成地下生产的此伏彼起，难以遏止。

目前的中国可以说处于毒品的内外夹攻中，外部是金三角和"金新月"毒源地的包围渗透，内部是毒品生产加工销售经济链向国土各个角落不断延伸的威胁。正如有识之士所指出的，中国正面临一场全新的"鸦片战争"。中国政府也认识到了毒品问题的严重性，2005年正式作出了在全国发起一场禁毒人民战争的战略部署。

二、当代中国毒品市场与消费群体的特点

如前所述，中国的地理位置使中国处在东南亚毒源与中亚毒源之间，成为东南亚毒犯贩运毒品的首选通道和中转站。同时由于中国具有13亿人口，经济连年高速增长，市场潜力巨大，自然又成为毒犯垂涎的目标。中国已从改革开放初期的毒品过境国、上世纪90年代后期以来的毒品过境与消费并存国向世界毒品消费大市场转变，中国有可能成为仅次于美国和西欧的毒品消费市场。同时，由于中国地区发展的不平衡，一些经济相对落后的贫困地区往往有毒品种植与生产的历史，特别是在边疆地区，很可能形成新的毒源地。

中国吸毒群体的基本特征：

（1）从年龄上看，青少年占八成以上。据全国各省市统计，17~35岁之间的吸毒者占到总数的85％以上。60％都在25岁以下。据司法部预防犯罪研究所的调查，25~35岁之间顽固成瘾者占到总数的59％。②

（2）吸毒群体的文化教育程度普遍较低。1995年云南省对全

---

① 中国公安部：《2006禁毒报告》。
② 安敏：《信息资讯》，《中国青年研究》，2000，(5)。

省 25144 名海洛因吸食者的调查结果表明：97.7%的吸毒者为文盲（9.4%）和半文盲（初中和小学，分别为 50.6%和 37.7%）。同年广东省戒毒劳教所对 1136 名戒毒人员的调查也充分证明了这一点：初中和小学毕业的占到 91.51%，高中毕业者只占 8.49%[①]。

（3）性别方面，男性占绝对多数。2005 年全国登记在册的吸毒人数为 116 万，其中男性占 84%，女性占 16%。

（4）吸毒人群身份多样化，既有毗邻毒品产地以少数民族为主的边民，也有毒品运输通道旁和中转地的农民，还有城市里各种职业的人员，从工人、干部、知识分子到私营业主和闲杂无业人员，无不涉及。不过，吸毒主体是三类人：边民、个体私营业主、城市无业闲散人员。其中无业闲散人员占到 53%以上。

（5）吸毒方式半公开化和小群体化。吸毒者主体为青少年以及社会无业闲散人员，他们的特点是三人一堆，五人一群，在吸毒方面表现出小群体特征。

尽管中国涉毒县市已经达到 80%以上，但吸毒人口分布并不均匀，西部虽然只占中国总人口的 28%，但却占全国吸毒人口的 52%[②]。

第四节 综合治理：反毒品斗争的经验与对策

一、毒品泛滥的社会影响与危害

毒品的基本特征有三：药物依赖性、非法性和危害性。药物依赖性指吸食或使用者上瘾后很难摆脱对它的依赖。因为毒品会造成吸毒者脑生理结构和激素分泌机制的病理学改变，这种改变被认为是难以逆转、不能依靠意志力量控制的，这是吸毒者的严重药物依赖性的根源，"一日吸毒，十年戒毒，终身想毒"是对这种药物依

[①] 周振想：《当前中国青少年吸毒问题研究》，《中国青年政治学院学报》，2000，(1)。

[②] 陈贝帝：《中国吸毒调查》，新华出版社，2006 年版，第 94 页。

赖性的生动写照。非法性有两个含义：一是毒品消费者使用毒品属于违法行为。目前世界上几乎没有一个国家承认贩毒吸毒为合法行为。二是走私贩售毒品属于犯罪行为。危害性则是指吸毒贩毒导致的对个人和社会的不利影响和破坏性后果。总体上看，毒品买卖产生的危害是十分严重的，主要表现在以下几方面。

（一）吞噬了大量的社会财富

首先，吸毒者直接消耗的社会资产十分惊人。美国每年消费的毒品数量占全球65%左右，每年被吸毒者消耗掉的社会财富达到数千亿美元。据不完全统计，中国吸毒者一年消耗掉的毒品价值1400亿元人民币，这还没有算上家庭为他们戒毒所作的投入。其次，中央和地方政府为禁毒不断追加投入。中国政府目前每年都要追加1亿元禁毒资金。在人力、物力和财力的投入上是十分巨大的。截至2003年底，中国建成强制戒毒所583个，床位11.6万张；劳教戒毒机构165个，床位14.3万张；自愿戒毒所247个，床位8000张。在云南毒情严重的德宏州，显性吸毒造成的损失近2亿元，政府禁毒投入1亿元，加起来已和州年度财政收入相差无几。如果算上隐性吸毒者，吸毒消费已远远超过州年度财政收入。再次，为加强国际合作，控制毒源地生产，中国政府不断向周边相关国家提供援助，这方面的投入累计起来也不少，仅在东南亚就已超过5亿元。中国每年吸毒和禁毒的直接消耗超过2000亿元[①]。在美国，缉毒署上世纪70年代只有员工2000人，禁毒预算200万美元，20年后，人员超过4000人，预算增加7倍，却无法抑制毒品市场的扩张。

（二）造成人力资源的巨大损失

人力资源是社会经济发展的基础，青少年是国家民族的未来。吸毒造成的人力资源损失分两类：一是以死亡为标志的显性损失。全球每年吸毒致死者约在100万人以上。20世纪90年代，仅美国

---

① 陈贝帝：《中国吸毒调查》，新华出版社，2006年版，第29—31页。

每年吸毒死亡人数就达50万。吸毒者平均寿命为45~47岁，比一般人短25—30年。吸毒者的自杀率为一般人的10~15倍。二是以劳动力丧失为标志的隐性损失。在云南、广西边境地区，吸毒造成许多村庄劳动力匮乏，田地荒芜，青壮年死的死，废的废，留下大批孤儿寡妇，已是一派"千村薜荔人遗矢，万户萧疏鬼唱歌"的惨状。

（三）严重危及社会安定与和谐发展

毒品问题是诱发其他刑事犯罪和社会治安问题的温床，吸毒人员以贩养吸、以盗养吸、以抢养吸、以骗养吸、以娼养吸现象严重，一些地区抢劫、抢夺和盗窃案件中60%甚至80%是吸毒人员所为。

（四）导致性病和艾滋病传播的无法遏止

许多女性吸毒者往往通过卖淫来解决毒资问题，结果感染上梅毒和淋病等性病以及艾滋病，成为传播源。以中国大陆为例，截至2005年9月底，在国家累计报告的135630例艾滋病病毒感染者中，有40.8%因静脉注射毒品而感染，居艾滋病传播途径的首位。全国登记在册吸毒人员中80%患有各种传染病[①]。

（五）对相关国家和地区脱贫与现代化战略的实施产生了严重阻碍

自20世纪中叶以来，世界上绝大多数经济社会落后的国家和地区都在实施各种现代化发展战略，致力于改变贫穷落后面貌。然而，成功者是少数，大多进展缓慢。原因很复杂，但其中有一点，一些国家和地区毒品经济的泛滥极大地破坏和阻碍了经济社会的健康发展。毒品打乱了正常的市场秩序，危及劳动力的供应，使现代化经济所需要的资源供给体系和消费需求体系无法顺利建立；毒品导致社会道德水平下降，文化传统功能弱化，民族进取精神退化，进而使现代化战略失去精神支撑力。

---

① 中国公安部：《2006禁毒报告》。

二、关于反毒品斗争的社会政策思考

(一)毒品问题的全球治理及其初步成果

经过各国政府和国际社会的长期合作与努力,反毒品斗争在某些领域取得了初步成效。一是禁毒缉毒工作效率不断提高,每年缴获的毒品和用于生产、加工、运载的设备数量与种类稳步增长;二是毒源地的种植面积明显减少;三是禁毒宣传与教育成为绝大多数国家社会政策的重要内容;四是毒品交易的风险系数越来越大,而零售价却处于不断下滑态势。

(二)全球反毒品斗争的社会政策思考

1. 强制取缔毒品原料种植,摧毁毒源地。自上个世纪80年代末以来,"金三角"周边国家的经验值得推广。泰国和缅甸等国政府对"金三角"贩毒集团采取了大规模的经济、政治、军事和文化总体战战略,成效显著。如泰国实行"收成灭绝"计划,捣毁罂粟田;推行"改植"计划,劝说山民改种农作物;修路架桥,打破毒源地区的封闭状态;以武力围剿武装毒犯,扫荡毒品加工和提炼工厂。缅甸则在国际社会帮助下于1987—1988年开展大规模毒品扑灭运动,在两万公顷的罂粟田中使用枯叶剂[①]。

2. 教育——主要针对青少年以预防为主。目的是通过培养年轻一代的反毒拒毒意识,压缩毒品消费需求和打压毒品供应,进而实现对毒品市场的控制。除学校和社会教育外,要着重加强家庭的教育功能,家庭环境中的亲情在教育中的作用是极其重要的。首先,父母要为子女做好榜样,绝对不能沾染毒品;其次,要经常与子女进行沟通,防止孩子因为孤独寂寞而接近毒品;再次,要有意识地从正面和反面两个方面教导子女,使他们明白毒品的危害;最后,对子女的人际交往要多加关心,谨防交友不慎,这是青少年染毒的主要途径。

[①] 孙嘉明、王勋:《全球社会学:跨国界现象的分析》,清华大学出版社,2006年版,第220页。

3. 增强禁毒查毒的力度，完善相关软件与硬件。面对日益高超的贩毒伎俩，必须在加强禁毒查毒的财力、人力和物力投入的同时，提高技术水平，完善相应设备的功能，提升反制之道。中国幅员辽阔，人口众多，自然地理环境复杂多样，地区发展不平衡，特别是西部地区，经济发展水平相对低下，在禁毒方面投入增长速度有限，需要多方面共同努力，加大投入力度。至于阿富汗、非洲和中南美的一些国家，情况相似。禁毒查毒方面的投入与全球毒品经济的增长不成比例，这既需要这些国家克服困难，在政策上进行倾斜，更需要国际社会施与援手。

4. 增加对矫治药物与技术的研究开发费用，使戒毒治疗成功率有明显提高。禁毒工作的老大难问题是戒毒难，由于前面提及的严重药物依赖性，吸毒者十戒九复，复吸率较高。降低复吸率就等于降低毒品供应量。对于戒毒者，特别是青少年，应该本着爱心去帮助他们，爱心加耐心往往能收到奇效。这当中首要的是必须通过宣传教育纠正公众中普遍存在的认识误区：吸毒者不是罪犯就是坏人的简单道德判断。事实上，吸毒者是受害者，是病人，对病人不仅要同情，更要施与救助，这是天经地义的事。

5. 从社区建设入手，推广无毒社区建设经验。作为基层的社区在禁毒防毒工作中的地位日益突出，美国在上世纪90年代大力推行无毒社区计划，取得明显成效。中国一些省市的无毒社区战略也收到较好的效果，如20世纪80年代一度毒情严重的包头市实行无毒社区计划后，基本解除了"疫情"。

6. 加强国际间的长期合作与协调是反毒品斗争保持良好势头的保证。自20世纪80年代以来，踏着经济合作的鼓点，地区性的反毒品合作在拉美和东南亚诸国之间展开。1984年，拉美五国首脑发表联合声明，表示要共同对付毒品走私活动。第二年，秘鲁、玻利维亚和哥伦比亚三国成立扫毒阵线，联合扫毒。1986年，32个美洲国家组织成员国设立反毒品常设委员会。1990年，美国与"银三角"成员国在哥伦比亚签署《卡塔赫纳声明》，加强反毒品斗争的联合。

在东南亚，新加坡、泰国和马来西亚三国于 1986 年开始进行反毒联合。以后三方的联合不断加强。近年来，中国与东南亚国家之间的反毒合作不断得到加强，以联合铲除毒源地的投入为例，自 90 年代以来，中国中央政府和云南省等地方政府累计给境外的替代发展资金超过 5 亿元人民币。

7. 扶贫治贫——反毒品斗争的治本之道。在反毒品斗争中，最重要的是断源截流。由于贫困是毒品生产与走私的温床，故反贫困是断源截流的要津。据世界银行《2004 年全球经济展望》估计，全球有 11 亿人每天生活费不足 1 美元，27 亿人每天生活费低于 2 美元，而且，贫富差距日益拉大，全球 84% 的人口只拥有 16% 的全球收入，不管是富国与穷国间还是富人与穷人间的鸿沟都在不断扩大加深。可以说，贫困是当今人类社会最普遍的现象，向贫困宣战不仅是广大发展中国家的世纪性任务，也是发达国家长期面对的挑战。而正是这一点决定了反毒品斗争将是一项长期和艰巨的事业。

总之，毒品的全球性蔓延趋势和跨国界特点决定了反毒品斗争的有效推进必须以全球治理为基础。在当今时代只有在民族国家间加强合作与协作，甚至有必要在主权观念上改变思维习惯，进行主权的部分让渡，养成共赢意识，并通过联合国等政府间或非政府间国际组织的平台在治贫治毒上双管齐下，全球治理才可能从理论设想变为现实的可能。

参考文献：

[1] 崔敏：《毒品犯罪发展趋势与遏制对策》，北京：警官教育出版社，1999 年版。

[2] 陈贝帝：《中国吸毒调查》，北京：新华出版社，2006 年版。

[3] [美] 戴维.F. 马斯托：《美国禁毒史》，北京：北京大学出版社，1999 年版。

[4] 王尚银主编：《中国社会问题研究引论》，杭州：浙江大学出版社，

2005年版。
- [5] 黄忠晶、李弘毅主编：《当代中国社会问题研究》，银川：宁夏人民出版社，2001年版。
- [6] 朱力等著：《社会问题概论》，北京：社会科学文献出版社，2002年版。
- [7] 上海市禁毒委员会办公室、上海市法学会编：《痛击毒魔：禁毒理论与实践》，上海：上海社会科学院出版社，2006年版。
- [8] 丁一鹤：《中国大禁毒》，北京：中国城市出版社，2005年版。
- [9] 孙嘉明、王勋：《全球社会学：跨国界现象的分析》，北京：清华大学出版社，2006年版。
- [10] 蔡拓等：《当代全球问题》，天津：天津人民出版社，1994年版。
- [11] Myron Magnet, *The Dream and the Nightmare: The Sixties' Legacy to the Underclass*. New York: William Morrow and Company, Inc., 1993.
- [12] Martin A. Lee and Bruce Shlain, *Acid Dreams: The CIA, LSD and the Sixties Rebellion*. New York: Grove Press, 1985.
- [13] Kenneth Keniston, *Youth and Dissent: The Rise of a New Opposition*. New York: Harcourt Bruce Jovanovich, Inc., 1971.

第8章 恐怖主义问题

第一节 恐怖主义的界定及其表现

一、恐怖主义的界定

恐怖主义是当今人类社会一大全球性公害。世界各地差不多每天都在发生大大小小的恐怖主义行径，包括对人的杀害、致残和其他身体伤害，对建筑物或其他财产的毁坏、破坏、损坏或使之失去效用。这些事件已经成为日常事务的一部分。可以毫不夸张地说，在当今全球社会几乎找不到一个不受恐怖主义危害影响或波及的"安全岛"。

那么，什么是恐怖主义？自20世纪60年代以来，由于政治价值观念和立场、意识形态和研究方法与目的的差异，更主要由于恐怖主义表现形式和动机的复杂多样，在关于恐怖主义概念的界定上国际社会远未形成共识。虽然自"9·11"事件以来恐怖主义已成为使用频率极高的词语，但对这一词语的理解上却各个不同。例如，美国一贯强调国际威胁主要来自"被国际社会抛弃的那些国家的恐怖袭击"，俄罗斯则认为主要源于宗教极端势力和有组织犯罪。"9·11"事件后不久召开的联合国大会上，在就恐怖主义问题所进行的辩论中，分歧十分严重，欧美发达国家认为暴力活动就是恐怖主义，而穆斯林国家则要求将恐怖主义与民族解放运动中的暴力活动区分开来。在2005年9月召开的联合国第59届大会上，在恐怖主义概念的界定上依然各持己见。据荷兰学者施密德统计，当今世界对恐怖主义的定义多达160余种，[①] 大致可分为三类：一是学术性定义，二是政府观点，三是法律界定。例如，最具影响力的《简

---

① 范明强：《社会学视野中的恐怖主义》，解放军出版社，2005年版，第1页。

明不列颠百科全书》的界定是：恐怖主义是指"对各国政府、公众和个人使用令人莫测的暴力、讹诈或威胁，以达到某种特定目的的政治手段。"而美国冷战时期流行的看法是："恐怖主义是有预谋的、有政治动力的、针对非武装目标，由秘密的政府特工实施的暴力行为，通常是想影响公众。"① 到1997年，美国国务院对恐怖主义进行了新定义："由次国家组织或隐蔽人员对非战斗目标（包括平民与那些非武装或不执勤上岗的军事人员）发动的，常常是想影响受众的，有预谋的、有政治目的的暴力活动。"②

"9·11"事件发生后，美国政府对恐怖主义进行如下定义："'恐怖主义'是指亚国家集团或秘密机构对非战斗人员实施的有预谋的、有政治动机的暴力行为，通常旨在影响其拥护者。"③

1998年，俄罗斯《反恐怖主义斗争联邦法律》将恐怖主义定义为对自然人或组织使用或威胁使用暴力，以及毁灭（损坏）或威胁毁灭（损坏）财产或其他物质设施，从而造成致人死亡和大量财产损失或产生其他危及社会的后果的危险，目的是破坏社会安全，恐吓居民，或对权力机关施加影响以做出有利于恐怖分子的决定，等等。

以上所列定义，虽然表述不同，侧重点各异，但显然包含了以下几个基本共识：

其一，动机的政治性。恐怖主义组织和恐怖分子的行为背后具有复杂的政治动机。这一动机建立在某种政治势力的利益和需求之上，其目标不是为了狭隘的民族利益，就是为了某种极端宗教或文化狂热，或是为了某种偏执的政治社会构想。

---

① ［美］弗兰克·博尔兹：《恐怖主义及反恐对策》，见中国国际问题研究所反恐研究中心反恐译丛之一：《恐怖主义与反恐怖关键理论探索》，时事出版社，2002年版，第398页。
② United States Department of State, *Patterns of Global Terrorism*: 1997. p. vi.
③ ［美］哈里·亨德森：《全球恐怖主义——完全参考指南》，中国社会科学出版社，2003年版，第4页。

其二，行为普遍的暴力性和恐怖性。在绝大多数学者和政治决策者眼中，暴力犯罪是恐怖主义最本质的特征，通过暗杀、爆炸、劫机、投毒、绑架、劫持人质等暴力手段来达到某种政治目的，暴力或暴力威胁成为恐怖主义的必备条件。我们认为，虽然暴力是恐怖主义最普遍的特征，但不是所有恐怖事件都是暴力的，如旨在瘫痪计算机网络系统的"网络恐怖主义"和以破坏生态环境造成恐怖效果的"生态恐怖主义"等等，就不具有暴力特征，但却是公认的恐怖主义形式。因此，除暴力外，同样能产生恐怖效应的非暴力行为亦当属恐怖主义之列，即恐怖行为所追求的直接后果是恐怖本身，这是判断某种行为是否是恐怖主义的最基本标准，也是区分普通刑事犯罪与恐怖主义犯罪的重要依据。正如中国学者胡联合所指出的，"恐怖主义的最本质特征之一就在于它的恐惧性。"[①]

其三，组织的非国家性。虽然不能排除极少数和个别国家支持或利用恐怖组织来追求国家利益，但绝大多数恐怖活动都是由恐怖组织独立进行的，"恐怖主义在本质上是一种非国家间的非公开的暴力行为。"换言之，尽管战争中存在如德国纳粹屠杀犹太人和日军南京大屠杀等恐怖主义事件，但国家间的暴力冲突或战争不属于恐怖主义行为。

其四，攻击目标普遍非军事性。尽管军事设施和军事人员也常常成为恐怖袭击的目标，但恐怖分子攻击的对象主要是平民和民用设施，因为攻击非军事目标能获得最大的恐怖效应。

其五，过程的中介性。如上所述，恐怖主义所追求的是一种大范围的社会恐慌效果，借以实现其政治目的，故在某种程度上可以把恐怖主义视为一种心理战，因为它是有意"做给人们看的"。其结果是，恐怖行为的牺牲品和受害者往往与恐怖行为所追求的目标没有关系，只是恐怖分子或恐怖组织随意选取作为传播恐惧的工具或中介。

---

① 胡联合：《当代世界恐怖主义与对策》，东方出版社，2001年版，第19页。

综合以上内容，我们可以把恐怖主义定义如下：

恐怖主义是指出于某种政治目的，主要针对非军事目标采取暴力和暴力威胁手段，刻意制造恐怖气氛以引起社会注意并给政府施加压力的违法犯罪行为。主要表现为暗杀、爆炸、绑架与劫持人质、劫持交通工具、投毒、危害计算机系统和环境安全等活动。

几乎所有恐怖分子和组织都把马基雅维利为达目的可不择手段哲学奉为圭臬，"目的使手段正当的信仰是恐怖主义的公分母。"简单说来，是否为目的不择手段，是否极端无人性地蔑视无辜生命的生存权利和财产的合法不可侵犯性，将是识别恐怖主义的基本依据。

二、恐怖主义的历史与现实表现

虽然恐怖主义（terrorism）概念最早出现在18世纪末法国大革命时期，但恐怖主义本身却是一种古老的人类社会现象，几乎自人类文明产生那一刻起，恐怖主义就与社会历史的发展如影随形。无论是西方还是东方，通过暴力等途径制造恐怖以达到某种政治目的是司空见惯的事。中国春秋战国时代，政治谋杀和对解除武装者的大规模恐怖屠杀事件十分普遍。在两河流域、古希腊罗马时代、阿拉伯帝国时期以及其后突厥人和蒙古人五百年扩张期间，谋杀成为社会生活的重要组成部分。而在近世之前的欧洲，王权与教权之间以及不同教派之间互相施与恐怖手段更成为一种社会传统。如16—17世纪的意大利和法国等西欧地区，用毒药进行恐怖杀人像瘟疫般流行，几乎成为时尚。[①]

法国大革命是近代恐怖主义的起点。1793—1794年的一年多时间里，为应对严重的内忧外患，雅各宾派在全法国推行"革命恐怖"或"红色恐怖"政策。恐怖主义一词刚创造出来不久就成了贬

---

① ［美］查尔斯·麦凯：《人类愚昧疯狂趣史》，漓江出版社，2000年版，第223页。

义词。法国大革命后的一个多世纪是阶级冲突、民族矛盾和新旧生活方式对立以及传统与现代激烈较量的时代,在这样的大时代背景下,恐怖主义被视为解决冲突与对立的最为行之有效的手段,暗杀、爆炸、屠杀等恐怖暴力,不仅被予以合法化,甚至被神圣化。19世纪恐怖主义最重要的思想基础是无政府主义,如俄国的民粹党人和巴枯宁被公认是19世纪后期恐怖主义浪潮的源头。20世纪是革命与战争的世纪,恐怖主义裹挟于其中时隐时现。

1968年开启了现代恐怖主义的帷幕。[①] 20世纪70年代和80年代,政治意识形态、极端民族主义和分离主义所支撑的恐怖主义狂潮席卷全球,中东和西欧成为重灾区。全球十大恐怖组织中,欧洲占了五席。从1968年到1991年的20多年里,共发生35000多起恐怖主义事件,造成130498人伤亡,财产损失无以计数。冷战结束后,极端宗教意识形态取代冷战时期的政治意识形态,与极端民族主义和分离主义一道以更大的规模和能量继续给伤痕累累的世界不断增添新创伤。1990—2000年的10年间,共发生28479起恐怖事件,导致120348人伤亡。2001年9月11日在美国纽约和华盛顿发生的恐怖主义事件,标志着国际恐怖主义新浪潮的到来。无论是恐怖行动的规模、手段的高超、发生的频率,还是危害的严重程度,都明显超过以往,恐怖主义就像瘟疫一样在全球迅速蔓延。

第二节 当代恐怖主义的特点与类型

一、当代恐怖主义的特点

与冷战时期相比,当代恐怖主义具有以下突出特点:第一,发生范围全球化,已成为名副其实的全球性社会问题。冷战时代,恐怖主义活动和事件主要集中发生于中东、南亚和西欧等地,呈现地

[①] 1968年共发生142起国际恐怖事件,结束了战后以来20多年相对安宁的时期,成为其后血腥恐怖岁月的起点。故如美国 National Foreign Assessment Center 等世界权威机构都把这一年作为对当代国际恐怖活动数量和类型进行统计和分类的起始年。

区性和局部性特点。而当代恐怖主义则遍及世界各地，很少有国家和地区能幸免于其危害。例如，冷战时代很少为恐怖活动染指的中国，自20世纪90年代以来，受到新疆"东突"民族分裂主义分子和境外恐怖组织的恐怖威胁，在10多年间，在新疆制造的爆炸、暗杀、纵火、投毒等血案达到200多起，造成600多人伤亡和大量财产损失①。同时，恐怖组织本身也日益呈现跨国化特征。这不仅表现在许多恐怖组织在全球逐渐形成网络化形态，恐怖活动的策划和实施呈全球多点分布和连接，而且成员的跨国甚至跨洲特征也十分突出。如本·拉登在阿富汗的基地组织成员就来自60多个国家和地区②。

第二，类型多样化。除传统的意识形态恐怖主义（极左或极右）、极端民族主义的恐怖主义和宗教文化恐怖主义外，在恐怖主义谱系中又出现了一些新面孔，如生态恐怖主义、生物恐怖主义、环境恐怖主义、网络恐怖主义等等。

第三，袭击目标平民化。如果说冷战时期及以前的传统恐怖主义行动主要以军政设施和政府要员为攻击目标的话，当代恐怖主义袭击目标则日益趋于平民化。

第四，手段高科技化。这主要表现在两个方面，一是恐怖分子和组织日益普遍地向使用大规模杀伤性武器方向发展，如本·拉登的"基地"组织就一直在谋求获得核武器。拉登曾与车臣武装头目商讨以3000万美元和两吨鸦片换取20枚核弹头，以改装成"手提箱核武器"③。二是充分利用互联网这一现代手段为其目标服务。按目前的发展趋势，恐怖分子和组织利用核技术进行恐怖威胁和恐怖活动的可能性在不断增大。

第五，自杀性攻击蔚然成风。自杀性袭击古已有之，但像目前

---

① 国务院新闻办：《"东突"恐怖势力难脱罪责》，人民网，2002-1-25。
② ［英］乔纳森弗·雷德兰、［美］迈克尔·伊格纳捷夫：《反恐不能靠轰炸解决问题》，《恐怖主义与反恐怖斗争理论探索》，第286页。
③ 于泽等：《点击恐怖战争》，花山文艺出版社，2002年版，第123页。

这样普遍却是从未有过的。由于自杀性攻击很难防范,自杀性袭击使恐怖活动效率大大提高,也正是由于这一原因,越来越多的恐怖分子和组织对这种恐怖行为产生了偏好。

二、恐怖主义的群体特征

19世纪中叶,曾有学者对法国恐怖主义和秘密社会组织成员进行过分析,发现有9类人容易成为恐怖分子:学生、失意者、无能者、工人阶级、头脑简单者、纯真的轻信者、真正的信徒、政治难民以及强盗[1]。这未免失之于笼统,对理解恐怖主义群体本身意义不是很大。我们认为,从年龄、性别、家庭出身、教育背景、行为方式和手段等方面来分析,比较容易看清楚恐怖主义群体的基本特征。

首先,恐怖分子的主体是年轻人。据调查,恐怖分子的年龄大多在30岁以下,25岁左右者居多。如"9·11"事件中的19名恐怖嫌疑人都是年轻人,而另一项统计表明,西班牙、乌拉圭、阿根廷、巴西、德国、日本、巴勒斯坦恐怖分子平均年龄分别为23.2、26、24、23、31、28岁和25岁[2]。恐怖分子之所以年轻化和低龄化,主要原因在于:青年群体社会化还不充分,思想相对较简单,喜欢新生事物,容易接受新思想,具有强烈的正义感和使命意识,但心理处于不稳定状态,容易偏激,叛逆精神较强,普遍缺乏成熟的判断力和辨别力,容易为极端主义的思想和言论所迷惑,从而走上暴力犯罪道路。

其次,以男性为主,但女性恐怖分子也占有一定比例。男性占绝大多数,比较好理解,因为恐怖犯罪活动毕竟是冒险性极大的亡命行为,比较适合男性生理和心理特征。而柔弱温顺的女性走上血腥恐怖之路的原因何在?从总体上看,其原因不外有四:一是理想

---

[1] 王逸舟:《恐怖主义溯源》,社会科学文献出版社,2002年版,第355—356页。
[2] 胡联合:《第三只眼看恐怖主义》,世界知识出版社,2002年版,第23—24页。

信念的驱动。如在不满于社会现实的前提下,受到以暴力摧毁现有体制,建立更加美好的社会的政治理论的影响而加入恐怖组织;二是报仇雪恨心理的左右。如车臣的"黑寡妇"组织,其成员就主要是为死于车臣战争的丈夫报仇而参加恐怖活动的。仅仅2003年一年,"黑寡妇"就夺去了200多人的生命;三是绝望厌世。在中东和高加索等穆斯林地区,妇女地位十分低下,生活在社会底层,缺乏独立人格和地位,终身服从父亲和丈夫,夫死不得改嫁。加上极度贫困,成为寡妇后几乎是生不如死;四是女性的特殊心理。数千年来,人类社会的性别关系都是由男尊女卑和男优女劣观念支配,在穆斯林地区尤其突出。在性别不平等压迫面前,女性心中渴望的自然是两性平等,并存在在男性面前显示其能力的冲动。这种心理动机被恐怖组织充分认识并利用作实施恐怖行动的工具。

再次,大多数来自社会下层。但其中有一个特殊情况,即恐怖组织的领导层大多出自社会中上层。在欧美发达国家,恐怖分子主要是少数民族中贫困的下层贫民,如美国黑人是该国恐怖组织的主体成员。在中东等地更是如此,穷人成为恐怖组织的人力资源源泉。参加恐怖组织,对许多穷人或穷人子女而言,不仅可以发泄对不公平社会现实的不满,更为重要的是找到了一条谋生之路。正所谓贫穷是恐怖主义的温床,一语中的。

再其次,一般而言,极左恐怖组织成员教育程度较高,而极右恐怖组织文化程度较低。如20世纪70年代全球18个极左恐怖组织中,有2/3的成员具有大学教育背景。相比之下,极右恐怖组织大多是中小学、半文盲和文盲。[①] 另外,恐怖组织领导层人员普遍具有较高文化教育背景,有的甚至具有较高的理论水平。从总体上看,全球恐怖主义组织正在不断向知识化和科技化方向发展。

最后,活动模式上,主要有游击、宣传和谈判三种范式。游击范式主要表现为隐蔽活动、突然袭击和连环行动等;宣传则是

---

① 胡联合:《第三只眼看恐怖主义》,世界知识出版社,2002年版,第28页。

恐怖活动的重要目的，也是恐怖活动与普通刑事犯罪的区别所在。一般通过巧妙利用媒体来进行，也通过直接控制或要挟媒体或直接发表声明公告等方法进行；通过实施恐怖行动向政府等施加压力，迫使政府与之进行谈判并作出让步，是恐怖分子经常采用的方法。

自"9·11"以来，恐怖主义群体的活动与组织出现了一些新变化。第一，以人体炸弹和汽车炸弹为基本方式的自杀式攻击成为恐怖活动的基本形式。第二，活动范围在地域上逐渐从发达国家扩展到发展中国家。第三，组织形式从集中活动转向分散行动并呈本土化趋势。第四，袭击对象越来越多地指向民用设施和普通民众。第五，以"基地"为代表的伊斯兰极端势力构成了国际恐怖力量的中坚。

三、现代恐怖主义的类型

一般认为，现代恐怖主义主要有意识形态恐怖主义、极端民族主义的恐怖主义、宗教恐怖主义和黑社会恐怖主义等几种类型。意识形态恐怖主义主要包括政治极左恐怖主义和极右恐怖主义两种。其中极左型恐怖主义是冷战时期最具代表性的恐怖主义，它是现当代恐怖主义的排头兵，主要集中在拉丁美洲、西欧和日本。其中最著名的有秘鲁的"光辉道路"、意大利的"红色旅"和黑手党、德国"红军派"（巴德尔—迈因霍夫集团）、英国"爱尔兰共和军"、法国"直接行动组织"、"科西嘉民族解放阵线——布勒通共和军"和西班牙的"巴斯克民族与自由组织"（"埃塔"）以及日本的"赤军"等。虽然目前它们逐渐退居边缘，但仍不时狰狞显露。极右恐怖主义是一种思想上奉行种族主义和法西斯主义的类型，主要分布于欧洲、美国和日本等地。极右恐怖主义在冷战结束以来大有愈演愈烈态势，如德国和奥地利的新纳粹，意大利的新法西斯等。20世纪90年代初，5万多新法西斯党徒在罗马集会，震惊世界。极端民族主义的恐怖主义是恐怖主义谱系中最具普遍性影响的类型。当今所有极端民族主义的恐怖主义的共同特点是致力于制造民族和国家分裂。因此，其破坏性和威胁极大。宗教极端恐怖主义主要在中东和南亚地区猖獗，且常常同极端民族主义纠缠在一起，如伊斯兰教原教旨主义的极端派和印度的锡克教派以及五花八门的邪教恐怖主义等。黑社会恐怖主义同样是具有巨大破坏性的恐怖主义类型，如美国、意大利的黑手党、美国早期的三K党等。黑社会传统目标一般是经济的，但在现代社会，经济的很难说不是政治的。

第三节 现代恐怖主义的社会根源

一、关于恐怖主义起因的社会学理论

恐怖主义作为备受关注的全球社会问题，长期以来在社会学理论解释上一直是众说纷纭，莫衷一是，其中最常见的理论有以下几种：

挫折—攻击论。该理论由 J. 达莱德最先提出，后不断被补充完善。其基本观点是：攻击是挫折的必然结果。人们只有在追求目标的活动中受到阻碍时才会发生攻击行为，虽然社会文化和控制机制可能会对攻击产生抑制作用，但受到抑制后会引起更大的挫折感，导致攻击矛头直接指向干预方，或转向其他间接形式的攻击。[①]因此，恐怖活动的发生，根本原因在于恐怖分子和组织的挫折意识。那么，是什么导致挫折感的产生呢？答案有多个。其一，不平等论。社会经济与政治的不平等，如贫富悬殊，政治不公，社会歧视等是形成挫折感的根源；其二，阶级压迫论，即统治阶级的压迫导致被统治阶级产生挫折意识；其三，相对剥夺论。当人们感到自己所拥有的与应该拥有的之间存在明显差距时，一种相对剥夺感就油然而生。"由相对剥夺的感觉而生的不满是基本的，是鼓动参与

[①] 周晓虹：《现代西方社会心理学——社会学、心理学和文化人类学的综合探索》，江苏人民出版社，1991年版，第212—217页。

集体暴力的条件。"① 其四，地位不协调论。当人们在某个方面如经济上取得了成功，但在另外一些方面如政治上却地位低下，特别是当这种成败对比十分强烈时，就会产生挫折感。其五，期望值论。随着经济政治条件的改善，人们的期望值会增加，期望变得更好。但期望值总是高于现实，当二者间的差距过大时，就会出现挫折意识。

失范理论。该理论的代表人物是美国社会学家罗伯特·默顿。该理论认为，社会越轨行为是由于社会所推崇的正统目标与社会所提供的正统手段之间的矛盾或不一致所致。当文化目标与制度化手段之间出现断裂时，社会成员的反应有五种可能：遵从、创新、仪式主义、隐退主义和反叛②。当人们无法通过正常途径或以正常手段实现正统目标时，就会选择包括暴力在内的非正统手段，越轨行为就成为现实。从总体上看，越轨行为的产生源于社会不公平和社会化异常。的确，许多恐怖分子和组织的目标不失正统性、合法性甚至正义性，如寻求民族独立、种族平等、政治民主等等，但他们在现行政治经济结构中处于弱势，很难或者根本无法采用正统手段去实现目标。

冲突理论。由科塞和达伦多夫等人所代表的冲突理论认为，冲突是社会常态，与和谐一致一同构成社会发展的动力。冲突的根源不在个体的心理之中，而在于不平等的社会系统本身。因此，恐怖主义可以看作是社会压迫和不平等的产物，只要社会结构一天不平等，恐怖主义就不会消失。可以肯定，社会成员的不公平感越强烈，对社会体系合法性的质疑和否定就越强烈，就越有可能走向恐怖主义，社会成员的被剥夺感越强烈，就越有可能滋长恐怖主义。根据科塞的"安全阀"理论，一个社会越是缺乏缓解压力冲突的合法渠道，该社会就越有可能出现恐怖主义。

---

① Ted Robert Gurr, *Why Men Rebel*. New Jersey: Princeton University Press, 1970, P. 24.

② 宋林飞：《西方社会学理论》，南京大学出版社，1997年版，第126—127页。

文明冲突论。可能在当代最引人注目的理论要数哈佛大学教授塞缪尔·亨廷顿的文明冲突理论。尽管这一理论早在19世纪末就已出炉，但真正成为全球所知晓的理论，亨廷顿功莫大焉。这一理论认为，国际冲突的真正动力和根源存在于不同文明之间的差距与矛盾，在冷战结束后的今天，"超级大国的对抗被文明间的冲突所取代。""在这个新的世界上，最普遍、最重要和最危险的冲突将不再是社会阶级间、贫富之间或其他以经济来划分的集团之间的冲突，而是属于不同文化实体的人民之间的冲突。"[①] 而作为"弱者的武器"的恐怖主义正是文明之间冲突的重要手段，是处于弱势的以穆斯林国家为代表的非西方国家用来对付美国为首的西方强国的法宝。

除以上理论外，还有用亚文化理论、标签理论、戏剧表演理论、模仿学习理论、实力理论等来分析和解释恐怖主义现象的。这些理论或范式选择不同的视野和立场来对恐怖主义进行剖析，各有其价值。但恐怖主义本身的复杂性使得单个理论解释缺乏足够的论证力。因此，要回答恐怖主义的社会根源这一大难题，必须从多角度，用多层次分析方法进行。

二、国际恐怖主义的社会根源

恐怖主义在全球泛滥的原因是多方面的，既有全球大社会的政治经济文化方面的原因，又有相关国家内部社会政治、经济、阶级、民族、宗教和文化等方面的原因。

从全球社会的角度看，主要有以下五个方面的原因：

第一，当代全球社会的剧烈变迁是恐怖主义产生发展的重要前提。从恐怖主义的历史来看，凡是社会变迁激烈的时期，往往是恐怖主义活动高发期。近代以来恐怖主义就其规模、影响范围和恐怖

[①] Samuel P. Huntington, *The Clash of Civilizations and the Remaking of World Order*. N. Y.: Simon & Schuster, 1996, p. 28.

水平等方面而言，远远超过以往历史上任何一个时期，近现代高密度的恐怖主义浪潮与近现代剧烈社会变迁之间存在一种正相关关系。18世纪是全球社会从农业文明向工业文明转向的开始，在之后几个世纪的历程中，社会变迁速度越来越快，政治、经济和文化处于动态的解构和重构中，社会生活方式诸领域新旧体制与价值之间的对抗和冲突十分激烈，在这一过程中处于不利地位或被抛弃成为牺牲品的阶级和阶层，必然要为自己的利益进行抗争，但由于处于弱势地位，只能采取特殊斗争手段。这就是近代许多革命者崇尚恐怖暴力，如19世纪法国的布朗基和俄国的巴枯宁等人视少数人的恐怖主义行为为革命正当方式的原因。与此同时，殖民主义和帝国主义时代通过资本的力量既创造出一个全球社会，又制造出层出不穷的全球性问题。就像国内统治集团与被统治集团间的关系一样，国际间力量对比呈现为明显的非对称性，强国与弱国间存在着压迫与被压迫、统治与被统治和奴役与被奴役的关系。弱小国家和民族为摆脱这一痛苦状态，多半选择恐怖手段作为有效战略。最具典型意义的要数犹太复国运动，有学者认为，其成功"在很大程度上依靠了恐怖主义的斗争手段。"[①]

当代国际恐怖主义的嚣张同样反映了全球社会变迁的剧烈程度。近半个世纪以来，以科技革命为动力，以经济发展为先导的全球化使人类社会向后工业社会或知识社会转变，其转型的速度可谓是日新月异，一日千里。但全球不同国家和地区间发展水平和层次差距极大，先进的已跨进知识经济社会，中进的正在工业时代攀行，后进的还在农业时代爬行。处于不同发展阶段的国家和地区，在全球变迁中的地位各不相同，发达国家明显占有优势地位，而发展中国家则普遍处境不利。这种全球社会国家间存在的地位落差由于全球体系本身的原因不仅未能缩小，反而不断加大。矛盾和对立情绪不可避免地存在，目前愈演愈烈的反全球化运动在一定程度上

---

① 范明强：《社会学视野中的恐怖主义》，解放军出版社，2005年版，第51页。

表达了这一情绪,而最极端的表达方式就是诉诸恐怖暴力。

第二,国际社会权力分配和权力结构的非民主性是孕育恐怖主义的深厚土壤。近现代国际权力结构毫无疑问一直是强权结构。战后以来,虽然国际民主力量不断增长,但霸权主义和强权政治无论是冷战时代,还是后冷战时代都是国际社会支配性的力量。从经济权力上看,战后通过布雷顿森林体系和关贸总协定所建立的国际经济大厦,其所有权实际上属于美国等少数几个富国和强国,国际货币基金、世界银行和世界贸易组织名义上是服务于国际经济体系,实际上是为几个富有大国主导世界经济服务的。在政治权力上,冷战40多年,美苏争霸主导了全球政治,其他国家大多成为全球政治权力的附庸或旁观者。冷战结束以来的今天,作为唯一全球超级大国的美国,其处理国际关系的思路仍然是冷战式的对抗性思路,其国际行为的霸权色彩在全球有目共睹,这在一定程度上可以解释为什么"9·11"事件发生后有人会拍手称快,如英国《伦敦书评》上就有人公开表示这是美国应得的报应[①]。在文化权力上,目前占据制高点的是西方特别是美国的物质文化和制度文化。当今美国之所以成为恐怖主义攻击的首要目标,主要原因就在于作为唯一超级大国美国政治经济和文化上的傲慢自大和对权力的不成比例的过度占有。当代恐怖主义从某种程度上看实际上是非民主国际权力结构的副产品。

第三,文化断裂与文明冲突是恐怖主义的重要动力源。虽然亨廷顿把后冷战时代全球社会问题的症结归因于文明间的冲突显然是夸大其词,但不同文明间存在的冲突无疑是滋长恐怖主义的一个重要因素。从人类文明史看,文明的产生发展和衰亡过程实际上是一个与其他文明的互动过程,这一过程一般表现为相互冲突、相互影响和相互融汇。但是,无论什么时代,文明之间总是存在强弱之

---

① [英]理查德·克罗卡特:《反美主义与全球秩序》,新华出版社,2004年版,第36—37页。

分，强势文化或文明在与其他文化或文明碰撞时，总是处于有利地位。近代以来，欧美工业文明以其物质和技术力量驾乎其他文明之上，对异己文明的生存空间构成了巨大的压力，如今日美国的影视、快餐、饮品和其他商品承载着消费主义的价值观在全球铺天盖地进入人们的日常生活，严重冲击着众多文化中的传统观念与生活方式。在中东等地之所以宗教恐怖主义根深蒂固，一个重要原因就是西方文化的入侵和渗透使然。亿万富豪本·拉登的观点最能说明问题，在他眼里，美国是一个"邪恶的帝国"，美国的文化和影响对伊斯兰文明的生存构成了严重威胁，唯一有效的对抗手段是恐怖暴力，故他号召穆斯林进行圣战，"随时随地杀死和抢劫美国人。"[①]

第四，意识形态敌意是不可否认的一个重要背景。20世纪70—80年代是现代恐怖主义的第一波，其主力军就是左翼意识形态恐怖主义。在最近的十余年间，左翼意识形态恐怖主义虽逐渐边缘化，但并没有完全销声匿迹，而右翼恐怖主义则势头日盛，不时狰狞显露。如西欧国家的排外恐怖组织已经成为欧盟社会发展的一大挑战。

第五，民族矛盾和民族国家间利益冲突是孕育恐怖主义的温床。由民族矛盾引起的冲突一般表现为战争，但在力量严重不对称的情况下往往以恐怖主义方式表现出来。在现代，巴以冲突和车臣冲突中这种不对称模式被反复演绎。当然，巴以冲突中的恐怖主义问题和车臣恐怖主义问题性质上有所不同，前者是反对非法占领，具有动机的正义性；后者则相反，是进行不具合法性的分裂活动。除车臣外，我们在西欧的英国、法国、西班牙，南亚的克什米尔、斯里兰卡，东南亚的印度尼西亚、菲律宾和中国新疆等地区都能看到民族分离主义的魔影出没。

从恐怖主义问题较严重的地区看，经济贫困与分配不公、政治

[①] 孙嘉明、王勋：《全球社会学：跨国界现象的分析》，清华大学出版社，2006年版，第230页。

腐败与高压、种族和民族压迫等构成滋生恐怖主义的社会结构与制度根源：

（1）极度贫困和贫富两极分化造成社会结构的紧张。无论是发达国家还是发展中国家，绝大部分恐怖分子之所以走上恐怖主义道路，往往是贫困压迫下不得已的选择。"恐怖组织的成员身份以及（在恐怖组织中取得）成功，是摆脱赤贫的唯一出路。"[①]

（2）地区经济落后和发展不平衡是民族和宗教恐怖主义的基本原因。众多研究发现，全球恐怖主义问题较严重的地区几乎都是经济比较落后的地区。如英国的北爱尔兰、西班牙的巴斯克、法国的科西嘉岛、意大利南部、撒哈拉以南非洲、中亚、南亚、西亚、高加索、东南亚、拉美和加拿大的魁北克等地区，经济发展水平与邻近地区或国家相比，明显落后。由此形成的生活水平落差产生的不满孕育了恐怖主义意识。

（3）专制和腐败以及政治合法性的丧失是恐怖主义的温床。如"埃塔"因反抗佛朗哥专制统治而生，拉美的极左恐怖主义和毒品恐怖主义的出现则以普遍的反军人独裁统治的社会心理为胚基，中东地区的原教旨恐怖主义的形成同样与社会对政治腐败的普遍不满密切相连。

（4）不合理的民族政策和社会文化中的种族主义是恐怖主义的催化剂。这在车臣、北爱尔兰和斯里兰卡最突出。从历史上看，不尊重车臣地区民族文化与宗教以及推行大俄罗斯主义政策是俄罗斯和苏联的一贯做法，由此产生的民族矛盾结出车臣恐怖主义苦果；英国在北爱尔兰长期推行新教居民与天主教居民分治并明显维护前者利益的政策是引发北爱尔兰恐怖活动的症结所在；斯里兰卡居人口多数的掌权的佛教群体对处于少数的泰米尔印度教群体的社会歧视点燃了狂暴的恐怖之火。

[①] Cindy C. Combs, *Terrorism in the Twenty-First Century*. New Jersey: Prentice-Hall Inc., 1997, P. 72.

(5）现代传媒对恐怖主义的泛滥也有着不可推卸的责任。英国前首相撒切尔夫人曾经尖锐地指出，新闻媒介的宣传报道是恐怖主义活动赖以存在和发展的"氧气"。有的专家认为"记者和电视摄像机是恐怖分子最好的朋友"，"在许多情况下，现代恐怖主义正是传媒的创造。"① 西方传媒一贯热衷于追踪与宣传恐怖活动新闻，事实上成为恐怖主义的义务宣传员。同时，奉行"双重"价值标准，鼓励非西方社会的反政府恐怖活动，助长了恐怖主义的蔓延。此外，偏重恐怖活动细节报道，忽视恐怖分子受惩罚的报道，加剧了社会的恐怖气氛，鼓舞了恐怖分子的士气。

第四节 反恐：一个艰巨的社会系统工程

一、恐怖主义的危害

恐怖主义作为严重的全球社会问题，其危害是多方面的。从全球角度看，主要表现在以下几个方面：

其一，冲击国际关系结构。从20世纪中叶起，世界主题逐渐由战争与革命转向和平与发展，人类社会在经济和技术等领域取得了巨大进步，国际关系结构呈现出一种相对稳定的动态关系。然而，恐怖主义的频频出手，特别是一些国家明里暗里对恐怖主义活动的支持和利用，严重威胁全球不断发展的国家行为体之间的互信和协作，以美国为代表的一些大国渐渐把恐怖主义视为最重要的国家安全问题，还在克林顿时代就有人断定恐怖主义已经成为传统战争的替代物。② 同时，以反恐为理由，在国内限制民主和自由权，在国外则从理论和实践上挑战国家主权平等、不干涉内政和根据国际法准则行事的规则，奉行单边主义和先发制人战略，使建立在联合国宪章基础上的集体安全原则受到严重威胁。日本等一些国家则

---

① 胡联合：《当代世界恐怖主义与对策》，第309—310页。
② Walter Laqueur, "Postmodern Terrorism", *Foreign Affairs*, Sep. /Oct. 1996, pp. 24—36.

以反恐为借口,力图突破战后和平宪法框架,进入国际政治和军事舞台的中心。

其二,诱发国际冲突与战争。从国家社会内部看,恐怖主义是引起冲突和内乱的重要因素。如亚非拉一些国家长期处于混乱、动荡和战乱中,社会发展受到严重阻碍与危害,追根溯源,不同阶层、组织和利益集团间的恐怖对抗是一大诱因。从国际大社会视野看,国际间的冲突与战争也往往直接或间接地与恐怖主义相关。众所周知,第一次世界大战就是由恐怖暗杀者的枪声点燃的,1988年由利比亚恐怖分子制造的洛克比空难引发了美国对的黎波里的轰炸,而阿富汗塔利班政权支持"基地"制造"9·11"事件,换来的是灭顶之灾的战争。中东巴以之间因持续不断的恐怖事件而使巴以双方长期处于准战争状态,导致中东和平计划的实施一波三折,迟迟不能兑现。

其三,危害社会经济安全。首先,相当数量的恐怖活动是以扰乱和破坏社会经济为目标的。如西班牙巴斯克地区的恐怖组织"埃塔"就曾把通过袭击巴塞罗那等地的沿海旅游观光景点以打击西班牙旅游业作为其重要战略付诸实施。上世纪 80 年代,极左恐怖组织先后绑架并杀害法国雷诺公司董事长贝斯和德国西门子公司董事长贝库尔茨,其目的和意图之一就是扰乱社会经济秩序。其次,恐怖主义直接造成社会经济的严重损失。如"9·11"事件导致的直接经济损失超过千亿美元。秘鲁"光辉道路"在 1992 年前造成的直接经济损失达到 300 亿美元以上。再次,恐怖主义破坏了社会安宁与稳定,进而损害了经济增长所必需的良好环境。如蒸蒸日上的全球旅游业在恐怖主义高发国家和地区就长期处于低迷状态,使脆弱的经济雪上加霜。最后,造成政府和社会经济负担的加重。

其四,扰乱社会心理。从一定意义上讲,恐怖主义在很大程度上是心理战,通过恐怖手段制造社会恐慌,引起普遍关注,使社会陷入混乱,进而达到政治目的。因此,扰乱社会心理本身就是恐怖主义所刻意追求的效果。具体而言,恐怖主义对社会心理的恶劣影响表现有四：(1) 激发和引起社会的同谋心理；(2) 冲击社会精神信仰；(3) 制造和加剧公众的社会不满心理；(4) 造成社会普遍的恐慌心理。

其五，威胁社会成员和财产安全。毫无疑问，恐怖主义最直接的社会危害是对社会成员生命和财产安全的威胁。据统计，仅2005年在伦敦（7月7日）、埃及（7月23日）、约旦（11月9日）、黎巴嫩（2月14日）、伊拉克（2月28日）、巴格达（9月14日）、巴基斯坦（5月27日）、印度（10月29日）、缅甸（5月7日）和印尼（10月1日）发生的10大恐怖爆炸事件，造成的人员伤亡就达到2389人，物质财产损失不计其数。[①]

简单地说，恐怖主义最根本的危害在于：它不仅严重威胁着世界和平事业，而且还对人类所致力的发展任务构成了障碍，世界上不少国家和地区的社会发展之所以不尽如人意，恐怖主义是一个重要原因。因此，反恐不是个别国家的问题，而是全人类共同的大业。

二、主要国家和地区的反恐立法与政策

虽然从20世纪60年代起美国就不断因国际恐怖主义而制定种种反恐政策与措施，但在1995年美国俄克拉荷马城联邦大楼因恐怖袭击发生大爆炸前，美国本土很少出现恐怖事件，即使是俄克拉荷马城事件也仅仅被看作是个别狂人的非理性行为，大多数人相信美国是不受恐怖主义威胁的世外桃源，但是，"9·11"事件改变了这一切。美国社会原有的本土安全无虞的社会心理被普遍的不安全感取代。政府把恐怖袭击视为针对美国的战争行为，因而在全球向恐怖主义宣战，分别于2001年底和2003年春在阿富汗和伊拉克发动了两场反恐战争。同时，美国对其反恐立法和政策进行了全面的完善与加强。具体内容如下：（1）将恐怖主义威胁升级为A类威

---

① 《现代快报》2005年12月27日。

胁中的头等威胁；(2) 于2001年10月8日通过行政命令设立"本土安全办公室"，隶属于白宫总统行政办公室，其职能是协调各行政部门工作，"发现、阻止并预防美国境内发生的恐怖袭击活动以及与此有关的准备、反应和重建恢复工作。"同年10月16日通过行政命令成立"总统关键基础设施保护委员会"，以保护关键的基础设施信息系统（包括应急通信系统和对该类系统提供支持的有形资产）；(3) 加强中央情报局搜集反恐情报的能力。[①] 特别是2003年伊拉克战争结束以来，美国国内围绕中央情报局情报不实问题展开激烈争论，促使小布什政府加强对中情局的改革，强化其在反恐和国家安全中的支柱地位。2003年初，美国政府制定了相对系统的反恐战略，其中仅用于情报系统的经费每年就达400亿美元。2006年8月，美国政府进一步对其反恐战略进行调整，在6个大目标之下，计划确定了执行500多项不同反恐任务的主要机构和从属机构。这些任务包括消灭"基地"组织、保护国土安全、争取盟友、向反恐专家提供语言和文化培训等。

自20世纪90年代初期开始，俄罗斯逐渐成为当今国际恐怖主义高发地带。叶利钦时代在北高加索地区采用军事和谈判两手对付恐怖活动，但效果欠佳。普京时代，对恐怖主义采取较强硬的政策：(1) 对恐怖分子决不妥协退让，不惜以武力回击车臣民族分裂分子。(2) 完善反恐立法，强化相关反恐机构的职能。(3) 力争实现反恐国际合作，与周边国家建立反恐联盟。如与中亚诸国和中国通过上海合作组织展开合作。

欧洲在冷战时代是恐怖主义的重灾区，全球十大恐怖组织的一半和近40%的恐怖事件集中在西欧地区。冷战结束以来，尽管欧盟国家的恐怖主义频率有所减弱，但2004年3月11日的马德里大爆炸和2005年的伦敦地铁爆炸等恐怖大案的发生，说明恐怖主义仍

---

① 中国现代国际关系研究所反恐怖研究中心：《世界主要国家和地区反恐怖政策与措施》，时事出版社，2002年版，第2、9—10页。

然是欧洲所面临的一大挑战。欧盟各国目前除普遍加强反恐的装备等硬件设施外，主要采取以下对策：(1) 在恐怖主义概念上统一成员国的认识；(2) 加强反恐怖立法；(3) 在司法领域实行广泛合作；(4) 推动国际合作。

三、全球反恐怖主义的前景

尽管人类的和平与发展要求铲除恐怖主义已成为国际社会的共识，但如何反恐却远未达成一致看法。事实上，目前采取的是以暴制暴的反恐路径，即基本上是军事反恐。但是，效果却乏善可陈。原因在于，恐怖主义主要是社会问题，虽然武力不可少，但更需要用社会方法来应对。武力只是治标之道，通过社会系统方法消除恐怖主义所赖以产生发展的社会气候和土壤，才是治本之道。具体而言，可以根据如下思路制定对策：(1) 在全球统一认识，形成全球治理的新理念；(2) 以公正合理的国际新秩序取代现行非民主的旧体制；(3) 加强南北对话与合作，加快相关国家和地区的发展，缩小贫富差距；(4) 通过教育和媒体强化文化多元意识，增强不同文明间的相互理解与交融；(5) 提升国际反恐合作水平，形成高效的全球社会反恐机制。2006年9月9日，联合国通过《全球反恐怖主义战略》决议，把全球反恐作为一项系统工程提了出来，必将成为反恐怖主义斗争的新坐标，有力地推动反恐事业的发展。

毫无疑问，反恐是一个长期而艰巨的系统工程，可能需要几代人的共同努力才能根本解决。但只要能形成共识，坚持多管齐下，多方配合与协作，持之以恒，肯定会有较大改观。世界主要国家和地区反恐的政策与经验也充分说明：反恐既需要勇气，更需要密切的国际合作才能逐步奏效，试图通过发动一两场大规模的反恐战争就一劳永逸地解决问题是把问题简单化了。

参考文献：

[1] 胡联合：《当代世界恐怖主义与对策》，上海：东方出版社，2001

年版。
[2] 范明强:《社会学视野中的恐怖主义》,北京:解放军出版社,2005年版。
[3] 中国现代国际关系研究所反恐怖研究中心:《世界主要国家和地区反恐怖政策与措施》,北京:时事出版社,2002年版。
[4] [美]哈里·亨德森:《全球恐怖主义——完全参考指南》,北京:中国社会科学出版社,2003年版。
[5] [英]理查德·克罗卡特:《反美主义与全球秩序》,北京:新华出版社,2004年版。
[6] 胡联合:《第三只眼看恐怖主义》,北京:世界知识出版社,2002年版。
[7] 王逸舟:《恐怖主义溯源》,北京:社会科学文献出版社,2002年版。
[8] 宋林飞:《西方社会学理论》,南京:南京大学出版社,1997年版。
[9] 于泽等:《点击恐怖战争》,石家庄:花山文艺出版社,2002年版。
[10] 周晓虹:《现代西方社会心理学——社会学、心理学和文化人类学的综合探索》,南京:江苏人民出版社,1991年版。
[11] [美]查尔斯·麦凯:《人类愚昧疯狂趣史》,桂林:漓江出版社,2000年版。
[12] 中国国际问题研究所反恐研究中心:《恐怖主义与反恐怖关键理论探索》,北京:时事出版社,2002年版。
[13] 孙嘉明、王勋:《全球社会学:跨国界现象的分析》,北京:清华大学出版社,2006年版。
[14] Samuel P. Huntington, *The Clash of Civilizations and the Remaking of World Order*. N. Y.: Simon & Schuster.
[15] Ted Robert Gurr, *Why Men Rebel*. New Jersey: Princeton University Press, 1970.
[16] Cindy C. Combs, *Terrorism in the Twenty-First Century*. New Jersey: Prentice-Hall Inc., 1997.

第9章 失业问题

第一节 关于失业的理论与类型

一、失业的定义

为了便于对失业状况进行国际比较，1982年，在第13届劳动统计国际会议上，国际劳动组织（ILO）对失业定义的指导标准进行了修订。会议决定失业的定义是指：没有工作、目前可以工作、正在积极寻找工作的那些人员。没有工作：指在相应的时间内完全没有工作，甚至连1小时的工作也没有。那些被临时解雇但与原岗位仍有联系（如能得到一定收入或与原用人单位约定在某一天返岗）的人员不是失业人员。自谋职业者如果其企业活动仍在继续，不是失业人员。季节性企业自谋职业人员，在不工作的季节性间歇期间，则属于失业人员。目前可以工作：在大多数国家，指的是可以在今后2周内开始工作。正在积极寻找工作：指一个失业人员必须在调查前一定时间段内（一般为4周）采取步骤寻找工作。已经作出安排，准备在将来某一天工作的人员不必满足此标准，即不管他们求职不求职，都属于失业人员[①]。

二、失业的理论

在西方经济学中，具有代表性的失业理论主要包括：奥肯定律、马克思失业理论、凯恩斯主义失业理论、古典主义失业理论、菲利普斯（曲线）失业理论、现代失业理论、蒙德尔开放经济失业理论、发展经济学隐蔽失业理论、新古典主义和新凯恩斯主义失业理论等。下面分别介绍主要的三种理论：

---

① 王亚栋：《各国是如何计算失业的》，《调研世界》，2004，(4)。

(一) 奥肯定律

美国经济学家阿瑟·奥肯在20世纪60年代提出了著名的"奥肯定理",揭示了失业率与GDP增长率两者反向的相互关系。奥肯第一个研究了美国经济实际GDP波动与失业波动之间的联系,可以用以下公式描述这个定理:失业率变动百分比=-1/2×(GDP变动百分比-3%)。据奥肯估算,失业率每增加1%,GNP增长率下降3%。即使是自然失业率(即满足充分就业条件的失业率,或者说达到了政府充分就业目标后的失业率),其与GNP增长率之间的系数也接近0.8%。

(二) 凯恩斯主义"非自愿失业"理论

首先,对于失业问题,凯恩斯认为除传统理论所说的"摩擦失业"和"自愿失业"外,还有"不自愿失业",按凯恩斯的解释:"非自愿失业"就是劳动者愿意接受现有的工资水平,都找不到工作,原因是有效需求不足。若不加救治,这类失业将引发自下而上的革命。因此,他改变了传统经济学强调物价稳定的战略目标,而主张把保证"充分就业"、消除经济危机和实现经济增长作为经济政策的首要目标。其次,对于经济危机及失业根源问题,凯恩斯归结为由"消费倾向"、"资本边际效率"、"流动偏好"三大"心理规律"和货币所决定的"有效需求"不足,而一国的就业水平恰恰取决于"有效需求"。他认为总需求是消费需求与投资需求之总和,消费需求与投资需求不足将导致总需求或"有效需求"不足。再次,对于如何实现就业均衡的问题,凯恩斯认为,资本主义制度本身不存在自动达到充分就业均衡的机制,在自由放任的状态下,资本主义社会总是存在"有效需求"不足,不能达到充分就业。为此,就需要扩大政府机能,对经济进行干预。

(三) 新凯恩斯主义失业理论

20世纪80年代,新凯恩斯主义在美国兴起,代表了西方失业理论的最新成果。新凯恩斯主义者对劳动力市场功能性障碍进行了探索,发展并完善了一种全新的失业理论,在微观经济学的基础上为失业问题提供了另一种解释，用新的研究方法和理论复兴了凯恩斯主义。他们指出，尽管失业者愿意接受较低的工资，但雇主并不想通过降低工资去雇佣更多的工人。因为在雇主和工人之间，由于长期劳动合同、隐含合同等制度和非制度性障碍，以及出于提高工作效率的考虑，劳资双方往往会达成一种默契，使实际工资保持相对稳定而不随经济波动而变化，从而使一个时期的工资具有"黏性"，不能随着需求的变动迅速作出调整。新凯恩斯主义者针对工资黏性导致失业问题加剧提出了若干政策建议：（1）应该更多地考虑长期失业者的利益，为他们多提供就业机会。因为求职者在劳动市场上长期处于不利地位，所以政府的就业政策应考虑降低劳动力的周转成本，以削减在职者确定工资的权利。同时提高求职者的潜在边际产品价值，以减少雇佣和解雇劳动力的成本，具体措施有：对求职者实行职业技能培训；促进雇主采纳与生产率相关的工资契约；改变失业福利体系，鼓励失业者寻找工作；降低新企业的进入壁垒。（2）干预劳动工资合同，使工资较有弹性，以提高就业率。

三、失业类型

国际上一般将失业分为以下几类：

（一）摩擦性失业

指由于劳动力缺乏流动性，信息交流不完全以及市场组织不健全所造成的失业。这种失业一般发生在人们处于不同地区，职业或生命周期的不同阶段，因而工作不停变动的场合。例如，人们搬到一个新城市后需要寻找工作，一个人由于某种职业不够理想而想寻找其他职业所引起的暂时性失业。大学毕业生寻找一个工作时需要花费一段时间，从而导致一时性失业，妇女在生完孩子后可能需要重新寻找工作，等等。这些在劳动力流动过程中造成的失业，以及意向新加入劳动力队伍或重新加入劳动力队伍过程中的失业均属于摩擦性失业。

（二）季节性失业

指由于某些行业生产条件或产品受气候条件、社会风俗或购买习惯的影响,对劳动力的需求出现季节性变化而导致的失业。

(三) 技术性失业

指由于使用新机器设备和材料,采用新的生产技术和新的生产管理方式,出现局部劳动力过剩而导致的失业。

(四) 结构性失业

经济产业的每一次变动都要求劳动力的供应能迅速适应这种变动,但劳动力市场的结构特征却与社会对劳动力的需求不相吻合。由此而导致的失业被称为"结构性失业"。例如,由于工艺发生重大变化,一部分人可能缺乏新工艺所要求的那种训练和技术,他们可能难以被雇佣。在经济发展过程中,有些部门发展迅速,而有些部门正在收缩,有些地区正在开发,而有些地区经济正在衰落,这也足以引起一部分人失去工作。有的公司对年龄性别和外来人口的歧视也会造成结构性失业。在这种情况下,往往会出现"失业与空位"并存的现象。即一方面有活无人干,一方面有人无活干。

(五) 周期性失业

它来自经济周期的循环波动。在复苏和繁荣阶段,各厂商争先扩充生产,就业人数普遍增加。在衰退和谷底阶段,由于社会需求不足,前景暗淡,各厂商又纷纷压缩生产,大量裁减雇员,形成令人头疼的失业大军。

(六) 隐蔽性失业

指表面上虽然有工作,但实际上对生产并没有作出贡献的劳动力。当经济中减少就业人员后而产量并没有下降时,就可以认为是存在着隐蔽性失业。例如,如果经济中就业人数为3000万,当减少300万就业人员后国民生产总值却并不见减少,便可以认为该经济中存在着10%的隐蔽性失业。人们有时讲到"三个人的活五个人干",实际上就道出了有两个人是属于隐蔽性失业者。这种失业带来的最大后果就是劳动纪律涣散和工作效率低下。

第二节 西方发达国家失业状况、原因以及改进措施

一、西方发达国家失业状况及其原因[①]

（一）美国的失业状况及原因

美国的失业与就业长期处于不稳定状态。在第二次世界大战结束以后，美国国防工业压缩生产，导致机器制造业就业人数减少，失业人数增加。20世纪70年代是二战后美国经济的转轨时期，劳动就业状况由稳定趋向恶化，失业率为6.19%。80年代初，由于受经济危机的影响，周期性失业与结构性失业并存，使80年代前半期平均失业率高达8.1%。进入90年代后，美国经济又陷入一场新的经济危机之中。这场经济危机的严重性和持久性超出了人们的预料。1991年至1993年美国的经济增长率分别为1.2%，2.1%和2.3%，失业率分别为6.7%，6.7%和6.8%。从1993年下半年开始，美国经济有所好转，这既有西方经济危机结束以后出现的复苏、繁荣因素，也与克林顿总统进行了一系列经济政策调整有关。1994年底美国失业率降到6.1%，1999年以来，美国失业率持续下降。2005年为5.1%，2006年降至4.6%。

（二）德国失业状况及原因

联邦德国自20世纪50年代初经济进入迅速增长阶段后，由于战败所带来的高失业率逐步降低。1960年达到了充分就业，并开始从国外引进劳动力，以弥补自身劳动力的不足。1973年最多时引进劳动力达260万人。但从1973年以后，随着投资率下降，经济增长缓慢，失业率又开始上升，1985年高达9%。尽管80年代宏观经济尚处在繁荣期，但劳动力市场供求矛盾却不见缓解。德国统一后，情况更加恶化。90年代衰退的经济形势使劳动力市场危

[①] 景跃军、吴晓丽、谢永：《西方发达国家的就业促进经验及其对中国的启示》，《人口学刊》，2000，(5)。

机更加严重。1992年全德国的失业率为7.7%,1993年上升到11%。1997年2月失业率高达12.2%,为第二次世界大战以来的最高记录。2002年后直到2006年10月,失业率一直维持在10%~12%之间,在欧盟国家中位居第4位。

(三) 法国的失业状况及原因

近年来法国经济发展较为缓慢。从1950年到1973年,法国经济年增长率平均为5%,而1974年到1994年,年平均增长率仅为2.3%。经济的低速增长使失业率一直高居不下,在西欧国家中名列前茅。20世纪80年代法国的失业人数超过250万。1990年11月底的失业人数为253万,失业率达9%。1991年失业人数达到300万,失业率为9.5%。1992年失业人数达320万,失业率为12.7%。过高的失业率已经成为法国政府的一块心病。20世纪90年代后期,降至10%以下,但2003年又回升到10%,2006年降至8%,有所好转。

二、西方发达国家的就业促进经验

如何摆脱失业给经济和社会带来的各种弊端呢?20世纪90年代以来,一些发达国家推出了新的就业促进举措,开拓出具有本国特色的再就业之路。

(一) 美国:为再就业培训制定规范的法律

美国国会和政府为就业培训制定了不少法律,其中的"就业训练合作法"是最早的主要法律之一。该法规定,由州、地方政府和私人机构共同合作进行培训项目的开发、实施和管理。美国政府的做法是不直接参与就业培训工作,而是向州政府负责的培训计划提供大部分资金。最近几年,美国政府每年向就业培训计划拨款近70亿美元。这些资金通过美国劳工部所属的就业培训局,根据有关计划向各州发放,使各州有财政能力对失业工人进行培训。就业培训对增加就业和降低失业率起了重要作用。据估计,最近几年,美国政府拨款资助的再就业培训计划每年使100万左右的失业人员接受了培训，为他们走上新的工作岗位创造了条件。据美国总统克林顿在1997—1998年财政年度预算说明中介绍，约有70％的失业者在培训后找到了新工作，平均工资相当于以前工资收入的92％。与此同时，就业培训还对解决长期失业者的再就业提供了帮助。据统计，美国50％以上人员参加了就业培训以后找到了工作，他们的平均工资为每小时7美元，基本达到了法律规定的最低工资标准。

（二）德国：扶持中小企业扩大就业容量和强制性的失业保险

为解决失业问题，德国政府采取了一些治标和治本相结合的措施。这些措施主要有扶持中小企业发展、重视社会保障制度和失业保险等。

1. 扶持中小企业扩大就业容量。德国政府优先发展高科技产业，扶持发展中小企业，扩大就业渠道。德国中小企业约有270万家，占德国企业总数的90％左右，中小企业的就业人员占德国总就业人员的78％。德国政府运用贷款、税收和补贴等方面的优惠政策，积极扶持和引导中小型企业发展。对凡是符合政府补贴政策的中小企业，政府都给予财政补贴，最低的资助为总投资额的5％。年营业额在1亿马克以下的企业，可得到总投资60％的低息贷款，年营业额超过1亿马克的企业，贷款额更高些。对增加就业位置的企业，贷款额占投资额的75％，政府还给予总投资额10％的补贴。对有风险和在落后地区兴建的中小企业，政府提供贷款担保，最高可达贷款总额的80％。政府同时对中小企业税收予以减免，并设立中小企业开发促进资金，对中小企业科研开发给予补助。

2. 根据德国的法律，德国的所有职工无论工资收入如何，也不管从事何种职业，并在什么地方工作，都必须参加失业保险。失业保险金额实现全国统一的收费标准，即按职工毛收入的比例确定收缴金额。目前企业职工缴纳的失业保险经费占职工个人工资总额的6.15％，由企业和个人各承担一半。

德国的失业保障分为失业金、失业救济金和社会救济三个等级。领取失业金的条件是失业者失业登记前三年间至少有 360 天履行失业保险务；在职业介绍所已经注册；能胜任一般工作；并愿意接受任何可以得到的工作。领取失业救济金的人，除丧失资格者外，还有未参加失业保险或投保时间未达到领取失业金最低期限的失业者。领取失业救济金的期限最长为一年，由劳动部门发放。失业救济金相当于失业职工以前净工资的 58%。领取失业救济金一年后仍未找到工作者，便只好到救济部门领取社会救济。社会救济保障被救济者的最低生活水平。

（三）法国：青年就业法案和就业管理局

1. 青年就业法案。高失业率是近 10 多年来困扰历届法国政府最棘手的问题。1997 年法国的失业率为 12.6%，2004 年为 9.6%，[①] 而 26 岁以下的就业年龄人口中有 25% 是失业者。为了摆脱如此严重的失业局面，法国政府 1998 年提出了青年就业法案并在法国国民议会特别会议获得通过。这项法案主要包括以下内容：从 1997 年开始，3 年之内向 18 岁至 26 岁的失业者以及从未领取过失业救济金的 30 岁以下的失业者提供 35 万个就业岗位。上岗青年将享受不低于法国法律规定的最低保证工资，而政府则为每个新设工作岗位提供 80% 的工资补贴，其余 20% 由用人单位自行解决。青年就业合同的期限为 5 年，政府补贴也提供 5 年，合同到期后签约双方决定是否续签。

2. 就业管理局的建立及其职责。为解决失业问题，法国早在 1967 年就成立了庞大的就业机构——法国全国就业管理局。在法国政府解决失业的工作中，法国全国就业管理局是全国最大的职业介绍机构。就业管理局的使命是法律和国家权力机构确定的，一是与公司企业联系寻找招聘机会，二是向求职者提供就业机会，向公司企业和求职者双方提供免费服务，在就业市场的供求双方之间起

---

① http://stats.oecd.org/WBOS/ViewHTML.aspx? QueryName = 181&QueryType=View&Lang=en 2006/09/24.

桥梁作用。按照法国法律规定，公司企业需要招聘时必须将招聘名额与要求报给全国就业管理局，由管理局统一公布，除在就业管理局 850 个分支机构公布外，由管理局出面与国家电台联系免费播出招聘广告，在市政府张贴就业信息公告。失业者寻找工作首先到就业管理局登记，由管理局将失业者的材料转给失业保障机构——法国工商就业协会，办理领取失业救济金的手续，就业管理局得到失业保障机构回音后，根据求职者的能力和专长寻找合适的就业机会。就业管理局从 1990 年起实施向企业"主动出击"的战略。每个工作人员同时承担寻找和介绍工作的两种职能，即半天接待求职者，半天按各人负责的行业同企业联系，主动寻找招聘机会。这样既能了解企业的需求，又能根据求职者的专长介绍工作，就业介绍的针对性增强。

第三节　转型时期中国失业状况

一、转型时期中国失业问题的阶段划分[①]

1978 年以前，在传统的计划经济体制下，我国实行的是"刚性就业"政策，因此也就不存在所谓"失业"问题。但随着我国进入经济社会转型时期，这种"大一统"式的"刚性就业"格局被逐步打破，其所隐含的风险随之得到释放，"刚性就业"的后遗症也逐步显现出来。因此，在对转型时期我国失业问题进行阶段划分时，不应忽视对传统计划体制下的"刚性就业"问题的分析与思考。

1978 年以来，根据转型时期我国失业率的变化情况，可将我国失业问题分为以下阶段：

1978—1989 年，在这个阶段，我国经历了 80 年代初和 80 年代

---

① 周雪飞：《转型时期我国经济改革中的"淮桔成枳"现象与"本土化"特征分析》，《财政研究》，2002，(1)。

末两次失业高峰期。

1989—1992年，是我国失业转缓阶段。

1992—1997年，这一阶段是我国失业率快速上升时期，1997年底城市登记的失业率已达3.2%。

1997年至今，我国失业问题日益突出，就业压力不断加大。

未来五年，我国劳动力供大于求的问题将十分严重。

二、转型时期解决中国失业问题的对策分析

首先，要廓清理论认识上的模糊概念，明确承认社会主义市场经济条件下劳动力的商品属性。只有摆脱理论上的束缚与羁绊，我们才能按照市场化取向改革的要求，建立完善的劳动力市场，通过市场机制合理配置劳动要素和人力资源，从而更好地解决实践中存在的失业人数剧增和就业压力过大问题。

其次，确立"就业优先增长"的宏观政策目标。从我国目前的发展现状来看，今后我国应当确立"就业优先增长"的宏观经济目标。

第三，在农村和城市之外开辟和拓展"就业新空间"。由于我国农村的大量剩余劳动力涌向城市，而城市自身尚有为数较多的下岗、失业人员以及新增就业人员，这就形成了农村和城市失业人员之间的"互相拥挤"、"相互排斥"现象，同时也意味着我们必须在农村和城市之外开辟和拓展"就业新空间"。现在看来，大力发展小城镇不啻为一条解决我国就业问题的有效途径。位于城乡结合部的小城镇，既可以容纳大量农村剩余劳动力，而且也能够吸引一部分城市失业人员。这种星罗棋布的小城镇一旦形成规模，其就业吸纳能力和就业容量同样是十分可观的。

第四，建立以劳动密集型制成品为主的出口导向型贸易战略。加入WTO以来，我国受到进口扩张的极大压力，因此出口规模必须以较快的速度增长，特别是选择以劳动密集型制成品为主的出口导向型贸易战略，这不仅符合我们的现实国情，而且有利于扩大就业和保持国际收支平衡。

最后，选择和开发适用先进技术。我国劳动力资源十分丰富而资本相对短缺，这就决定了我们应当选择那些使用劳动多、资本少的技术进行生产。这些适用技术主要包括：对发达国家的技术进行外围改造，即在辅助操作（如材料处理）中尽量使用劳动力；从国外引进劳动相对密集但对发展中国家仍然适用的技术；大力开展乡土技术的研究与推广，这样可以逐渐减少对国外以资本密集型技术为特征的进口资本品的依赖。此外，我们还应把开发和推广适用技术与大力发展中小企业结合起来，因为这些企业一般都使用劳动密集型技术，它们的发展，既可以促进收入水平的提高，又可以大大增加就业机会。

第四节 青年失业问题

青年失业是世界各国的普遍现象，也是一个全球性的社会问题。在经济不断发展的今天，特别是在经济发展全球化、一体化浪潮的冲击下，青年失业成为全球性的挑战且显得越来越严峻，同时也成为中国政府日益重视的现实课题。对处于继续社会化过程中的青年来说，一旦处于失业状态，那么在经济、社会、生理、心理等各方面带给他们的不利影响是显而易见的，又是难以估量的。可以说，社会化过程中的青年能否顺利进入职场、及时融入社会，对于能否最大限度减少社会问题、维护社会发展的健康与稳定具有重要而现实的意义。

一、当前青年失业的特征

1985年，联合国首次将青年界定为15～24岁之间的人群；失业青年主要指年龄在15～24周岁之间，有劳动能力和工作意愿，在一定时间内没有工作或没有找到工作的人群。20世纪90年代以来，全球青年失业问题日益严峻，青年失业人数稳步攀升。ILO发布的 2004 年"全球就业趋势"报告指出，2003 年全球青年失业人数达 8800 万，比 1993 年增长 26.8%，青年失业率从 1993 年的 11.7%上升到 2003 年的历史最高点（14.4%），占全球总失业人口的 47%。为数众多且日渐增长的青年失业群体已成为发达国家和发展中国家面临的最头疼的问题之一，其中非洲的中东部和北部的青年失业率最高达 25.6%，撒哈拉以南地区为 21%，亚洲 7%，发达国家为 13.4%。① 国外经济学界和国际组织（包括国际劳工组织，联合国，世界银行，经济合作与发展组织）等从青年失业的特征进行了长期不懈的探索，相关的理论及实证研究结果一致认为，青年失业问题本质上是基于青年特性而出现的暂时性、过渡性问题，随着年龄的增长，大部分青年失业问题将逐步消除；同时，青年失业在相当程度上又呈现结构性失业特征，其中最值得关注的是在劳动力市场中面临就业。大量研究表明，各国的青年失业现象普遍具有以下三个显著的特征：（1）几乎所有国家的青年失业率都远远高于成年人。ILO 对 1993—2003 年世界青年及成人失业状况的考察证实了这点。从全球范围看，2003 年青年失业率是成人的 3.5 倍，而且在过去的 10 年中这一比率一直保持在 3 倍以上。（2）青年失业具有显著的不稳定性和过渡性，同时青年长期失业日益凸显。意大利经济学家尼尔·欧·希金斯（Niall O'higgins）等人研究表明，青年人的失业波动幅度远远大于成人，同时青年失业又表现出过渡性，即随着年龄的增长，大部分国家的劳动力失业率逐步下降；另一方面，英国的理查德·布瑞恩等人研究发现，发达国家失业青年中的长期失业者比重迅速上升，1995 年青年长期失业率超过 50%的 OECD 成员国有 8 个，英国、德国、葡萄牙和澳大利亚该比率也已接近 50%。②（3）国外经济学家分别从性别、种族、健康状况、

---

① ILO, "Global employment for Youth", Geneva, ILO. 2004.

② Richard Breen, "Job Changing and Job Loss in the Irish Youth Labour Market: A Test of a General Model", European Sociological Review, Vol. 8, 1992, Pp. 113—115.

家庭经济状况及教育水平等方面对青年失业进行了深入的结构性分析,指出青年失业具有显著的非均衡性,其中青年弱势群体的失业率远高于青年平均失业水平,他们包括青年中的女性、少数民族、残疾人、低文化程度人群[1]和贫困人群[2]。特别指出一点,与通常情况下发达国家和转型国家的一般趋势(即青年的教育水平越高,失业率越低)不同,在许多发展中国家(如印度尼西亚、柬埔寨、斯里兰卡等)出现了高学历失业的独特现象。

二、国外促进青年就业的做法与经验

青年是劳动力市场的新入场者,可能会比成年人遭遇更多的"摩擦性失业"。由于没有资历,在经济波动时青年会受到更大的影响。国际劳工组织负责人简·斯图亚特在有关报告中指出,"我们正在浪费人类有史以来受教育程度最高的一代年青人的才华和精力。只要失业的青年当中有一半人能够就业,他们的创造会相当于去年全球生产总值的 4%。青年不是社会的包袱,而是社会的财富。"[3]

法国政府部长理事会在 1986 年起发起青年挑战计划,目标是建立一个帮助青年创业的支持机制。该计划主要为 18~25 岁的青年或青年团体开展创新创业项目提供无偿的资金、培训、咨询、中介和后勤服务。随后服务对象又逐渐扩大到 15~28 岁的青年。它有三个特点:一是政府提供资金支持;二是鼓励创新,让青年人发现自己的潜能和创造力;三是政府跨部门的联合和合作。1997 年法国颁布《促进青年人就业法》,政府就业政策的中心是减少劳动

---

[1] Raman Martin,"The Sri Lankan unemployment Problem Revisited",World Bank Working Paper No 2227,Washington DC,World Bank. 1999.

[2] Martin Godfrey,"Youth Unemployment Policy in Developing and Transition Countries-Prevetions as well as cure",Youth Emplement Workshop,World Bank,Washington D.,2003.

[3]《中国统计年鉴》,中国统计出版社,1999 年、2001 年。

时间、促进新服务业的发展。通过对青年人提供满意的咨询指导服务，提供方便的活动场所；青年职业活动的个案追踪；雇主来源多样化和提供金融合作者等手段，在直接靠近青年生活活动领域内创建了35万个青年就业岗位。通过立法，使年轻人在新服务业领域内的就业机会大大增加。截止1999年2月，随着新经济的发展，新服务业对就业人员的需求增加迅速。按国际劳工局的统计标准，不到25岁的年轻人对职业需求的减少最快。大约有12万青年人在新服务业中找到了职位。和其他国家相比，法国的青年人失业率每年降低21%，在政府采取的宏观调控手段上，主要表现为：制订一系列法律法规以促进企业愿意雇佣青年人，为青年人提供就业指导和制订从业计划，帮助和引导他们寻找到合适的工作岗位。

德国的青年就业政策在国际上常被作为成功的典范。与其他西欧国家相比，德国青年失业率一直被控制在较低水平，这是与其完善的青年就业扶助体系分不开的。德国的成功首先要归功于"实习"制度（apprenticeship system）。通过实习制度，教育系统与劳动力市场两者间实行了较为成功的整合，实习既包括真正进入公司企业的正式训练，也有在学校进行的以天计或以小时计的间接训练。据统计，接受过实习训练的德国青年约占65%~70%。实习期的报酬低于正式员工（其标准大约是正式员工的1/3左右），但参与率仍然十分高，这就与另一项制度有关，即权威的"职业认证资格体系"。这种职业资格管理非常严格，认证程序也很正规，在全行业中都得到了认可与尊重，其有效性被社会广泛接受。这种双元培训体制（培训与就业紧密结合）的特点是培训内容非常实用，书本的知识全在于为了就业岗位的需要，而且从这种体制的发展情况看，实习的地点往往就是未来的就业单位。德国的职业培训是"真枪实弹"的演练，不是"摆摆样子"的模拟或者模仿。

美国政府运用法律规范促进就业，颁布了《经济机会法案》，设立职位组合，对严重缺乏就业能力并失去工作权利的青年人提供训练，以改善他们的就业能力。而对那些有工作前途的青年人则由政府通过对高等教育和研究发展计划的投资,大力增加了高素质青年人的就业机会。近年来,美国政府颁布了《劳动力投资法案》,对《工作培训伙伴法》和《瓦格纳法》进行了重大的修改。根据这些新法律而设立"改善青年人项目",该项目把当地劳动力市场需求和青年人的能力更好的匹配,其中包括促进青年发展及全民意识的活动,如通过让青年人主动承担一些社区服务工作而培养他们的工作经历。项目开展过程中有成年人作他们的良师益友,在可能的情况下,则让成年人和青年人一对一学习。对特别贫穷地区的青年,则可由政府出资到另一地区参加工作训练项目。美地方政府还设有青年委员会,其中一项职能就是帮助青年人在劳动力市场上取得成功。

三、我国青年就业面临的形势

青年人失业(包括待业)占失业总数相当大比率,是我国历年存在的问题。特别是传统的就业制度被打破之后,这一问题显得尤为严峻,改革开放后的20多年基本上是呈上升趋势。2000年,全国新增适龄劳动人口4300万人,平均每年需要安置1400万人。2003年我国城镇新增劳动力1000万人。按国民经济增长7%左右测算,全年只能新增就业和补充自然减员约1000万人,年度劳动力供大于求的差额在1400万人左右。同时,高等教育连续扩招,大学毕业生人数连续上升,就业难度大大增加。我国2004年高校毕业生人数为280万,比2003年增长6.8万,2005年突破340万,2006年达430万,而市场容量只有270万,2007年数量更大。可以说,高校毕业生就业形势日益严峻。另外,在农村1.5亿富余劳动力中,向非农领域转移和进城务工的主要是青年。目前,城镇年约有300万待业青年。在1300万下岗失业人员中,青年占30%左右。①

---

① 曾燕波:《青年失业问题的国际比较与借鉴》,《青年就业问题与对策研究报告》,天津社会科学院出版社,2005年版。

2005年《中国首次青年就业状况调查报告》显示,青年失业率为9%,高于中国目前6.1%左右的社会平均失业率。政府部门和国企为青年就业首选,失业青年大部分为长期失业,失业一年以上的长期失业者占72%。失业青年中,职业中等教育水平的青年(37%)和初中文化水平的青年(30%)比重最高,高中、大专生的比例均为13%,大学生的比例为5%。相对于此次被调查青年的文化程度构成,实际上职业中等教育水平、初中和高中文化水平青年的失业率要高于各类文化程度青年的平均失业水平。①

四、促进中国青年就业的对策建议

青年就业问题应当受到特别关注,因为青年时期是一个人选择职业道路、获取工作经验与技能、形成自我价值、开始自立并真正融入社会的关键阶段,这一阶段的就业经历可能对其将来乃至一生都会产生深远的影响。对于社会来说,青年失业是对宝贵的人力资本的巨大浪费。如果不能在解决青年就业问题的思路上实现突破和创新,就可能延误解决问题的时机,形成新的社会不稳定因素。我们可以根据中国青年就业的现实情况及原因,借鉴其他国家和地区的经验,制定切实可行的青年就业政策,在充分利用青年人力资源推进经济社会的发展的同时,促进青年人的全面健康发展。

(一)增强中小企业的就业吸纳力

近年来,民营企业扩大就业的能力与资本的增长呈反比例的变化,私营企业劳动密集型的特征正在迅速淡化,中小企业成为今后吸纳青年就业的一个重要渠道。目前中小企业已占我国全部企业数的99%,为城镇提供了75%的就业机会。而从长期看,我国就业的基本趋势是农业部门持续下降,工业和服务部门持续上升的发展过程。积极鼓励以方便人民生活、提高人民生活水平为中心的第三

---

① 《中国首次青年就业调查 22岁前就业者15%先失业》,《北京晨报》2005-5-24。

产业尤其是服务行业的中小企业发展，并在政策、资金和信息等方面给予支持是明智之举。

（二）政府采取积极的财政政策、建立健全相关法律制度

第一，从我国失业情况来看，目前存在的主要问题是就业的需求与供给有着相当大的差距，因此解决青年失业问题需要扩大投资规模，加速经济增长，大幅度增加就业岗位，通过扩大国民经济总量来拉动就业需求。政府可以通过增发国债来适当扩大政府公共开支，加大政府对农业、水利、交通、电信等基础产业设施的投资力度。积极引导个人、企业扩大生产性投资，保证国民经济有一个较高的增长速度来拉动劳动力需求增长。第二，创造新就业机会的主要途径之一，就是推动中心城市、中等城市和小城镇的城市体系的发展，因此，要积极推进城市化进程。第三，要制定相应法律条款，健全社会保障体系，保护青年劳动者的权益，运用国有资产存量，充实社会保障基金，重视对人力资源的未来保障投资，逐步建立全社会的保障制度。第四，政府运用优惠政策，本着来去自由的原则，不迁户口，有计划地组织城镇剩余劳动力的转移。比如，到西部去发展，或"上山下乡"，向荒山、荒坡、荒地或落后地区开战，植树造林，发展林牧业。

（三）鼓励青年开展创业活动

创业是社会发展的原动力，在任何一种社会形态和任何一个经济发展时期，都是最具活力、吸引力和最富有挑战性的活动。因此，世界上许多国家都把"创业"作为经济发展的一个重要问题来对待。从我国现阶段的形势来看，就业问题的实质在很大程度上更是一个创业的问题。我国是一个发展中的人口大国，就业压力十分沉重，完全靠政府来"计划安排"是不可能的。根据国际有关经验，青年创造就业岗位是就业的一个重要途径。因此，要建立起一个机制，鼓励千百万人创业，大力发展中小企业。据统计，目前已经有越来越多的大学毕业生开始把"创业"看作是与"就业"和"出国"两大出路并行的第三条出路。这第三条路可以说正是符合

我国目前经济社会发展要求的必由之路。

（四）增强青年素质以适应经济发展要求

体制改革和产业结构调整带来的结构性失业将成为我国失业的主要形式。结构性失业主要指原有劳动力技能不能适应就业岗位需要的失业现象。在我国现有的从业人员中，高中以上文化程度的只占 15.4%，初中文化程度的占 38.9%，小学以下的占 45.7%。即使在高中以上文化程度的人员中，现有技能不能适应未来市场竞争形势要求的也占一定比例。因此，劳动力供给结构与需求结构不相吻合的矛盾将成为解决青年就业的主要障碍。劳动力的竞争，最根本的就是劳动力素质竞争。20 世纪 90 年代以来，随着经济全球化的推进，各国产业结构变动的速度明显加快，产业结构的变动和升级，特别是知识经济的发展，对劳动力的素质不断提出了新的要求，加快青年整体素质提高，大力发展正规教育、非正规教育和在职培训是当务之急。

（五）对青年实施职业生涯教育与辅导

青年就业问题不仅包括青年失业问题，在首先解决好这个问题的基础上，还应进一步关注青年就业的质量，关注目前劳动力市场对青年的思想观念有何影响、青年对职业生涯如何考虑等更为深入的问题。未来青年就业的走向，将取决于宏观社会经济结构与个人职业认知之间的互动结果。生涯辅导是指依据一套有系统的辅导计划，通过辅导人员的协助，引导个人探究、评判并整合运用有关知识、经验而开展的活动。培养青年生涯发展的能力，从而成为一个能够获得自我认定，善于开发自身潜能的社会成员。要坚持以人为本的思想，使青年成为智力和身心都健康的人，提高青年的市场竞争能力。要从他们的自身需要考虑，把青年主动开发自身资源和社会压力结合起来，效果会更加突出。

（六）在教育系统与劳动力市场的整合方面下功夫，指导开展职业见习项目

上海市劳动和社会保障局最近推出了《关于在本市实施失业青

年培训见习补贴计划的试行方案》，规定见习青年与单位不建立劳动关系，由政府给予见习者生活补贴并提供见习期间的综合保险，对见习单位还给予必要的费用。据称，到 2003 年 7 月，已经有 12000 人参加了近 200 家的职业培训，现在已经有 3000 多名经过培训的见习者走上了新的工作岗位。这项见习方案在青年见习实践中已经显示了较好的成效。但是能够参加见习的青年毕竟只是少数，为此，可以尝试扩大见习基地的建设，还可以开设专门面向社区的职业见习岗位，由各街道提供全日制的工作岗位，政府从劳动保障经费中拨出部分资金给予社区青年见习补贴，以此解决青年的失业问题，缓解青年的就业压力。并将职业见习项目与职业资格认证制度联系起来。目前职业资格认证制度已在一些行业实行，但其广泛性、有效性、权威性还不够。应当使这种认证在行业内得到广泛认可与尊重，使得青年通过职业见习确实获得有效技能的同时，也获得尊重。因为职业对于青年来讲，不仅仅是收入来源，也是其自身价值的体现。

有理由相信，中国政府和有关部门会审时度势，在制定和完善青年政策，引导青年就业，促进青年发展和社会经济发展上做出更多的努力。

参考文献：

[1] 程连升：《中国反失业政策研究》，北京：社会科学文献出版社，2002 年版。

[2] 曾燕波：《青年失业问题的国际比较与借鉴》，《青年就业问题与对策研究报告》，天津：天津社会科学院出版社，2005 年版。

[3] 《中国首次青年就业调查 22 岁前就业者 15％先失业》，《北京晨报》2005-05-24。

[4] 凯恩斯：《就业、利息和货币通论》，北京：商务印书馆，1997 年版。

[5] 《领导干部社会保障知识读本》，北京：中国劳动社会保障出版社，2002 年版。

[6] 姜作培、管怀鎏：《再就业的理性审视》，南京：南京出版社，1997

年版。
[7] 赵敏、林立源:《下岗再就业成功指南》,广州:广东经济出版社,1998年版。
[8] 汪大海:《失业的中国》,北京:经济日报出版社,1999年版。
[9] 陈紫舜等:《谁给我们工作》,北京:中国社会出版社,1999年版。
[10] 中国统计局:《中国统计年鉴》,北京:中国统计出版社,1998年版。

下篇

中国社会问题

第10章 当代中国人口问题

第一节 人口问题概述

地球上无论是发达国家还是发展中国家都无一例外的面临着人口问题：例如人口爆炸、人口老龄化、人口迁移、人类生态环境恶化等，由人口问题触发的能源危机、水危机、耕地面积缩小、森林资源减少等无一不在困扰着人类。20世纪70年代以来，人口问题逐渐作为一个全球问题，开始被世界各国所重视。作为世界上人口最多的国家，而且又是发展中国家，中国人口问题显得更加复杂，而且还呈现出其独有的特点。

中国是世界大国，国土面积居世界第三，淡水资源总量为2.8万亿立方米，居世界第六位，草原面积有3.2亿公顷，居世界第二位，森林覆盖率、煤、钢等资源在世界上都名列前茅，但是资源人均占有量却大大低于世界的平均水平。另外，据世界银行每年公布的世界人口生活质量、受教育状况、人均国民生产总值等数据来看，中国都难以和"大国"画上等号。原因是什么呢？原因就是我国的人口太多。庞大的人口数量不仅减少了人均资源的占有量，还带来诸如交通、住房、教育、医疗等一系列问题，人口问题无时无刻不在影响着社会的方方面面，成为中国发展道路上一个沉重的包袱，中国现代化进程的快慢与人口问题紧密相关。

要认识中国目前的人口问题，并探讨合理的应对之策，有必要先分析一下人口问题的实质，以及了解相关人口理论。

一、人口问题的实质

人口问题是指影响人口生存和发展问题的总称。人类社会存在着物质生产、精神生产和人口再生产三种生产，其中物质生产是基础，一定生活资料和生产资料的生产是人生存和发展的基础，也是精神生产的基础，否则，人类就不能存在。人口再生产是前提，是社会的主体，没有一定数量和规模的人存在，物质和精神生产就无从谈起。因此，人口再生产的规模和发展速度，要与物质和精神生产的规模相适应，人的素质要与社会生产发展的要求相适应，如果不适应，人口规模过大，素质偏低，结构不合理，就会形成人口问题，反之，人口增长太慢，适龄劳动人口不足，人口老龄化，也是人口问题。①

对处于转型期的中国来说，其人口问题表现的更为复杂。主要表现在以下三个方面：（1）人口数量方面的人口问题，如人口数量增长控制、劳动力人口就业、人口规模与资源短缺（耕地、水等）、人口压力与环境破坏等；（2）人口结构方面的人口问题，如急剧的老龄化对社会经济发展的冲击、社会保障制度、出生性别比偏高以及婚姻市场积压、家庭结构单一化以及独生子女教育等；（3）人口素质方面的人口问题，如出生缺陷与生殖健康、逆淘汰与健康低素质、人力资本投入等。有关学者也纷纷从不同的角度，对这些问题进行了相关分析。

二、人口理论

工业革命以来，在人口理论方面比较有代表性的有三位人物，马尔萨斯、马克思、马寅初。

（一）马尔萨斯——人口原理

汤姆林森认为：如果说格兰特可以被称为人口学之父，那么马尔萨斯当然可以被称为是人口学的专家。马尔萨斯的代表作是他1798年发表的《人口原理》以及后来的修订稿。马尔萨斯《人口原理》有两个前提：食物是人类生存所必需的；两性间的情欲也是必然的。食和性是人类"本性的固定法则"，是由人的本性所产生

---

① 张向东：《当代社会问题》，中国审计出版社，2001年版。

的超自然现象。由此他就把人口增殖说成是由人的本性决定的自然现象和自然规律。马尔萨斯力图证明一点，即人口的增殖力，比土地生产人类生活资料的能力，要远远大得多。他的主要论据就是所谓"两个级数"，他说："人口，在无所妨碍时，以几何级数率增加（1、2、4、8、16……），生活资料，只以算术级数率增加（1、2、3、4、5……）。"按照上述增长比率，十代以后，人口和生活资料所增殖的数量之比将是512：10。他还断言，人口增长有一种必然超过生活资料增长的"自然趋势"，每过三十年或更短的时间，人口便会增长一倍。由此，他提出"两种抑制"作为限制人口增长和解决工业社会人口问题的办法。一种是贫困、罪恶、饥饿、灾荒、战争等妨碍人口增加的"积极的抑制"，一种是晚婚、不结婚、不生育等"道德的抑制"。

（二）马克思——人口再生产理论

马克思是一位伟大的思想家和革命家，一生有两大重要发现：一个是剩余价值学说；另一个是唯物史观。他的人口理论是建立在社会两类生产的基础上，认为人既是生产者，又是消费者。发展社会生产力的目的，就是为了不断满足人们日益增长的物质文化生活的需求。这种需求面临两个方面的增长：即物质资料生产的不断增长和人口的不断增长，因此，物质资料的生产和人类自身的生产必须相互适应、相互协调，因此必须控制人口增长。

（三）马寅初——新人口论

马寅初最具代表性的观点体现在他的《新人口论》中。该书对当时中国人口问题及其性质进行了全面论述，并根据1953年第一次人口普查的数据提出"全国人口的增长速度可能加快"的看法。马寅初把中国的人口问题归纳为：人口迅速增长与生产设备不足的矛盾；人口迅速增长与工业原材料增长缓慢之间的矛盾；人口迅速增长与耕地面积不断减少之间的矛盾等10个方面的矛盾，并指出中国人口相对过剩的性质属于"人口压迫生产力"类型。由此提出了解决人口问题的建议："普查人口，节制生育，宣传避孕"，并提出要提高人口质量，控制人口数量。

不难看出，三位人口学家在研究人口增长与生产发展的关系方面具有共同点，这就是马克思所说的"社会的条件只能适应一定数量的人口"。可惜20世纪中叶的中国，未能认识到这个问题的重要性，在很长一段时间内忽视了人口给经济社会发展所带来的压力及对生态环境所造成的破坏性影响，以至于人口问题成为今天中国发展的最大难题。

《新人口论》问世至今已近50年，书中所阐述的关于中国人口10个方面的矛盾今天依然不同程度地存在着，而且人口问题的性质也没有从根本上发生变化，依然表现为人口的"相对过剩"，而且与20世纪50年代相比，今日中国所面临的人口问题更加复杂和严峻。

三、中国所面临的主要人口问题

（一）人口数量大、整体文化素质不高，劳动力就业竞争激烈

我国的基本国情是人口众多，人口基数大。根据国家统计局2004年人口变动情况抽样调查，2004年底中国大陆总人口是129988万人，据此推算2004年全国平均每天净增人口为2.08万人。据统计，2005年1月6日，中国人口（不包括香港、澳门特别行政区和台湾省）达到13亿，占世界60亿总人口的21.67%，是名副其实的人口大国。但是我国人口的受教育水平远远不够，根据2000年第五次人口普查的数据，我国受过初中以上教育的只占48.7%，接受过大学教育的也只占3.6%。国际上一般用25岁以上人口中接受大学以上教育的比重，作为衡量人口文化素质的指标。按此口径，美国为46.5%，日本为20.7%，印度为7.3%，而我国仅为5%左右。

人口数量大，整体文化素质不高的一个直接后果就是就业竞争激烈，2003年就业人口合计7443万人，城镇登记失业人数为800万人，隐性失业的冗员2000万至3000万人。此外还有一批企业处于停产半停产或破产之中，因而在剩余劳动力中增加了"下岗职

工"这样的新问题。有人估计,今后 5 年可能有 3000 万(有劳动能力的)人下岗。有报道说,我国显性失业和隐性失业率达 20%,这是全世界绝无仅有的剩余劳动力大军或失业大军,这是我国又一特有的新的人口现象①。

(二)人均资源占有量少,经济高速增长与环境恶化的矛盾

从自然资源来说,我国有土地、淡水、森林、矿产、能源、草原、海洋、内陆水产和动植物等丰富的资源。但由于我国人口数量大,使自然资源的人均占有量都在世界平均值以下,典型的几项数据有:淡水资源为世界人均的 1/4,森林资源为 1/9,耕地资源为 1/5(为美国的 1/10),草原面积 1/2,我国的人均资源占有量明显不足。

衡量一个国家真正的富裕程度,国际上已有了新的算法,即:要把一个国家的环境与自然资源作为核算的内容之一。在联合国与世界银行公布的世界各国人均财富的报告中,澳大利亚和加拿大因拥有丰富的自然资源而被列为世界的第 1、2 位。中国则被列于世界的第 160 位之后。与其他发展中国家相比,墨西哥和巴西分别高出中国 12 倍、7.5 倍,中国甚至低于菲律宾,仅比印度稍高出一点。②

与此同时,中国人均资源消耗量却随着工业化的发展逐渐增加,人口过剩与资源短缺的矛盾日益突出。另外,中国作为世界上第一人口大国,目前又处于经济高速增长期,为了维持庞大人口的各种需求,保持经济的高速增长,实现工业化和城市化,要付出牺牲环境和资源的沉重代价。部分地区发生了重大的污染事故、土地荒漠化、水土流失等现象,生态受到严重破坏,直接危及当地居民的生存和发展。

(三)老龄化与经济发展的矛盾

年龄结构老龄化,是世界也是中国人口变动的一大趋势。按照联合国教科文组织对老龄社会的定义:一个国家或一个地区的 60

---

① 吴世友:中国人口问题研究,http://blog.sociology.org.cn.
② 吴世友:中国人口问题研究,http://blog.sociology.org.cn.

岁以上的人口占该国家或地区人口总数的 10% 或以上，或者 65 岁以上的人口占该地人口总数的 7% 或以上，这个国家或地区就进入了老龄社会。

国家统计局 2001 年 3 月 28 日发表的《2000 年第五次全国人口普查主要数据公报》显示：我国 65 岁及以上的人口为 8811 万人，占总人口的 6.96%，同第四次全国人口普查相比，65 岁及以上人口比例上升了 1.39 个百分点。根据最保守的统计，预计到 2025 年我国老年人口将达到 2.8 亿，占总人口的 18.5%，65 岁以上老人数量在 2040 年将突破 3.1 亿[①]。中国已步入老龄化社会的门槛。

人口老化是社会经济发展的产物，反过来，又会对社会经济的运行产生相应的影响。人既是生产者又是消费者，人作为生产者是有条件的，但作为消费者却是无条件的。人口老化作为人口年龄结构变化的一种表现形式，必然涉及经济发展的各个方面，从而使社会经济的各个领域发生这样或那样的变化。

中国经济的高速增长持续了二十多年，被公认为 20 世纪的经济奇迹，但是人口统计数据却发出警告，老龄化对中国经济发展前景将产生抑制作用。可以说，从上世纪 70 年代起，中国经济的高增长受益于丰富的劳动力资源，但是据统计及预测，劳动力增长从现在起已经开始放慢速度，到 2030 年将出现衰退。以下两个因素对这样的变化起到了决定性作用：第一，中国人寿命不断延长，人均寿命已经超过 65 岁；第二，独生子女政策使青年人口不断减少。随着更多工人达到退休年龄，年轻人人数越来越少，劳动力短缺的前景正在来临。

（四）出生性别比失调问题

根据国际规定，出生性别比是指每出生 100 个女孩所对应的男孩数目，正常数值范围为 103～107。如果数值高于或低于这个数值范围，都会带来人口问题。

---

① 唐滢：《我国的人口老龄化》，《人口与经济》增刊，2006，(4) 第 130 页。

20 世纪 80 年代中期以来，我国的出生性别比出现了偏高且持续上升的趋势。1981 年我国的出生性别比为 108.5，1986 年上升为 110.9，1989 年达到 111.3，1995 年、2000 年、2002 年更分别高达 115.6、116.9、119.9，严重偏离正常范围；并且出生人口性别比偏高的地区由沿海地区向中西部地区扩展，重度偏高（超过 117）的省份增加到 14 个，个别省份甚至超过 130。①

通常情况下，人口性别比一定程度的失衡是可以通过婚龄差来调整的。但若失衡严重，其后果必将导致婚姻市场挤压，相当数量的男性婚龄人口难以婚配，由此会产生一系列复杂的社会问题，并影响经济发展和社会稳定。因此，对这一问题的重视不能停留在一般的程度上。

（五）城市流动人口问题

国家统计局 2006 年 3 月 16 日公布的 2005 年底开展的全国 1‰ 人口抽样调查结果显示，全国人口中，流动人口为 14735 万人，其中，跨省流动人口 4779 万人，与第五次全国人口普查相比，流动人口增加 296 万人，跨省流动人口增加 537 万人。②

流动人口主要分布在沿海地区和经济发达地区，流动人口在给这些地区经济发展提供丰富劳动力的同时，对这些地区的社会发展、社会管理、社会治安带来了更大的压力。如何使大量外来人口，特别是农村居民融入城市，给他们以市民待遇，进而体现社会公正，这既是对中国现代化所做出的一份贡献，也是以人为本的科学发展观的要求。但问题是，这又可能导致人口增长的进一步提速。在各种约束条件下，如何对人口进行合理调控，无疑对城市管理者的管理智慧提出了严峻考验。

由于篇幅有限，人口问题不能一一详述，下面仅就人口结构中

---

① 汤兆云：《出生人口性别比失衡的社会因素分析》，《人口学刊》，2006，(1) 第 25—26 页。

② 国家统计局：《2005 年末中国人口超过 13 亿》，www. xinhua. net 2006-3-16。

的老龄化及人口出生性别比问题进行较为详细的分析。

第二节　人口老龄化问题

一、老龄化问题的提出

2000年人口普查显示，中国60岁及其以上人口已占全国总人口的10%，其中65岁以上人口占总人口7%，并以年均3%的速度持续增长。人口专家预计2035年前后，中国65岁以上老人占总人口比例将上升到20%。

按照联合国教科文组织对老龄化社会的定义（一个国家或地区的60岁以上的人口占该国家或地区人口总数的10%或以上，或者65岁以上的人口占该地人口总数的7%或以上），中国已经跨入了老龄化社会的门槛。

国外早期对于人口老龄化问题的研究多数是对老年人口特征的探讨，对人口老龄化问题的大量研究始于第二次世界大战以后。1956年，联合国出版的《人口老化及其社会经济后果》总结了以往对人口老龄化问题研究的成果，标志着对人口老龄化问题的研究进入了一个新的时期。此后，由于西方国家人口老龄化问题日益严重，加之人口理论的发展及研究方法的进步，使人口老龄化问题的研究不断深入。1969年，在二十四届联大上，马耳他率先提出了老龄问题，呼吁国际社会和各国政府关注老年人口迅速增长的趋势及随之出现的一些问题。1982年，在奥地利维也纳召开的老龄问题世界大会揭开了中国老年事业的序幕。随着我国人口学研究的深入发展和人口老龄化速度加快，国内越来越多的学者开始关心人口老龄化问题。

二、我国人口老龄化的特点及趋势

（一）速度快，老年人口占总人口比例高速增长，数量大

据刘铮1992年测算，2000年以前，中国人口年龄结构由成年型稳步向老年型过渡，在2000—2020年，中国人口将发展成为典

型的老年型人口，20年间老年人口数几乎要翻一番，平均每年递增3.13%，大大超过全球老年人口的增长速度，成为促进全球人口老龄化加速发展的重要动力源之一。到2020—2050年，中国的人口老龄化程度将急剧提高，并向高龄化挺进。

曾毅等的研究表明，在中生育率与中死亡率假定方案下，我国65岁及以上老人占总人口比例将从1990年的不到6%迅速增加到2030年的15.8%与2050年的23.1%。也就是说我国65岁以上老年人数量将从1990年的0.67亿增加到2030年、2050年的2.32亿与3.31亿。

按照联合国于1999年公布的最新预测，中国2030年与2050年65岁及以上老人占总人口比例为15.7%与22.6%[①]。也就是说，21世纪中叶，我国65岁及以上老人将等于美国老年人数的4.4倍，而十分接近美国的总人口数。

不同的学者在不同时间，用不同方法，对21世纪我国老人占总人口比例进行预测，但是结果却十分吻合，这说明21世纪我国老龄人口高速增长已成定局。按联合国1999年公布的中生育率与中死亡率最新预测成果，65岁及以上老人占总人口比例从10%增至20%的年份为：中国20年（2017—2037）；日本23年（1984—2007）；德国61年（1951—2012）；瑞士64年（1947—2011）；美国57年（1971—2028）。从1990年到2050年，中国65岁及以上老人比例年增长率为2.3%，分别等于英国、美国、法国、德国与日本的2.9、2.6、2.3、2.1与1.4倍。以上这些数字都是假定我国2050年平均期望寿命为78.8岁，比日本1995年还低1.6岁的很保守的中死亡率方案下的预测结果。如果有一定可能性的低死亡率方案（即假定我国2050年期望寿命为84.9岁，比日本1995年高出4.5岁成为现实），我国2030年与2050年65岁及以上老人占

---

① U. N. (Population Division, United Nations). World Population Prospects. The 1998 Revision Volume Ⅱ: Sex and Age. New York: United Nations. 1999.

总人口比例分别为 17.4% 与 26.5%，从 1990 年到 2050 年 65 岁及以上老人比例每年平均增长率为 2.6%①。

（二）未富先老

从发达国家人口老龄化的历程来看，经济增长和老龄化是同步的。但中国老龄化的进程超前于社会经济的发展，中国是目前唯一以较低收入进入老年型社会的人口大国②。

从国际经验来看，大多数发达国家的经济起飞于 18 世纪末至 19 世纪初，而其人口老龄化却始于 19 世纪末，并且，当发达国家的老年人口比重达到 5.5% 时，其人均国民生产总值已达 1000 美元，当其老年人口比重上升为 9.0% 时，其人均国民生产总值已超过 10000 美元。然而在中国，当 1990 年 65 岁以上老年人口比重达到 5.6% 时，人均国民生产总值仅相当于 300 美元。2000 年中国人均国内生产总值为 840 美元，只相当于世界平均水平的 16.25，在世界排名 109 位，而中国 60 岁以上老年人的比例高于发展中地区，与世界平均水平持平，中国人口老龄化与经济发展远不同步。

而且，中国的未富是全方位的。不仅人均 GDP 低，在其他方面诸如文化教育、卫生水平、产业结构、城乡差别、地区差别等方面都有所表现。历史沉淀的二元结构及庞大的人口规模决定了中国的发展道路是漫长而艰辛的，是不可能一蹴而就的，所以未富先老的特点将会持续很长一段时间。

（三）老龄化的地区差异大

从总体上来看，中国各地区老龄化程度与经济水平具有一致性，自西向东呈阶梯上升，地区间差距较大。东部沿海地区 65 岁以上老年人口比例已超过 8%，其中上海达到 11.46%，早在 1982 年就已经进入老年型社会。青海和西藏的 65 岁及以上老年人口比例都只有 4.2%，而西部地区老年人口比例均在 5% 以下，部分地

---

① 曾毅：《中国人口分析》，北京大学出版社，2004 年版。
② 邬沧萍：《中国特色的人口老龄化过程、前景和对策》，《人口研究》，2004，（1）第 12 页。

区仍是典型的年轻型人口结构。与此同时,各地区老年人中的大部分位于经济水平较落后的农村。2000年中国8827.4万65岁以上老年人中65.8%分布于农村,农村老龄化程度达到10.89%,超出全国平均水平及城市。①

受社会经济差异的影响,老年人能够享有的医疗保健服务和受教育水平也是城乡有别。目前,中国乡镇每千人拥有的医疗、卫生院床位数和卫生人员数仅相当于全国平均水平的1/3。城镇60岁以上老年人受教育年限为5.26年,农村仅为2.3年。

(四) 高龄化的增长速度快

中国的人口老化过程大致可分为三个阶段:第一阶段为1990—2000年,中国人口由成年型向老年型转变;第二阶段为2000—2020年,这时中国将变成典型的老年型人口的国家;第三阶段为2020—2050年,这一阶段将是中国人口老龄化的严重阶段。令人担忧的是,在中国人口总体老龄化的同时,老年人口内部也在不断老化。

按照中死亡率预测方案,我国80岁及以上高龄老人从1990年到2050年的每年平均增长速度为4.2%,分别等于英国、美国、法国、德国和日本的2.7、1.9、2.6、2.5与1.8倍。如果低死亡率假定成为现实,我国80岁及以上高龄老人从1990年到2050年的每年平均增长率为5%,即平均每年递增5%,持续60年!②

根据国际上调查资料,80岁及以上高龄老人因体弱多病需要经常性特别照料的比例等于65~79岁老人的5倍左右。显然,高龄老人最需要照料,是老龄工作的重点和难点。毫无疑问,在我国,高龄化的增长速度比较快,庞大的"中老年"和"老老年"人口无疑会给家庭和社会带来沉重的负担。

---

① 邬沧萍:《中国特色的人口老龄化过程、前景和对策》,《人口研究》,2004,(1)第13页。

② 曾毅:《中国人口分析》,北京大学出版社,2004年版。

三、我国人口老龄化的影响及对策

首先，人口老龄化会加大社会养老负担。

有关研究表明，我国总人口的抚养比［总抚养比＝（0～14）岁的人口＋65岁以上人口/（15～64岁）人口］在未来百年内呈先降后升趋势，2008年以后，老年抚养比的持续增长将成为我国总抚养比增长的主要原因。预计到2023年，我国老年抚养比将会超过少儿抚养比，这说明劳动年龄人口抚（赡）养的重点将由少儿人口转向老年人口。

人口年龄结构预测表明，1990年中国每100个劳动年龄人口抚养13.74个老年人，2000年抚养15.60人，2025年抚养29.46人。同时总抚养比也相应上升，从2035年的59.5％上升到2050年的76.8％。据1999年世界银行资料，中国国民生产总值只占世界的3.5％，现在却负担着世界20％的老年人口，21世纪上半叶，中国国民生产总值可占世界的10％，却要负担世界20％～25％的老年人，尽管老有所养可能不会成为问题，但是高龄老人成倍增长，则老有所医和老有所娱问题会更加突出。①

其次，人口老龄化要求调整现有的产业结构。

随着我国老年人口的增加，尤其是需要更加特别照料和服务的高龄老人的迅猛增加，需要调整现有的产业结构，以满足老年人口对物质和精神文化特殊的需要。为了满足老年人口日益增长的物质和文化的需要，就应当发展老龄产业，增加老年人所需要的社会服务业，改造不适应人口老龄化的住宅、社区和环境，发展老年人衣、食、住、用、行等各种消费品。

此外，在劳动力市场方面，随着老龄化社会的到来，劳动力年龄人口比重下降、劳动力人口年龄结构中年轻比重人下降；在对养老保障模式方面，家庭养老模式受到严重挑战，不完善的社会养老体系受到严重挑战；社会保障成本方面，国家用于养老金支出和医

---

① 唐滢：《我国的人口老龄化》，《人口与经济》增刊，2006，(4)第131页。

疗保健的支出增加，国家的负担将会加重等等。

老龄化高峰到来大概是二三十年时间，非常紧迫，迎接人口老龄化高峰的准备工作需要一个过程，不是一蹴而就的，因此要有制度性的发展规划，设计未来的养老发展战略。当前最重要的是建立社会化的养老照料服务体系，解决高龄人口的照料问题。

具体来说可以采取的相关政策有：

首先，建立和完善与人口老龄化进程和经济发展水平相适应的老年法律体系和老年社会保障体系，保障老年人的合法权益。要构建以居家养老为基础、社区服务为依托、社会福利机构为补充的养老服务体系，此外要加快构建覆盖城乡，具有中国特色的养老安全网，建立个人账户与社会统筹相结合的养老金储备制度。

其次，弘扬敬老爱老传统美德，协调代际关系，保持社会稳定和促进经济发展。

再次，积极推动支持老年人再就业与再学习，不但要老有所养，还要老有所为，老有所学，以高素质应对老龄化。

又次，适时提高劳动年龄上下限，实行晚进晚出办法，调整年龄结构。劳动年龄人口数量多少和比重大小，主要取决于劳动年龄的上下限。随着中国社会生产力水平的不断提高，人口预期寿命已延长至71岁，因此原定的劳动年龄上下限偏低需要适当的调整。

最后，发展老龄产业，积极鼓励与拉动老年消费市场。

第三节 人口出生性别比问题

一、出生人口性别比问题的提出

某人口出生性别比是指该人口某一时期（通常为一年）内出生的男婴总数与女婴总数的比值，用每百名出生女婴数相对应的出生男婴数表示。国际上长期观察的结果显示，在未受到干预的自然生育状态下，人口出生性别比应介于103至107之间。

我国的人口出生性别比严重偏离正常范围。这已经引起了内外的关注和重视。2004年,美国杨伯翰大学的瓦莱丽·赫德森和英国肯特大学的安德烈亚·博尔合作出版了《光棍:亚洲男性人口过剩的安全意义》一书,该书将中国出生人口性别比的失调与安全问题挂钩,指出中国男性人口过剩可能会给国内外社会安全造成威胁。

2004年3月10日,中央人口资源环境工作座谈会指出:"要高度重视出生人口性别比升高的问题,开展必要的专项治理活动。"并提出要"加强责任制,把人口数量指标和性别比的指标统一起来考核,力争经过三至五年的努力,使出生人口性别比升高的势头得到遏制"。

二、出生人口性别比失调产生的社会问题

高出生性别比对中国社会两性的平等、婚姻家庭与经济发展产生了很大的影响,甚至影响到社会的安定与团结。

北京大学社会学系郑也夫教授认为,在人为干预下的男女性别比例过大,直接导致的结果是婚配不平衡,女的都要找富有的上层人士做丈夫,社会地位最低、最贫穷的男子可能会娶不到老婆,最终超出的部分是最底层的。这种人的大量存在必然会给社会生活带来一定的影响,比如说现在正在热烈讨论的娼妓业的合法化等。

具体来说,首先,出生人口性别比失调会导致婚姻积压的现象。

通常情况下,人口性别比一定程度的失衡是可以通过婚龄差来调整的,但若失衡严重,其后果必将导致婚姻市场挤压,相当数量的男性婚龄人口难以婚配,尤其是贫穷的男性、农村边远山区的男性、残疾的男性、受教育程度较低的男性等,在婚姻市场的竞争中,被淘汰出局的概率更大,由此会产生一系列复杂的社会问题,从而影响经济发展和社会稳定。

《光棍:亚洲男性人口过剩的安全意义》一书中这样写道,妇女的缺乏将导致这样一种局面:拥有金钱、技能和受教育优势的男

子可以结婚,而没有这些优势的男子却结不了婚,他们会在社会经济底层形成一个光棍阶层。在中国和印度,到2020年,光棍将占到年轻的成年男性人口的12%至15%。另外,《华盛顿邮报》也撰文指出,处于社会底层的年轻成年男子,为了提升他们的社会地位,会通过暴力和犯罪方式联合起来。

此外,人口出生性别比失调会使得卖淫嫖娼问题严重化,影响家庭社会稳定。

学者夏学銮说:"新生儿比例失调影响未来一段时间的正常婚配,危害中国人口安全,甚至影响到社会的安定。婚姻和谐是社会和谐的重要环节,如果这个环节出现问题,会冲击家庭,对社会产生消极影响,有可能会引起社会结构做出相应的调整。但现在男女比例失调还没有严重到这个程度,如果严重到一定程度,就可能会被迫卖淫或者被迫成为别人的妻子"。

中国社会科学院人口与劳动经济研究所的专家张翼对中国人口出生性别比失调有可能引发的社会问题进行了概括,他认为会引发十大社会问题:那些没有权、没有钱、又没有形貌竞争力的男人,会增加未婚的概率;"骗婚"或婚姻欺诈现象会层出不穷;那些出生于贫困家庭的青年女性,易于在婚姻买卖中被作为交易品;找不到妻子的男性会成为性犯罪的诱因;男女结婚的婚龄差将增大,"大男小女"、"大女小男"的状况会日益普遍;男性单身家庭会增加;男性"第三者插足"的现象将会逐渐严重;离婚率会居高不下,残损家庭会增多;性交易如果合法,将生意兴隆,如果非法,将日益泛滥;性病的传播、尤其是在下层百姓中性病的传播会难以有效控制。[①]

三、原因及对策分析

中国的出生人口性别比问题有其独特性,主要表现在文化因

---

① 张翼:《人口出生性别比失衡将引发十大社会问题》,《红旗文稿》,2005(2)。

素、政策因素、技术因素、统计因素等四个方面,因此,治理对策也需要体现综合性。

(一) 原因分析

1. 文化因素。文化因素主要是通过作用于人们的性别价值观和生育观念影响出生人口性别比,它们是最主要和最重要的影响我国出生人口性别比的间接因素。我国出生人口性别比失衡背后隐含着深刻的社会文化背景,是重男轻女的传统文化观念在人们意识中的残留。顾宝昌(1996)认为,近年来在一些亚洲人口中出现的出生性别比失调现象,可以被看作是以下 4 个因素相互作用的结果:重男轻女的文化环境;社会经济的发展水平;生育率下降的速度;人口工作的重点。穆光宗(1995)认为,20 世纪 80 年代以来,中国伴随着生育率的持续下降,出生性别比呈现升高趋势,在中国不会是一种巧合而是必然,其根本原因是歧视性别偏好的存在和强化。按照张翼的分析,出生人口性别比之所以偏高,是因为以延续宗亲血脉为主线的生育观的终极关怀,在政治、经济和文化上,还有着存在的合理根据。在文化上,可以给家庭一个交代——宗亲的血脉在我们这一代得到了延续。在某种程度上,中国人生小孩,不仅仅是小夫妻俩在给自己找"养儿防老"的归宿,更重要的,还是在为家庭和家族安排香火的传人。由于"文化滞后",而且城市人并没有在社会层面完全改变他们的生育观,更何况,很多乡村和镇子里的文化精英,通过上大学分配进城市的单位工作,在某种程度上,会把乡村的传统生育观带入城市,成为一个个镶嵌进高楼大厦的村落文化孤岛。①

2. 政策因素。现行生育政策进一步强化了生育个体行动者的性别选择意识,使出生人口性别比失衡。从历史的角度看我国出生人口性别比,可以得到这个结论。

---

① 张翼:《中国人口出生性别比的失衡、原因与对策》,《社会学研究》,1997,(6)第 59 页。

20世纪50和60年代的出生人口性别比,不仅正常,而且十分稳定,它基本上在正常范围内变化。这说明中国出生人口性别比原本是正常的,而不存在生理上的偏高。但自20世纪80年代以来,特别是80年代中期以来,随着以控制出生子女数量为主要内容的生育政策在全国范围内实施以后,我国出生人口性别比明显升高。1985年以来除个别年份以外,出生人口性别比都在110以上,出现了明显偏离正常值的异常升高且逐年上升的趋势(见1960—2000年主要年份我国出生人口性别比的数据)。从中可以发现,我国出现人口性别比是逐年升高的,1964年人口普查时只有106.6,是正常的,而到了2000年人口普查时,就上升到116.9,出生人口性别比明显偏高[1]。关于这一现象,乔晓春认为,20世纪80年代以前我国出生人口性别比正常并不表示中国人没有男孩偏好的倾向,只是这种倾向在没有人口政策的制约下,不是通过直接选择性别来实现的,而是通过多生孩子来实现的。因此,它没有导致出生人口性别比的升高。生育政策实施以后,多生和早生受到了限制,就只好在追求出生婴儿性别比上想办法,从而使出生人口性别比上升。

表:1960—2000年主要年份我国出生人口性别比(女性:100)

年份	1960	1965	1970	1975	1984	1985	1989	1995	2000
性别比	110.3	106.2	105.9	106.4	108.5	114.1	111.3	115.6	116.9

资料来源:1960—1985年出生人口性别比来自全国生育节育抽样调查分析数据卷(三)【M】。1989—2000年出生人口性别比来自国家统计局人口和社会科技司编的中国人口统计年鉴【M】。相关年份数据。

3. 技术因素。非法运用B超进行胎儿性别鉴定而引起的性别选择性流产是出生人口性别比严重失调其中的重要原因。研究表明,只要人工流产中有10%的人是做了具有60%效率的性别鉴定,

---

[1] 汤兆云:《出生人口性别比失衡的社会因素分析》,《人口学刊》,2006,(1)第27页。

就可以解释性别比达到 110 的情形。张翼认为，合法性流产和胎儿性别鉴定技术的应用，为出生性别比的提高创造了必要的文化环境和技术环境（出生性别比的异常升高与 B 超的普及在时间和地域上有着惊人的一致性）。据马瀛通等的分析，近期的总体出生人口性别比与分孩次出生性别比异常升高，是因为孕妇对胎儿性别进行 B 超检测的问题日趋严重，有相当可观数量的保留男胎流产女胎所造成。随着 B 超检测胎儿性别技术的发展及其检测胎儿性别问题的不断蔓延，为实现生育上的男性偏好提供了可能的条件。倘若没有 B 超检测胎儿性别技术及检测胎儿性别问题的蔓延，中国近期出生性别比就不会出现异常偏高的现象。[①] 因此可以说，运用技术进行产前性别鉴定和性别选择性人工流产，是导致出生人口性别比偏高失调的重要原因之一。

4. 统计因素。我国的户籍登记制度要求任何新出生人口都要登记，依此作为统计的基础。但在现实生活中，存在着选择性申报户口的现象，有一些人有意漏报女婴。这也是人口出生性别比失调的主要原因之一。有资料显示，1989 年男婴漏报率为 2.07%，女婴漏报率为 4.33%。

徐毅等认为，中国出生人口性别比异常升高的原因，主要是瞒报、漏报女婴所造成的统计上的假象。乔晓春认为，1982 年人口普查有漏报，1990 年人口普查漏报更为严重，中国实际的出生婴儿性别比在近十几年可能有所提高，但估计不大可能超过 107，现实出生婴儿性别比偏高是"真实提高"和"虚假提高"二者共同作用的结果。据曾毅等分析，中国出生性别比升高的第一位原因是女婴漏报，加上溺弃女婴的陋习在少数地区仍然存在，蒋正华的研究表明出生婴儿性别比在中国是 108 左右，如果调查结果高于这个数，一般就暗示着女婴有可能漏报，等等。

---

① 于学军、解振明：《中国人口发展评论：发展与展望》，人民出版社，2000 年版。

(二) 政策选择

首先，在稳定现行人口生育政策大的前提条件下，适应生育政策转型升级的需要，认真做好计划生育条例的修订修正工作，改革和调整影响出生人口性别比失衡的因素和环节。

其次，建立有利于计划生育，有利于计划生育家庭的利益导向机制和社会保障制度，这是从政策层面确保出生人口性别比正常的重要前提条件。

再次，从社区方面入手，加强宣传，营造两性平等的社区氛围；采取措施（如土地政策或用工政策方面对独女户或女性的优惠）等切实提高女性的地位；健全农村社会养老制度，给农村独女户纯女户以支持，解决村民的后顾之忧。

最后，严禁非医学需要的胎儿性别鉴定和选择性别的人工终止妊娠。重点整顿B超医疗市场，严格准入制度，严格执业资格审查，通过立法等措施，严厉打击非法实施胎儿性别鉴定和选择性别的人工终止妊娠以及溺弃女婴等违法行为。

参考文献：

[1] 蔡昉、张车伟：《2000年中国人口问题报告》，北京：社会科学文献出版社，2000年版。

[2] 李建民、原新、王金营：《持续的挑战 21世纪中国人口形势问题与对策》，北京：科学出版社，2000年版。

[3] 章辉美等编著：《当今中国社会问题研究》，长沙：中南工业大学出版社，2000年版。

[4] 于学军、解振明主编：《中国人口发展评论：回顾与展望》，北京：人民出版社，2006年版。

[5] 杜鹏著：《中国人口老龄化过程研究》，北京：中国人民大学出版社，1994年版。

[6] 蔡昉主编：《2001年：中国人口问题报告——教育、健康与经济增长》，北京：社会科学文献出版社，2001年版。

[7] 苏智良主编：《当代人类社会问题》，上海：上海世纪出版集团，上

海教育出版社,2001年版。

[8] 朱力等著:《社会问题概论》,北京:社会科学文献出版社,2002年版。

[9] 曾毅:《中国人口发展态势与对策探讨》,北京:北京大学出版社,1994年版。

[10] 于学军:《中国人口老化的经济学研究》,北京:中国人口出版社,1995年版。

[11] 唐滢:《我国的人口老龄化》,《人口与经济》2006,(4)。

[12] 汤兆云:《出生人口性别比失衡的社会因素分析》,《人口学刊》,2006,(1)。

[13] 邬沧萍、王琳、苗瑞凤:《中国特色的人口老龄化过程、前景和对策》,《人口研究》,2004,(1)。

[14] 于学军:《中国人口老化问题研究综述》,中国人口信息网,2004-9-16。

[15] 《人口年龄结构变化与经济发展》,中国网,2006-2-5。

[16] 《人口统计数据敲响警钟 中国未富先老怎么办》,中国网,2006-2-23。

[17] 吴世友:中国人口问题研究 http://blog.sociology.org.cn 2006-5-5。

[18] 曲海波:《论老年人口学的基本范畴及其理论框架》,《中国人口科学》1988,(1)。

[19] 邬沧萍:《中国特色的人口老龄化过程、前景和对策》,《人口研究》2004,(1)。

[20] 马瀛:《出生人口性别比失调与从严控制人口中的误导与失误》,《中国人口科学》,2005,(2)。

[21] 马焱:《从性别平等的视角看出生婴儿性别比》,《人口研究》2004,(9)。

[22] 马瀛通:《重新认识中国人口出生性别比失调低生育水平的代价问题》,《中国人口科学》,2004,(1)。

[23] 李芬:《农村出生性别比升高的分析——社区生育文化的视角》,《南方人口》,2005,(4)。

[24] 穆光宗:《中国出生人口性别比研究》,《21世纪经济报道》,2006

—4—16。

[25] 《人口研究》编辑部：《中国出生人口性别比：从存疑到求解》，《人口研究》，2006，(1)。

[26] 马科斯·费尔德曼：《中国农村男孩偏好文化的传播和演化：背景与主要研究结果》，《人口与经济》，1999年增刊。

[27] 穆光宗：《近年来中国出生性别比升高偏高现象的理论解释》，《人口与经济》，1995，(1)。

[28] 乔晓春：《性别偏好，性别选择与出生性别比》，《中国人口科学》，2004，(1)。

[29] 徐毅、郭维明：《中国近年来出生性别比升高的原因及其后果分析》，《人口与经济》，1991，(5)。

[30] 乔晓春：《对中国人口普查出生婴儿性别比的分析与思考》，《人口与经济》，1992，(2)。

[31] 曾毅、顾宝昌：《我国近年来出生性别比升高的原因及其后果分析》，《人口与经济》，1993，(1)。

[32] 蒋正华：《正确认识人口形势，科学规划发展目标》，《人口与计划生育》，1994，(6)。

第11章 当代中国流动人口问题

第一节 中国流动人口的内涵和构成

一、流动人口的内涵

流动人口是由人口的跨国、跨地区、跨省市流动而产生的一个独特的人口概念。它是与人口流动直接相关的一个概念。一般来讲,人口流动是指人口在地域空间上的移动,即人口在一个国家或地区之间改变或暂不改变其常住户口,而进行的流入或流出活动;人口流动分为永久性的和暂时性的。永久性流动的称之为人口的迁移(或迁移人口);暂时性的流动的部分则形成了流动人口。"流动人口(floating population)"这个概念目前主要用于中国[①],它特指在国内的人口流动,并限制为人们在没有改变原居住地户口的情况下,到户口所在地以外的地方从事务工、经商、社会服务等各种经济活动,即所谓"人户分离"的情形,但排除了旅游、上学、访友、探亲、从军等情形。从统计学的角度来看,现阶段流动人口一般以流动"半年"为限。据国家统计局公布2005年全国1%人口抽样调查主要数据显示,目前中国流动人口约1.5亿人。其中,跨省流动人口4779万人。与第五次全国人口普查相比,流动人口增加296万人,跨省流动人口增加537万人[②]。

---

① UNICEF East Asia & Pacific Regional Office. *Mobile Population & Vulnerability*. Bangkok, 1998, pp3—36.
张为民、李希如、叶礼奇等:《中国流动人口状况分析》,《经济研究参考》,1998,(51)第2—18页。
徐缓:《中国流动人口的艾滋病预防和控制(综述)》,《中国性病艾滋病防治杂志》2001 (V7—6)。
② 文章来源:中国网综合消息 2006-3-17。

二、中国流动人口的构成

中国当前的流动人口主要由三部分人构成：

第一部分是来自于农村的剩余劳动力即农民工，这是流动人口的主体。据国家劳动和社会保障部的统计数据表明，1990年我国劳动力到乡（镇）以外流动就业的人口是1500万，2003年为1.5亿，是1990年的10倍，其中农民占80%以上。并且呈不断增长的态势[1]。

第二部分是一些中小城市（以中西部地区居多）的下岗职工、无业人员和未考上高一级学校的初中或高中毕业生等待业人员。还包括少数未能顺利就业的高校毕业生。他们因在家乡找不到合适自己理想的工作，不得不离乡背井，到经济发达的大城市去寻找新的发展机会。据有关学者统计推算，全国范围内登记在册的失业人员、下岗、待业人员，在1998年"人数约为1807万人"[2]。笔者估计现在这个数字可能更大。但由于政府和企事业单位对下岗职工广开就业渠道和一些社会保障等优惠政策因素的影响，他们中的大部分仍然留在原籍寻找工作机会。外出打工者则主要来自于就业渠道较少、经济欠发达的中西部地区和一些老工业基地。所以这部分人员在流动人口中的所占比例比起第一类人员来说要少很多。

第三部分是一些被社会所唾弃的劳教、劳改释放人员，也有极少数被通缉的逃犯。他们因有犯罪前科而被当地的企事业单位拒之门外，或为了逃避法律的制裁，不得不到一些不了解他们的地方谋生。这部分人人数不多，但负面影响不小。

流动人口大多由农村流向城市；由小城市流向大城市；由西部、中部和东北等老工业基地以及东部部分经济不太发达的地区流向东部沿海如广东、福建、江苏、浙江、上海和北京、天津等经济比较发达的地区。

---

[1] 《常务副县长吕学锋同志在全县流动人口管理服务工作会议上的讲话》，http://www.hbcy.gov.cn 2006-3-16.

[2] 李强：《当前中国社会的四个利益群体》，《社会学》，2000，(9) 第56—65页。

流动人口的年龄以青壮年为主，男性多于女性。据农业部"民工潮"跟踪调查与课题组的调查，农村外出劳动力以35岁以下的青壮年为主，其比重为71.8%。而珠三角地区的调查显示，外来工的平均年龄不超过25岁[①]；较低文化层次的人多于高文化层次的人，他们中初中文化层次的人占绝大多数；单独外出的人多于举家流动的人。他们中的绝大多数人在城市里从事建筑小工、搬运工、园林工，个体私企中从事简单劳动的操作工、小商小贩、商店餐馆的服务员、勤杂工，居民家中的保姆、街头的擦鞋工、修理匠等劳动强度大、危险性大，又脏又累、收入报酬很低、工作也极不稳定的职业。他们分布在国民经济各个行业，在加工制造业、建筑业、采掘业及环卫、家政、餐饮等服务业中已占从业人员半数以上，是推动我国经济社会发展的重要力量[②]。另外，也有极少数人从事着诸如制假贩假、走私贩毒、贩卖人口、赌博卖淫、坑蒙拐骗、偷窃抢劫等不法勾当。

由于流动人口离开了自己过去的生活圈子，处于一种自然状态，原有的社会控制减弱，甚至于法律对他们的行为约束也变得较为困难。再加上转型时期新旧体制的转换造成某些控制真空或控制失灵，使得社会在某些方面一定程度上处于失范状态。这样他们就处在城市管理的相对自由、真空和边缘状况，成了城市中的自由人、真空人、边缘人，从而构成了一个主体社会之外的特殊群体——边缘群体。

第二节 流动人口的社会地位

流动人口属于社会底层弱势群体的一部分，与生活在同一城市

---

① 刘海陵、林洁：《广东流动人口达2100万，治安压力沉重警力不足》，http://www.sina.com.cn 2003-9-14。

② 《国务院关于解决农民工问题的若干意见》，http://www.chinapop.gov.cn/cms/export/sites/chinapop/ldrk/index.html 2006-3-24。

中的普通市民相比,他们受到的待遇是极不平等的。当前存在的主要问题是:"工资低,被拖欠现象严重;劳动时间长,安全条件差;缺乏社会保障,职业病和工伤事故多;培训就业、子女上学、生活居住等方面也存在诸多困难,经济、政治、文化权益得不到有效保障。这些问题引发了不少社会矛盾和纠纷。"① 如果以社会学在分析社会群体差异时所说的政治的(权力的)、经济的、声望的三个维度来衡量,他们的社会地位是非常低下的。

一、流动人口的政治地位

从政治地位上看,他们虽然生活在城市里,但并不享有普通城市市民的权利,城乡分割和各种政治、经济权利以及福利待遇相捆绑的户籍管理制度,使他们对所在城市中的大小事情,几乎没有什么发言权。公民本应该享有的健康权、生命保障权、平等工作权、子女受教育权等基本权益,对于他们来讲也是极不平等的。长期以来,流动人口基本没有享受公费医疗、社会医疗保险等健康保障,甚至有的连工伤也得不到有效救治,至于退休、养老就更无从谈起。尽管在政府的干预和社会的呼吁下,这种情况已经有所好转,但与城市普通市民相比,仍然是相差甚远。他们当中许多人的工作没有保障,随时都有被炒鱿鱼的可能;做同样的工作,却不能与当地人享受同样的待遇,而且还常常被业主恶意拖欠工资。近年来深圳、郑州、广州等地就发生过多起民工为讨回被拖欠的工资,铤而走险爬上高塔、高楼,以生命相威胁的恶性事件。② 此外,他们中有的人被个别不法老板以种种借口搜身、罚跪、打骂甚至非法拘禁等人身侵犯的情况也经常见诸报端。他们的子女不能同居住地市民的子女一样享受完全平等的受义务教育的权利。在很长的一段时间内,流动人口的子女甚至不能进入所在城市的学校读书。这种情况

---

① 《国务院关于解决农民工问题的若干意见》,http://www.chinapop.gov.cn/cms/export/sites/chinapop/ldrk/index.html 2006-3-24.
② 高虹:《岁末民工屡上高楼》,《华东信息日报》2002年1月19日。

现在虽然有所好转，如有的省市专门制定了针对外来民工子女入学的有关规定，明文规定不得将其拒之门外或歧视他们等等，但仍然免不了收几百、上千元不等的借读费。还有的城市为他们的子女办了专门的民工子弟学校，但其教育设施、师资水平、教育管理等等却远远不能与其他公办学校相提并论。更有甚者，不少城市的管理者对这些外来务工人员也有一种有意无意的歧视，认为他们进城势必影响城市的交通、卫生和治安，因此对外来工的管理简单粗暴，充满敌意。

二、流动人口的经济地位

从经济地位来看，流动人口在流入城市中的收入与他们原来的状况相比，确实要好一些。但与流入城市的普通市民的实际收入相比，却差距甚大。因为他们大多从事的是科技含量较低甚至是纯体力支出的工作，再加上同工不同酬等歧视性因素的存在，报酬大多较低。此外他们还要缴纳许多流入城市户籍居民不必缴纳的行政性费用，如暂住人口管理费、计划生育管理费、城市增容费、劳动力调节费、外地务工经商人员管理服务费以及就业调节费等等。他们的子女要在流入城市上学读书，还必须缴纳赞助费、借读费，尽管现在有些地区的政府已经意识到这方面的问题，对流动人口的子女入学有了些优惠，但所谓的优惠依然是打了折扣的，实际的国民待遇仍然不平等，流动人口为子女教育付出的费用比本地人还是更多。这样，收入更低而支出却更多，使得他们的经济状况大多比较窘迫。至于他们的衣食住行，就更不能与流入城市户籍人口的人们相提并论了。近年来，随着商品房政策的实施，绝大多数经济发达地区的房价一路飙升，不用说他们微薄的收入能买的起房，就是租房的费用也难以承受。城市户籍居民虽然也为高房价叫苦，但他们毕竟在前几年享受了国家的房改优惠，他们中的困难户还可以享受经济适用房和廉租房等社会救助政策，而这些政策只是针对城市户籍人员的，流动人口是无权享受的。因为城市住房制度改革基本上没有考虑流动人口的利益。受户口的限制,流动人口理论上被排除在公房租售和购买经济适用房之外,也无法获得土地自建房屋,唯一的可能是从市场上租用或购买商品房。所以,流动人口要在一个地方住下来打工,除了有的地方企业为他们准备了集体宿舍之外,他们中的大多数人必须要考虑租房的问题。为了省下钱寄给家乡的老老小小,他们大都省吃俭用,精打细算,租住一些居住条件很差的房子。一些城郊农村吸引了大批流动人口居住,形成流动人口聚集地,如在北京有所谓"浙江村"、"河南村"、"新疆村"等。流动人口在住房选择方面处于不利地位,影响了他们的住房状况。一些从事建筑行业的流动人口则长期住在冬冷夏热,设施极其简陋的工棚内。更有极少数人甚至长年累月露宿街头和桥墩下面。

从上面对流动人口的工作、生活情况的分析中可以看出,他们的经济地位是十分低下的。

三、流动人口的声望地位

从声望地位的情况来看,流动人口的情况更不容乐观。他们"进城就业后虽然生活在城市,但并没有真正地融入城市生活,没有建立起以业缘关系为纽带的生活圈子。他们的生活圈依然是建立在亲缘和地缘的关系上,而在城市里依然是社会关系少,感情孤独。"[①] 另外,从整体上讲,他们属于低文化水平的群体。其中大多数人的文化水平很低,除了极少数人有高中或大学文化之外,小学和初中文化层次的人占了绝大部分,甚至还有不少连汇款单都不会填的文盲。由于长期处在落后地区的贫困生活状况下,缺少良好的教育,他们中的大多数人生产技能低下,生活方式和思想观念落后,进入经济发达地区的城市后,与流入城市里发展较快的物质文明和精神文明格格不入,所以普遍地不受流入城市人们欢迎,被人

---

① 李培林:《流动民工社会网络和社会地位》,《社会学研究》,1996,(4) 第86—89页。

瞧不起。有相当一部分人生活在边缘化的位置。他们"走在城市的大道上,小心翼翼,有如过独木桥。因为他们知道,身边有许多人对待他们都有一种歧视的眼光,甚至有的连歧视的眼光都不屑于施舍。"① 流入城市给他们的感觉就是歧视。

第三节 中国流动人口问题形成的原因

流动人口的形成主要是由农业劳动力向非农产业和城镇转移的必然趋势决定的。正如国务院关于解决农民工问题的若干意见中所说:"农业劳动力向非农产业和城镇转移,是世界各国工业化、城镇化的普遍趋势,也是农业现代化的必然要求。"② 人口流动并且日益加剧是一种社会现象,是历史进步的必然趋势,是市场经济发展的必然规律。在今后较长时期内,流动人口群体将继续呈增长趋势,其流量、流速、构成等将随着时间和宏观背景的变化而变化。人口流动本身是一种社会现象而不是社会问题。但是就我国目前的情况来看,流动人口的边缘化,主要由流动人口构成的边缘群体问题已经成为我国构建和谐社会的严重社会问题。所以我们必须深究其原因,尽全力解决边缘群体的问题。

一、经济的二元化是流动人口问题形成的根本原因

流动人口问题的形成以及随着人口的流动而形成的边缘群体问题产生的原因是复杂的、多方面的。究其根本原因,是我国长期存在着的社会经济发展不平衡。由于中国地域辽阔,各地区在地理环境、人口状况尤其是生产方式发展水平等方面存在着巨大的差异,形成了全国性的经济二元化特征。在计划经济向市场经济转型的过程中,这种特征尤为突出。经济二元化主要体现在城乡经济、区域

---

① 高虹:《民工:在城市的边缘痛并快乐着》,《华东信息日报》,2002-1-19。
② 《国务院关于解决农民工问题的若干意见》。

经济和部门经济三个方面。

1. 城乡经济的二元化。城乡经济的二元化主要表现是：城市经济中占主导地位的是社会化大工业生产和发达的商品经济以及逐步完善的市场经济机制，不少城市在新技术革命的推动下已经开始了从传统工业社会向后工业现代化社会的转型，城市尤其是大城市居民的物质生活和精神生活水平得到了大幅度提高。但与之相对应的是，在广大农村中，自然经济特征却仍然非常突出。虽然从整体上说，乡村经济较过去有所发展，但仍然比较封闭，还处在农业社会向工业社会转型的发展阶段，大多数农民的生活状况仍远远落后于城市居民，甚至还有相当一部分人生活在贫困线以下。这种城乡二元经济的结果，在城市与农村之间造成了一个贫富悬殊的巨大鸿沟。且令人担忧的是，最近几年这种趋势还在增大。据统计，"在改革开放之前，城乡消费指数比是2.8：1～2.9：1，80年代中期下降为2.3：1～2.4：1，可到90年代中期，却变成了3.1：1～3.2：1。"① 此外，城市的快速发展和农业科技含量的增加，农村的剩余劳动力越来越多，急需转移。这样由城乡之间的经济和社会发展的不平衡，以及农村剩余劳动的大量产生等原因导致越来越多的农民离开土地、进入城市谋生。这些离乡入城的农民工构成了流动人口的主体，也是边缘群体的主体。

2. 区域经济的二元化。经济的二元化还体现在我国的区域经济发展之间，其中较为明显的即是东部与中西部的差异。东部地区因其地理位置的优越，对外开放的影响，历来就比中西部地区发达。在改革开放的初期，东部又率先享受着国家各项政策的优惠而优先发展。目前，东部地区城市化水平高，经济发展走在全国前列。如2005年全国人均GDP1700多美元，而东部的江苏无锡市，人均GDP按户籍人口计算已达到7700美元，按常住人口计算也已

---

① 李强：《被推到边缘的人们》，《南方周末》，2001-4-19。

达到6000多美元①。而与之相反的中西部地区，由于地理环境的恶化、传统经济文化落后，在激烈的社会演变中处于劣势地位，从总体上讲经济不发达，即使是在城镇中，也有大量的贫困人口和失业人口。中西部落后地区整体水平的低下与东部发达地区发展水平的提高形成了强烈反差，导致中西部地区的下岗、失业和待业的人口流向东部沿海发达地区寻求生存发展机会，形成了流动人口中边缘群体的第二部分人群。

3. 行业和部门经济的二元化。经济二元化也存在于同一城市的不同行业和部门之间，即我国诸多城市中不同行业在经济水平和运作体制上也存在着发展的不平衡。在从计划经济向市场经济转轨的过程中，原来占有优势的某些国营企业由于结构调整、市场竞争等条件的变化，其发展落后于不少三资企业和私营企业。此外，在国有经济内部企业之间，由于社会的先赋性差别和市场化改革推进程度的不同也产生了不同行业、企业间发展的不平衡。尤其是那些夕阳产业中的员工，由于处在产业结构调整的中心，他们不得不付出下岗、失业的惨重代价。而那些带有垄断性质的行业，如银行、电力、电信和石化等行业，则靠着垄断经营带来的垄断利润使其员工的收入高出其他行业职工的几倍甚至十倍以上。不同行业和部门之间发展的不平衡，导致同一城市中也出现较为严重的贫富分化。那些处在极端贫困地位的下岗、失业人员则被迫外出打工，成为了流动人口而被抛到了边缘地位。

经济的二元化形成了城市与农村之间、东部地区与中西部地区之间、城市内部各行业之间的社会经济发展不平衡。近年来某些政策又人为地使这种格局延续下来。虽然随着经济改革的深入，全国经济从总体上有所发展，但这种发展的不平衡却相对加大了。尤其是城乡之间发展的差别更是如此。当前东部发达地区由于传统优势和起点较高以及加入WTO后对外开放的进一步扩大，其发展势头

---

① 《2006无锡统计年鉴》，中国统计出版社，2006年版。

愈加旺盛，如中西部地区再赶不上，不同区域经济之间的差距有进一步拉大的危险。正是以上的经济二元化特征，把那些在竞争中处于弱势的人群推向了边缘地位，造成了游离于社会主体之外的边缘群体。

二、传统的户籍管理制度是导致流动人口问题产生的重要原因

长期以来，我国推行的城市户口和农村户口的二元管理体制，使得持农村户口的人们一出生就处于极为不利的地位。由于城乡间社会经济发展的严重不平衡和贫富的巨大差距，使农村户口犹如天大的鸿沟，将农村人与城市人划为两个不同的等级。虽然随着改革的深入，传统的户口制度已有变化，对农村户口的控制有所松动，"农转非"已较过去容易了许多，但并没有根本改变户口的二元化管理体制。

传统的户口管理还表现出较强的区域化特征。户口本身还附带着诸多权利的因素，如选举权、被选举权、子女受教育权、工作权、最低生活保障权和当前在住房问题上实施的经济适用房和廉租住房权等公民的政治、经济权利都要通过户口所在地的活动来体现。人们一旦离开了自己的户口原地，就意味着将失去上述许多权利。身份证、暂住证、居住证、边防证、新身份证、城市准入证……这些自由名义下的户口制度犹如一根根绳索，将那些离乡背井的打工族们捆得死死的，使他们在政治上、经济上与流入地居民享受着不平等的待遇。

1.阻碍了城市化进程，对农业现代化及农村人口的转移形成体制性障碍。目前，美国城镇人口比例高达90％以上，发达国家也都在80％以上，全球城市化平均水平为46％，而中国仅为33％。[①]中国目前有大量的农村人口需要转移，但事实上进城限制却没有从

---

① 《户籍制度成为解决三农问题大障碍，改革迫在眉睫》，http：//news.163.com 2005-3-18。

根本上放松。

2. 遏制了消费市场的进一步发展。大量的城市流动人口,连基本的生存条件及安全感都没有,身份不明工作不稳,城市需求及消费畸形发展。

3. 与住房、消费(如购车、教育、社会保障)等利益直接挂钩,不同的户籍有不同待遇,不仅人为地把本应平等的身份划分为三六九等,而且加大了贫富差距。还加剧了城乡割裂,阻碍了城乡统筹,并最终加剧了社会分化。

4. 最大的负面影响是削弱了经济要素的自由流动,阻碍了经济的可持续发展,不利于形成全国统一的劳动力及人才市场。在美国,每年约有 1/5 的人口迁移,各类人才及劳动力的充分流动,是保持美国经济活力及竞争力的重要因素;日本的流动人口比例也近 1/5,欧盟超过 10%,而中国不仅流动比例低,而且极不稳定并缺乏保障。[1]

5. 在人们的思想意识中将城市人和农村人;当地人和外地人分成了不同的等级界限。城市户口附加的若干政治经济特权,使拥有着城市户口的城里人、当地人在农村人、外地人面前具有一种与生俱来的优越感。这种优越感和传统的嫌贫爱富旧观念结合的双重影响,就自然形成了对流动人口的歧视眼光,使他们在流入地就业后,虽然生活在新的城市里,却很难真正地融入当地城市市民的生活圈子,始终游离于城市生活的主体之外,成为城市里的边缘人。

三、流动人口素质的相对低下是形成流动人口问题的自身原因

除了上述几个方面的原因之外,流动人口问题的产生还有其自身素质的问题。由于流动人口长期生活在贫困、封闭、落后的生存环境中,没有受到良好的教育,文化水平普遍较低。据无锡市有关

---

[1] 《户籍制度成为解决三农问题大障碍,改革迫在眉睫》,http://news.163.com 2005-3-18。

部门的调查报告显示:"江阴、宜兴、滨湖、北塘、惠山、新区的流动人口文化程度,平均情况为:大专以上的2.2%、高中(中专)的9.44%、初中的62.25%、小学的22.75%、文盲半文盲的3.36%。"① 从总体上表现出来在文化素质、思想素质、生产技能、生活技能、生活习惯等诸多方面的素质都比较低下,与流入地市民格格不入,处于弱势状态。在社会转型时期激烈的人才竞争中,他们被社会无情地抛在了社会主体之外的边缘地位。

第四节 流动人口的社会影响与对策

一、流动人口的社会影响

处在边缘地位的流动人口,尤其是其中的主体农民工,他们的社会地位虽然低下,但他们中的绝大多数人对城市的繁荣发展和社会主义新农村建设却做出了巨大的贡献。国务院关于解决农民工问题的若干意见中指出:"农民工是我国改革开放和工业化、城镇化进程中涌现的一支新型劳动大军。他们户籍仍在农村,主要从事非农产业,有的在农闲季节外出务工、亦工亦农,流动性强,有的长期在城市就业,已成为产业工人的重要组成部分。大量农民进城务工或在乡镇企业就业,对我国现代化建设作出了重大贡献。……农民外出务工,为城市创造了财富,为农村增加了收入,为城乡发展注入了活力,成为工业带动农业、城市带动农村、发达地区带动落后地区的有效形式,同时促进了市场导向、自主择业、竞争就业机制的形成,为改变城乡二元结构、解决'三农'问题闯出了一条新路。返乡创业的农民工,带回资金、技术和市场经济观念,直接促进社会主义新农村建设。"②

在市场经济的条件下,他们填补了城市社会经济生活中相当部

---

① 江苏省妇联:《关于无锡市流动人口服务管理情况的调查报告》,中国妇女网。
② http://www.chinapop.gov.cn/cms/export/sites/chinapop/ldrk/index.html 2006—3—24。

分的空缺,为城市的基础设施建设、房屋建筑施工、劳动密集型企业、个体私营企业的发展以及普通市民的日常生活都付出了辛勤的劳动。城市里一些危险性大、劳动强度大的脏活、累活都由他们承担,城市的服务市场更是由他们撑起了大半边天。每当流动人口大规模离开城市的时候,他们对于城市的作用就会显现出来。如每年的农忙季节、春节大假时期一些城市就会出现建筑工地窝工、劳务市场劳工紧缺、保姆难请、菜价上涨等现象。所以说他们是现代城市生活中一支不可缺少的劳务生力军,为城市的第二产业和第三产业的发展做出了重大贡献,成为了城市经济生产力中的重要组成部分。从经济发展的另一个方面来看,由于他们中的大部分人脱离土地走进城市,成为城市新的消费群,也促进了市场的繁荣以及生产的发展,加快了中国城市化进程的步伐。

但是我们也应当看到,改革开放后,计划体制下的高度组织化的人口流动基本变成市场调节下的流动形态,尤其以农村更为突出。农民涌入城市,原有户籍管理形成的对人口的控制逐渐弱化,"手中有了人民币,祖国处处是我家",流动人口想到哪里就到哪里。农民由"熟人社会"进入"生人社会",必然导致人与人之间关系的变化。他们在流出地主要靠血缘、地缘的熟人和道德的约束,不敢有多少越轨的行为。进入城市后,他们进入一个陌生而全新的社会,每个人的根底无人知晓,也无人约束,干什么事都会缺少顾忌,长期来去自由,人性的弱点也会因缺乏有效约束而充分暴露。特别是有的在遇到多次不幸、挫折与坎坷时,就会丧失希望,如果无人关爱就会产生绝望,长期绝望就会绝情,绝情就会危害社会,甚至无恶不作。①

流动人口的社会心理处于严重的不平衡状态。他们中不少人的价值观混乱,以为他们受到社会歧视的原因是贫穷,因此只要有了钱就能改变这一切。他们中的许多人都是带着强烈的发财梦来到经

---

① 《常务副县长吕学锋同志在全县流动人口管理服务工作会议上的讲话》。

济发达的大城市的。但大城市不可能让每一个人梦想成真,尤其是他们当中的低文化层次的人。他们中的绝大多数人,尚能通过自己的正当劳动,积极改变贫穷状况。但值得注意的是,也有着人数不多,却影响不小的一部分人,他们既羡慕大城市居民的富裕生活而自己又很难通过或不愿通过合法的途径来满足自己致富的欲望。城市的富裕与农村的贫困所形成的强烈反差,使得他们心理失去平衡,并逐渐滋生出抵制社会、反对社会的仇视情绪。再加上城市对他们的歧视,更是加剧了这种不平衡的仇视心态。这种心态的进一步发展,就引发了铤而走险的恶性犯罪。从小偷小摸到公开抢劫、以至制假贩假、走私贩毒、贩卖人口、赌博卖淫、坑蒙拐骗甚至黑社会性质的恶性犯罪活动等等。从全国来看,大中城市流动人口犯罪问题相当严重。2000年至2004年,南京市抓获的犯罪人员中,流动人口年均占45.2%,而苏州市2004年批捕的9100人中,外来人口高达94.8%,抓获的街头"两抢"(抢夺、抢劫)1499人中,外来人口占到98.7%[①]。纵观最近几年城市的发案情况,就可知道,相当多的刑事犯罪案件都与流动人口有关。流动人口中犯罪分子较为集中地存在,严重影响着社会的稳定和发展。所以加强对流动人口的关注和管理是解决城市治安、社会稳定的一个重要课题。

二、解决流动人口问题的根本出路

根据前面对流动人口的分析,我们认为要解决好流动人口问题,最根本的措施就是坚持科学发展观。所谓"科学的发展观从本质上说,就是坚持以人为本,全面、协调、可持续的发展观,是促进经济社会和人的全面发展的发展观。"

其一,坚持以人为本的基本理念。"坚持以人为本,就是要以实现人的全面发展为目标,从人民群众根本利益出发谋发展、促发展,不断满足人民群众日益增长的物质文化需要,切实保障人民群

---

① 孙丽新、张国鄞:《科学发展观的内涵》,《河南日报》2004-4-23。

众的经济、政治和文化权益,让发展的成果惠及全体人民。"江泽民同志的"三个代表"重要思想指出,在发展社会主义市场经济的条件下,我们党要始终代表广大人民群众的根本利益。流动人口的绝大多数人属于人民群众的一部分,关注他们的生存状况,帮助他们解决实际问题,改善他们的发展条件,就是贯彻"三个代表"重要思想和科学发展观的具体体现。

其二,加快农村和中西部的发展,逐渐改变二元化的经济结构。正如邓小平所说的"发展才是硬道理"。① 我国经济之所以出现二元化特征,是由于农村经济和中西部地区以及一些传统行业和部门经济发展严重滞后,导致经济发展不协调、不平衡。所以我们只有通过统筹城乡发展,统筹区域发展,统筹经济社会发展,统筹人与自然和谐发展,推进农村经济和中西部地区经济的协调发展。最大限度地提高全国人民的物质生活文化水平,才能从根本上解决经济二元化的问题,消除流动人口问题产生的社会土壤。而解决好"三农"问题是当务之急。当前的重点是要增大农产品的科技含量和附加值,促进农民增加收入,同时通过大力发展农村的中小企业和小城镇建设,以加快农村的城市化进程。

对于中西部区域性发展滞后的问题,目前党中央关于"西部大开发"、"振兴东北老工业基地"的战略决策,正是切实改变中西部地区落后面貌的积极措施。通过国家对西部地区、东北地区的重点开发,通过东部地区对西部地区、东北地区的大力支持和经济互补,必将使东部与中西部区域经济的差距得到有效缩小。

至于社会经济的转型对传统行业进行调整而出现的结构性失业和下岗等问题,则是改革中出现的必不可少的阵痛。对此只有通过进一步的深化改革,积极稳妥地推行国有企业的改制,尽快建立起完善合理的社会保障体系来解决这类改革中的问题。

统筹城乡发展,统筹区域发展,从源头上解决城乡差距和区域

---

① 《邓小平文选》第3卷,人民出版社,1993年版,第377页。

之间、行业与部门之间的不平衡,是解决问题的根本。只有广大农村富裕起来,中西部地区的经济迅速发展起来并妥善解决好城市经济结构调整带来的下岗、失业等问题,流动人口的问题才会最终得到解决,中国全面建设小康社会的宏伟目标才能够真正完全实现。但"发展"是一个结构庞大,内涵丰富的系统问题,也是一个需要较长时间周期的问题。农业劳动力向非农产业和城镇转移,是世界各国工业化、城镇化的普遍趋势,也是农业现代化的必然要求。我国农村劳动力数量众多,在工业化、城镇化加快发展的阶段,越来越多的富裕劳动力将逐渐转移出来,大量农民工在城乡之间流动就业的现象在我国将长期存在。所以必须从我国国情出发,顺应工业化、城镇化的客观规律,引导农村富余劳动力向非农产业和城镇有序转移。[①] 在未从根本上解决发展不平衡带来的贫富悬殊之前,各级政府则应该从目前存在的实际问题入手,解决好流动人口的各种具体问题。

其三,加快传统户口制度的改革步伐,给流动人口应有的公民权利。市场经济的最基本要求是市场要素的自由流动,自由竞争。中国农村人口基数太大,必然要依靠"工业化和城市化"的发展来逐步推进经济的发展。而"工业化和城市化"的发展中转移农民又是问题的关键。所以要解决流动人口的问题,必须要统筹城乡社会发展,改革现行的户籍制度,按市场规律办事,允许人口自由流动。尽快废除"农转非"计划指标管理体系,实行居住地户口登记制度,彻底打破农业户口与非农业户口的限制,把具有合法固定住所、稳定职业和生活来源作为基本落户条件,加快农村劳动力转移。当然对实施了几十年的户口制度的改革也是一个系统工程,不可能一蹴而就,所以可以采取先降低外来人口进入发达城市的门槛,同时在住房、子女入学、社会保障、社会管理等方面推进相关配套改革。让新的户籍制度适应当前社会形势下的人员流动,保障

---

① 《国务院关于解决农民工问题的若干意见》。

中国所有公民的平等自由权。户籍制度的改革可以借鉴国际上有关移民问题解决的经验和教训：

1. 变"堵"为"疏"，给人口的合法流动以政策的支持。废除当地人、外地人；常住户籍人口和流动人口分割管理的传统户籍制度，对国内的人口流动和迁移根据市场的需要，而不是根据行政指标进行管理。做好不同形式的登记制度。利用电子网络系统，有条理地管理流动人口。

2. 把户籍管理放在控制人口的个人信息上，而不是强加给户籍许多附加值。现在互联网技术的发展已经为新的户籍管理提供了技术条件的支持，改革户籍管理方式已经没有技术上的障碍。所以户籍管理可以借鉴国际上通行的身份证管理模式。利用IC卡技术，将原来通过户籍体现的所有的个人信息资料在身份证IC卡上登记，甚至还可以包括个人的诚信、守法记录、婚姻和计划生育情况、个人的社会福利保障、纳税等情况。在条件成熟的时候还可以将其与个人的银行账户联网管理。这样既可以保障流动人口的合法权益，也可以堵塞法律的真空和漏洞，对少数不法流动作案人员进行有效的法制管理。

3. 基本的公共服务向所有现住居民提供，流动人口也能够享受与常住人口相同的基本待遇。例如，儿童的义务教育、对贫困家庭的低保补贴、经济适用房、廉租住房政策的享受以及国家提供的医疗服务等。但在某些方面，也可以适当分出短期性社会福利和长期性社会福利保障，实施不同的服务项目。

4. 流动人口输出地和输入地的政府建立对话与合作，对人口流动采取疏导和吸引的管理方式。通过制定相应的政策和定期发布劳务需求信息，吸引本地需要的技术人才和特定职业的劳动力，避免盲目的流入造成劳动力过剩而导致流动人口失业。通过两地政府共同努力，把握人口流动现状和趋势，制定比较合理的人口流动管理和服务计划，使流动人口个人和流入地城市的机会和利益最大化。

其四，重视并促进流动人口的社会融入。流动人口的社会融入不是一个简单的社会问题，而是一个较为复杂的社会系统工程，需要从政治、经济、文化等各个方面着手。因为人不仅是一个自然人更是一个社会的人，让流动人口融入一个新环境，除了他们个人的努力之外，还需要这个环境满足他们各方面的需求。不但有生理方面的需求，如正常收入、温饱等生存需求。还要满足他们作为一个社会人的基本需求，如安全的需求、一定的社会地位、社会认同、社会参与等更高层面的需求。所以努力实现人与人之间关系的和谐，正确处理流动人口与流入地居民的关系是实现可持续发展的核心。我国应该吸取法国移民骚乱的教训，政府和个人共同努力，尽最大努力提供有助于流动人口与当地社会融合的环境。

1. 从政治上给予流动人口以真诚的关怀；生活上按照"公平对待，合理引导，完善管理，搞好服务"的基本原则真正落实流动人口的市民待遇。尤其要采取强有力的措施，利用法律手段，切实保障流动人口的合法收入、维护他们的合法权益。

2. 科学发展观是以人为中心的、以实现人的发展和社会全面进步为目的的社会发展观，流动人口中边缘群体的主体化，是实现经济发展和社会全面进步的重要环节。城市应该敞开它宽阔的胸怀，以善意的态度来接纳处在边缘位置的流动人口。要真诚地看到他们对城市发展的贡献，尊重他们的人格，待以平等的态度，给予热情的关怀与帮助，使边缘群体逐渐主体化。

3. 对流动人口后代的关注是流动人口社会融入的一个非常重要问题。从人性的角度来讲父母的爱是巨大而无私的，所以解决好他们后代的社会融入问题，使他们的孩子和流入城市的孩子享受同等的权利，这同样是对他们父辈最大的承认和鼓励，有利于同时促进两代人的社会融入。

4. 重视流动人口与迁入地的社会和文化融合。流动人口自身素质低下是他们边缘化的一个原因，所以要解决他们的社会融入，还必须切实提高流动人口的自身素质。所以各地政府应该充分的发挥社区和一些非政府组织的作用，组织流动人口学习流入地的有关地方法规、语言、文化、历史和生活习惯、道德规范、卫生公约、生活与生产技能等。缩短他们与流入地居民的社会和文化差异，增加双方的感情交流，从根本上解决流动人口的社会融入问题。

最后，加强法制，严厉打击犯罪。对流动人口中少数人的违法乱纪行为要加强监管，堵塞法制的漏洞，以最大限度地减少乃至最后杜绝出现法律的真空。我们应该看到，由于外来人口增多，成分复杂，其中不乏违法犯罪分子，这必然会给城市的管理带来诸多的不便，提出更多的难题。对此城市的公、检、法和工商、税务、城管等部门应该及时针对这些问题进行深入的政策研究，加强自身队伍的建设和改革，改变观念、协调执法以适应形势的变化。

参考文献：

[1]《邓小平文选》第3卷，北京：人民出版社，1993年版。

[2]《2006无锡统计年鉴》，北京：中国统计出版社，2006年版。

[3] 李培林：《流动民工社会网络和社会地位》，《社会学研究》，1996，（4）。

[4] 李强：《当前中国社会的四个利益群体》，《社会学》，2000，（9）。

[5] 徐缓：《中国流动人口的艾滋病预防和控制（综述）》，《中国性病艾滋病防治杂志》，2001，（6）。

[6] 张为民、李希如、叶礼奇等：《中国流动人口状况分析》，《经济研究参考》，1998，（51）。

[7] UNICEF East Asia & Pacific Regional Office. Mobile Population & Vulnerability. Bangkok，1998.

第 12 章 当代中国的贫困问题

第一节 全球化时代的贫困问题

一、关于贫困概念

贫困范畴的界定经历了一个从纯经济层面扩大到生存、发展、文化和环境等层面的过程。从国际范围看,贫困问题研究至今有100多年的历史,有关贫困的认识或界定在不断发展变化。

目前,国内外关于贫困的界定具有代表性的表述主要有 15 种之多[①]。依据这些关于贫困的界定,有学者将其划分为四类。即"缺乏说"、"能力说"、"剥夺说"、"排斥说"或"地位说"。在这四类当中,比较偏重于"缺乏说"和"剥夺说"或"排斥说"。代表性的定义有[②]:(1)朗特里(S. Rowntree)在1899年给贫困下了一个定义:"如果一个家庭的总收入不足以获得维持体能所需要的最低数量的生活必需品。那么该家庭就是处于贫穷状态。"(2)世界银行认为,贫困是"缺少达到最低生活水准的能力"。另外还包括风险和面临风险时的脆弱性,以及不能表达自身的需求和缺乏影响力。(3)约翰·斯各特认为,贫困是"个人、家庭和群体因缺乏资源(物质的、文化的和社会的)而被排除在其社会成员能够接受的最低生活方式之外。"(4)林闽钢认为贫困是经济、社会、文化落后的总称,是由低收入造成的基本物质、基本服务相对缺乏或绝对缺乏以及缺少发展机会和手段的一种状况。(5)关信平认为,"贫困是在特定的社会背景下,部分社会成员由于缺乏必要的资源

[①] 李彦昌:《城市贫困与社会救助研究》,北京大学出版社,2004年版,第2—3页。

[②] 李彦昌:《城市贫困与社会救助研究》,北京大学出版社,2004年版,第2—3页。

而在一定程度上被剥夺了正常获得生活资料和参与经济和社会活动的权利，并使他们的生活持续地低于该社会的常规生活标准。"

除此之外，也有学者从相对贫困与绝对贫困角度探讨了贫困问题①。我们认为还可以从主观贫困和客观贫困角度来探讨贫困问题。客观贫困多指当事人生活明显低于某一标准。这标准是由政府划定或救济者主观认定的。而主观贫困更倾向于被救济者的主观认定。我们发现目前国内外对于贫困研究主要侧重于政府的理解和社会反应性的理解，而关于当事人的主观理解较少。也就是说，按照贫困形态而言，我们更多关注的是客观贫困或救济者关于贫困的主观认定，而很少考虑到被接济者的主观认定。既然贫困涉及到个人、社会、政府三个层面，因此我们必须考虑到贫困者本人的理解。德国社会学家齐美尔认为，"每一个社会阶层都形成了一种典型的、为每一个个人预先确定的需求标准，每一个社会阶层之内都有贫困，……贫穷是指那种手段不足以达到其目的的人"②。"不是个人的匮乏造就着穷人，而是由于匮乏而受到救济者——根据社会学的概念——才是穷人。"③值得注意的是，如果过分考虑到政府和社会反应性理解，穷人会感到他的状况是世俗制度的一种不公正，他可以要求整个存在对他提供帮助，这种穷人很容易把任何偶然的、处于较好状况的单一个人，变成为对这种要求负有责任的人，并要求与他同甘共苦，休戚与共④。

综合上述观点或分析，我们认为对贫困定义角度应该可能涉及到3个层面：当事人的主观理解（生活世界的定义）、社会反应性

---

① 黄忠晶主编：《当代中国社会问题研究》，宁夏人民出版社，2001年版，第48—52页。

② [德]齐美尔：《社会是如何可能的》，广西师范大学出版社，2002年版，第407页。

③ [德]齐美尔：《社会是如何可能的》，广西师范大学出版社，2002年版，第414页。

④ [德]齐美尔：《社会是如何可能的》，广西师范大学出版社，2002年版，第379—380页。

的理解(学理/社会定义)和政府的理解(政治定义)。借用唐钧研究员对贫困的界定来重新概括[1]。即关于贫困:前提是"最低"、"困难"、"落后"、"起码"、"缺乏",中间本质界定是"一种社会评价"、"一种生活状况"、"一种社会后果"、"一种主观感受",最终认定"社会普遍公认"、"社会客观存在"、"社会环境造成"、"主体主观认定"。

因此,从社会学的视角看,贫困应该是一个由多种相关因素构成的多侧面的社会、经济、文化问题的总称。贫困体现着综合性、具体性、相对性和动态性等特征。

二、全球化时代的贫困问题

(一) 全球化时代的贫困状况

随着全球化的不断加深,某些国家、某些特定人群的贫困问题日益严重。同时,贫富差距拉大成为不同国家之间和不同社会阶层之间普遍性的问题[2]。联合国开发计划署 1999 年度《人类发展报告》称,占全球人口 1/5 的发达国家拥有全世界生产总值的 80%[3]。贫富分化不仅出现在发达国家和发展中国家之间,也出现在发展中国家之间,尤其是新兴的工业化国家,它们与一般发展中国家的贫富差距越来越大。50 年前,韩国和印度的人均收入大体相当,现在韩国已经是印度的 8 倍[4]。

最近 20 年来,在西方国家中,非熟练工人的失业状况不断加剧,熟练工人与非熟练工人之间工资差距也在拉大。有时失业增加与收入下降同时并存,全球化带来的企业外流也在一定程度上加剧

---

[1] 唐钧:《社会政策的基本目标:从克服贫困到消除社会排斥》,《江苏社会科学》,2002,(3) 第 41—47 页。

[2] 苑涛:《经济全球化背景下贫困加剧的原因分析》,《贵州财经学院学报》,2002,(1) 第 63—67 页。

[3] 唐任伍、胡春木:《论全球化规则的扶强抑弱性》,《世界经济与政治》,2000,(4) 第 47 页。

[4] 程燕:《经济全球化与观念更新》,《世界经济与政治》,1999,(6) 第 67 页。

了某些国家和地区的结构性失业现象。在美国,生活在贫困线以下的人口比例明显扩大;而西欧诸国由于长期处于达两位数的高失业率状态,贫困人群的规模较大,其中不少是来自亚非地区的移民。

1991—1996年,发展中国家经济增长率达到9%,但贫困人口却没有因此而减少,反而有所增加。据联合国调查显示,发展中国家的贫困人口由1990年的10亿增加到目前的13亿。这些人生活在世界最贫穷的国家,每人每天只有不到1美元的收入。在发展中国家中有8000万人完全不能享受医疗服务,8.4亿人营养不良,2.6亿人不能上学。在最贫穷的非洲地区,贫困发生率(处于贫困线以下的人口占总人口的比重)不断提高。目前,非洲6.3亿人口中,约有一半挣扎在饥饿线上。①

开放中的中国也越来越深入的卷入到全球化的进程之中,经济、政治、社会诸多领域深受全球化的影响,产生了一些新生的贫困因素。因体制变革和社会转型,贫困人群发生变化,除了由于客观因素导致的贫困外,也出现了因改革带来的新贫困人群。目前,我国贫困人群在农村主要是低收入农民、丧失劳动力者、无谋生能力的老弱病残、五保户、孤寡老人以及城市边缘人的农民工等;在城市主要是下岗失业人员、低收入病残职工、早退休职工、高龄病残孤寡老人、无人赡养的病残老人等。关于贫困人口,世界银行发展报告中提出中国贫困人口约有2亿,亚洲开发银行认为中国城市贫困人口为3700万人,中国统计部门对农村贫困人口统计为7585万人。有学者根据国家统计局出版的《中国统计年鉴》中11.8万户的住户调查资料测算,2004年城乡贫困人口有9145万,占总人口的7%。②

(二)全球化背景下贫困加剧的原因分析

关于全球化背景下贫困加剧的原因,有学者认为主要是全球市

---

① 赵晓晨:《非洲贫困状况恶化》,《人民日报》1996-2-7。
② 汝信、陆学艺、李培林主编:《2006:中国社会形势分析与预测》,社会科学文献出版社,2005年版,第92—93页。

场竞争的加剧、国家和市场之间力量对比的变化、产业和就业结构的变动和人力资本投资的不均衡等因素所致。① 这些因素在一定程度上加深了全球化的负面效应。根据相关研究，② 本文认为贫困加剧的原因有6个方面：

1. 贸易方面竞争的影响。全球化的过程也是国际贸易壁垒不断减少的过程。随着发展中国家低成本产品的涌入，发达国家中没有技术的劳动力越来越难找到工作，从发展中国家进口的商品越多，发达国家中没有技术的劳动力与其他劳动力之间的工资差距就越大，加深了贫困的程度。

2. 投资方面竞争的影响。发达国家的劳工组织认为，跨国公司在进行投资决策时只根据市场的变化和需要，不考虑劳动者的命运。出于世界竞争和资本积累的需要，跨国公司淡化了它们的社会责任，大量解雇工人，削减工人特别是非熟练工人的工资。为了降低生产成本和扩大市场，许多跨国公司把生产基地迁往工资成本较低、便于市场销售的国家和地区，这等于是把本国的就业机会输往发展中国家，这也是造成发达国家失业率上升的一个原因。

3. 发展中国家与发达国家在劳动力成本方面竞争的影响。就国际贸易而言，根据比较成本优势，劳动力资源丰富、资本相对缺乏的国家应该主要生产劳动密集型产品，与资本较多、劳动力相对缺乏国家的资本密集型产品进行交换，这种交换会使劳动力资源丰富的国家对劳动力的需求上升，引起该国劳动力价格的上扬，同时，会使资本密集型国家对劳动力的需求减少，从而引起该国劳动力价格的下降。

4. 发展中国家之间出口竞争的影响。竞争其实不是在发达国家和发展中国家之间，而是在发达国家之间和发展中国家之间各自

---

① 周长城、陈云：《对全球化时代中国贫困问题的再思考》，《甘肃社会科学》，2002，(5) 第39—43页。

② 苑涛：《经济全球化背景下贫困加剧的原因分析》，《贵州财经学院学报》，2002，(1) 第63—67页。

进行的。由于发展中国家出口商品的类型相似，竞争主要在价格方面，所以，发展中国家之间的竞争最为严重。相互以低廉的劳动力价格来进行竞争，最终引起该国劳动力价格的下降，或很难提高。

5. 国际贸易的财富分配效应。随着全球化的深入，制造业在国际产品和服务出口中所占份额越来越大，制造业的出口，将使本国劳动力价格上升，同时使进口国相对较高的劳动力价格下降（除非进口国劳动力在素质等其他方面的条件比出口国的劳动力更为优越）。由于发展中国家的劳动力价格相对较低，所以它们的出口也以劳动力密集型产品为主。这样，在使这些国家的劳动力收入得到提高的同时，也使发达国家劳动力价格面临下降的压力。同时，发达国家中拥有高技术和知识的劳动力仍然可以得到较高的报酬，贫富差距就不可避免地扩大了。

6. 国家内部原因。政府不当的货币、财政政策使失业者增加。高失业率的长期存在，使很多人成为长期失业者并渐渐永久性地退出劳动力市场。这导致一种奇怪的现象：虽然有大量的失业者，但是由于失业者不参与竞争，劳动力的价格依然很高。较高的劳动力价格使企业依然不愿意增加工人数量，最终使失业率继续维持在较高的水平。

另外，发展中国家的贫困是多种因素共同作用的结果，除了上述全球化因素影响之外，也有历史条件制约、经济基础落后、自然资源匮乏、生态环境恶化、人口过度增长、经济结构单一、发展战略不当、经济政策失误等内部因素，还有国际经济秩序不合理、债务负担沉重、贸易条件恶化、贸易地位不利等外部因素。从全球不同国家和社会各阶层看，贫困人口往往集中在经济落后、通讯不发达、交通不畅、教育不普及、识字率低、观念落后的偏远地区。由于贫困人口只有获得谋生的机会，才能消除贫困；而如果没有利用和把握谋生机会的能力，或者说没有对机会的反应能力，任何机会都会从身边溜走。而获得这种能力的大小却与其本人受教育程度相关。受教育程度低或没有受过任何教育的人，则很难获得这种能力。因此，教育水平低下是发展中国家贫困的根源。

有学者采用自我归因的办法研究当代中国致贫之因。2005年一项调查表明："家里要供孩子读书"是城乡贫困家庭提及率最高的贫困原因：分别有高达43.2%的城镇贫困家庭和46.3%的农村贫困家庭将"供孩子读书"视作家庭贫困的原因之一。随着教育体制的改革，"供孩子读书"已经成为越来越多家庭的重要开支。本次调查发现，2005年间，在有孩子就学的家庭中，平均每户家庭年均用于孩子的教育花费情况是：城市家庭年均5615.9元，小城镇家庭年均4035.7元，农村家庭年均2724.2元，这笔费用占家庭收入的比重分别为26.0%、23.3%和26.5%。另外，分别有24.7%和19.2%的农村贫困家庭和城镇贫困家庭认为"家里有病人"是自家贫困的原因之一。调查发现，2005年，平均每户家庭年均医疗费用情况是：城市家庭2372.4元，小城镇家庭1896.4元，农村家庭1516.8元，这笔费用占家庭收入的比重分别为9.1%、9.7%和16.8%。对于贫穷的自我归因可以在一定程度上间接反映出整个社会的心态和价值取向。在城镇居民中，高达42.7%的贫困居民将贫困归因为"缺关系和门路"，13.3%归因为"不善钻营"，这一归因现象所隐含的社会心态和价值取向值得引起注意。[①]

总之，不可忽视的是，全球化虽然影响广泛，但也并非是一国贫困问题加剧的唯一原因。具体到发展中国家，也有许多造成贫困问题的内部原因，比如经济结构的不合理、体制的转型等等。

第二节 中国农村贫困问题

改革开放至20世纪末，为彻底改变我国农村贫困局面，我国

[①] 汝信、陆学艺、李培林主编：《2006：中国社会形势分析与预测》，社会科学文献出版社，2005年版，第63页。

政府和社会组织了大规模的扶贫开发工程。这项工程主要经历了三个阶段，即体制改革推动扶贫阶段（1978—1985年）；大规模开发式扶贫阶段（1986—1993年）；扶贫攻坚阶段（1994—2000年）。经过三个阶段（20多年）不懈的艰苦奋斗，中国的扶贫开发取得了巨大成就。从1978年到2000年，中国农村没有解决温饱的贫困人口由2.5亿人减少到3000万人，贫困人口占农村总人口的比例由30.7%下降到3%左右，实现了中国政府的"在20世纪末基本解决农村贫困人口的温饱问题"的目标，过去完成的农村普遍性脱贫对世界援助工业来说是一个"不可能完成的使命"[1]。

一、目前我国农村贫困的现状

我国农村贫困人口已从1978年的2.5亿人减少到目前的2500万人，占世界贫困人口的比例相应地从1/4下降到1/20，农村的贫困线也从人均纯收入不足200元提高到637元[2]。然而经济发展也加剧了地区间经济发展的不平衡性。1980年，甘肃和贵州的农民人均纯收入分别是浙江农民的44.9%和49.3%，而这一比例到1988年进一步下降到37.7%和44.1%。这对贫困状况影响极大。当东部地区农村绝对贫困率从1988年的9%下降到1995年的5%时，该比率在内地却从26%增长到39%[3]。而到2004年东西部之间差距更大，如浙江与贵州，由1991年的2.7倍扩大到5.7倍。2004年农民人均纯收入浙江与贵州比较为3.45倍，比1991年扩大0.86倍[4]。

当今中国，子女教育需求和健康需求刚性增长的同时，子女教

---

[1] 朱晓阳：《反贫困的新战略：从"不可能完成的使命"到管理穷人》，《社会学研究》，2004，（2）第98—99页。

[2] 汝信、陆学艺、李培林主编：《2006：中国社会形势分析与预测》，社会科学文献出版社，2005年版，第7—8页。

[3] 林卡、范晓光：《贫困和反贫困——对中国贫困类型变迁及反贫困政策的研究》，《社会科学战线》，2006，（1）第187—194页。

[4] 汝信、陆学艺、李培林主编：《2006：中国社会形势分析与预测》，社会科学文献出版社，2005年版，第376—377页。

育费用和医疗价格快速上升,农村家庭因灾、因学、因病而致贫和返贫情况更加突出。据 2005 年调查统计,因学和因病致贫和返贫的比例分别为 46.3% 和 24.7%。因此,21 世纪以来,农村贫困人口由于社会、经济、环境等相互交织的脆弱性而导致的应付各种风险的低能力,加上政府开发式扶贫经过 10 多年的强势作用后的边际效益越来越低,使得各方面惠及贫困群体的程度越来越小;虽然财政扶贫资金总量连连上升,但其在国民生产总值国家财政支出的比重却逐年下降,国家扶贫投资强度呈现出不升反减的态势;扶贫资金的目标瞄准也一直受到了各方面的怀疑与批评。经济增长涓流效应的减小、扶贫投入强度的下降以及扶贫资金目标瞄准的偏离等多方面的原因导致了我国从 2001 年起农村贫困人口的下降速度开始减缓,2001 年贫困人口为 2970 万、2002 年为 2820 万、2003 年为 2900 万,贫困人口始终在 3000 万左右徘徊,贫困发生率也始终在 3% 上下浮动。2004 年虽然在政府支农政策的强力拉动下农村贫困人口减少幅度明显,绝对贫困人口数量下降到 2610 万,但是得到扶助并走出贫困农户的生计并未得到明显改善。[①] 并且低于人均收入平均线 1/2 的"相对贫困人口",由于收入差距的扩大和低收入群体的庞大,并没有明显的和快速的降低。

不容忽视的是,近年来,我国农村的贫困状况发生了新的变化,表现出新的特征:贫困人口分布日趋分散,呈现"大分散、小集中"的基本格局;贫困状况不仅表现为经济贫困,还表现为经济贫困与环境贫困、文化贫困、体制贫困并存的一种贫困综合症;初步脱贫人口的返贫现象比较严重。这些变化也引起政府对农村扶贫工作的关注。

二、我国农村贫困的原因

农村之所以贫困,除了自然原因、历史原因和农民自身的原因

---

① 李小云、张雪梅、唐丽霞:《当前中国农村的贫困问题》,《中国农业大学学报》,2005,(10)。

外，在很大程度上更源于其所处的弱势地位，源于主流社会所存在的一些不合理的政策。

（一）农民的弱势地位引起的贫困

1. 文化教育中的弱势地位。据 2000 年国家统计局有关数据显示，一个孩子在九年义务教育阶段，农民家庭一年要负担的教育费用为 309.81 元，1999 年全国农村人均收入为 2210 元，贫困地区人均收入 1347 元。由此比较可知，农村中一个孩子上学的费用就占去了农村人均收入的 28%。贫困地区则多达 46%[①]。单就义务教育这一项，对广大农民不能不说是一个沉重的包袱。另据科技部 2004 年 6 月至 2005 年 5 月关于"西部 11 省（市、区）城乡居民生活状况调查"显示，在文盲率方面，西部地区 15 岁以上成年人口中有 58.2% 的居民可以很轻松读懂书信，15.9% 的居民能读懂但有困难，完全不能读懂书信的居民占 25.9%。从性别看，男性中读不懂书信者的比例（17.1%）不到女性中读不懂书信者比例（35.5%）的一半。从城乡看，城镇居民仅有 8% 左右的人完全读不懂书信，而农村中这一比例高达 36%[②]。因此，加快西部贫困地区人力资源开发、提高居民教育素质的任务相当艰巨。在居民教育负担方面，西部地区一个小学生、初中生、高中生一年的平均教育费用分别为 421、1296、2805 元，大学及以上学生的年平均教育费用高达 8586 元。而据调查数据汇总，西部居民家庭年平均收入为 11633 元。因此，上述的这些年平均教育费用相应占家庭年收入的比例分别为 4%、11%、24% 和 74% 之多[③]。我们可以想像，对于收入相对较低的群体来说，教育负担会是如何地沉重。相关研究也显示，在贫困人群分布密集地区，教育资源较缺乏，人群整体文化素质也偏

[①] 车美娟：《农村贫困问题分析》，《经济师》，2006，(2) 第 200 页。

[②] 汝信、陆学艺、李培林主编：《2006：中国社会形势分析与预测》，社会科学文献出版社，2005 年版，第 25 页。

[③] 汝信、陆学艺、李培林主编：《2006：中国社会形势分析与预测》，社会科学文献出版社，2005 年版，第 26 页。

低，国务院法制办的农村调研发现，农村义务教育薄弱、经费投入缺乏保障。另一课题组对6省17所农村初中抽样调查显示，辍学率最高的达74.37%，平均辍学率约为43%，大大高于国家"普九"要求的3%控制线①。从以上数字可以看出，广大农民由于经济收入的不足而导致其在文化教育中处于弱势地位。他们与社会其他阶层相比，整体文化素质处于较低的水平。

2. 市场竞争中的弱势地位。受自身条件的限制，广大农民在优胜劣汰的市场竞争中处于明显的弱势地位。在传统的计划经济环境中，农民作为农业生产经营者，他们的一切生产经营均按计划进行，几乎感受不到来自市场的挑战与风险。但是，随着传统计划经济向现代市场经济的转变，特别是中国加入WTO以后，农业的生产与经营必须面临市场经济的各种挑战与风险。因为在市场经济体制中，农产品同其他任何产品一样，其价值的实现必须借助于市场机制，通过价值规律来实现。市场的供求状况对农业生产经营者能否取得收益有着至关重要的作用。在市场经济体制中，农户生产什么才能获得效益，生产多少才能使效益达到最大，不再由国家指定、安排，而是由农户个人依据市场的供求状况来作出决策，这种决策的选择要求农户个人必须具备一定的市场预测能力，而广大农民作为农业生产经营的主体来说，由于自身文化素质较低，无法根据市场的供求变化对市场作出及时、有效、准确的预测，从而无法及时调整自己的经营决策。因此，在优胜劣汰的市场竞争中广大农民处于明显的弱势地位。

（二）社会制度排斥引起的结构性贫困

如果对中国农民弱势处境进行分析就可发现：自古以来，中国农民的弱势地位一直未有大的改观。目前，随着市场取向改革进程的不断深入，传统的积弊伴随着体制转轨的不彻底而累积性地释放

---

① 汝信、陆学艺、李培林主编：《2006：中国社会形势分析与预测》，社会科学文献出版社，2005年版，第240页。

出来。因权力与市场、农村的村集体与个人之间未能形成有效边界且产权制度缺乏有效实现形式,存在着较为普遍的上级对农民的过度干预、汲取和不利于农民的政策性倾向行为,使宪法赋予的最起码的生存权和发展权在农民身上难以充分体现。它不但阻碍了由农业文明向工业文明、传统社会向现代社会、农民社会向公民社会的现代化嬗变,还严重地偏离了共同富裕的应有之义。从根本上说,中国农民的弱势处境是一种结构性缺陷所造成的,仅在当前既定的社会结构条件下进行调整难以消弭持续的贫富差距扩大化趋势[1]。目前制度性缺陷引起的结构性贫困因素较多,例如农村问题研究专家李昌平认为:产权制度、财政制度、社会保障制度、金融制度、税收制度、资源配置制度、教育制度、医疗制度、就业制度、工资制度、土地制度、干部制度、法律制度、科技推广制度、市场主体制度、户籍制度、招标制度、代表制度等十几种主要限制穷人的权利、导致贫困的不合理制度,是中国贫困之因[2]。

除了上述一些原因之外,再加上本身所处地区资源缺乏和条件恶劣,致使我国扶贫工作任重而道远。

三、我国农村贫困应对之策

缓解和消除贫困,最终实现全国人民的共同富裕,是社会主义的本质要求,是中国共产党和人民政府义不容辞的历史责任。我国党和政府在《中国农村扶贫开发纲要》(2001—2010)提出今后扶贫工作方针、对象和重点、内容和途径与组织领导等。针对我国现阶段贫困特征和反贫困方面的问题,结合农村扶贫开发纲要的有关精神,参照相关研究[3],提出目前我国农村反贫困的几点应对措施,具体是:

---

[1] 刘鹏:《结构性贫困:对中国农民弱势处境的分析》,《东北师大学报:哲社版》,2002,(1)第 54—60 页。
[2] 李昌平:人民网—学习时报 2005-7-11。
[3] 余兴厚:《中国农村贫困问题与反贫对策的调整》,《经济纵横》,2002,(5)。

(一) 加强对扶贫工作协调和领导

目前政府切实落实扶贫工作责任制,加强贫困地区干部队伍建设;切实加强贫困地区的基层组织建设,加强扶贫资金审计,切实加强扶贫开发统计监测工作,稳定和加强扶贫开发工作机构。政府应根据现阶段我国农村贫困特征,调动各种财政资源、信贷资源、社会资源,建立具有中国特色的财政扶贫+信贷扶贫+社会扶贫体系,并协调好多级政府之间以及政府组织与非政府组织之间在扶贫工作中的关系。在扶贫资金的管理和使用方面,加大扶贫资金投入力度,建立扶贫资金管理的正常运行机制。确保有限扶贫资金能促使重点贫困地区、贫困人群摆脱贫困。

(二) 通过综合治理着重根除贫困产生的根源

根治贫困综合并发症,需政府采取综合治理措施,运用经济、行政、法律手段标本兼治,同时也需要非政府组织在资金、技术和物资方给以支持。当前治标固然重要,治本才是解决贫困问题的根本。治本的首要问题是加强农村的基础教育,改善农村教育状况,降低贫困儿童辍学率和青少年文盲率。目前我国农村义务教育薄弱、经费投入缺乏保障仍是一个老大难问题。国务院法制办农村调研发现,教育投入不足造成农村学校公用经费严重不足、教师工资不能按时足额发放、学生家长教育负担过重、造成部分学生失学。2005年,中国采取多种措施解决农村基础教育经费匮乏问题。当年春季开始扩大"两免一补"的范围,并承诺在2007年将在农村救济困难的学生中全部实现"两免一补","力争到2010年在全国农村地区全部实行免费义务教育,2015年在全国普遍实行免费义务教育"。[①]

(三) 逐步完善相关制度,提供政策保障

2005年前三个季度城乡低保制度的运行情况而言,低保对象

---

① 汝信、陆学艺、李培林主编:《2006:中国社会形势分析与预测》,社会科学文献出版社,2005年版,第241页。

为975万户，2186万人，累计支出的低保经费为138.8亿元。在农村，社会救助依然有两种形式：农村低保和农村定期定量救济。到2005年10月，采用农村低保制度的地区有低保对象为281.01万户，566.07万人；累计经费支出为17.3亿元，采用农村定期定量救济的有557.05万户，948.22万人，累计经费支出为15.9亿元。农村社会救助经费只占低保经费总支出的23.91%[①]。目前农村居民最低生活保障制度实行受地区和财力方面的限制，覆盖面和整体水平较低，还需逐步完善。在农村扶贫工作中，进一步增加财政扶贫资金。加强财政扶贫资金的管理，努力提高使用效益。继续安排并增加扶贫贷款。密切结合西部大开发，促进贫困地区发展。继续开展党政机关定点扶贫工作。继续做好沿海发达地区对口帮扶西部贫困地区的东西扶贫协作工作。进一步弘扬中华民族扶贫济困的优良传统，动员社会各界帮助贫困地区的开发建设。发展扶贫开发领域的国际交流与合作。

第三节　中国城市贫困问题

一、我国城镇贫困问题的现状

在我国，长期以来把城市贫困人口等同于城市"三无"对象，即无劳动能力、无收入来源、无法定抚养人的社会救济对象。目前，这部分人大约有30万，大多是孤、寡、老、病、残者，主要由民政部门对他们实行社会救济。时至今日，"三无"标准显然已不适应当前城市贫困人口的新形势和新情况，因为市场经济条件下许多新的贫困因素的增加，导致城市贫困人口不断涌现，而原先的"三无"对象只是城市贫困人口构成中的很小一部分。目前，关于我国城市贫困人口数量由于估算方法的不同，而相互之间有差异。

[①] 汝信、陆学艺、李培林主编：《2006：中国社会形势分析与预测》，社会科学文献出版社，2005年版，第165—167页。

有学者认为目前我国城市中贫困者应该有 3000 万左右,约占城市人口的 6% 左右[1]。截至 2003 年 5 月,我国享受城市最低保障待遇的对象为 2167.7 万人[2],2005 年,最低生活保障金支出增至 160 多亿元,全国享受低保人数增至 2300 多万人。这一数字大致就是我国城镇困难人群的人数[3]。

目前,我国城市贫困人口组成大致有这几类:残疾人、鳏寡孤独等;登记失业人口和在亏损企业工作,收入明显偏低的在职职工;离退休金偏低的离退休者。另外,居住在城市"棚户区"的农村流动人口,其生活和收入缺乏保障,这部分人也应该视为城市贫困人口。另外,城市贫困与以前相比也出现许多新特征:新生的城市贫困村将成规模化发展;流动中的绝对贫困队伍逐渐多元化、组织化;后备的相对贫困队伍正在形成;老年人口贫困发生率越来越高[4]。在处理或解决城市贫困问题时,这些方面的状况应该引起相关部门的重视。

关于贫困程度测定方面,这里主要依据与人民生活密切相关的就医费用和居民生活质量的主观评价。1990—2004 年,全国综合医院的门诊费用上涨了大约 11 倍、住院费用上涨了约 9 倍,而同期城乡民众的收入仅仅上涨了大约 6 倍和 4 倍多。调查表明,1993—2003 年中国居民患病后因经济困难未就诊者的比重,从 5.2% 上升到 18.7%[5]。据 2005 年调查统计,因学和因病致贫人群所占比例分别为 43.2% 和 19.2%。在 2005 年居民生活质量研究

---

[1] 程胜利:《社会工作在城市反贫困中的作用及政策建议》,《社会》,2004,(9)第 25 页。

[2] 李彦昌:《城市贫困与社会救助研究》,北京大学出版社,2004 年版,第 6—7 页。

[3] 汝信、陆学艺、李培林主编:《2006:中国社会形势分析与预测》,社会科学文献出版社,2005 年版,第 3 页。

[4] 王卓:《论中国城市化进程中的贫困问题》,《经济体制改革》,2004,(6)。

[5] 汝信、陆学艺、李培林主编:《2006:中国社会形势分析与预测》,社会科学文献出版社,2005 年版,第 7 页。

中，城市居民中认为自身为贫困者的比例为21.4%，超过1/5[①]。

总之，当代体制变革、社会变迁等影响因素，在我国城市贫困人群中增加了新的类别。如步入退休年龄的老人因为储蓄准备不够和社会养老保障制度不健全而导致的贫困；城市中由缺乏工作经验和劳动技术的年轻人构成的"新失业人群"；找不到工作或工作不稳定而使生计面临困境的农民工，他们有可能长期聚居在城市里，成为未来城市中最大的贫困群体。这些新变化提醒我们必须予以重视和认真对待。

二、中国城市贫困原因

导致市民贫困的原因错综复杂，其中既有客观原因，也有主观原因，又有历史原因。关于城市贫困原因分析，相关学者研究较多，有从文化程度低、身体状况差、教育费用高、无业人员多、从业人员收入少、就业观念陈旧等方面分析[②]。也有学者认为我国城市贫困问题出现原因是亏损和双停企业的效益下降；前段时期物价持续上涨造成职工生活困难；失业和提前下岗者遇到的生活贫困[③]。还有学者认为城镇弱势群体的致贫原因是：下岗职工不断增多；社会保障制度不够健全；社会福利政策还存在平均主义倾向，目前各项社会保险基本上是按职务分配，职务越高福利越高，反之越低；贫困家庭户人口多、就业少等诸多因素[④]。

从我国的实际情况看，造成城镇贫困的原因主要有三点：

（一）体制变革、社会变迁促使新贫困人群的产生

有学者指出，城镇贫困深层的原因是体制转轨导致社会分层结

[①] 汝信、陆学艺、李培林主编：《2006：中国社会形势分析与预测》，社会科学文献出版社，2005年版，第63页。

[②] 王毅军：《城市居民贫困问题的原因与解困途径》，《工业技术经济》，2005，(5)。

[③] 王培暄：《城市贫困问题的诊断》，《南京大学学报》，1998，(1)。

[④] 朱庆芳：《让城镇弱势群体走出贫困》，《党员干部之友》，2002，(6) 第38—39页。

构向两极化发展;城镇贫困增加的原因是工资体制改革后,"铁饭碗"的消失和社会财政转移支付补贴的不能到位。加上经济结构调整,失业下岗人员显著增加,导致城镇贫困人口大幅度增加。国有企业和集体企业效益低下,职工收入低,职工福利得不到保障,使城镇贫困人口不断增加。

(二)政府在就业培训和社会保障制度方面还有待完善

目前,在我国许多地方,政府再就业培训与指导缺失或严重不足,城镇下岗职工缺乏应有的培训与就业指导,致使城镇下岗人员无法就业或无业可就。再加上我国城镇社会保障制度滞后和不健全,是贫困人口形成的另一个重要原因。

(三)一些其他因素也是加重城镇贫困的致因

如城镇贫困者个人禀赋与家庭的因素,直接导致了贫困;在城市总人口中,总有一小部分人口由于先天疾病、伤残或后天意外事故等原因,导致全部或部分劳动能力的丧失,维护生存所必需的生活资料不得不依赖于他人或社会;一些孤寡老人由于无人赡养,无个人积蓄而形成贫困人口;再加上一些不可抗拒原因,如由于水灾、火灾、盗窃等天灾人祸的袭击,财产遭受重大损失,一些人容易成为贫困人口。

三、中国城市贫困的应对之策

城市贫困问题已经引起越来越多的关注。不过需要引起注意的是,当前不少人对我国城市贫困问题的认识和理解,不同程度地存在着几个误区。主要是:误区之一,归咎于改革和市场经济。误区之二,混淆相对贫困和绝对贫困。误区之三,视正常为非正常。误区之四,以偏概全①。通过对城市贫困的致贫因素进行分析可知,这些认识和理解存在偏差。为了更好解决城市贫困问题,结合城市致贫因素,可以采取以下几个方面的措施:

---

① 李明锦:《中国社会报》2002年5月10日。

（一）继续调整和酝酿我国居民最低生活保障制度

2005年前三个季度城乡低保制度的运行情况而言，低保对象为975万户，2186万人，累计支出的低保经费为138.8亿元，低保对象每人每月获得的平均补差为70元，而农村为33元。总体而言，补差数较低。相反的是自2003年下半年以来，中国的物价，尤其是与人民生活密切相关的食品和公共服务方面的价格涨幅过大，很多城市相继调高了城市低保标准。但城市低保对象实际得到的救助水平不足当地普通居民食品支出的四成。大多数低保对象认为低保金无法满足最起码的生活需要。"救命钱"和"贴补家用"是目前低保金最主要的两项功能。"打工收入"、"父母亲友接济"和"缩减日常开支"是低保对象弥补家庭经济拮据通常采用的三种方式。从这个意义上说，"低保制度养懒人"的说法，其实是缺乏事实根据的[1]。

（二）继续实施再就业工程，建立市场经济条件下的再就业机制

就业是决定贫困与否的主要因素，充分就业可以最大限度地减少城市贫困人口。"就业保障"是积极的就业脱贫手段。有劳动能力的贫困人口是完全可以通过就业增加收入脱贫的。加强对贫困人口的免费职业培训，提高其素质和市场竞争能力，促进其实现就业；做好对贫困劳动力的免费职业指导和职业介绍服务，使就业机会变成现实；组织和帮助贫困人口从事社区居民服务业。帮助贫困人口自谋职业和创业，为其创业的小企业的发展提供小额贷款；政府直接创造就业岗位。就业扶持要向贫困群体倾斜，提高劳动者的素质，以培训促进就业。除了对失业人员进行职业技术培训增强其就业能力外，还应对其子女的教育费用进行资助或采取减免特困生的学杂费、建立贷学金制度等，以保证贫困学生受教育的机会。

---

[1] 汝信、陆学艺、李培林主编：《2006：中国社会形势分析与预测》，社会科学文献出版社，2005年版，第165—172页。

(三) 推行贫困救助的新举措

对以往国内外贫困救助措施的梳理，立足于我国居民最低生活保障制度，在现有条件下，可酝酿采用以下几种措施使低保对象或贫困人群摆脱贫困。即（1）社区组织。以社区为单位将低保人员组织起来，尽量争取为他们提供一些临时性、季节性的工作机会。在没有工作的时候，则进行学习、交流，也为社区提供一些志愿服务。（2）可持续生计。要帮助低保人员打破固有的"就业"观念，尽力适应当前的社会现实。努力帮助他们找到一种既适合自己又可持续的谋生手段，这种"生计"大多与自谋职业相关。（3）资产建设。鼓励低保人员建立自己的金融资产——个人发展账户。低保政策不再"逼迫"低保人员在收入和财产方面必须永远处于"山穷水尽"的窘境；另一方面，也是干脆承认他们的收入和财产实际上政府机构也不可能查清楚这个事实，从而避免对抗和冲突。用指定的目标，譬如子女教育、发展可持续生计、治病——来引导他们向指定的个人账户中存钱，同时在他们动用这笔存款时，政府给予一定的配比。（4）劳动力转移。鼓励低保人员向有就业机会的地方流动，在"资源枯竭型"城市，尤其要鼓励这种流动。[①]

(四) 转变济贫观念，超越管理穷人是脱贫之良策

有学者认为，20世纪末针对贫困工作的这项"不可能完成的使命"，与反贫困战略直接相关，这与中国在20世纪80年代后出现的一种政治性建构有关[②]。这种转变的新战略中，社会控制性的管制穷人成为新战略的固定伴侣，即所谓以"治理为核心"。当前这个所谓的"治理"时期，反贫困工作更多持有直接或间接地管制穷人、矫正穷人或改造穷人的济贫理念。事实上这也是西方专业化慈善团体和组织在规训时代做的事情。这种理念指导下的措施就其

[①] 汝信、陆学艺、李培林主编：《2006：中国社会形势分析与预测》，社会科学文献出版社，2005年版，第174—175页。

[②] 朱晓阳：《反贫困的新战略：从"不可能完成的使命"到管理穷人》，《社会学研究》，2004，(2) 第98—99页。

反贫困目标而言，效果并不理想，成功之处在于加强社会控制，穷人被标签化和亚文化化之后，他们被从社会中隔绝出来，成为社会管制的对象，其结果是使他们更牢固地钳闭在"贫困"之中。有鉴于此，应该超越管理穷人的视野，重新建构具有理想性的措施。倡导生命救助与再建构社区，不是帮助"穷人"建立他们自己的社区，而是要建构包括穷人和其他社区成员在内的共同体，使穷人在其中感到自己是一个社区的成员。

（五）制度变革是贫困救助的根本

制度性贫困主要表现为因缺乏制度保障和支持的制度匮乏和不合理制度产生的制度剥夺而导致的贫困现象。从制度资源看，也把因缺乏和滥用制度资源导致的贫困称为制度性贫困。[1] 城市制度性贫困的相关现象包括诸如不合理的下岗政策、拆迁规定、养老规定、医疗保险规定、就业规定、打工子女入学规定、对弱势群体不利的政策规定条文和实施过程、城乡人口待遇上的不平等政策和规定、对某些身体疾病的不合理规定等。例如下岗的补贴、拆迁的补贴、工龄买断等规定，都是某些企业或政府部门的强制性规定，普通百姓缺少知情权和参与权，他们在一些不合理规定之前也束手无策。有些政府政策没有充分考虑历史的延续性，老工人的退休在计划经济和市场经济的不协调。我国改革开放后出现的新贫困阶层就是因经济改革、就业制度等的转变所造成的制度性失业。既然贫困根源于制度，所以在消除贫困时就需要考虑更广泛层面的制度解决措施。因此，有学者提出制定公民基本权利普遍保障法律，如"国家反贫困法"，用以规范我国社会各界的反贫困行为，促使各级政府无条件地保护每一个国民的生存权、发展权。唐钧研究员目前也提出反贫困制度政策之举措，即从传统的失业保险制度到积极的劳动力市场政策；从失业保险制度转向城市居民最低生活保障制度。[2]

---

[1] 裴晓梅：《城市贫困的制度思维》，《江苏社会科学》，2005，(6) 第24—29页。
[2] 唐钧：《反贫困政策联合出击方能奏效》，《北京观察》，2006，(3) 第4—7页。

参考文献：

[1] 张小军、裴晓梅：《城市贫困的制度思维》，《江苏社会科学》，2005，(6)。

[2] 唐钧：《反贫困政策联合出击方能奏效》，《北京观察》，2006，(3)。

[3] 朱晓阳：《反贫困的新战略：从"不可能完成的使命"到管理穷人》，《社会学研究》，2004，(2)。

[4] 程胜利：《社会工作在城市反贫困中的作用及政策建议》，《社会》，2004，(9)。

[5] 李强：《当前我国社会分层结构变化的新趋势》，《江苏社会科学》，2004，(6)。

[6] 李迎生：《社会政策与社会和谐》，《教学与研究》，2005，(12)。

[7] 唐钧：《社会政策的基本目标：从克服贫困到消除社会排斥》，《江苏社会科学》，2002，(3)。

[8] 沈红：《中国贫困研究的社会学评述》，《社会学研究》，2002，(2)。

[9] 关信平：《中国城镇贫困问题研究》，长沙：湖南人民出版社，1999年版。

[10] 刘世定、丁元竹主编：《走向21世纪的中国社会问题》，成都：四川人民出版社，1997年版。

[11] [德] 齐美尔：《社会是如何可能的》，桂林：广西师范大学出版社，2002年版。

[12] 李彦昌：《城市贫困与社会救助研究》，北京：北京大学出版社，2004年版。

[13] 汝信、陆学艺、李培林主编：《2006：中国社会形势分析与预测》，北京：社会科学文献出版社，2005年版。

第13章 当代中国收入差距问题

第一节 收入分配与收入差距

2004年年初,新华网与《经济参考报》联合推出了"今年两会,你最关注的热点问题"投票调查。调查结果显示,除"反腐败"问题以84%的得票率位居第一外,"区域经济发展的不平衡和收入差距问题"以57%的得票率排在第二位[①]。可见收入差距问题已经引起国人的广泛关注,成为我国公众普遍关心的社会问题。

居民收入存在差距,其根源在于国民收入的分配制度、分配政策和分配过程。根据经济学理论,收入分配是分配主体在一定时期内对新创造出来的价值即国民收入(或体现这部分价值的产品),在不同的阶级、社会集团或社会成员之间,按照一定的分配制度和分配政策进行分割的经济活动。

收入分配在社会再生产过程中,是连接生产和消费的重要环节。分配由生产决定,没有生产就没有分配。分配又具有反作用,反过来影响生产,促进或者阻碍生产的发展。

分配分宏观收入分配和微观收入分配。宏观收入分配指在一个国家范围内,对社会收入总量的分配,主要反映收入分配的总量关系。微观收入分配是个人或者组织对可支配收入的个量进行分配,主要反映收入分配中的个量关系。宏观收入分配和微观收入分配相互依存,相互制约。宏观收入分配对微观收入分配具有指导和调控作用。

分配主体是指参与分配过程中的个人和组织,是收入分配系统的核心。分配主体作为分配制度和分配政策的制定者,是收入分配活

[①] http://news.xinhuanet.com/forum/2004-03/01/content_1332305.htm.

动的决策者和组织者，在分配过程中处于主导和支配地位。分配主体的素质、价值观和行为方式对收入分配的决策、收入分配比例的确定和收入分配关系的实现具有决定性作用。

不同的分配制度和分配政策直接影响居民个人收入差距的扩大和缩小。从宏观层次上讲，收入差距本身作为整个社会经济运行的一种结果，与社会经济的发展产生互动。也就是说，收入差距会影响到经济运行的效率。在社会还基本上属于一个经济短缺型社会时，人的"经济人"特征十分明显。如果居民收入差距过小，就会挫伤人们的社会积极性，不利于从总量上尽快增加社会财富。如果居民收入差距过大，就会使社会财富过度集中于少数人手中，而大多数人则处于贫困状态，造成两极分化，严重影响社会的和谐与稳定。大量的发展中国家的现实表明，收入差距扩大是导致社会和政治不稳定的一个重要因素，这种不稳定反过来又会影响到整个经济的发展过程。因此，一定的收入差距可以提高人们的社会积极性，提高经济效率，加快发展速度。而收入差距的过大或过小都不利于经济的发展和社会的稳定。就是说，只有合理的收入差距才是我们追求的分配目标以及和谐社会的应有特征。

那么，合理的居民收入差距又如何界定呢？目前，国际上通用的衡量标准是由意大利统计学家基尼，根据美国统计学家劳伦茨发明的劳伦茨曲线为依据而计算出的基尼系数[①]。基尼系数取值范围在 0~1 之间，用来反映收入分配的平等程度。基尼系数数值越小，表示居民收入差距越小，收入分配状态越趋于平均；基尼系数数值越大，表示居民收入差距越大，收入分配状态越趋于不平均。当基尼系数=0 时，表示居民收入的绝对平均，即同一比例的居民获得国民收入分配额的相同比例。当基尼系数=1 时，表示居民收入的绝对不平均，即国民收入分配额的全部被 1 个人占有。

根据经济学家钱纳利等人在 20 世纪 70 年代的计算，对收入分

---

① 参见《辞海》，上海辞书出版社，2000 年版，第 662 页。

配高度不均等的国家来说,基尼系数在 0.5~0.7 之间;收入相对平等的国家,则基尼系数在 0.2~0.35 之间①;0.4 是一条警戒线,超过 0.4 就意味着收入差距较大②。

一般认为,基尼系数在 0.2 以下,表明收入分配处于高度平均状态;基尼系数在 0.2~0.3 时,为相对平均;基尼系数在 0.3~0.4 时,为比较合理;基尼系数超过 0.4 时,即全部居民收入中用于不平均分配的比例超过 40% 时,表示收入差距偏大;基尼系数超过 0.5 时,表明收入分配出现两极分化,它会引起众多的社会问题③。

由于基尼系数给出了反映收入分配差异程度的数量界限,可以有效地预警两极分化的质变临界值,是衡量贫富差距的可行方法,所以,得到了世界各国的广泛重视和普遍采用。我国当然也不例外。

目前,我国通常使用三种基尼系数。即农村居民基尼系数、城镇居民基尼系数和全国居民基尼系数,分别用来表示农村居民、城镇居民和全国居民的收入差距情况。

第二节 我国居民收入差距的现实状况

一、中国收入差距问题日趋严重

允许一部分人、一部分地区先富起来,以带动全国人民共同富裕,这一改革政策至今已取得巨大成就。根据国家统计局的最新统计,从 1978 年到 2005 年,人均年生活费收入农村居民由 134 元增长到 3255 元,增长了 23.3 倍;城镇居民从 316 元增长到 10493 元,增长了 31.9 倍。在城乡居民收入增加、生活质量大大改善的同时,居民的储蓄存款也大幅度提高。1978 年城乡居民储蓄额为 210.6 亿元,人均不到 22 元,2005 年底城乡居民储蓄额已达

---

① 刘厚俊编著:《现代西方经济学原理》,南京大学出版社,1988 年版,第 269 页。
② 王进主编:《中国社会》,中央编译出版社,2006 年版,第 67 页。
③ http://cssd.acca21.org.cn/2002/news0209.html。

141051亿元，人均约10787元人民币。

但是，在全国居民收入水平大幅度提高的同时，深深困扰我国社会的是这样一个问题：城乡之间、地区之间以及社会各阶层之间，贫富差距越来越大，形成了一种"马太效应"：穷者越来越穷，富者越来越富。

反映在基尼系数指标上，改革开放前我国居民的基尼系数为0.16[1]，处于收入分配的高度平均状态，不尽合理。改革开放以来我国居民的基尼系数不断上升，近几年呈现一种持续上升状态。1995年为0.445，1998年为0.456[2]，2002年为0.454[3]，2004年超过0.465[4]。由此可见，我国居民收入差距已经超过国际上公认的合理区域的上限，成为收入差距较大的国家之一。

为了更清楚地说明这一问题，我们再按五分法进行收入比较。早在1994年，中国最贫困的20%家庭占有全部居民收入的4.27%，而最富有的20%家庭占有全部收入的50.24%。根据美国《商业周刊》1994年的报道，美国最贫困的20%家庭占有全部收入的4.4%，而最富有的20%家庭占有全部收入的44.6%，可见较之美国我国的两极分化状况已经相当严重[5]。

目前，我国居民收入差距不但总体上表现为基尼系数偏高，而且在许多方面存在着明显的不均衡特征，严重影响着社会的和谐与稳定。

二、贫富差距的主要表现及特点

首先，城乡居民收入差距居高不下。根据国家统计部门的调

---

[1] http://www.sx.xinhuanet.com/rdjj/2006-03/09/content-6422637.htm.
[2] http://cssd.acca21.org.cn/2002/news0209.html.
[3] 周民良：《国民经济发展的新阶段与新农村建设》，《中国经济时报》2006年4月7日。
[4] http://www.china.org.cn/chinese/zhuanti/fy/782031.htm.
[5] 黄忠晶、李弘毅主编：《当代中国社会问题研究》，宁夏人民出版社，2001年版，第117页。

查，1978年，我国城乡居民收入的比率为2.36∶1，1999年为2.65∶1①，进入本世纪以来，城乡居民收入的比率继续扩大，2001年是2.89∶1，2002年是3.11∶1，2003年是3.23∶1，2004年是3.20∶1，2005年是3.22∶1②。而对于这样一个明显的收入差距，仍然有许多研究者认为，它还不能真实地反映城乡居民之间的实际收入差距，用现代西方经济学的概念，就是还不能真实地反映城乡之间的实际福利水平（well-being）上的差别，因为城镇居民所享有的许多福利性补贴还没有计算在内。例如公费医疗，农村居民没有这种待遇；再如城镇居民享受的养老金保障、失业保险、最低生活费救济，对农村居民来说更是可望而不可及。如果把这些因素考虑进去，城乡居民的实际收入差距可能要达到4倍、5倍甚至是6倍。

有研究者指出，我国与其他国家相比，如果仅仅看货币收入差距，或者说名义收入的差距，非洲的津巴布韦比我国稍高一点，但如果把非货币因素考虑进去，那么我国将是世界上城乡收入差距最高的发展中国家③。

其次，地区之间收入差距日益扩大。东中西部地区之间的收入差距，无论是城镇还是农村都在日益扩大。就城镇来说，1980年以前，国家鼓励人口向西部流动，对少数民族和边远地区实行高工资政策，东部地区职工收入低于西部，三大地区的职工收入高低排序为西—东—中；1980年以后，东部发展迅速，大约在1989年前后，东西部居民收入基本持平；1990年以后，收入差距开始逆转且日益扩大，2001—2003年，西部12省（区、市）城镇居民人均年收入，分别为全国平均水平的87％、86％、85％，每年下降1个百分点④。

---

① http://cssd.acca21.org.cn/2002/news0209.html.
② 据 http://www.stats.gov.cn/tigb/ndtigb/qgndtigb/t20060227_402307796.htm的表14计算。
③ http://news.hexun.com/detail.aspx?id=1137633.
④ http://paper.chd.edu.cn/show.asp?id=581.

再看农村,东西部地区农民的收入差距扩大更为明显,从改革开放到上世纪末,东西部地区农民收入比从1980年的1.46∶1扩大到1997年的2.5∶1①。进入21世纪以来,西部12省、区、市的农民人均纯收入占全国平均水平的比重仅仅维持在73%~74%左右,到2004年的第三季度,这个比重又下降到70%②,这就说明东西部地区的农民收入差距仍在继续扩大。

有资料显示,1998年我国沿海地区与中西部地区人均收入比例已达4∶1,而东南沿海地区与贵州、甘肃省的人均收入比例则高达7∶1③。

再次,城市居民收入差距持续增大。《江南晚报》2006年2月7日报道,国家发改委认为我国城市居民收入差距的基尼系数已处于合理值的上限0.4左右,而且这还是在各种岗位外收入、非正常收入难以准确估计的情况下做出的结论,如果把后者算上,则计算出的实际基尼系数肯定要更大一些。

对于国有企业中的职工收入差距,国务院曾在1984年颁布的《承包经营条例》中明确规定:厂长经理的工资收入应限制在企业职工平均工资的1~3倍之内。但根据劳动部门的调查,他们的实际收入早已突破这一规定,达到比较高的水平。例如,根据深圳新闻网报道,我国两家国有上市银行行长2005年的年薪已经分别达到106.031万和110.5万元人民币。

至于那些没有明文限制的非国有制企业业主的收入就更高。温州市的一项调查显示,在一般的私营企业中,企业主的年收入为一般职工的21倍;在具有百万资产以上的私营企业中,业主的年收入为一般职工的79倍。还是深圳新闻网的报道透露,在内地上市的股份制银行中,招商银行行长2005年的年薪为267.83万元,两位副行长的年薪均超过130万元;民生银行行长的年薪为191.61

---

① http://cssd.acca21.org.cn/2002/news0209.html.
② http://cssd.acca21.org.cn/2002/news0209.html.
③ 乔法容、朱金瑞主编:《经济伦理学》,人民出版社,2004年版,第196页。

万元，三位副行长的年薪也均超过 110 万元人民币①。年薪过百万的收入水平的确让人们感到了收入差距的真实存在。

数据显示，早在 1997 年，城市中收入最高的 10％人口当年人均年收入为 10.29 万元，而收入最低的 5％人口人均年收入只有 2185 元，前者是后者的 47 倍②。

数据显示，当前城市居民收入最低的 20％人口只占全部收入的 2.75％，仅为收入最高的 20％人口拥有收入的 4.6％。也就是说，收入最高的 20％人口拥有全部收入的 59.78％③。

最后，行业之间职工收入差距悬殊，具有垄断性的行业大多具有高收入。1998 年，收入最高的行业是金融保险业，职工年收入为 10633 元，收入最低的行业是农林业，职工年均工资 4528 元，二者绝对差距为 6105 元，相对差距为 2.35∶1④。

进入 21 世纪，管道运输业、航空运输业和邮电通讯业等垄断行业通过垄断获取暴利，职工年均收入超过 6 万元，而一般企业单位年均收入仅为 1.5 万元左右，二者相对差距扩大到 4∶1。

2002 年，我国分行业职工的平均工资中最高为最低的 6 倍⑤多。可见行业之间的收入差距相当悬殊。

第三节 居民收入差距扩大的成因分析

一、制度变革是收入差距扩大的直接根源

（一）分配制度改革是收入差距扩大的直接原因

改革开放前，按劳分配制度被视为我国个人收入分配的唯一选

---

① http://www.sznews.com/news/content/2006-04/28/content_108139.htm.
② 乔法容、朱金瑞主编：《经济伦理学》，人民出版社，2004 年版，第 195 页。
③ 《江南晚报》2006 年 2 月 7 日。
④ http://cssd.acca21.org.cn/2002/news0209.html.
⑤ 赵振华：《重视解决收入差距扩大问题》，《人民日报》2003 年 12 月 25 日。

择，但是我们理解的按劳分配，实际上是按人分配的平均主义，严重抑制人们的劳动积极性，导致了共同贫穷。

改革开放后，进行了包括分配体制在内的经济体制改革，逐步打破传统体制以及平均主义的分配方式，分配制度超越单一的按劳分配，先后经历了"以按劳分配为主体，其他分配方式为补充"、"按劳分配为主体，其他分配方式同时并存"和"把按劳分配和按生产要素分配结合起来"的改革阶段。在这一改革过程中，无论是"主体—补充"阶段、"主体—并存"阶段还是"按劳分配和按生产要素分配结合"阶段，其改革的真正用意不仅在于分配制度对市场经济发展的不断适应，而且更在于它承认了非劳动收入的合法性，从而极大地调动了社会不同阶层经营非劳动力生产要素的积极性，提高了非劳动收入在居民个人收入中的所占比重。

在新的分配制度下，所有生产要素都参与所获得收入的分配。尤其是资本要素，给予了高度重视，无论外国资本还是本国资本，都给予了一系列优惠条件，得到了足够的分配份额。

而对于劳动力这个重要的生产要素，在收入分配上没有得到应有的体现。根据国家统计局公布的数据和《中国国力报告》的研究，我国2000年和2004年的国家财政收入分别占到当年GDP的14.16%和18.84%，上升了4.68个百分点；而劳动工资总额占GDP的比例，却从1989年的16%，下降到2003年的12%[①]，减少了4个百分点。这就说明，劳动力要素在收入分配中的所占比重越来越低。

非劳动收入的获取与居民的择业自由度、经营才能、资产或资金占有量、技术与专利权等非劳动力生产要素有关。但是这些要素并不是每位居民均等拥有。因此，每位居民得到的非劳动收入就不均衡，从而造成非劳动收入的多寡不一，无疑拉大了居民之间的收

[①] 连玉明、武建忠主编：《中国国力报告》，中国时代经济出版社，2006年版，第21页。

入差距。

另外政府对微观收入分配的改革未能实行有效的宏观调控,微观收入分配缺乏必要的法律规范和行政,导致微观收入分配的决策者各行其是,或由于决策者的把握不当,或由于决策者的素质使然而形成收入分配差距过大甚至是两极分化的不正常局面。

(二) 改革政策效应

改革政策效应,主要表现在以下三个方面:

第一,对外开放政策效应。改革开放之初,国家对经济特区、沿海开放城市和沿海地区,在税收、信贷、投资等方面,实行了区别于其他地区的经济优惠政策,使这些地区率先引进国外资金和技术,吸引内地人才和资源,为其所用而迅速发展起来,相应的居民可支配收入也迅速提高,导致这些地区与其他地区之间的收入差距扩大。

第二,家庭联产承包责任制政策效应。在广大的农村地区,以土地承包为代表的家庭联产承包责任制,所得劳动成果除上缴国家和集体的应缴费用后,其余全部归承包者所有。这一政策的实施,农民的生产积极性空前高涨,使那些经营有方的农民收入大幅度提高,而无力经营和不善于经营的农户则相对贫困,从而造成了农民之间收入差距的扩大。

第三,微观收入分配政策效应。国家在改革开放过程中,简政放权,下放了微观收入分配的决策权。对社会经济组织和非财政全供的事业单位,职工的工资水平直接与单位的经济效益挂钩,单位领导具有收入分配的决策权;在国家机关和财政全供的事业单位中,对地区性的工资补贴和相关部门的工资津贴收入,地方政府和部门领导具有决策权,由于地方经济发展和部门职能的巨大差异,其地区性的工资补贴和相关部门的工资津贴收入差别很大,因而造成不同地区和不同部门工作人员收入的高度不平衡,导致其收入差距的日益扩大。

二、市场经济体制不完善的影响

（一）竞争起点不公平是行业之间职工收入差距扩大的根本原因

改革开放初期，计划经济体制下形成的价格体系、各经济主体对公有资源的不同垄断程度和来自于国家投资的不同受惠程度，使各经济主体进入市场竞争时所拥有的初始资源条件不平等，因而不同行业不同阶层职工的收入自然而然就产生了相应的差异。

近年来，这一局面没有得到根本性的改变。石油、煤炭等能源资源及相关产品的价格居高不下，邮电、金融、保险、交通运输等行业的垄断经营，使公有资源成为这些行业获取本该归国家所有的垄断性收入的手段和条件，经济效益显著，职工收入大幅提升，使其与其他行业的收入差距日趋扩大。

（二）非法收入影响

市场取向的经济体制改革，不仅使人们的竞争意识、效益意识、进取意识发生了实质性变化，而且也造成一些人价值观念的扭曲和错位。一部分人为了个人利益或局部利益，或以权谋私、寻租、投机和贪赃枉法，大肆侵吞国有资产而中饱私囊；或偷税漏税、走私贩毒、制黄贩黄和制假贩假而大发其财；或欺行霸市、强取豪夺而一夜暴富。虽然我们在取缔非法收入、打击经济犯罪和惩治贪污受贿方面做了大量工作，但是我们也不得不承认，客观上确实还存在一个由这部分人形成的高收入群体。这部分人在社会总人口中的比重不大，但其危害性不可低估。人们对分配不公的痛恨，很大程度上就是对非法收入者的反感所致。

非法收入的产生和发展，既削弱了人们对经济体制改革的信心，又扩大了居民之间的收入差距。

三、二元体制的影响

二元体制结构的存在是城乡收入差距存在的基本原因。

这些年来，城乡割裂的二元结构使我国农村长期游离于现代化建设的进程之外，而远离现代化农业的农村劳动生产率必然远远低于以现代工业为主的城市劳动生产率。我们知道，劳动生产率的高低直接决定获得劳动收入的多少。因此，劳动生产率的差距必然导致城乡居民收入的相应差距。

假如劳动力能够自由流动，那么，当劳动收入达到一定差距时，低收入地区的农村劳动力必然会流向城市的高收入地区。但是，长期以来的城乡二元体制，使农村劳动力不能平等地自由流动。进城择业受到很大的限制。例如国家采取许多有效的措施，去推动和保护城市劳动力的就业，而对农村的富余劳动力，则放任自流，使其处于不能平等择业的弱势状态。再如，对流动到城市的农村户籍劳动力，用工单位实行明显的劳动歧视，同工不同酬，包括当地城市政府的某些部门、组织和个人也是纵容推诿甚至不闻不问，任其存在。这进一步削弱了农村劳动力的合法权利，与城镇户籍劳动力相比，明显而极不合理的收入差距处于相对刚性状态。

二元结构还使城镇居民比农村居民享受更多的福利待遇。社会保障是国家依法建立、具有经济福利性的国民生活保障和社会稳定系统，具有缩小收入差距，减少社会不稳定因素的作用。然而，目前我国的社会保障面太窄，只面向国家公职人员和部分城镇居民，而占我国人口大多数的农民几乎不能享受。城乡居民在享受社会保障方面的非均等性，使城乡居民之间的收入差距进一步扩大。

应该承认，上述收入差距扩大的原因中，有些是合理的，有些是不合理的。有些过去是合理的，现在则不尽合理。有些是既合理又不合理，实际上就是说有一个度的问题，及则合理，过则不合理。我们认为，凡是合法而有助于保持合理收入差距的，我们今后应继续发扬光大。凡是合法而无助于保持合理收入差距的，我们今后应注意调整和改进。不公平的要坚决调整，非法的要坚决取缔。

分配原则的渐进改革，承认非劳动收入的合法性，既符合市场经济分配法则的要求，也是对过去长期存在的平均主义思想的否定，应该坚持，问题是要注意调整好劳动力要素和其他生产要素的分配比例。

　　政府在改革中采取的许多政策也是合理的，只不过今后应随情况的变化而变化，适时调整政策的着力点，防止收入差距的过于扩大。

　　竞争起点的不公平、二元体制的影响等是不公平和不合理的，需要我们通过体制改革和健全法制来逐步加以解决。

　　应该看到，收入差距的过于扩大在相当程度上是因为在市场化过程中，法规制度不健全、政府行为不规范和腐败现象所致，资源分配扭曲、收入分配不公现象大量存在，因此需要通过政治体制改革，建立一套公平、规范、透明的制度框架来与市场体制相配套，需要形成一套社会公众监督体系来约束政府行为，在经济发展中保障社会大众的利益不受侵害。各国发展的历程表明，在起点不公平基础上由规则不公平带来的失衡严重的分配格局，会约束经济增长的有效空间。不难想象，贫富悬殊的城乡收入分配机制，会造成处于低位的社会阶层的不公平感，降低企业的投资愿望，触发社会的不稳定。同时，还会使城镇富裕阶层的收入不能及时消费出去，也会使农村贫穷阶层没有能力消费，难以形成全社会的合理消费规模，使消费引导经济持续增长与合理配置资源的潜力得以削弱。要改变这种格局，就需要对收入分配的机制和政策进行调整与完善。

第四节　解决收入差距过大问题的对策探讨

一、充分认识解决收入差距过大问题的艰巨性

　　收入差距过大问题是一个世界性的难题。解决这一问题，要从世界范围内的历史和现实中去考察，要注意研究促进社会公平的深层次问题及规律。

　　美国加州大学历史学教授斯塔夫利阿诺斯认为，社会发展越来越不公平正在成为我们这个时代的突出问题。在这些不公平中，收入差距扩大问题尤为突出。他发现在过去的50年中，世界收入增

长了7倍，人均个人收入增长了3倍，但是在整个国际社会的所有国家，这些收入的分配都极其不公平。他引用联合国的报告说，1960年至1991年期间，占世界人口20％的最富有人口拥有财富的比例从70％增加到85％，而20％最穷的人拥有财富的比例则从2.3％下降到1.4％[①]。

有人认为，目前我国社会出现的收入差距扩大是由于社会转型造成的。这或许是部分原因但不全面。丁元竹先生认为，现行分配体制不能真正解决当前的社会分配不公问题，现行分配理论不能完全解释当代社会的收入差距拉大问题。否则，为什么在20世纪初期就开始着手建立和完善社会保障和社会福利体制、分配手段比较完善、经济社会比较成熟的美国和日本仍然存在这类问题呢？

可能的解释是：

其一，从历史和哲学的角度看，自远古至今，人类在技术开发上的确取得了巨大的进步，并及时不断地将这些技术用于经济发展，为人类创造了巨大的财富，带来了前所未有的物质文明。问题是，为什么技术会取得如此的进步，而社会进步就那么艰难？用价值中立理论解释，科学技术的研究和开发本身是没有什么价值取向的，对于那些从事科学技术研究和开发的人来说，他们完全可以按照价值中立原则进行技术研究和开发。市场经济则是完全按照利润最大化原则吸纳技术，这就是为什么过去几百年人类在经济技术上取得巨大、快速进步的原因之一。但是，社会发展和社会政策则大大不同，社会政策的应用涉及到实施这些政策的决策者的自身利益，在某种意义上，决策者本身是政策的受益者，决策者在实施政策、制定政策过程中难以超越价值中立原则。这就必然造成社会发展领域的不平等，甚至出现"经济和技术越发达，社会就越趋向于不公正"的现象。

其二，历史表明，经济发展遵循一个基本原则，经济增长带来

---

① 丁元竹：《理性看待收入差距拉大问题》，《文汇报》2006年2月16日。

的成果主要由那些创造财富的人分享。从这个意义上讲，普通阶层收入的增加与生产力增长之间的差距拉大是不可避免的。在技术进步加速并在经济增长中发挥越来越重要作用的情况下，没有接受过大学教育的劳动力的实际工资必然会减少。

其三，在全球化和技术加速进步的今天，在收入分配问题上我们还有很多搞不清的问题。全球化和技术的加速进步改变了传统意义上收入分配体制和收入分配理论的前提条件，需要我们重新研究和审视新的历史条件下收入分配体制和收入分配理论的前提条件。

二、充分借鉴别国缩小收入差距的有效措施

梁建武先生认为，收入差距扩大是工业化和经济转轨阶段的普遍现象，我国也不例外。为解决这一问题，我们可以借鉴别国缩小收入差距的具体做法[①]。

（一）各国缩小收入差距的指导理念

1. 初次分配中确保中等收入人群占大多数。欧美国家通过工资、福利和税收调节等来巩固和扩大中产阶级的比重；美国、加拿大政府通过实施有关最低工资、工资支付、同工同酬、加班工资、休假权益等法律法规规范初次分配。20世纪90年代，仅累进所得税一项，英国的基尼系数就由税前的近0.5降至税后的0.37。

2. 再分配中注重完善社会保障和福利制度，构建弱势群体的"安全网"。推动社会保障制度法制化建设，以低收入者为重点保障对象，逐步扩大覆盖面。当前西方各国的社会保障覆盖面达95%以上，很多国家接近100%。

3. 重视教育，创造"机会公平"的社会氛围。瑞典、德国等均注重教育投入，德国教育发达，实行12年制的义务教育，公立学校学费全免；巴西政府近年来投7亿美元成立东北部教育基金，帮助落后地区培养教师，免费发放教科书，并从2003年起实行名

---

① 梁建武：《看外国如何缩小收入差距》，《瞭望新闻周刊》，2006，（12）。

为"面向人人的大学"的改革计划。

(二)各国缩小收入差距的具体措施

1. 实施税收调节。以个人所得税方式直接调节。据统计瑞典的中等收入者要缴纳的个人所得税税率为31%,大公司经理则为60%至70%,最高可达85%;在发达国家,购置豪华住宅、名牌轿车、奢侈品、化妆品、享用高档宴会、高档休闲娱乐以及饲养宠物等都算作高消费,要征收高额的特别消费税;国外遗产税税率都很高,日本继承税税率共分13个档次,从10%到70%。

2. 鼓励公益捐赠。如巴西对出资赞助教育的企业予以税收减免。

3. 完善法律保障。严惩偷税漏税。日本对违反税法、不按期足额缴纳税款者,采取严惩措施;打击寡头,限制非法致富。在俄罗斯,80%的财富集中在占国内人口不到4%的寡头手中,普京主政伊始,就让有关部门调查寡头们的经济活动,收集他们违法犯罪的证据以实施打击;严格实行最低工资以及加班工资标准制度。

4. 开发落后地区。德国在宪法中就规定,国家必须保持各地区人民生活条件的一致性。世界范围内较为有效的开发模式有:一是"城市化辐射"型。20世纪60年代,美国以立法形式将其2/3的贫困县划入137个经济开发区,要求每一个经济开发区建设几个新兴城市,使之成为带动全区经济增长的中心。1960年巴西将首都从里约热内卢迁至巴西利亚,推动了中西部地区的开发;二是"产业化推动"模式。日本于1960年提出在北海道、东北等落后地区进行大规模的产业基础设施建设,将这一带发展成为可与京滨、阪神等工业地带相匹敌的大规模重化工业地带;三是"特种产业带动"模式。日本政府将奶牛饲养业作为北海道农村经济的主导产业,专门制定"奶牛饲养振兴法",为农户提供低息贷款,鼓励多渠道增加对奶牛饲养业的投入,建设现代化的大型畜产基地。

5. 实行有效的财政转移支付。财政转移政策是平衡地区收入差距的核心手段。其主要目的是促进地区经济平衡发展,保证各地区人均财政支出大致相同。支持目标是地方的医疗、教育、社会保障，重点向贫困地区倾斜。意大利每年将中央财政收入的 1/3 转移支付给地方政府，其中 2/3 是专项拨款，主要用于支持地方政府开展文化教育、职业培训、住房供给、医疗卫生等事业，财政支付直接"落地"到个人。

6. 增加就业，保障低收入者的收入。保护劳动密集型产业的发展。实施对下岗职工补贴制度。加强对农村劳动力的就业培训。韩国、印尼和马来西亚十分重视劳动力转移过程中的教育与培训，推动农业剩余劳动力向第三产业的转移；财政支持就业，韩国政府为使失业减少到最低程度，向中、小企业提供补助，帮助它们稳定经营和保留员工；印度政府拨款推进国家农村就业保障计划，在乡村地区创造更多的就业机会。

三、强化收入分配的宏观调控建议

收入分配的宏观调控主要是对分配结果的调控，而分配结果调控的关键是对国民收入再分配关系的调整。

（一）运用税收手段调节过高收入

税收对个人收入的调控重点是对高收入者进行调节，它主要表现为以个人所得税为主体，遗产赠予税、个人财产税、特别消费税等为补充的个人收入税收调节体系。

对过高收入的调节，除了运用个人所得税外，可以借鉴国外经验，尽早开征遗产赠予税和特别消费税。这些税种的开征，实际上是从收入的最终形式上弥补个人所得税的遗漏。它不仅能有效防止财产过多地向个人集聚，大大缩小贫富差距，而且能使财富更多归社会所有，有助于公民个人价值的更好实现。

（二）加大政府转移支付力度

政府应加大转移支付力度，调整转移支付的结构与方向。要改变重城镇居民、轻农村居民的转移支付模式，建立中央政府和地方政府相互分工、各有侧重、互为配套、城乡一体的转移支付体系。

从目前我国的实际情况看,政府的转移支付重点应突出以下几个领域。一是对农村的转移支付。即通过对农村教育、卫生、农业生产,特别是对从事粮食生产农民的补贴,保障其一定的收入水平。二是对保护生态环境的转移支付。即通过对生态环境保护区的补贴,弥补生态环境保护地区居民因保护环境而损失的收益。三是对特殊阶层的转移支付。即通过建立相关社会基金,对失业者或收入不足以维持生计者给予救济或补贴。由于现阶段我国地区经济发展存在明显的不平衡性,不同地区的政府财政实力差异悬殊,因此,对欠发达地区的转移支付问题,可以借鉴国外经验,以中央政府的投入为主,相关地方政府的财政配套为辅。

财政转移支付必须形成明确的原则、方向、操作规则和监督检查制度,否则有可能造成资源分配不当,资金浪费、截留和挪用等情形。

(三)用法律手段规范分配行为

依法规范分配行为是指用法律制度和规则去规范、约束个人收入分配行为,从而起到调节收入分配的作用。法律对个人收入分配的调节具体表现在立法调节和司法调节两个方面。

对个人收入分配的立法调节主要包括工资立法、最低工资立法、公务员工资立法、各种社会保障立法等,通过制定有关最低工资、工资支付、同工同酬、加班工资、休假权益等法律法规,规范收入的初次分配和社会保障行为。由于劳动者收入水平较低,资本回报率较高,因此要认真研究劳动力要素的报酬标准,研究劳动要素和资本要素的收益比例,通过立法,提高劳动者收入在 GDP 中的比重,提高工资所占成本比例,提高职工的平均工资水平,尤其是确定合理的最低工资标准,以保证低收入者的基本生活水平。

收入分配的司法调节是指法律的实施过程。主要包括监督检查收入分配法律和法规的执行情况、调解处理收入分配及社会保障中发生的争议,裁决和执行收入分配的相关案件。

打击和取缔非法收入应是收入分配司法的重点。对非法暴富案件应加大打击力度，从重处罚，使其违法行为的成本远远大于其经济上、政治上和心理上的收益，以法律的震慑力遏止非法收入，维护经济秩序。

健全收入分配的社会监督联动机制，保证国家各项分配政策和措施的落实，维护劳动者的合法收入，控制不合理的收入分配差距。只有这样，才能在鼓励一部分人靠勤奋劳动和合法经营先富起来的同时，带动并鞭策后富的人发奋努力，实现共同富裕的长远目标。

（四）用社会保障制度兼顾公平

根据效率优先、兼顾公平的指导原则，逐步建立和完善我国的社会保障体系。

扩大社会保障覆盖范围，逐步建立覆盖城乡所有劳动者和全体公民的社会保障体系。社会保障体系应包括养老、医疗、失业、最低生活保障和临时救济。

社会保障水平应同经济发展水平相适应，合理确定社会保障的支付水平，以低保障实现广覆盖。

立足中央财政，扩大筹资渠道，实现社会保障基金来源多元化，确保保障资金的适时足额发放。例如通过立法手段，明确社会单位以单位就业员工工资额为基数的社会保障基金缴费率，强制缴交，对这些单位缴费的员工，其社会保障额度要有所体现。

针对国民保障需求的多元化，建立以个人缴费为基础的社会保障补充账户，形成多样化的社会保障模式。

加强社会保障立法，形成法治化、规范化、高效化的社会保障运行管理体制。确保社会保障基金的安全充足，保值增值，良性运转。

二战以后，西方国家之所以没有发生大的社会危机，是因为社会保障制度的确立增加了每一个公民的归属感。在恢复社会信用和增加公民归属感问题上，老年人要比年轻一代有更大的影响力。因此，决不能为了减轻现政府的财政负担，而拒绝兑现以前政府的社会保障承诺。否则就会付出政府信誉降低的代价。近年来各地区拖欠退休干部、职工医疗费的问题，已经引发了职工对医疗保障体制改革的不满，降低了民众对各级政府的信任。今后不管社会保障制度如何改革，都应当保证已退休人员原来享有的待遇水平不降低。这是老百姓对新制度建立信心的坚强基础。

参考文献：

［1］刘厚俊编著：《现代西方经济学原理》，南京：南京大学出版社，1988年版。

［2］黄忠晶、李弘毅主编：《当代中国社会问题研究》，银川：宁夏人民出版社，2001年版。

［3］乔法容、朱金瑞主编：《经济伦理学》，北京：人民出版社，2004年版。

［4］章辉美：《社会转型与社会问题》，长沙：湖南大学出版社，2004年版。

［5］郑功成：《关注民生——郑功成教授访谈录》，北京：人民出版社，2004年版。

［6］中国现代化战略研究课题组、中国科学院中国现代化研究中心：《中国现代化报告 2005——经济现代化研究》，北京：北京大学出版社，2005年版。

［7］连玉明、武建忠主编：《中国国力报告》，北京：中国时代经济出版社，2006年版。

［8］王进主编：《中国社会》，北京：中央编译出版社，2006年版。

第 14 章　当代中国的腐败问题

第一节　腐败的概念和分类

一、腐败的含义

腐败一词始用于生物学，在汉语和英语中的意思大致相同，都是指事物的腐烂或者变质。腐败一词被引用到政治学后，含义宽泛，如有政府腐败、政党腐败、个人生活腐败，等等。通常所说的"腐败"是指腐败者违背社会道德、法律和规范，为个人或少数人的利益而滥用职权的行为。腐败的实质就是权力的蜕化和变质，主要特征是：权力官僚化；权力商品化；权力特殊化。

国外学者和研究机构从经济学、政治学等多种角度对腐败概念进行了研究和界定。

美国经济学家 F.A. 哈耶克给腐败下的定义是："腐败乃是那种强迫我们的意志服从于其他人的意志的权力，亦即利用我们对抗我们自己的意志以实现其他人的目的的权力。"

美国政治学家塞缪尔·亨廷顿认为，"腐败"是"公职人员为实现私利而违反公认规范的行为，基本形式是政治权力与财富的交换"。

耶鲁大学政治学和法学教授苏珊·罗斯·艾克曼认为："腐败是国家管理出现问题的一种症状。这种症状表现为那些原本用来管理公民与国家之间的关系的机制，却被官员用来达到个人发财致富的目的。"国际货币基金组织将腐败定义为："滥用公共权力以谋取私人的利益。"[①]

2003 年，第 58 届联合国大会通过《联合国反腐败公约》，指出

[①] 楚文凯：《腐败概念的泛化和界定》，《中国监察》，2005，(16)。

腐败行为包括贿赂、贪污、挪用公款、影响交易、窝赃、滥用职权、资产非法增加、为犯罪所得洗钱、妨害司法等九种。

2004年，第17届国际刑法学大会通过的《国际经济交往中的腐败及相关犯罪》决议中，将"腐败"定义为"任何公职人员在任何时候，以实际的或者潜在的行使或者不行使公职人员职能为交换条件，为自己、他人或者任何机构索要、同意接受或者接受不论何种性质的不正当利益。"这个定义要求"公职人员职能"与"不正当利益"构成交换关系，实际上是将受贿加以引申，而对贪污、挪用公款等难以概括在内。

"透明国际"对"腐败"概念的解释侧重于各国的经济投资环境，它发布的腐败指数是根据各国对该国腐败状况的感受测算的。这种"腐败"概念显然片面，主观性也较强，难免偏颇。①

国内学者对腐败概念的界定也有许多不同观点。

王沪宁给腐败下的定义是："公共权力的非公共运用。"

田心铭认为，腐败是"为谋取私利而侵犯公众利益，腐蚀、破坏某种现存社会关系的行为"。

杨春洗认为："腐败是指执政党组织和国家机关及其工作人员，包括受其委托从事公务的组织和人员，为满足私欲、谋取私利或局部利益而实施的严重违背纪律和法律，侵犯人民利益并造成恶劣政治影响的蜕化变质行为。"

其实，腐败就其广义来说，是对政府治理一般意义上的破坏，即使行为者个人并未直接得到利益或好处，但整个社会的利益因此受到损害；从狭义来说，腐败是指利用公共权力来达到私人目的，增加私人利益，是对公共权力的非公共运用。腐败损害了社会公共利益，影响政治治理的公正，降低了行政系统的效率，冲击市场经济运作的秩序，污染社会的道德价值标准，破坏社会的稳定与

---

① ［英］保罗·哈里森：《第三世界：苦难、曲折、希望》，新华出版社，1984年版，第423页。

繁荣。

构成腐败的内涵通常具备三个要素：一是腐败的主体，即与权力相联系的个人和组织；二是腐败的行为，即以权力被滥用为特征的社会行为；三是腐败的客体（后果），即受到损害的国家和人民的利益。这三者密切联系、不可分割，构成了腐败的本质内涵。

腐败离不开公共权力与私人利益这两个因素。公共权利是一柄双刃剑，一方面是维持社会正常秩序不可缺少的手段，另一方面，不受制约的权力又为谋求私利提供了可能性。当公共权力为私人利益服务而被滥用时，就会产生腐败。由此可见，公共权力的变性且屈从于私利，是腐败的主要特征。因此，利用公共权力来谋求私人利益是腐败的核心。

综合各家之言，可以这样认为：腐败是一种以非法的方式使公共利益受到损害的权力越轨行为。它通常表现为掌握公共权力的人滥用权力，以损害国家、集体或他人的合法利益为代价，为自己或小团体谋取利益。因此，腐败行为的严重性一般主要以合法利益受到直接损害的大小来判定。

二、腐败的实质

所谓腐败的实质，是指腐败所固有的并决定其性质和发展的根本属性。腐败作为一种政治概念，它的根本属性，就是某种公共权力的蜕化和变质。

判断一种社会现象是否具有腐败的根本属性，主要把握两点：其一，必须看它是否同某种权力相联系。其二，必须看它是否同某种权力的蜕变相联系。权力的运行具有两种可能性；一种是向着同社会公共利益目标相一致的方向运行，另一种则是向着同社会公共利益目标不一致甚至相反的方向运行。并不是一切与权力相联系的社会现象，都可以称作"腐败"。只有当体现一定权力的社会行为偏离了社会公共利益的目标，并且发生了一定程度的蜕变，才构成严格意义上的腐败。

社会主义条件下一定范围内出现的腐败现象，同样意味着某种公共权力在一定范围内和一定程度上发生了蜕变。权力运行的两种可能性存在于一切社会之中，并不会因为权力性质的改变而自行消失。在社会主义条件下，权力同样蕴含着两种可能性：一种是用来为最广大人民群众的根本利益提供的服务，另一种则是成为某些人用来谋取特殊利益的工具。一旦后一种可能性在一定范围内转化为现实性，就会在一定范围内发生一定程度的蜕化和变质。如若局部性的权力蜕变现象不断扩展下去，整个上层建筑都受到严重腐蚀。

　　腐败的本质是权力的异化、权力的商品化。只要有权和利存在，就会产生腐败，不管哪个阶级掌权，不管掌权者自称代表哪个阶级，都不例外，因而腐败现象具有长期性、复杂性、起伏性、反复性的特点。我国处于社会主义初级阶段，物质生产水平不高，思想觉悟程度高低不同，法制还不够健全，这就决定了现阶段对腐败只有可能抑制，但不可能完全铲除。权力的行使对行使人产生致瘾作用，尤其是当权力的使用能带来物质利益时更是如此。权力的行使，使人自觉不自觉地都有使权力进一步扩张、扩大的潜意识，希望在行使权力的过程中带来更大的利益，并进一步更加自由地行使权力。但现代社会权力是不存在真空的，各种权力之间是有界限的。当一个人的权力行使超出规定的范围时，不仅导致腐败，而且会侵犯其他权力行使人的权力。如私下安插亲信，既破坏了党的组织路线，也侵犯了组织部门的权力；再如挪用公款、地方保护主义、上有政策下有对策等，不仅违背了人民的根本利益，而且干扰了中央权力行使。

　　社会主义条件下一定范围的权力蜕变现象，有三个主要特征：一是权力官僚化。有些人手中握有人民赋予的权力，但不履行或不正确履行国家和人民赋予的职责。既不为人民办事，也不向人民负责，而是高高在上，脱离实际，脱离群众，做官当老爷。二是权力商品化。权力本身并不能创造任何物质财富，但它可以决定现有的物质财富的流向。有些人为了中饱私囊，居然把手中的权力当作一种商品,搞权钱交易、权物交易和权权交易。三是权力特殊化。在通常情况下,权力总是同相应的职权相联系的。职权的大小是由所担任的国家职务的性质地位决定的,但其职权范围不能超过执行职务所必需的限度。有些人为了获取特殊利益,超越组织所赋予的职权,侵犯集体的或别人的权限,搞政治上的特殊化;或者利用职权为家属亲友谋求制度规定以外的特殊照顾,搞生活上的特殊化。

可见,权力官僚化、权力商品化和权力特殊化,归根到底,都是权力蜕变的表现。因此,社会主义条件下一定范围内出现的权力蜕变现象,其实质同样是公共权力蜕变为个人权力;而作为权力承担者个人来说,则意味着由"人民公仆"蜕变为"骑在人民头上的老爷"。①

第二节 腐败现象产生的原因、特点和危害

一、腐败产生的原因

我国腐败现象大量产生的原因是复杂的,一般有以下几个方面。

(一) 社会控制的弱化和传统权威的丧失是腐败产生的直接原因

传统社会的权威是建立在世袭和个人魅力基础之上的,在这种权威下,行为主体的选择是习俗型的。人们通常按照某些圣贤、君主或有感召力的领袖人物所提供的"立德、立言、立功"的基本准则以及社会公认的传统文化、道德和习惯来选择、规范自己的行为。所以,社会有序化程度较高。但在社会转型期,原有的传统权威迅速削弱或流失,而以良知、理性和法律为基础的现代社会权威的建立又需要一个过程,所以就会出现"权威真空"。在利益驱动和权威丧失的双重效应下,社会将发生"失范综合症",这不仅使

---

① 《腐败的含义和实质》,http://www.agri.gov.cn,2006-1-13。

隐藏在历史传统中的腐败现象再度沉渣泛起，而且还会产生新的具有现代化色彩的腐败现象。总之，高腐败率是转型社会的明显特征。

（二）外部世界的示范效应是腐败产生的突出诱因

一般地讲，传统社会相对封闭，人们的思维是单向和封闭的。实现社会转型后，人们由单向思维转变为多向思维，由封闭思维转变为发散思维。面对光怪陆离的外部世界，其价值判断标准也趋于多元化和紊乱化，原来共同的道德心理基础解体了，于是在出现体制真空和权威真空的同时，又出现了道德真空。一种无是非感、无善恶感、无美丑感的心态得以普遍蔓延。当理想缺失和道德评价失衡时，"腐败"现象也就见怪不怪。

（三）制度缺陷是我国社会转型时期腐败现象严重的深层原因

过去人们在探究腐败现象泛滥的原因时，过多地从政治和意识形态的角度出发加以考虑。有的强调腐败者革命意志不坚定，被资产阶级施放的"糖衣炮弹"所打中；有的强调腐败根源在于发展经济的同时，精神文明没有抓紧，放松了对各级干部的教育，"党不管党"。所有这些说法都有一定的道理，但是都没有涉及到其根本层次的东西。制度缺陷主要表现在：政治体制改革相对滞后使政府职能发生错位；利益驱动机制和协调机制尚不完善；法律制度的构建滞后于市场经济的发展；权力监督机制软化等，所有这些，必然给腐败打开方便之门。

（四）行政控制手段的弱化和旧的管理结构一时难以改变是腐败产生的根本原因

目前我国腐败现象的大量产生，都与经济体制转轨有关。长期以来，我国实行的是经济管理行政化，行政权力支配一切。公共权力的作用不仅发生在行政官员身上，而且发生在各种经济管理部门和行业的职位点上，各种经济活动都离不开行政权力和长官意志，人们把这种经济称为"权力经济"，权力成为经济活动的第一要素。在改革中，企业成为独立的利益主体，强有力的行政控制手段弱化了，而旧的管理结构一时难以改变，这就为腐败者以权谋私提供了机会。

（五）忘记了全心全意为人民服务的宗旨是腐败产生的思想原因

我国是从旧的剥削阶级社会脱胎而来的，封建地主阶级的那种特权思想、人治思想、利己主义等不可能在短期内彻底根除，"有钱能使鬼推磨"、"人不为己，天诛地灭"等封建社会、半殖民地半封建社会遗留的腐朽思想和小生产习惯势力仍有相当影响。加之，商品经济所带来的货币拜物教、金钱至上的观点；市场经济所蕴含的个人主义、拜金主义、享乐主义等消极因素又会影响和侵蚀部分人的思想。在各种消极思想的影响下，致使有些干部产生了"当官不发财，请我也不来"、"理想理想，有钱就想"、"有权不用，过期作废"等错误思想，忘记了全心全意为人民服务的宗旨，从而走向了腐败犯罪的道路。

（六）所有制结构和分配方式的变化是腐败产生的经济原因

在所有制结构方面，我国目前是国有经济、集体经济和其他经济成分并存。个体经济、私营经济、外资经济及各种混合经济得到了迅速的发展。这在客观上促使了国家、法人、公民之间的利益向多元化方向发展，各种利益矛盾冲突也更加明显。不同的利益集团为了在竞争中获得有利条件，千方百计拉拢、腐蚀我们的干部队伍。在分配制度方面，也形成了多种分配方式并存的格局。公民收入差距的拉大和分配不公现象的存在，也诱发部分党政干部利用手中的权力明拿暗要，敲诈勒索，致使一些党政干部走向腐败犯罪的道路。

二、新时期腐败现象的特点

当前，我国的腐败现象不仅沿袭了过去的一般性特点，还形成了一些新的、具有共性或趋势性的突出特点。

（一）以权谋私

这是腐败行为最突出的特点之一。以权谋私，不仅表现在以权力换取金钱上,而且突出地表现在利用权力安插、重用和提拔亲信等任人唯亲的用人方式上。这种拉帮结派的腐败现象,其后果比捞取金钱私利更为严重。它一方面使干部人事制度中长官意识占据主导地位,排斥异己,导致社会主义民主思想和市场经济的平等竞争、择优选才的现代人事制度难以形成和发展,因而降低了政府工作人员的整体素质;另一方面形成了一张巨大的关系网,有意或无意地成为腐败行为的巨大保护伞。

(二)"寻租"和"造租"

我国目前仍处在社会主义市场经济体制发育的初级阶段,由于双重体制并存,使行政权力对微观经济活动仍有广泛的干预。从以往的谋取"双轨"差价,倒卖"批件"到时下证券市场、房地产等市场的"黑色"、"灰色"交易中,都存在大量的寻租活动。各种经济主体为了在市场中获胜,赚取巨额利润,就千方百计寻求"租金",其代价、成本或手段就是向官员行贿。比寻租更具破坏性的是有人不断地造租。所谓造租就是利用手中的权力再造出一定的权力,使再造的权力可以直接投入市场交易以获得更多的"租金"。即为了部门或私人利益,人为地规定某种检查、审批权。许多"造租"方案在打着改革开放、搞活市场、转变职能的旗号下,甚至以改革措施的名义出台,实际上就是搞"权力商品化,腐败合法化,不正之风制度化"。因此,其危害性和欺骗性更大。

(三)"公贿"现象突出

用公款、公物集体行贿称为"公贿",其最大的特点就是贿赂双方均姓"公"。贿赂双方为上下级关系或管理与被管理关系,贿赂的内容为钱、财、物及优惠政策的"给"与"要"。"公贿"作为特殊的法人贿赂行为,与私贿行为相比具有行为的集体性、目的的为公性、财物的公有性和法人犯罪性等特点。由于"公贿"不是单纯的个人行为,而是一种企业行为甚至是政府行为,许多人抱着不以为然的态度。恰恰就在这种不以为然中,行业特权普遍化,法人犯罪现象猛增,"靠山吃山,靠水吃水,靠权吃权"的"公贿"现象才越演越烈。

（四）腐败行为的主体法人化、集团化

它是一种更深层次的腐败现象。腐败主体正在从个体向纠合体、自然人向法人变化。具体表现为内外勾结、里应外合，结伙行贿、结伙走私，群体牵连腐败犯罪逐渐增多。近几年来，法人的腐败犯罪在不断增加，主要表现为走私、投机倒把、偷税抗税、行贿受贿、制造贩卖淫秽物品等诸方面，已经成为对社会危害最大的犯罪类型之一。目前，法人跨海峡、跨国界走私，套汇逃汇，行贿受贿等犯罪活动日趋严重。

（五）领导违法案件增多，发案层次不断升高

同上个世纪七八十年代相比，在发生腐败的公职人员中，中高级干部不断上升。腐败现象过去主要发生于一般干部和具体经手财物的办事人员中，中高级干部的腐败发生率一直较低。到上个世纪80年代中后期，有个别厅局级和省部级干部开始卷入腐败活动。进入90年代后，厅局级和省部级干部中出现腐败分子的比例明显增加。从90年代中期起，由检察院系统以贪污贿赂而立案侦查的厅局级干部每年都在百人以上。中高级干部从事腐败活动人数的增加，既是腐败现象恶化的表现，又是腐败活动恶化的一个直接原因。因为职位越高，权力就越大，其所支配的资源和产生的影响是普通干部所不能相比的，一旦发生权力的严重滥用，对党和国家造成的危害自然极为严重。

（六）财物性腐败和非财物性腐败并存

财物性腐败主要是"权钱交易"。有些国家公职人员利用手中的审批、分配、发放、调拨等公共权力，以"咨询费"、"劳务费"、"顾问费"、"兼职工资"、"回扣"等多种形式堂而皇之地贪污腐化。在房地产市场中，利用用地双轨制贪污土地批租价金；收受贿赂低价批租土地；慷国家之慨批租，私人暗得股份。在金融市场中，侵吞股金股息，进行内幕交易，操纵股市；私下对冲，克扣点数，挪用客户保证金，操纵期货市场。此外，还有在生产资料市场中的买

卖双方串通贪污，在技术市场中窃取职务技术成果等。非财物性腐败主要表现在：性贿赂，定期或即时提供色情服务，用"美人计"来腐蚀国家公职人员；为受贿者解决职务升迁、出国；免费旅游、免费提供劳务等。非财物性的腐败行为腐蚀性极大，隐蔽性极强。

（七）"买官卖官"的腐败行为日益严重

特定的权力有控制和利用某种社会资源的作用，这种作用可转换为对掌权人有用的利益和价值，因而一些人为了得到一官半职就跑官、要官和买官。而在掌握人事权力的人中就有人以权谋私，践踏组织原则和法定程序，卖官鬻爵，把安排公共职位的权力作为谋取不法利益的资本。另外，有些人为了获得官位，直接以握有"用人大权"的主要领导为目标，投其所好，进行"感情投资"，受贿者则"报之以官"。还有的人贿赂人民代表，以便在选举时为其提名、投票，达到过把官瘾的目的。这种要官买官的现象虽发生在少数人身上，但影响极坏。

（八）经济违法案件上升，金额越来越大

近年来，大案要案迅速增多，违法犯罪金额越来越大。大案通常指违法金额及危害后果巨大的案件，而要案则指地位较高或处于要害岗位的人违法犯罪。以腐败行为单案的违法金额为例，数额越来越大。上个世纪80年代以前，一般上万元即为大案，县处级干部腐败犯罪即为要案。而发展到现在百万元、千万元，甚至上亿元的大案亦不鲜见。违法金额的急剧增长，意味着腐败行为给公共利益造成的损害迅速增大。

（九）腐败的发生既普遍分布，又有重点高发区

我国腐败现象的发生领域传统上主要在管理财物的岗位和经济管理部门。到上个世纪90年代，腐败浊流已侵入到各个公共权力活动的领域。不仅在经济管理领域有以权谋私的问题，在过去被人称为"清水衙门"的教育等部门腐败现象也日渐突出。在金融、证券、土地出租批租、建筑工程、房地产、大宗公共物资的采购等领域，构成了腐败现象的高发区。大案要案的出现也比其他公共管理

领域多。这些领域或者属于市场稀缺资源，或者具有巨大的市场价值，因而成为不少腐败分子利用权力掠取不法利益的场所。

（十）企业中的腐败现象趋于严重

我国于20世纪90年代走上建设社会主义市场经济体制的道路后，加快了政企分开的步伐，企业拥有的自主权不断扩大。但是，由于市场经济体制尚未成熟，企业内部经营管理的监督制约体制还不完善，企业负责人滥用权力的现象急剧增长。企业腐败问题的突出表现主要有：在人事问题上任人唯亲，大搞裙带风；贪污、贿赂和挪用公款；挥霍浪费；信贷中以贷谋私严重；在经济承包中包盈不包亏；借机在多种经营或人员分流办公司中，变国家资金为集体资金，变集体资金为个人所有；在合资或合作企业中让利私分；"小金库"挖"大金库"，领导想怎么挥霍就怎么挥霍；借搞股份制之机，低估低评国有资产；将国有资产转移到国外，归个人所有，中饱私囊。

（十一）道德败坏案件大幅度上升

近些年来，享乐主义、拜金主义逐渐在领导干部中蔓延，利用权力搞权色交易、搞不正当两性关系的大有人在。色，往往是领导干部中最薄弱的环节，最易被攻破。社会上的一些不法分子，往往是通过诱之以色打开缺口的。

应当看到，上述特点所反映的事实是严重的。在这方面要特别注重通过制度建设来控制腐败，因为腐败现象的发生固然与腐败分子个人思想和生活方式的堕落有关，但体制内不断发生的问题应从制度上找原因。权力腐败的泛滥说明，现行的权力体制在很多方面不能充分实现对权力使用的监控和制约。而权力失控后，加之经济和社会方面的诱因，必然发生滥用的后果。改革和完善政治体制，加强对权力过程和权力行为的监控，从而最大限度地堵塞权力滥用的漏洞，是有效控制和减少腐败现象发生的最佳选择。

三、腐败的危害

腐败现象造成的危害是极大的，它像瘟疫一样侵蚀着党的肌

体,拉大了党和人民群众的距离,构成对党的领导和社会主义制度的严重威胁。其危害性主要表现在以下几个方面:

(一)腐败造成国有资产严重流失

据国有资产管理局的统计材料显示,从1982年到1992年间,国有资产流失大约5000亿。其中大约3300亿是官僚主义失职、贪赃枉法、管理混乱等造成的。国有资产流失,会加剧政治腐败,导致官僚资本主义泛滥。国有资产主要流失到当权者手中。掌握着国有资产转让审批权和经营权的当权者,才有机会操控国有资产的转让机会、转让价格,控制国有企业的成本和收益,也才有机会把国有资产或国有资产的收益转化为自己的财富。这是在公有制的运营中形成的腐败。[①] 腐败分子正在从对生活资料的占有发展到对生产资料的占有,从对财物的积累发展到对资本的积累。

(二)腐败直接危及政治稳定

腐败损害了政府的形象和权威,降低了民众对政府的信任,影响了政府的合法性,直接危及政治稳定。腐败降低了政府的政策执行水平。腐败者通过权钱交易来谋取私人利益的过程,实际就是在政策的执行中偏袒提供"租金"者的过程。它破坏了公平竞争的社会环境,破坏了政府政策的普遍性和连续性,导致政策在执行过程中扭曲变形。腐败降低了政府公职人员的素质,妨碍了行政管理的现代化。腐败的政府官员丧失了公共责任感,加剧了行政管理的低效和无能。

(三)腐败加剧了中国社会的两极分化

改革开放以来,我们打破大锅饭、平均主义,强调收入上要拉开档次,这是完全必要的。但问题是,有些人不是靠公平竞争,不是通过诚实劳动和合法经营逐步致富,而是利用各种手段侵吞国家财产,掠夺人民的血汗,一夜之间成为暴发户。这样就造成财富迅

---

① 桑百川:《国有资产流失猛于虎 加大社会贫富差距加剧腐败》,http://www.sina.com.cn 2004-01-30。

速向少数人手中集中。有学者计算后指出,50个中国富豪的资产,相当于5000万中国农民的年纯收入;而300万个百万富翁的资产,则相当于9亿中国农民2年的纯收入!反映中国两极分化的基尼系数已超过世界警戒线,中国某些人正是通过腐败而迅速暴富。

(四)腐败给国家带来巨大的经济损失

许多经济学家用经济指标来衡量腐败造成的严重经济后果。我国经济学家胡鞍钢通过对税收流失、国有经济投资和财政支出流失、非法经济"黑色收入"、垄断行业租金四个方面的初步合计,认为从1995年到1998/1999年,仅上述四个方面的腐败所造成的经济损失和消费者福利损失平均每年在9875亿~12570亿之间,占全国GDP总量的13.2%~16.8%[1]。腐败行为在交易双方获益的同时,给国家带来巨大的经济损失。腐败分子往往把非法收入用于个人消费,而不是用于资本积累和扩大投资。腐败的政府官员根据一定的社会关系或对方支付贿赂的份额来决定资源的分配,往往导致资源配置上的无效或低效。腐败现象也导致企业寻求政府的优惠待遇比提高生产效率更加有利可图。此外,腐败的积弊还加大了经济体制改革和完善市场经济体制的难度。[2]

(五)腐败冲淡了一些干部和群众的法制观念,使其思想逐渐功利化

腐败践踏法纪,使人们在世界观、人生观、价值观上倾斜,甚至被扭曲,一些人认为权力是自己"挣"的,理应"还本付息";他们把应该为人民办的事情看成对人民的恩赐,要人民报答。因此,个人的目的成了决定性的因素,成为衡量一切的尺度,他人和社会只是达到个人目的的手段,把党和人民赋予的权力变成了谋私的工具,把为人民服务变成为人民币服务。更有个别人目无法纪,欺压群众、草菅人命,在群众中造成恶劣的影响,严重损害了党和

---

[1] 胡鞍钢:《中国:挑战腐败》,浙江人民出版社,2000年版。
[2] 杨宏山:《试论中国社会转型时期的腐败问题及其对策》,《宁夏社会科学》,1998,(3)第27~32页。

政府的形象。

（六）损害了党的先进性和社会主义事业的正义性

我们党的先进性质、奋斗纲领和崇高宗旨，是通过一个个党员干部的模范言行和优良作风表现出来的。而党内的腐败分子及其腐败行为践踏党的纲领，亵渎党的宗旨，玷污党的形象，腐蚀党的肌体。如果党的性质和宗旨规定的是一套，某些党员干部的行为是另一套，那将是党的建设之大忌、执政党将走向衰亡之渊薮。

可见，反腐败关系到党的生死存亡，绝非危言耸听。

第三节　当代中国的反腐败对策

一、构建反腐败的宏观社会文化环境

腐败一直是中国最受关注的社会问题之一，也是中国共产党"最大执政威胁之一"。改革开放以来，党和政府一直保持对各种腐败现象特别是高官腐败的高压态势。2004年以来，中国的反腐败斗争突出并强化了"制度反腐"，在反腐败的方式和进程上发生了一些重要的质变，在建立和健全"教育、制度、监督"三者并重的惩治和预防腐败体系方面提出了全新的思路。

反腐败的关键是建立现代反腐败制度。西方国家为了反腐败，建立了独立的反腐机构。如美国设立了特别检察官制度。由于他们的司法独立，法官不得参与任何政党，因而司法监督强而有力。西方国家提倡以权制权，以议会监督政府，让政党相互监督，并且充分发挥新闻媒体的监督作用。西方国家实行民主制度，让公民广泛地参与社会决策和监督，如1966年美国通过了"情报自由法"，规定公民有权查看政府的文件档案，1976年又通过了"阳光下的政府"法，规定联邦政府的50个机构的会议必须公开举行，公民可随时旁听。另外，他们还有财政审计监督，其审计部门有的独立于政府、议会、司法，以保证审计不被干扰。上个世纪80年代以来，西方发达国家还兴起了又一轮私有化浪潮，解除了政府对经济特别

是对国有企业的管制，放弃了政府手中的审批权、指标、配额等，这样都有利于反腐倡廉。

中国共产党历来重视反腐败工作。从上个世纪90年代中期开始，党和政府逐渐形成了反腐败标本兼治的新思路：即通过加强制度建设，从源头上预防和治理腐败。1997年召开的党的十五大正式确认了这一思路。江泽民同志在中共十六大报告中明确提出必须"建立结构合理、配置科学、程序严密、制约有效的权力运行机制，从决策和执行等环节加强对权力的监督。""坚持标本兼治、综合治理的方针，逐步加大治本的力度。""发挥司法机关和行政监察、审计等职能部门的作用。实行多种形式的领导干部述职述廉制度，健全重大事项报告制度、质询制度和民主评议制度。认真推行政务公开制度。加强组织监督和民主监督，发挥舆论监督的作用。"江泽民同志的上述思想为我们进行反腐败制度创新、深入开展反腐败工作指明了方向。从1997年开始，一系列重大举措相继出台：一是政企分开，中央党政机关与所办经济实体和直属企业脱钩，军队、武警和政法机关一律不再从事经商活动；二是打破行业垄断，比如分拆电信、重组民航、放开城市供水等公用设施部门。在公共服务业、基础设施等行业的开放程度进一步提高，国有单位独家坐大的局面将被逐渐打破；三是改革行政程序，入世后中国政府取消了数百项审批制度，大幅度地削减了政府官员的任意处置权，同时实施《政府采购法》等"阳光立法"，提高政府行为的透明度。中国政府的行动显示出，政府正在主动地限制自己的权力，有条不紊地从市场活动中退出，逐步形成一套具有中国特色的现代反腐制度。

从宏观上考虑，建构反腐败的社会政治文化大环境十分必要，具体可从以下几方面入手：

1. 立足教育，着眼防范。防范和遏制腐败必须立足教育，着眼防范，在人们的思想特别是党员领导干部的思想上筑起一道拒腐防变的坚固长堤。在教育的内容上，要突出政治思想、道德、法纪方面的教育。要加强邓小平理论和"三个代表"重要思想、党的性质、宗旨教育，树立正确的世界观、人生观、价值观和权力观，使广大党员干部始终保持再接再厉、埋头苦干的精神状态，提高在复杂形势下识别是非和抵御各种不良影响的意识和能力；要进行党员公职人员的职业道德教育，强化其内心的道德良知，提高全体公民的道德水准；要进行中华民族的优良传统，特别是党的勤俭节约、艰苦奋斗等优良传统和作风的教育，树立良好的党风和健康文明的社会风气；要进行法纪教育和警示教育，树立强烈的依法依纪办事、依法行政的规范意识，提高遵纪守法的自觉性。方法上应多样化，如可利用影视文化进行感化教育，利用党规党法进行劝勉教育，以家庭为纽带进行"廉内助"教育等等。目的是夯实领导干部拒腐蚀、永不沾的思想基础，着力创造使人不想腐败的环境。

2. 建立和完善高素质干部和管理人才的选拔、培养、任用机制。反腐败的当务之急要从用人问题抓起。要通过政绩评价、选人、用人体系的制度创新，创造一个公务人员和领导干部自觉规范自身行为，廉政自律的良好环境，引导他们向廉政勤政方向努力。要健全完善干部的选拔、培养、考核、推荐、选举的具体办法和程序。严格按照法律、法规、党章的规定进行干部的选拔任用。要建立科学合理、操作性强的干部政绩考核评价体系，为干部选拔使用提供依据，并对干部的政务活动起导向作用。要建立健全完善的领导干部能上能下、能进能出的竞争机制和激励机制，拓宽选人渠道，鼓励人才冒尖，促进干部人事制度的科学化、民主化和高效化。要加强用人问题上的现代法治因素，减少人治弊端。积极推进和完善国家公务员制度，建立领导干部和国家公务员的竞争优选机制。

3. 惩恶扬善，弘扬正气，建立良好的社会舆论氛围。进一步加大宣传力度，弘扬正气，激浊扬清，形成良好的反腐倡廉的社会舆论氛围。要用辩证的观点去看待改革开放中的新生事物，切实做好可能诱发和滋生腐败现象等负面影响的防范宣传教育工作，形成良好的治理腐败的舆论氛围。要加强舆论监督，鞭挞邪恶，扶正祛邪，形成全社会对腐败现象"人人喊打"、在党内决不允许腐败分子有藏身之地的对腐败现象群起而攻之的绝对舆论优势。要对发现和查处的腐败现象坚决实行公开"曝光"，并深入剖析腐败产生的思想文化原因。通过广泛的宣传，使人们自觉地抵制封建主义和资本主义的精神鸦片，拒腐防变。

4. 繁荣文化，注重创建，营造健康、繁荣、有序的社会文化环境。加快文化事业的发展，努力营造健康、繁荣、有序的社会文化环境，促进党风廉政建设和反腐败斗争的健康发展。要加大投入，完善文化设施，在生产出更多更好的弘扬主旋律的精神产品的同时，创作出更多更好的反腐倡廉的文化精品，做到以正确的舆论引导人，以高尚的精神塑造人，以优秀的作品鼓舞人。通过文化手段和途径，不断提高全体党员、社会公民的思想文化素质，努力培育和造就有理想、有道德、有文化、有纪律的跨世纪的社会主义新型公民。

二、加强立法与权力制衡机制建设

（一）加快法制建设步伐，逐步完善对权力的制约机制和监督机制

完善对权力的制约机制和监督机制，要根据我国还处于社会主义初级阶段，法制建设滞后，公民的法治意识淡薄的基本国情，抓住完善立法，强化执法，真正树立起法律权威这一关键环节，以加强法制建设，厉行法治为基本手段，与完善社会主义民主政治的各项制度同步推进。

建立和完善具有中国特色的社会主义权力制约机制。明确划定不同层次和类别的权力在时间、空间、内容上的行使范围，对超出行使（越权）的和未达到权力要求（失职）的，都要有明确的惩处条例。按权力制衡原则分开行使政务，可以分解某些权力，以增加公正。尤其是在干部任免、指标、配额、项目、贷款、土地使用等重要权力上，决不能由一个人说了算。必须善于运用权力制衡原理

构建科学规范、协调高效的权力运作调控体系，逐步理顺和完善中央与地方之间、地方各机关部门之间、同一权力体系内部的相互制约关系。逐步建立起科学合理的横向制约与纵向制约相结合，内部制约与外部制约相结合的权力制约体系。使权力的设置和行使既能维护人民权益，又能协调高效地运行。

健全完善强有力的权力监督机制。首先要从加强立法入手，尽早制订和实施监督法、反贪法等一系列廉政法规，从法律制度上具体地规范和明确监督主体与监督对象的地位、职责、权限，以及监督活动的范围、方式、程序等，并保证尽可能向社会公开透明。其次，要对监督体制进行改革，改变因同体监督、双重领导所致监督主体权限过小，功能不能有效发挥，监督"软"、"虚"现象。建议实行垂直领导的异体监督体制，实行司法和纪检监察机构以上一级主管机构领导为主，不受同级其他部门的干预，独立办案。各监督机构又要接受社会和上级的监督以及相互之间的监督，这样增大监督机构的监督权限，权力运作将会受到相应约束，依法行政观念和行为会大大加强，滥用权力现象将会大大减少，党纪、政纪、法规、条例才会体现出应有的权威和约束力。另外还要进一步加强群众监督和舆论监督。要充分发扬民主，要尽可能地增加权力运作的透明度，发挥群众、社会"参与"的积极性，为权力的正常动作创造良好的社会环境，从而使各种监督形式形成有机整体，协调互动，形成对腐败行为制约、监督的合力。

理顺、完善监察司法体制。应建立一支不受制于地方的、高效率、高质量的反贪队伍，并从各方面加以培养，使其适应市场经济的需要，以便从快从重惩处贪污贿赂犯罪。

应尽快建立和完善反腐败犯罪的专门机构。根据发达国家和地区的反腐败的经验，一个具有高度权威和统一的反腐败的机构是必不可少的。如美国的联邦调查局，香港的廉政公署，澳门的反贪污暨行政违法专员公署，澳大利亚的反贪污委员会，新加坡的反贪污调查局等，都值得我们借鉴。

努力提高司法人员的素质，健全司法制度。按照"政治强、业务精、作风正"的要求选拔人才，不断提高司法人员的素质。切实贯彻公安、检察、法院分工负责、互相配合、互相制约的原则，坚决克服"各自为政"、"相互扯皮"的现象，提高司法机关查处腐败犯罪的能力，保证办案质量。

（二）抓紧制定专门的反腐败的法律法规，完善反腐败的司法制度

世界各国反腐败斗争的有效手段之一就是重视立法。如美国制订的《廉政法》，新加坡制订的《防止贪污条例》和《没收非法利益条例》，我国台湾地区制订的《阳光法案》，日本制订的《阳光计划》等，对遏制腐败、打击腐败都起到了重要作用。为此，借鉴国外成功的反腐败经验，当前，我们必需抓紧制定和完善相应的法律法规，特别是专门的反腐败的法律法规。如：《反贪污法》、《反贿赂法》、《监督法》、《行政程序法》、《党政干部财产申报法》等。完善刑法有关惩治腐败的条款。其一，将贪污贿赂犯罪与渎职犯罪独立成章，明确罪状反映的犯罪构成，并增加一些新的罪名，如"滥用职权罪"、"挥霍浪费罪"、"伪造统计罪"、"假报审计罪"、"以权谋私罪"等等。其二，应将"法人受贿"、"法人行贿"、"对外交往中受礼不上缴"、"巨额财产来源不明"、"隐瞒境外存款"等都应规定为犯罪。其三，由于刑法基本上对所有的腐败犯罪都规定有"情节严重"、"情节特别严重"、"数额巨大"的才构成犯罪或才加重处罚，因而不利有效地惩治腐败，立法上需要解决。其四，制定经济刑法。对腐败现象实行制裁的有力措施是制定经济刑法。经济刑法，就是以特定的经济制度和经济活动为保护客体的刑事法律规范。其五，要改革惩治腐败犯罪的刑罚方法。对腐败犯罪可适用高额罚金制，增大其犯罪成本。

（三）加大打击力度，严肃惩处腐败分子

目前，法律法规已经不少，但执行不力。有法不依、执法不严，在法律面前未能做到人人平等，犯罪分子未能得到及时惩处，

法律的威慑、公平、及时、有效作用未能得到充分体现。因此，一些人敢于藐视法律尊严，以身试法。在目前体制转轨、发案率较高的时期，应当用重典，宁失之严、不失之宽。对所有揭露出来的问题，都要有如何处理的交待，不能失信于民。

（四）对公职人员要求从严

从国情出发，在无法做到高薪养廉的情况下，可参照香港、新加坡的作法，对公职人员要求从严。待遇适当提高，使其工资中能有一部分积留，逐年储蓄，以解除后顾之忧。将国家公务员的待遇公之于众，使其隐性收入明朗化，堂而皇之地享用，并受到监督，一旦谋取非法收入和待遇，就可能砸掉饭碗。为此，应尽快建立健全公务员职位分类制度，对职责、权限、待遇等作出公开、明确、系统的规定。

（五）建立反腐败的国际合作

贪污腐败是世界流行病，是世界各国、各地区共同面临的急需治理的重要问题。联合国组织也很重视腐败犯罪问题，多次召开有关反贪污反腐败的研讨会。腐败的国际化趋势决定了反腐败的国际合作成为必然。当前，反腐败犯罪的国际合作措施包括：交换情报与交流，包括提供犯罪分子的新动向、新手法、新趋势，进行学术交流、科研成果交流和反腐工作交流；司法协助，包括具体案件的调查、取证、移交赃款赃物，送达刑事诉讼文书，转划赃款，扣押邮件，通知刑事诉讼结果等；引渡，缔约国应规定腐败犯罪可以引渡，并接受引渡请求。

在当前改革不断深化的形势下，构建自行运转、长效高效的反腐倡廉机制，要结合政治体制、经济体制改革的进行，与社会主义民主政治和精神文明建设以及厉行社会主义法治同步推进。为此，要针对现实中腐败滋长的主要特点，抓住主要的关键环节，采取切实有效措施，使反腐倡廉体系功能全面，机制协调配合，形成有机整体。

参考文献：

[1] 楚文凯：《腐败概念的泛化和界定》，《中国监察》2005，(16)。

[2] ［英］保罗·哈里森：《第三世界：苦难、曲折、希望》，北京：新华出版社，1984年版。

[3] 《腐败的含义和实质》，http：//www. agri. gov. cn，2006－1－13.

[4] 桑百川：《国有资产流失猛于虎 加大社会贫富差距加剧腐败》，http：//www. sina. com. cn 2004－01－30.

[5] 胡鞍钢：《中国：挑战腐败》，杭州：浙江人民出版社，2000年版。

[6] 杨宏山：《试论中国社会转型时期的腐败问题及其对策》，《宁夏社会科学》，1998，(3)。

第15章 中国网络社会问题

第一节 网络社会问题的概念

一、网络社会问题的认定

（一）网络社会问题的含义

所谓网络社会问题，是一种涉及到整个网络社会的"公共问题"，是在网络社会环境中产生的、客观存在的一种非正常状态。它不仅妨碍了网络社会中一部分或大部分乃至全体网民正常的网络社会生活和秩序，而且造成了较大影响，并在一定程度上影响到网络社会正向变迁的过程，引起了公众的普遍关注，需要全社会共同努力来加以控制。

（二）构成网络社会问题的基本要素

1. 网络社会问题产生的地点是特定的——网络环境中。网络社会问题区别于传统社会问题的主要标志是，它产生于网络环境中。所有的网络社会问题都与网络本身有着某种关联性，其或者是以网络本身为对象（如对网络资源实施破坏与攻击的网络犯罪）；或者通过以网络为手段来实施在现实社会中发生的"越轨"行为（如网络色情、网络欺诈等）；或者是在整个网络化环境中凸现出来的社会现象（如信任危机问题、信息安全问题等）。总之，离开网络，也就谈不上是网络社会问题。从网络社会问题存在的范围来看，它是一种涉及到整个网络社会并与所有网络行动者有联系的问题；并超越网络行动者个人直接的网络社会生活的具体情境，延伸到整个网络社会生活空间之中，从而构成了广泛的网络社会关系。①

---

① 文军：《网络社会的病症与网络社会问题的社会学分析》，《科技导报》，2002，(10)。

2. 网络社会问题的客观存在是一种非正常状态。网络社会问题不是人们在自己的头脑中随意作出的假想或臆测，而是确实存在着的某种具有失范性质的非正常状态。我们之所以说"网络病毒"是网络社会问题，就是因为在网络社会中确实存在着各种各样的病毒攻击和破坏行为。从其行为对网络信息、网络安全等所构成的威胁、对网络社会生活秩序所构成的干扰以及对其他网络行动者所造成的物质、精神和心理上的损失等方面的客观事实来看，"病毒"完全称得上是一种严重的网络社会问题。但并不是网络社会所有客观存在的社会事实都能称之为网络社会问题的，只有那些处于非正常状态的社会病态现象才能把它看成是一种网络社会问题。

3. 网络社会问题违背了网络社会中已有的行动规范和价值原则。在网络社会中，网民们只有按照一定的行为规范和价值原则生活，网络社会才能够正常运行。而网络社会问题恰恰违背了网络社会中已有的网络行动规范和价值原则。这一社会问题已经对网络社会正常的运行秩序造成了不良的影响或后果，违背了网络行动者们所公认的网络社会规范和网络伦理原则，并且触犯和危害了网络社会中相当一部分网络行动者们的实际利益，因而网络社会中的大多数人或相当多的人对这种现象持否定态度，认为这是必须加以关注和解决的问题。

4. 网络社会问题是公共问题，对相当一部分社会成员有害或不利。网络社会问题不是"个人烦恼"，而是在网络环境下产生的"公共问题"。网络社会问题超出了个人特殊的生活环境，与社会生活、制度、历史密切相关，并违背了现存的网络社会规范和价值原则，威胁、触犯了网络社会生活中相当一部分社会成员的利益。因此，它是一个危害整个网络社会的问题。如，把网络垃圾邮件认定为网络社会问题，是因为它在互联网上日益泛滥，它所侵害的绝不是个人或少数人，而是相当一部分网络社会成员，已成为让众多网民头痛的事情。它严重侵害了电子邮件用户的通信利益，影响了电子邮件服务的正常运营秩序，成为互联网上的一大公害。

5. 网络社会问题必然引起公众的普遍关注。网民主观上的普遍认定是判断网络社会问题必要条件之一。美国社会学家斯卡皮蒂（Frank R. Scarpiti）认为，公共问题要成为社会问题，必须具备两个条件：其一，大部分人必须认为是社会问题；其二，大部分社会成员有改善某种社会问题的愿望，并相信其可以通过社会的共同行动来加以解决的。网络社会问题是一种客观存在的社会事实，但如果人们并没有在主观上达成共识，甚至不把它当作一种"问题"对待，那么也不能称之为网络社会问题。如对待网络爱情问题人们就有不同的看法，有人认为它是对传统爱情方式的一种补充，是获得爱情的新手段，而有人则认为网络爱情不是真正的爱情，它实际上是一种感情欺诈，因此充满了陷阱。

6. 网络社会问题需要全社会共同努力才能加以控制。从网络社会问题的控制渠道来看，网络社会问题的解决或改善必须借助于社会和公众的力量。例如，要解决网络犯罪问题，仅仅依靠公安机关的努力是远远不够的，因为它与整个国民的法律意识、网络从业人员的生活与生产方式都息息相关，涉及到教育、文化、生产、管理等许多部门，必须予以综合治理才能确有成效。

二、网络社会问题的特征

网络社会问题的特征可以概括为以下这样几个方面：

（一）网络社会问题作用范围的全球性

网络社会是由世界上几乎所有国家组成的一个全球性、跨国界的技术、经济和社会共同体。它不仅为个人的社会行动提供了前所未有的施展机会，而且也为其后果方便地实现全球范围的传播和流动。这一方面是因为在网络上大家按同样的技术协议和技术规范行事，另一方面由于信息网络具有覆盖全球的实际体系，人们的任何一种社会行动只要上网，在理论上就将作用于全世界，并对全球产生影响。因此，网络社会中，人们所面对的社会问题，会越来越成为全人类共同的公共问题。网络社会问题全球性的特征，已构成了对全人类现实生活的共同威胁，正在或将要危及全人类的正常发展；各种网络社会问题之间相互联系、相互作用，此长彼消，盘根错节，结成了一个难解难分的全球问题系统；网络社会问题的合理解决要求所有国家、民族或地区协同作战、共同努力。总之，网络社会问题在性质、规模和影响等方面都已经具有了全球性的意义[①]。

（二）网络社会问题形成机制上的高技术性

产生于网络环境下的网络社会问题，其在形成过程和方式上都具有相当程度的高技术性，这是网络社会问题区别于一般社会问题的一个显著特征。由于网络社会问题的形成常常与网络社会行为的主体发生着某种关联，因此，从某种意义上讲，网络社会问题就是网络社会行为失范、社会功能失调的一种集合表现，而网络社会本身就是一个高技术的集合体，在网络社会中，行为的主体必须具有高超的计算机操作技术、编程技术和网络通讯技术等技术手段，才能在网络社会中游刃有余，做自己想做的一切事情。如网络犯罪就是一种典型的高技术犯罪，犯罪分子如果对计算机网络技术一窍不通，是很难隐蔽地实施各种犯罪活动的。再如网络安全，也是一种高技术的较量结果，是网络安全技术与网络黑客们进行的一种技术较量。

（三）网络社会问题表现形式上的复杂性

在网络社会中，网络社会问题形成原因的多因性和表现形式的多样性常常会使不同形态的社会问题交织在一起而呈现出复杂多变的状态，有时候很难将其剥离开而单独去审视其中某一方面。例如，网络黑客就是与网络犯罪紧密交织在一起的，从"黑客"的本意来讲，它表达的只是一个对网络技术不断追求的群体，其本身不是构成网络犯罪的因素，更何况在现实生活中也不乏具有"正义感"的黑客存在。但现在人们在谈论黑客时，却很自然地将黑客与

[①] 文军：《网络社会的病症与网络社会问题的社会学分析》，《科技导报》，2002，(10)。

各种各样的网络违法犯罪行为联系在一起。此外，在人们对网络社会问题的社会关注程度和解决条件上，网络社会问题也凸现了一种复杂性。

（四）网络社会问题控制手段的艰难性

由于在网络社会中，网民行为的隐蔽性、虚拟性和跨时空性等特点，要有效控制网络社会问题还十分困难。其原因主要是对网络社会问题的控制还没有一套完善而系统的控制手段及运行机制。目前，在因特网这样的特殊技术结构下，要想对网络社会问题提出某种统一的、强制性的禁止性法律，每一个国家实际上都有事实上的否决权。人们很难确立网络社会问题的控制对象，其产生的源泉也难以找到，致使人们无法从根本上建构一套完善而系统的控制手段和运行机制。另外，由于不同国家和地区在对网络社会问题认定上的法律差异等因素的存在，要制定出一套令所有国家普遍认可的强制性的有效控制规范，几乎是不大可能的。尤其在现有的网络技术条件下，网络社会问题的全球性并不会因为人们之间存在着认识上的不一致就自动消退，相反，它会在无控制或控制力弱化的情况下得以迅速扩展和泛滥。

（五）网络社会问题主观认定上的文化差异性

由于社会文化背景的不同和差异，各国在对网络社会问题的认识和界定标准上还有着很大的差别乃至对立、冲突。同样一种网络社会问题，在这种社会或文化背景下可能被认为是严重的网络社会问题，而在另外一种社会或文化背景下却不一定被认为是网络社会问题。比如，关于网络上的成人色情问题，在西方某些国家中就不被认为是一种严重的网络社会问题，而在中国以及一些伊斯兰教国家中则相反。网络社会问题认定上的文化差异性，在很大程度上反映了网络社会和网络文化自身以及其与现实社会系统所承续的理想、道德、法律、文化和价值等方面因素之关联上的复杂性和变动性，正是由于这种复杂性和变动性的存在，从而使得人们在对网络社会问题的主观认定上产生出千差万别的结果。但是，任何一种主观认定都必须依赖于和服从于客观方面的社会现实之基础和条件。网络社会问题之所以客观存在，是因为它在功能后果上已经对一种合理有序的网络社会生活及其秩序造成了严重的干扰和破坏。①

（六）网络社会问题影响后果的严重性

尽管许多网络社会问题的表现形式十分隐蔽，有时甚至不易被人追踪和发觉，但其在造成的后果方面却丝毫不逊于传统的社会问题类型。如在网络病毒攻击中，也许犯罪分子只是在键盘上轻敲几下，但却有可能给全球军事、金融等系统造成难以弥补的损失。虽然，网络社会问题是在网络环境中产生的，但作为现实社会的一种延伸，网络社会问题其实也直接针对于现实中的人，甚至全人类，尤其是网络社会问题作用范围的全球性、形成机制的技术性、表现形式的复杂性、控制手段的艰难性，在一定程度上进一步增加了其影响后果的严重程度。可以预见，在网络社会有效控制手段和运行机制产生之前，网络社会问题将随着网络技术的全球性发展与普及而变得更为严重。

三、网络社会问题产生的原因

网络社会问题产生的原因尽管在现象上具有个人或个体的特征，但从本质上来看，则是由于在网络社会建构与变迁过程中所出现的网络互动的关系失调、网络社会的规范脱节、网络社会的整合错位以及网络社会的功能障碍等社会性的原因所致的。

（一）网络社会问题产生的主体根源

网络社会问题产生的深层原因，最终要落实到"人"自身这一最高层次上来，因为人才是问题产生的主体。传统社会在一定意义上是一个"熟人社会"，交往对象大都是熟识的人。依靠熟人的监督，慑于道德他律手段的强大力量，传统道德得到相对较好的维

---

① 冯鹏志：《"数字化乐园"中的"阴影"：网络社会问题的面相与特征》，《自然辩证法通讯》，1999，（5）第35—44页。

护。在"熟人社会"里，人们的道德意识较为强烈，行为也相对严谨。但是，类似于传统"熟人社会"道德他律的种种"外力"，在网络社会中，却在一定程度上失去了作用。网络是一个相对自由的空间，人们一旦进入"反正没有人认识我"的领域，那条由熟人的目光、舆论和感情筑成的防线便很容易崩溃。大量递增的信息充斥着网络的每一个角落，在膨胀的信息下扭曲着膨胀的人性。责任和义务在膨胀的个人权利面前变得软弱无力，社会的传统在信息的冲击下摇摇欲坠，以为掌握了信息就掌握了世界的新一代人类在个性的追逐中迷失了自我。

（二）网络社会问题产生的理论根源

现有网络伦理自身存在着某些难以排解的理论悖谬。网络伦理的本意是要营造体现诚信、公正、真实、平等、"一致同意"的网络环境和网络秩序，但现有的网络伦理规范却是由技术的掌握者制定的，他们与同样技术水平的网络使用者进行某种约定，这种约定是单向的，因而是象征性的。由于研究起步较晚，人们对网络的理性认识较浅。网络伦理往往在形式上流于琐碎，内容上缺乏价值标准与鲜明的伦理原则。网络伦理研究中一些原先无关道德的问题也以道德问题的面目出现，这相对减弱了其伦理意味。网络行为主体的匿名匿形而导致的模糊，使规范所体现的伦理道德观念再也难以放到传统意义上的社会关系、社会实践中加以认识、检验和适用。在难以确定规范对象、难以确立外在监督环境的情况下，即使伦理规范制定得再完备，理论再缜密，其可操作性也是不强的。

（三）网络社会问题产生的技术内部根源

首先，网络的时空压缩性使人们完全可以按自己的时间观念生活，你无法确知整个系统始于何时终于何时，你也无法确知每个人可能占据和藏匿的空间。一些不法分子就认为网上的任何行为都无人过问，便利用网络肆无忌惮地去进行违法活动。其次，网络的虚拟性和匿名性不仅使得一些不良行为主要通过虚拟化的符号影响他人，危害社会，而且阻碍了我们对网上行为人的监控，也给警方在调查取证时带来更大的困难。最后，网络的开放性激活了个人的各种行为动机，也包括违规违法动机。具有不良信息结构的人就只会在网上寻找那些宣扬暴力、色情的内容，网上的糟粕对其失范心理结构的形成和巩固起了重要作用。因此，网络的开放性一方面满足了人们对信息的渴望，另一方面又推动了网络失范的产生。

（四）网络社会问题产生的外部法律

网络社会问题出现以后，各国政府为了加以控制，逐渐制定了一些相应的政策和法律，但现行的法律在与层出不穷的网络违法犯罪行为斗争中，无论是立法、执法和司法，事实上都显得相当的苍白无力。不法分子凭借自己高超的计算机技术，使犯罪程序在完成犯罪行为后自行删除，不留痕迹，很难被发觉。即使被发现，或因证据问题，或因其他因素只有少数被披露，进入审判程序的更少。现行政策、法律等规范还存在相当多的空白，网络立法尚有许多争议。互联网上产生了许多新类型的行为，如公民隐私权问题和有害信息的确定等，都需要法律来规范。然而，网络发展极为迅速，许多新规范尚未确立。经常出现的情况是：抓到了网络违法者，却没有相应的法律对之进行处理，即使是参照相关法律来处理，相对于网络犯罪所带来的危害，往往是处罚太轻，不足于震慑犯罪。

第二节 网络社会问题的类型

一、网络色情

人们在上网时常常会遭遇各种尴尬：打开从论坛上下载的电影文件，却看到一幕幕不堪入目的画面；熟悉的聊天室里充斥着"找小姐"、"最佳销魂场所"之类的肮脏信息。社区有"同城约会"、"两性空间"；聊天室有"第一次亲密接触"、"一夜情深"等等。以性为招牌的栏目更是充斥各大网站。关于性技巧、性挑逗、性心理、性爱宝典、一夜情、一夜性等词汇遍地都是。更让人触目惊心的是一些视频聊天室。利用摄像头，让一些"小姐"在"客户"面前，褪掉一件件衣服，露出雪白如玉的胴体；现场直播各种等级的有偿色情服务。一些网站，甚至是备受关注的门户网站为了获取暴利，不仅提供大量的淫秽色情图片、录像、电影和文字，还赤裸裸地进行网上"性交流"、"视频性交"，有的网站还公然在网上招嫖，教唆、引诱网民进行淫秽色情活动。互联网上到底有多少黄色"驿站"？美国 Telemate. Net 公布的调查结果显示：在 2000 年底之前，包含色情图片的 WWW 网站达到 1000 万个。苏格兰一家软件公司于 2000 年 9 月对互联网所做的调查显示，全球每天新增 2 万多个色情网站。平均每个色情网站上的图片数量为 43 张，估计有 2.5% 的人曾浏览过色情网站。

  网上色情不仅败坏公共道德，危害人们的身心健康，而且诱发色情犯罪。如何保障网络事业的健康发展，如何打击利用网络进行的犯罪活动，是摆在世界各国面前一道紧迫而又重大的课题。由于各国政府包括我国政府在内对网络的监管基本上处于被动状态。加上缺乏严密的网络监控技术手段，高层级的立法和常规性执法的缺位，导致了互联网在一定程度上成为网络色情滋生的沃土。

（一）网络色情的概念

  对网络色情的界定有各种不同的说法，但一般认为，网络色情就是以 E-mail 或浏览器推送的形式，未经当事人许可发送带有色情内容的行为；公开传播有关性、色情内容的图片、信息；利用网络实行色情诈骗，以及诱骗女性、儿童进行性侵犯；跟踪、解析他人 IP 地址以对他人进行性骚扰等实质性的对他人进行侵害的行为。网络色情的界定条件有：（1）以互联网为传播手段。（2）具有色情性质的内容，如性暴力、性虐待、性攻击、性交内容、性变态（包括恋童癖）。（3）具有社会危害性，鼓励、暗示通过非正常途径获得社会道德和法律所不允许的性满足的内容。（4）具有直接或间接的营利目的。与传统的色情业相比，网络色情的形式更为复杂多样：文字、图片、视频等各种类型的色情内容广泛存在于网络之中，网络的互动手段更是为色情的泛滥与升级提供了可能。

（二）网络色情的特点

与传统的色情制造、传播相比，网络色情具有如下一些特点：（1）在网络这个虚拟空间，储藏着海量的色情内容。各种色情站点或网页之间链接非常方便。（2）网络的匿名性，使得一些网民尤其是青少年网民禁不住网络色情的诱惑，铤而走险，或者向他人提供色情服务，或者迫使他人为自己提供色情服务。可以说，正是网络的匿名性使得网络色情得以像瘟疫般地得到繁衍、传播。（3）网络不受时空阻隔，互动性、参与性非常强。只要连接网络，就可以阅读到各种各样的色情文字，欣赏形形色色的色情图片、电影，参与各种怪异的性游戏。网络的开放性与互动性意味着网络色情不再是一种单纯的性幻想，在很多方面与真实的性交往具有相似性。（4）任何人只要拥有联网的电脑，就可以进入和生活在网络社会。在网上，想获得信息易如反掌。所以，如果网络色情插上比特的翅膀，就很容易产生与传播，而且传播的面既广又速度快。（5）互联网自诞生之初就缺乏一个强有力的机构对它所提供的信息进行有效的监督。加上由于各国文化、法律的差异，对色情内容的界定存在很大的不同，使得对网络色情的监管非常困难。

（三）我国互联网上色情违法活动呈现出四大突出特点

（1）形式多样，触目惊心。淫秽色情网站提供大量的淫秽色情图片、录像、电影、文字。有的还开办论坛，进行网上"性交流"、"性交易"；有的利用视频聊天室，组织赤裸裸的色情表演、"声音性交"、"视频性交"等等。（2）教唆引诱，气焰嚣张。一些淫秽色情网站不仅给网民以感官刺激，而且教唆、引诱网民进行淫秽色情活动。有的提供色情交易联系渠道，有的公然在网上招嫖、组织、介绍卖淫嫖娼活动。（3）非法经营，牟取暴利。网上淫秽色情信息泛滥的主要原因是为了牟取暴利。一些不法分子伤天害理、赚黑钱，靠制贩、传播淫秽色情信息，大发不义之财。（4）危害严重，反映强烈。网上淫秽色情信息泛滥，严重污染网络环境，毒害人们思想，败坏社会风气。特别值得注意的是，我国网民70%是30岁以下的青少年。一些青少年由于长期沉湎于网上淫秽色情信息，有书不读，有学不上，荒废了青春，迷失了人性，有的甚至走上了违法犯罪的道路。①

（四）网络色情的传播方式

网络色情的传播方式多种多样。大致可以概括为六类：（1）色情图片。这是网上最常见、也是最猖獗的色情传播方式。（2）色情文字。一些网站或网页以大量的露骨的性描述作为主要内容。这类网站在设计网页方面非常老道，网站上的内容、文件下载起来非常方便。（3）色情录像。随着多媒体尤其是视音频技术的发展，色情录像成为网络色情传播的重要方式。这些色情录像以数字化压缩的方式将动态画面和声音以数百倍的效率压缩到很小的存储字节，可以方便地从网上直接在线播放或下载后以离线的方式播放。（4）网上色情交流。这种交流具有很高的参与性、不可预知性及神秘性。网上色情交流的场所主要是以性爱话题为主的网上聊天室或新闻组。在国内很多的网站，都可以发现以性爱为主题的聊天室。所聊的内容充斥着性的挑逗与肮脏的性交易。（5）网上色情广告。这种传播方式主要是通过网络推销色情产品。如各种与性生活有关的产品以及传统形式上的录像带、影碟、光盘等。（6）色情电子邮件。一些色情图片、文字通过电子邮件的方式对用户进行侵入与骚扰。

（五）网络色情的危害

网络色情被称为"电子海洛因"，足以说明它的危害性。（1）影响网民的学业或工作。根据中国互联网信息中心的调查，网络用户平均每周上网时间达到 8.5 小时。个人的精力、时间是有限的，把大量的精力、时间浪费在网络聊天室必然会影响青少年的学业或工作。（2）扭曲网民的身心健康甚至走向性犯罪。网络色情提供大量的色情图片与文字，而其中的很多图片与文字宣扬的是各种畸形

---

① 公安部官员：《网上淫秽色情活动呈现 4 大突出特点》，http：//www.china.com，2004—07—17。

的性行为，如性变态、娈童癖、乱伦等。不论是网民主动寻求还是被动接受这类信息，对他们形成正确的性观念、性行为都会产生冲击。(3) 危及网民的人身安全甚至性命。一些有组织的色情制造、传播者利用网络聊天室诱骗青少年提供各种有偿的性服务（为别人或为自己），不仅是明目张胆的犯罪，对青少年的人身安全甚至是性命构成了直接的威胁。

（六）网络色情的防范对策

面对日益猖獗的网络色情，整个社会必须行动起来，旗帜鲜明地对网络色情进行坚决的打击与取缔。(1) 抓紧研究专门的网络法规：网络是一个新的社会，既有的法律规定已不敷使用，而且也未必适用于网络社会，因而导致网络空间成为犯罪的死角；针对这种现象，国家应针对网络社会的行为另订新的管理办法，出台针对网络社会专门的法律法规，以控制和规范网民的行为。(2) 网络经营商（ISP）业者自律：ISP业者可以制定办法规范经由其连接上网的网络内容提供者，不准其利用网络散布色情、暴力等不正当信息，尤其是不可提供给未成年人观看，以有效地切断不当信息的来源。(3) 网络商的自律：由网络供货商组织协会或联盟，并具体规范会员行为；例如香港互联网供货商协会于1997年10月27日发布了一份《规管淫秽及不雅信息业务指引》，建议会员在提供网络服务时应规范经网络发送的淫秽及不雅信息，以防止使用者（ICP）于网络上散布或传输淫秽及不雅信息，进而保护青少年及捍卫公众道德。(4) 拨接账号分级管制：利用提供接收端不同的账号服务，将接收端加以分级，使其能接收的信息受到限制，以保护未成年人及儿童不会接收到不良信息。(5) 建置成人使用的入口网站：根据研究显示有超过60%的人是利用入口网站搜寻要找的信息，所以如果可以将入口网站分级，建置成人专用的入口网站，可以还青少年及儿童一个更干净的网际空间。(6) 代理软件的运用：利用软件的帮助来防范未成年人接触不良信息；由于现在色情信息泛滥，已有越来越多厂商研发出相关软件，来协助父母规范未成年对于网络空间的使用。

二、网络成瘾

网络成瘾实质上是人机交互的非生化行为，是一种技术成瘾，它可以是消极的也可以是积极的，并且往往具有能助长成瘾倾向的诱导和强化的特征。网络成瘾者无节制的花费大量时间和精力在网上冲浪，聊天或进行网络游戏，这种对网络的过度使用影响生活质量，降低学习和工作效率，损害身体健康，导致各种行为异常，心境障碍，人格障碍和神经系统功能紊乱等消极后果。其典型表现是生物钟紊乱，睡眠障碍，情绪低落，思维迟缓，社会活动减少，自我评价降低等，严重的甚至会产生自杀的意图或行为。

据报道，有关调查报告显示，北京市中学生上网成瘾者的比例达14.8%（初中生11.8%，高中生15.97%）。按照这个比例推算，2001年北京市92.26万中学生中，上网成瘾者约有13.65万人，远远高出了成年人的比例。据美国心理学会的调查显示，计算机上网人群中，网络成瘾者占6%；在我国台湾，网络成瘾者已达10.15%[①]。

（一）网络成瘾的概念

参照世界卫生组织的定义，网络成瘾是指由过度地使用网络所导致的一种慢性或周期性的着迷状态，并产生难以抗拒的再度使用的欲望。同时会产生想要增加使用时间、耐受性提高、出现戒断反应等现象，对于上网所带来的快感会一直有心理与生理上的依赖。

（二）网络成瘾的症状

据网络心理学研究，每天上网时间超过5小时的网民可能会产生网络成瘾。下面是不同程度的症状表现：早期症状：逐步感觉到上网的"无穷"乐趣，上网时间不断延长，记忆力明显下降。中期症状：由精神依赖上网逐步发展为躯体依赖上网，表现为每天起床

---

① 马北北：《中学生网络成瘾者达14.8%》，《中国青年报》，2003-01-14。

后情绪低落、思维迟缓、头昏眼花、双手颤抖、疲乏无力和食欲不振,但上网后以上症状可明显减轻或恢复。晚期症状:体重减轻、外表憔悴,每天连续长时间上网。一旦停止上网,自己能明显感觉到情绪不稳、忧虑及沮丧;甚至有可能不择手段地满足上网需要。

(三)网络成瘾的分类

网络成瘾是一个宽泛的概念,包含了大量的行为问题和冲动控制问题。概括起来,大致有以下五种最基本类型。(1)网络性成瘾。沉迷于成人话题的聊天室和网络色情文学,观看、下载和交换色情作品,浏览黄色网站。(2)网络关系成瘾。指将精力投注于在线关系或是虚拟偷情之中,沉溺于通过网上聊天结识朋友。例如沉溺于QQ、MSN等聊天工具。此类成瘾者认为在线朋友比现实生活中的家庭成员和朋友更为重要。在很多情况下,还会导致婚姻家庭的不稳定。(3)网络游戏成瘾。指将大量时间、精力和金钱花费在网上游戏、购物和拍卖等活动之中,强迫性地沉溺于电脑游戏或编写程序。并且往往丧失工作职责,破坏重要的人际关系。(4)信息收集成瘾。指花费大量时间强迫性地在网上浏览网页以查找和收集信息。例如无法控制地想打开网页获取更多消息。此类成瘾者伴随有强迫性冲动倾向和下降的工作效率两个典型特征。(5)网络强迫行为:指以一种难以抵抗的冲动,着迷于在线赌博,网上贸易或者拍卖、购物。

(四)网络成瘾的特征

虽然每个成瘾者的表现不尽相同,但一般有如下共同特征:(1)一心想着上网。(2)需增加更多的上网时间以获得满足感。(3)多次努力控制、减少或停止上网,但不能成功。(4)在减少或停止上网时感到烦躁不安、闷闷不乐、忧郁或易激怒。(5)上网时间比计划的要长。(6)把上网作为逃避问题或缓解不良情绪的方法。(7)对家人、老师、同学、同事等隐瞒对上网的迷恋程度。

(五)网络成瘾的原因

无论是学生还是成人,孤独感和缺乏家庭、社会支持容易导致他们网络成瘾,而性格类型、低自尊与网络成瘾也有关系。网络成瘾多出现于以人际沟通为目的的使用者中,也就是使用互联网聊天、网络多用户游戏等。上网取代了本来应该与家人、同学、朋友面对面的交流,参与现实生活的时间减少,变得孤独、与真实的人际关系割裂开来,在真实生活中感到沮丧、困惑、孤独、悲观失望、失去社交兴趣、经常与家人争吵,长此以往,不仅破坏与家人、朋友或同事的关系,严重者还会导致家庭解体,同时使学习、工作受到影响,失学甚至失去原有工作。

网络成瘾者把上网与这个虚拟世界交流当作应对现实生活矛盾的主要方式,这体现了个体在应对挫折和防御方式上的不成熟。事实上,越是依赖于幻想,就越难以获得现实成功的体验。网络成瘾者靠自己的力量常常难以自救,需寻求家庭、亲友及老师的支持,如无效果可到心理门诊等专业机构进行认知治疗、行为治疗或系统的家庭治疗等。

(六)网络成瘾的危害

(1)伤害身体。研究显示,长时间上网会使大脑中的化学物质多巴胺水平升高,令患者呈现阶段时间的高度兴奋,沉溺于网络中的虚拟世界而不能自拔,但之后的颓废感和沮丧感却更为严重。时间一长,就会带来一系列复杂的生理和生物化学变化。如情绪低落、思维迟钝、自我评价降低和能力下降等症状,严重的甚至有自杀意念和行为。(2)孤独感增加。由于网络隔绝了人与人的直接交流,人的孤独感逐渐强烈,于是,沉迷者更渴望网中人的关注。(3)加剧自我迷失感。在网络世界里他们无法确定自己的角色,更难以确定自己的位置。网络充分展示了内心世界的另一面,在网上生活过久,就会逐渐迷失自己在现实生活中的真实角色。(4)降低自我约束力。由于网中的彼此不见面,平常不敢说的话可以说了,不敢做的事可在网上实现了。因此网络充分地暴露和宣泄压抑在人们心理深层的需要和欲望。沉迷于其中,正常的生活、学习、工作就无法继续。(5)恐惧社交活动。由于长期的脱离现实,就没有了人与人之间那种真实互动感觉，一旦进入社会后就可能无法与他人正常交往，甚至出现恐惧。成长中的独立和心理的成熟无疑受到严重的影响。

从目前整个世界的情况来看，在那些因特网比较发达、普及的国家与地区，网络上瘾的人数几乎呈直线上升趋势。以美国为例，据美国《新闻周刊》杂志报道，在美国的网络用户中，染上严重的网络上瘾症的人已经占到了全美网络用户总数的2%～3%之多。

在我国也出现了网络成瘾症患者。据新华网报道，我国因网络成瘾的青少年已经超过1000万人，目前这个群体还在不停地"壮大"着[①]。据《重庆晚报》2000年7月25日消息，重庆市精神卫生中心医院收治了首例"网络综合症患者"。患者是重庆某重点大学工科二年级大学生，平时不善言谈，性格内向。1998年，他开始上网，其网络行动的初衷，仅仅为了打发周末闲暇时光。随着网络上瘾的加深，"黑客攻击技术"、"色情图片"等让其痴迷不已，不分昼夜和网友聊天，下载各种攻击软件和"有趣图片"，直至不能自拔。

网络成瘾作为一种特殊的行为成瘾，具有较强的隐蔽性。它不具有与吸烟或酗酒等成瘾行为相同或相似的表现，对个体的负面影响也不是特别显著。更为主要的是它笼罩着一层先进技术的光环，并且缺乏明确的判断标准。这些原因就使得许多人对网络成瘾这种现象认识不够深刻甚至认为它根本不存在，从而阻碍了网络成瘾的研究。这必须引起我们的高度关注。

第三节　网络社会问题的控制

所谓网络社会控制，是指通过社会性的力量和网络集体行动的

[①] 李永文、万一、毛咏：《我国网络成瘾的青少年已超1000万人》，http://www.games.tom.com，2006-08-26。

实施，对网络社会问题进行有效的疏导、协调和控制，从而开辟合理的网络社会生活方式并维系网络社会的动态秩序。

网络社会问题控制的途径主要有两种基本方式：自律和他律。自律是指对网络病态现象和网络偏差行为从网络行动者内部进行化解和控制。它是通过一种网络社会化的过程引导网络行动者将合理的网络社会规范和价值观念内化为自己人格的特征，从而适应网络社会所要求之正常行动方式和秩序的过程。他律则是指在网络社会中通过正式的和非正式的制裁、惩罚措施来控制各种网络偏差行为和网络犯罪行为，从而化解、消除网络社会问题，维系网络社会的正常社会生活秩序。正式的他律，是通过组织化、制度化的程序对网络行动者给予奖励或处罚；非正式的他律，则是在网络上通过热情而肯定的"举止"来鼓励和赞赏某一网络行动者符合规范的网络行动，而用冷漠否定的"动作"来排斥和消除某一网络行动者的偏差行为。

一般来说，控制和解决网络社会问题的主要措施有：

（一）建构以道德控制为主体的控制体系

应采用技术、法律和道德等手段，对网络空间的社会问题进行综合控制。① 首先，由于网络社会问题产生的智能性，以智能对智能，用技术手段来预防其产生，避免其后果，是网络社会控制的一个有效方式。如，信息的电子编码、网络传播、共享数据和程序，以及网络病毒和网络犯罪等等，都使信息安全问题变得严峻和尖锐。对此，可以通过防火墙、防病毒软件、安全关网、信息加密等物理上的安全措施手段来对电脑系统本身的软件和硬件进行保护，通过各种备用支援系统和资料备份、回复等操作上的安全措施手段保障系统能够持续提供服务并确保数据处理时的完整性，通过设置系统的逻辑规律等逻辑上的安全措施手段对整个信息交换、输送和

---

① 刁生富：《试论网络空间的社会问题与社会控制》，《佛山科学技术学院学报》，2001，（3）第21—28页。

处理进行逻辑保护。

其次，网络社会虽然是一个虚拟社会，但它本质上仍是现实社会的反映。因此，网络社会必须是一个法制社会。没有法律的强制力，仅靠良知和舆论，是不可能规范人们的网络行为的。而且，由于在网络空间中，人们常常并不知道网络背后的行为者，社会舆论就很难发挥作用。因此，法制在网络社会比在物理社会更加重要。建立和完善网络法规，将网络道德建设与网络立法执法相结合，将重要的网络道德确立为法律法规，坚决打击网络违法行为，形成网络道德行为的法律惩戒机制，从而威慑、打击网上犯罪分子和各种非法的网上活动。

最后，要培养网民的网络道德意识。网络社会问题控制的关键是人，要使网民明确自己的道德需要和道德责任，增强其道德行为的自觉性，强化其道德行为的情感体验，使之成为真正道德主体，自觉遵循、维护体现网络时代特点，体现大多数人的意志利益和需要的相应的伦理道德规范。在网络空间中，人与人之间的关系具有间接的性质，直接的道德舆论评价难以进行，外在的道德约束力被弱化。因此，加强网络社会中个人的道德自律就显得更加重要。

(二) 把握控制力度

既要防止网络控制过度又要防止网络失控。社会控制过度，就会牺牲个人的利益，减少个人的自由，这与网络的"天性"相违背；社会控制过弱，则要牺牲社会的利益，使网络空间失序。可以说，互联是网络的本质之所在。在技术层面上，互联网络不存在中央控制问题，任何对网络的强控制都有可能以失去互联网的本来意义为代价。因此，要避免社会控制过度又要防止社会失控，就必须把握控制的力度，掌握适度原则。通讯收集网络和监控系统对人们的监控和信息收集，应该控制在不侵犯隐私权的限度内，这样才能保障人的尊严。在知识产权领域中也是这样。因为信息的生产和传播需要创造性的劳动，需要体力尤其是智力的大量投入，所以信息独有也在一定意义上说是合理的。问题的关键在于怎样合理划界，找到各自适用的合理范围，既能保护信息所有者的权利，又能有效利用信息资源。这除了涉及到法律之外，还涉及到伦理问题：信息产品开发者的财产权是否有道德基础，以及这种道德基础的限度是什么。因此，有关信息的知识产权保护需要有符合"网络时代"特点的新的操作规范。

（三）在信息技术的发展中注入人文关怀，防止网络空间的符号异化

从一定意义上说，网络空间社会问题的产生和泛滥是一种更为普遍的现象，即技术异化在网络技术上的反映，只不过以一种新的形式——信息异化和符号异化的形式出现而已。在这个由一串串符号构成的虚拟世界中，真假易位，虚实不辨。网络社会成了一个假面舞会的大舞厅，上网者即有可能去参加一场假面舞会。在这种错位的世界里，被异化的"e代人"感情麻木，正义感和道德感缺失，最基本的事实和道德判断能力丧失，面对大规模的杀戮可能只认为是一种游戏，而横陈的遍野尸体也只不过是一串数字！所以，防止网络空间中的信息异化和符号异化，技术本身是难以解决的。必须超越技术层面，把人文关怀作为一条重要途径。要把科学精神和人文精神有机结合起来，形成充满人文关怀的科学技术和有科学精神的人类道德齐头并进的良好局面。

（四）加强网络社会科学新学科研究，逐渐形成新的网络社会规范

社会科学研究远远没有赶上信息科学技术发展和网络空间扩张的速度，这也是人类面对网络社会问题感到迷茫和网络社会控制被弱化的一个重要原因。要从不同学科视角对网络现象和网络行为进行多方面的探讨，形成网络政治学、网络经济学、网络法学、网络哲学、网络伦理学、网络教育学、网络文化学等新兴学科群。由于道德控制在网络社会问题控制体系中占据主导地位，要特别注意对网络伦理学的研究。加强网络伦理研究，建构和完善具有实用性、针对性和可操作性的网络道德规范，并在全球范围内达成共识，对

有效实施社会控制,解决网络空间的社会问题,具有十分重要的意义。

随着网络社会的崛起,大量网络社会问题的出现可能会导致社会秩序的混乱、制度的解构、文化的消解、人格的分裂。我们指出网络社会问题的严重性,不是为了否定和阻碍网络社会的进程与发育,而是为了提醒人们要时刻注意网络社会问题的发展,以避免社会信息化、网络化进程中给人类社会的政治、经济、文化和社会心理造成过多的危害。我们坚信,只要人类社会协同合作、共同努力,就一定能缔造出一个真正美好、和谐的网络社会!

参考文献:

[1] 文军:《网络社会的病症与网络社会问题的社会学分析》,《科技导报》,2002,(10)。

[2] 冯鹏志:《"数字化乐园"中的"阴影":网络社会问题的面相与特征》,《自然辩证法通讯》,1999,(5)。

[3] 公安部官员:《网上淫秽色情活动呈现4大突出特点》,http://www.china.com,2004-07-17。

[4] 刁生富:《试论网络空间的社会问题与社会控制》,《佛山科学技术学院学报》,2001,(3)。

[5] 《2006上半年度电脑病毒疫情和互联网安全报告》,http://www.163.com,2006-07-25。

[6] 梁宏:《网络病毒达10万种 计算机用户感染比例85.57%》,《中国青年报》,2005-11-13。

[7] 马北北:《中学生网络成瘾者达14.8%》,《中国青年报》,2003-01-14。

[8] 李永文、万一、毛咏:《我国网络成瘾的青少年已超1000万人》,http://www.games.tom.com,2006-08-26。

第16章 当代中国卖淫嫖娼问题

第一节 卖淫嫖娼的界定与全球状况

一、"卖淫"、"嫖娼"的界定和相关理论

(一) 卖淫嫖娼概念

"卖淫"和"嫖娼"是一个相对的概念,是从不同主体的角度对同一种行为的表述。"卖",即指出卖,以获取金钱或者其他报酬为目的;"淫",指违反道德规则的性行为。所谓卖淫嫖娼是指:以金钱、财物为媒介,在两性或同性之间发生的不正当性行为。其中卖淫者收取钱财,嫖娼者支付钱财。凡以获取钱财、以营利为目的,自愿地与不特定的人发生性行为的,都是卖淫者;凡支付一定钱财,其目的是与不特定的人发生性行为的,都是嫖娼者。

卖淫嫖娼一般包含四个要素,即以营利为目的、自愿、发生性关系、以给付金钱等物质利益为手段。

所谓"以营利为目的",是指卖淫者在与对方发生性关系时,主观目的是营利,而不是以感情、激情或者生理需求为目的;所谓"自愿",指卖淫者与他人发生性关系时是自愿的,卖淫者能够自主控制和决定自己的行为,知道自己的行为能够带来利益,并且积极地追求这种利益;所谓"发生性关系",指只要有性器官的接触,即为发生了性关系,可能是双方性器官的接触,也可能仅有一方性器官的接触。因而,"发生性关系"的行为包括性交、口交、肛交、手淫以及一方以身体的其他部位或用具刺激对方性器官的行为。发生性关系、有性器官的接触(不论是接触到一方性器官或双方性器官),是认定卖淫嫖娼行为的关键;所谓"以给付金钱等物质利益为手段",指嫖娼者与对方发生性关系的手段和"出价",嫖娼者给付的物质利益,一般情况下是金钱。但在少数情况下,也会以其他

物质利益作为"出价"去和卖淫者交易。

(二)有关卖淫问题的几种理论

卖淫作为一种社会现象,许多学者对此作过深入的分析和研究。一般有以下几种主要的理论观点:

道德缺陷理论:我国在上个世纪30—40年代就存在这种理论。这种理论认为,个人的道德缺陷是造成卖淫嫖娼现象的根本原因,不管是妓女、嫖客、老鸨,还是医生、律师、商人、地方官员、警察等都是如此。显然,用这个理论来解释卖淫嫖娼这种社会现象是不全面的。个人道德缺陷可能是卖淫嫖娼行为的重要因素之一,但是,不一定是卖淫嫖娼的根本原因。

功能主义理论:1930年由戴维斯(K. Davies)提出。他认为,家庭是社会的基本单位,发挥着生育后代并使之社会化的多种功能,同时给予经济方面的合作和性欲方面的满足。但是,并非所有家庭都充分发挥了这些功能。例如,并非所有婚姻均能提供性欲方面的满足。若某种婚姻未能发挥其应有功能,则有两种选择余地:一是家庭破裂,二是婚外寻乐。结论是:卖淫活动发挥了提供性欲满足的社会功能,由此既保护了现有婚姻,又稳定了社会结构。因此,卖淫的功能是保护家庭和维持"正派"公民的贞操和纯洁。

文化传递理论:1955年由法里斯(Faris)提出。认为卖淫嫖娼是由于家庭和邻里控制的弱化,以及传统犯罪活动的持续和从人传递到人的结果。我国一部分学者也持同样的看法,认为"中国文化的落后"或西方文化的影响造成了卖淫嫖娼;家庭不良教育或染上恶习而导致卖淫嫖娼。虽然有证据表明,朋友、亲戚和邻居是卖淫女有关卖淫最初信息的最重要来源,但事实证明,卖淫并不是完全由卖淫女所生活的社会文化环境决定的。显然这种解释也有缺陷。

经济学理论:经济是卖淫嫖娼中的首要因素,许多中外学者都持这种看法。由于男女的不平等,使得妇女的就业、工作难以获得条件较好的机会。维尼克和金西（Winick & Kinsie）发现，工作机会有限是决定成为妓女的重要原因。勒梅特（Lemert）指出，在权力和控制物质报酬上，妇女所处的地位低下，这是我们文化的特征，而卖淫是一种使这种地位差异均等化的一种手段。詹姆斯（J. James）对选择卖淫作为职业的动机进行深入考察后发现，卖淫是最可行的经济和职业选择，它能得到更高收入和独立的生活方式。经济学理论是解释卖淫嫖娼现象的有效手段，但是，对卖淫嫖娼现象作出合适的解释，还是需要考虑其他各个层次的问题。

生物学理论：生物学理论的主要代表是冲动或能量释放理论，这是传统的弗洛伊德理论的一种。该理论认为性能量是人类的生物特性，需要以某种形式释放出来。男性的性欲与发情时的雄性动物一样旺盛，当正常途径无法满足性需要的时候，卖淫嫖娼便有了可能。

精神病学或心理学理论：精神病学理论是弗洛伊德理论很重要的一个内容。该理论认为卖淫是由于妓女某种心理的病态所致。西方有些人认为，没有"正常的性生活"的妇女会过这种卖淫的生活，妓女是低能的、意志薄弱的、心理变态的或品行不良的。

二、卖淫嫖娼是一个全球性的社会问题

卖淫嫖娼是伴随着私有制的出现而产生的一种社会现象。进入资本主义社会后，卖淫嫖娼达到了空前的繁荣。在资本主义社会，性和劳动力一样成了一种商品，因而卖淫嫖娼活动的商业性受到极大的强化。特别是上个世纪 60 年代出现的"性解放"运动，使人们在性问题上的立场更加自由和开放，极大地冲淡了性道德成分，从而极大地推动了卖淫嫖娼活动的发展。

在美国，虽然卖淫是非法的，但赌城拉斯维加斯等例外。在这里，色情业已形成规模化和产业化，成为美国社会和文化的一大特色。据称，美国的色情业年收入已经高达 100 亿美元以上，成为世

界上最赚钱的行业之一①。美国的按摩院、夜总会和脱衣舞间充斥着来自西欧、北欧、南欧、东欧、澳洲、中南美以及中亚、西亚、南亚等地各种肤色的"佳丽"。美国执法机关近年来破获了多个专门偷运大批外国女子到美国卖淫的犯罪集团②。

近年来,法国卖淫业已经膨胀到了失控地步。据法国参议院和欧洲刑警组织的调查,由于外国妓女从上个世纪80年代以来向法国的"倾销",从事卖淫业的人已经激增数倍。目前外国妓女占到总卖淫人口的一半以上,在巴黎更高达75%。其中东欧妓女是主体,其次是非洲妓女,约占1/3③。

德国2001年12月宣布妓女卖淫合法化后,据统计,在德国与卖淫相关的色情酒吧、脱衣舞俱乐部和妓院每年的收入约为45亿美元。德国妓女的数目估计有40万,其中75%是外国人,外籍妓女中的80%来自中东欧国家。

日本的色情业有着巨大的买方卖方市场。英国《金融时报》估计,日本色情业的年营业额高达600亿欧元。在这一红火的行业中,国际劳工组织估计有15万"职业妇女"是来自本土之外。日本每年的性行业交易额,已占到了日本当年国民生产总值的1%,竟然和日本每年的国防预算不相上下。日本的人权组织也估计,目前共有12万名来自亚洲、东欧和拉丁美洲的妇女在日逗留时间超过了签证所规定的期限,而被迫在日从事卖淫业的外国妇女已多达7.5万名④。

在韩国卖淫嫖娼行业已经发展成了巨型产业。根据韩国刑事政

---

① 《揭开色情业肮脏面纱 美国色情业全面大揭秘》,http://www.qianlong.com/,2003-11-6.

② 丁子江:《中美婚恋的性学分析:"性"无国界》,http://book.sina.com.cn,2006-4-10.

③ 贾淼:《法国:街民的愤怒和妓女的愤怒》,http://www.lifeweek.com.cn,2002-11-29.

④ 《7万多在日外国妇女被逼卖淫 揭开日性奴黑幕》,http://www.scol.com.cn,2003-12-1.

策研究院2003年2月6日公布的一份研究报告，韩国每年用于嫖娼的资金高达24万亿韩元（约合200亿美元），占国民生产总值（GDP）的4.1%，在GDP中的分量已远远超越了水、电、煤气业（2.9%），与农林、渔业（4.4%）旗鼓相当①。

我国的台湾地区已成为世界卖淫人口主要输入地，其中不少来自越南、柬埔寨、泰国和东欧国家，也有一些来自日本和韩国。台"内政部"资料也显示，2001—2005年，台湾查获非法入境者共8164人，在其中5097名女性中，有2224人从事色情行业，比例高达43.63%。这一数字仅是在台湾从事色情业的外来人口的一小部分。此外，还有通过邮购新娘、旅游等形式进入台湾的大批外籍女性，估计总数在10万人以上。这些外籍卖淫人员在台湾分布很广。可以说，外籍人口卖淫已经成为台湾社会的普遍现象②。

卖淫嫖娼问题是腐蚀社会的催化剂，也是各种罪恶的渊薮。为此，西方国家在16世纪时，因性病泛滥而开始谴责卖淫并加以取缔，但收效甚微。从此，对卖淫活动的准许或者禁止一直在交替出现。为了维护大工业生产的社会秩序，各主要资本主义国家从20世纪20年代起大规模宣传禁娼。1949年12月2日联合国全体大会表决通过《禁止贩卖人口及取缔意图营利使人卖淫的公约》，表明了废除卖淫制度的基本立场。但各国采取对策不一：有的只禁公娼不禁私娼；有的开设"红灯区"，对娼妓集中管理；有的明禁而暗不禁，致使变相的色情场所日渐兴隆。如英国禁止公开卖淫行为，但个人在单独居住的房屋卖淫却不予追究。日本虽然取缔妓院，但对单纯卖淫者不处罚，只有那些意图卖淫而主

---

① 《每年嫖娼200亿美元，色情业发展成韩国巨型产业》，http://www.china.com，2003-2-8。

② 《10万多外来人口在台卖淫 全球卖淫女大量进台湾》，http://www.southcn.com，2005-12-7。

动向对方劝诱者、以营利为目的教唆并与无淫乱习癖的女子性交者应承担刑事责任；在一定条件下还应对卖淫妇女适用保安处分。法国在某些城市设立专门的"红灯区"容许卖淫，对娼妓实施强制性的卫生检查，并规定意在挑逗卖淫而主动拉客者有罪。

卖淫嫖娼在中国历史久远。中国夏朝后期"好方鬼神，事淫乱"，殷商时流行"巫风"、"淫风"、"乱风"，均有与统治阶级腐败相联系的男、女娼妓活动。春秋时齐国设"女闾七百"，是最早的官办妓院；越勾践、汉武帝设"营妓"等专为军队提供性服务。以后历各朝而不衰。

1949年新中国成立后，人民政府对卖淫嫖娼这种旧社会遗留下来的丑恶现象实行坚决的取缔政策，20世纪50年代初采取封闭妓院、惩治妓院的龟奴与老鸨、改造与安置妓女等措施，成绩卓著。卖淫嫖娼现象曾一度绝迹。但是，进入上个世纪80年代后，随着改革开放的进行，卖淫嫖娼现象首先在一些沿海开放城市死灰复燃，并逐渐蔓延到全国各个城市和地区，时至今日已经发展到十分猖獗的地步。

中华人民共和国坚决取缔娼妓制度，严禁卖淫嫖娼活动，并用立法的形式来加以限制和打击，已建立起了初具规模的法律体系。首先，颁布和实施了《中华人民共和国治安管理处罚条例》、《全国人民代表大会常务委员会关于严禁卖淫嫖娼的决定》等法律和规定；其次，有针对一般卖淫、嫖娼及介绍或容留卖淫，引诱、容留、介绍卖淫，引诱幼女卖淫、组织卖淫，协助组织卖淫，故意传播性病，嫖宿幼女等犯罪的刑法规定；再次，对卖淫嫖娼者强制集中教育、强制性病检查，并对患有性病者强制治疗；对曾因卖淫、嫖娼被公安机关处理而又重新违犯者实行劳动教养。对犯有包庇、隐瞒、放任卖淫嫖娼活动的单位和个人也相应地规定了刑事或行政责任。所有这些，对遏制以至根除卖淫嫖娼活动，起到了法律保障作用。

第二节 中国卖淫嫖娼活动的现状和特点

一、中国卖淫嫖娼活动的现状

近 20 年来，中国的卖淫嫖娼问题日趋严重。不可否认的一个事实是，现在各大城市的卖淫女越来越多，卖淫嫖娼活动人员逐年增加。有些大城市还出现了"男妓"。卖淫女遍及舞厅、酒吧、茶室、宾馆、浴室、泳池、理发室、路边店等处，公安机关堵不胜堵。由于政府把她们的行为定为行政处罚的打击重点，因此卖淫女都在"地下"活动，她们没有健康检查制度和卫生防治措施，所以，造成性病发病率成倍增长。由于"卖淫女"能轻易致富，因而经常受到社会黑势力的敲诈、迫害，另外，卖淫嫖娼属于非法行为，"卖淫女"和嫖客之间常常因嫖资纠纷而引起冲突。报刊上时有"卖淫女"被抢劫、杀害的报道，这已成为突出的社会问题。

妓女和嫖客在总人口中已占有相当的比例。中国人民大学潘绥铭教授认为：从上世纪 80 年代初到 1997 年底，中国累计查获的嫖娼卖淫人员大约是 210 万人次，90 年代后期每年查处卖淫嫖娼人员平均为 25 万人次。查获率充其量也仅仅是历史发生率的 5%，甚至可能只是 2.5%，警方人士主观推测则为 10%。据此推算，中国在 90 年代后半期实际卖淫嫖娼人数应为每年 250 万～1000 万，而上个世纪 80 年代以来涉足过卖淫嫖娼的人数应有 2100 万至 8400 万之众。

卖淫嫖娼的外围产业发展迅速。虽然不能说卡拉 OK 厅、夜总会、发廊和桑拿浴室就一定是"鸡窝"和地下妓院，但它们与卖淫嫖娼的联系是不言而喻的。相当多的夜总会、发廊和桑拿浴室存在着事实上的卖淫嫖娼活动。同时，卖淫嫖娼的相关社会问题也急剧增多，例如性病问题。近年来，艾滋病由性传播途径感染的比例有所上升，女性感染者的比例提高的幅度较大，艾滋病正由高危人群（包括美容美发、歌舞娱乐、桑拿浴室、按摩足浴等公共娱乐场所从业人员）向一般人群传播①。

二、卖淫嫖娼活动的新特点和卖淫的主要方式

（一）卖淫嫖娼活动的新特点

随着社会转轨变型速度的加快，当前卖淫嫖娼活动呈现出了如下一些新特点②：

1. 卖淫嫖娼来势凶猛，蔓延迅速，再生性强。有关资料表明，1984年，公安机关查处卖淫嫖娼案件1.2万件，进入20世纪90年代后，查处的案件年均20万件。上个世纪70年代末卖淫嫖娼活动还只是在沿海局部地区发生，80年代后，开始迅速蔓延到全国各地，遍及城乡。

2. 卖淫嫖娼由显型转向隐型又开始转向显型。上个世纪80年代初至90年代初是卖淫嫖娼的粗放发展期。期间，卖淫嫖娼由最初的地下逐步转向半公开。一些卖淫者甚至公开在城市的繁华地段拉客。经过警方严厉的打击和震慑，卖淫嫖娼由早期一哄而上的粗放型开始转向了隐型。尤其是最先出现卖淫嫖娼活动的地区，大街上公开拉客现象明显减少。但是，近年来，卖淫嫖娼活动再次转向显型，某些城市卖淫嫖娼活动公开化，并且十分猖獗。

3. 卖淫嫖娼依托职业而寄生，寄生职业的形式呈多样化发展趋势。一些服务及娱乐场所已成为公开的卖淫嫖娼的场所。据上个世纪90年代初的调查统计，在买卖双方搭识地点中，星级宾馆、旅店占31%；歌舞厅、咖啡厅等娱乐场所占18%；发廊、路边店等服务性场所占15%。卖淫者一般多是以某种职业为掩护，并且所依托的职业形式呈多样化发展趋势。其中相当部分的卖淫嫖娼者建立了较为稳定的买卖关系，由偶尔为之发展到长期行为。

---

① 龙洁：《调查：中国妓女现状调查》，http://www.nn118.com，2005-10-20.

② 王纯利：《社会转型时期卖淫嫖娼的现状》，《青年时讯》2000年8月24日。

4. 卖淫嫖娼活动内部出现多样的组织形式，其抗打击能力有所增强。卖淫嫖娼的组织形态主要有三种：一是单一的卖淫团伙，或以地缘或以熟人关系为纽带结成的卖淫团伙；二是复合型卖淫犯罪团伙，形成方式为被迫投靠式、主动勾结式和逼良为娼式；三是带有黑社会性质的卖淫犯罪团伙。这种组织一般组织严密，定有严密的帮规，在一些场所实施了自我保护的措施，及一整套逃避公安机关打击的办法。

5. 卖淫嫖娼的性质发生了重大变化。与解放前的妓女是受剥削、受压迫的产物，为生活所迫而卖淫不同，现代的卖淫者大多是自愿卖淫，将卖淫作为一种致富的手段。从卖淫嫖娼的动机看，约有1/2的人属于为了满足追求超现实、超自身条件、能力的物质欲望，以及单纯追求性刺激。调查结果表明，卖淫者对于"不卖淫就无法生活"的回答，基本上持否定态度。上个世纪80年代的卖淫嫖娼行为多发生在文化不高、素质较低的群体之中，而90年代后卖淫嫖娼现象已渗透到了社会各个层次，与一般的刑事犯罪相比，国家公务人员占有了相当的比例。

6. 卖淫嫖娼促使色情产业迅猛发展。东北某城市，1978年仅有188家文化娱乐场所，1992年猛增至796家，其中咖啡厅的发展速度尤为惊人。1992年春，仅有2~3家，到了1993年春，一下增至220家，还有30多家黑店。北方某地一经济相对落后的城市，人口不足20万人，夜总会已超过50家，平均每平方公里有10余家，形成了越穷的地方夜总会越多的现象。目前许多服务、娱乐业的发展与卖淫嫖娼、色情活动的蔓延发展有着密切的关系。

（二）卖淫的主要方式

任何行业都必定有其经营管理模式和游戏规则。经过二十几年的发展，卖淫主要有以下几种方式：

1. 个体单干式。这是最原始、最简单的方式。卖淫女自己拉客，在自己租住的场所或者客人提供的场所进行性交易。这种方式人身自由度大，但是危险性也大。卖淫女一般势单力孤，如遇不良嫖客，收不到钱事小，还可能反遭抢劫，甚至危及生命。

2. 合作式。目前最主要、最正常的经营方式是老板、荐工与卖淫女相互依存，分工合作。老板一般是酒吧、歌舞厅、美容厅、发廊的经营者，负责提供场所和饮食等服务，除收取场地费外，还从客人的酒水、饮食消费中获取利益；荐工专门负责招揽客人，向卖淫女收取介绍费；客人所支付的报酬，卖淫女并不能独得。老板向有关部门打通关系，使卖淫女的业务得以顺利进行，都需要花费。荐工还为卖淫女提供必要的保护。所以，在合作的方式下，卖淫女的收入、人身安全都有相对的保障。老板对卖淫女较少强迫，卖淫女多数是出于自愿。

3. 奴隶制方式。这是最不人道、最易遭到反抗的方式，也是法律打击的重点。老板以没收身份证、雇佣打手等方式严格控制卖淫女的人身自由，客人支付的报酬，全部被老板拿走，卖淫女完全被当作赚钱的机器。在这种方式下，有的女性是被迫的，很多良家女子更是被诱骗而落入虎口。这种方式常常伴随着非法拘禁、强迫卖淫、非法伤害等罪行。不少女子不堪非人的虐待，有的会采用自杀等方式来反抗。

三、卖淫群体的特点和嫖客的人群分布

（一）卖淫群体的特点

1. 卖淫女出于贪图享受、好逸恶劳的人日益增多。色情场所的卖淫女大都正处于青壮年时期，她们出台一次的收入一般在 200~300 元之间，即使属于散兵游勇的私娼及在国道边徘徊的低等卖淫女，一次的收入也在 50 元以上。正所谓"裤带松一松，赚钱真轻松，床上躺一躺，胜过当局长"。

2. 卖淫女的年龄由 18~30 岁之间向低龄、高龄发展。卖淫女中 20 多岁的人最多，并有向十四五岁的低龄及向四五十岁的高龄发展的倾向。

3. 卖淫女的文化程度相对偏低，一般在高中以下文化程度。

一些农村来的卖淫女或是小学文化程度或是文盲。低文化素质使这些卖淫女只能从事低收入、不稳定的职业；但也有一些文化层次比较高的年轻女性成为卖淫女。如极少数女大学生出于各种原因而充当卖淫女，她们的收入往往比较高。

4．性病发生率逐步降低。卖淫嫖娼是各种性病传播的主要途径，所以，现在卖淫女基本上都知道随身携带避孕套保护自己，而且大多数嫖客因为怕染病也能自觉恪守这个规则。

5．与良家妇女相比，卖淫女普遍缺乏羞耻感、道德感、责任心。有的卖淫女为了贪图享受，抛家别子；有的卖淫女参加集体淫乱，以此为乐；就是劳动教养后重新回归现实社会后，也往往重操旧业，继续从事卖淫活动。

6．大多数卖淫女往往自食其果，结局可怜可悲。许多卖淫女身份一旦暴露，便会遭到父母丈夫孩子的唾弃，即使被劳动教养后，也没有亲戚朋友来看她们。所以，她们戏称自己是孤儿，成为生活在社会边缘的灰色人。①

（二）嫖客的人群分布

嫖客的社会身份和文化层次十分广泛。嫖客中除了普通人，还有相当一部分大老板、商人、海外游客，甚至知识分子、公务员和政府高官。这足以说明，庞大的嫖客群体制造了庞大的性服务需求，而这种需求不仅直接决定着卖淫嫖娼活动的生存发展，还涉及了诸如经济大潮下的道德冲击和政治腐败等尖锐问题。

由于嫖客人数庞大，隐蔽性和流动性强，要确切的调查出他们的年龄分布和社会背景实在非常困难。但通过一些第一手的调查资料和问卷分析，我们还是可以做出一些粗略的推断。

潘绥铭教授于1994年初在南方沿海的G、H等城市对市区16

---

① 龙洁：《调查：中国妓女现状调查》，http：//www．nn118．com，2005－10－20．

岁到 70 岁的总人口进行了分层随机抽样问卷调查，结果是，在 H 市区，有过这种类似嫖娼行为的成年人大约有 4 万，有过类似卖淫的大约是 1 万多人。在 G 市，这两种人分别是近 9 万人和 5 万多人。这样一组数据很少包括上述城市里的流动人口。如果全国的情况与之类似，那么，在一个可观的基数上，嫖客的年龄分布将从未成年到中老年广泛存在。

值得关注的是，在大学生群体中，地下卖淫嫖娼活动的潜在市场相当大。同样来自潘绥铭教授的调查报告，嫖娼方面，在 1991 年的北京市本科生里，想过找暗娼的占到 23.0%，到 1995 年时上升为 34.8%，到 1997 年的全国本科生里，已经高达 46.8%。这已经构成了统计学上的显著增加。换言之，将来可能有更多的高文化者进入嫖客的队伍。①

第三节 卖淫嫖娼现象存在的原因、危害和治理

一、卖淫嫖娼现象存在的原因

卖淫嫖娼现象存在的原因是多方面的，我们正处在一个中西方文化剧烈碰撞，传统道德文化逐渐弱化，符合新时期具有中国特色的主流道德文化和价值观正在构建之中的关键时期。因此，卖淫嫖娼现象呈现出高发的态势。

（一）经济体制的转轨和社会的转型

以经济体制的转轨为根本标志的社会转型，必然使原有的社会体制、社会文化心理、伦理道德规范等受到冲击而逐渐改变。而新的一套的建立和健全需要时间。于是在改革开放时期，中国社会出现了大量的"社会失范"现象。面对光怪陆离的现实世界，有人失

---

① 潘绥铭：《存在与荒谬——中国地下"性产业"：客人的人群分布》，http://book.sina.com.cn2002-3-14.

去了精神家园、失去信仰，出现深刻的精神危机和"道德滑坡"。道德的沉沦，伦理的失范，精神的贫困，灵魂的迷失给卖淫嫖娼现象提供了存在的土壤。

（二）外来异质文化涌入，人们价值取向日趋多元

改革开放二十多年来，各种各样的外来文化，特别是西方文化蜂拥而入，中西文化交互碰撞激荡，人们的思想由单纯渐趋复杂，价值观念前所未有地多元化。许多人对卖淫嫖娼现象由过去的厌恶到现在的熟视无睹，社会存在着一定的"容娼"环境。

（三）过度追逐金钱，实惠至上，成为人们行动的动力

中国人自古就有"天下熙熙，皆为利来；天下攘攘，皆为利往"的普遍国民心态，加上中国人自近代积贫积弱，穷惯了、穷怕了的心理，改革开放以来，在党和政府提倡和鼓励民众勤劳致富的社会大环境下，有些人把卖淫嫖娼当作所谓的"致富"捷径。

（四）社会结构性流动的加快

改革开放后，在政策因素的推动下，中国社会迅即由静止转变为流动。这突出表现在人口的流动上。一方面，大量的外国人、台港澳人涌入大陆；另一方面，国内出现了以"民工潮"为主要标志的社会结构性流动。它们在推动中国社会城市化、现代化进程的同时，也造成了卖淫嫖娼问题的严重化。

（五）社会管理手段滞后

经济发展加剧了地区之间发展的不平衡，大量内地不发达地区劳动力向经济发达地区转移。虽然有暂住人口管理制度，但对暂住人口精神文化生活方面却缺乏有效的引导和管理措施，造成流动人口实际上的无组织状态和"匿名"状态，即使做了违法犯罪的行为，也不会被熟人知晓。于是，农村中的一些女性在城市光怪陆离的花花世界里，为了享受和生存，道德羞耻感逐渐淡薄，最终导致卖淫。

（六）现有的惩处机制威慑力不强

由于种种条件限制，目前真正受到法律和行政处罚的违法卖淫

嫖娼者只是很少一部分，既然违法犯罪成本低廉，就会使这些人产生侥幸心理，勾起更多的卖淫嫖娼欲望，也使另一些人受到"启发"而走上卖淫嫖娼违法犯罪的道路。同时，受到处罚被劳动教养的卖淫女在解除处罚后，她们中的很多人根本就找不到工作，往往重操旧业。

（七）现代性观念的异化

传统社会里，人们总是从伦理道德的角度去讨论性事。性欲的任何表现形式都被赋予了相应的含义与期待。以"淫"为羞辱、节制性欲等观念一直受到社会秩序的鼓励。性被视为繁衍后代的工具，而以寻求快感等为目的的性交合则被社会置入不道德的范畴。在此，任何形式的婚外性行为都被当作是卑劣之事。而在当代全球一体化的年代里，性观念、性伦理开始变化，传统的性崇拜、性压抑等观念基础日渐式微。性逐渐被接纳为正常生活中不可或缺的一部分，高质量的性生活被广泛认可为高质量婚姻的基础。研究表明，由夫妻性生活不和谐引起的离婚数量在近年直线上升。但是，并非每个社会成员都支付得起离婚成本。于是，部分人要得到高质量的性生活，就必须从婚姻之外去寻找。

（八）思想观念扭曲

当代女性已不再像过去那样深居简出、整天围着锅台转，她们追求个性解放和自我发展，为此，与社会接触越来越多，对社会的参与程度也越来越广泛。在经济大潮的冲击下，不少女性在利益和诱惑面前无法把握好自己，人生观和价值观发生极大的扭曲，拜金主义和好逸恶劳导致一些女性把卖淫作为致富途径，不以为耻，反以为能。

（九）法制意识淡薄

随着经济体制改革的深入，大批职工失业，女职工首当其冲。特别是那些文化程度低、没有一技之长的女性，再就业非常困难，生活没有着落，政府又缺乏相应有效的救助机制，致使一些女性因生活所迫走上卖淫道路。另外，一些妇女特别是农村妇女因文化素质低下和生活面狭小，造成她们法制意识淡薄，缺乏基本的法律常识，认为卖淫只是脸面问题，并不违法。

二、卖淫嫖娼的危害

卖淫嫖娼是对人性的一种玷污，是对伦理道德的破坏，其危害主要表现在五个方面。

（一）卖淫嫖娼严重污染社会环境

许多人不以卖淫嫖娼为耻反以为荣，形成了笑贫不笑娼的不良风气，而且助长了腐败现象的蔓延发展。据调查，2/3的卖淫者对嫖客是有选择的。选择的对象主要有两种人，一种是有钱者，一种是有权者。这一选择一可以获得钱财，二可以获得庇护。这是一些地区卖淫嫖娼禁而不绝、愈演愈烈的重要根源。

（二）卖淫嫖娼危害了社会经济的正常发展

卖淫嫖娼刺激色情活动蔓延，致使第三产业盲目、畸形发展，造成虚假繁荣。

（三）卖淫嫖娼助长了性病的传播，危及人类安全

卖淫嫖娼与性病是一对孪生顽症，卖淫嫖娼是传染性病的主要媒介。上个世纪80年代初，伴随卖淫嫖娼死灰复燃，性病迅速蔓延。1977年我国报告登记的性病患者只有3人；1992年，全国累计登记性病患者已达83万多人；目前我国性病实际患者估计在350万人左右。

（四）卖淫嫖娼诱发各种严重的刑事犯罪，破坏了社会安定

上个世纪80年代以来，各类助娼的犯罪行为显著增多，与此同时，卖淫嫖娼诱发的刑事案件有所上升

（五）卖淫嫖娼侵害了人的合法权益，影响了人们的安全感

卖淫嫖娼的泛滥使许多家庭岌岌可危，引起社会震动。

三、有关对卖淫嫖娼问题的"争论"

对于卖淫嫖娼活动日益猖獗的严峻局面，是严厉打击，还是网

开一面，目前，国内的争论已经浮出水面。主要有以下一些观点。

(一) 卖淫嫖娼"合法化"

2006年1月19日，周瑞金先生在东方网发表《两会代表不妨议议地下性产业》一文，提出将性产业纳入政府公共管理范围，对其进行阳光管理。3月中旬，参加十届全国人大四次会议的黑龙江代表迟凤生也提出将"卖淫嫖娼合法化"的建议。从而引发了关于性产业合法化争论的轩然大波。支持者认为，将卖淫嫖娼合法化，有利于防止性病和艾滋病的传播。反对者则驳斥，它破坏了社会的公序良俗，腐蚀着人们的主流道德观念，还诱发各类违法犯罪，造成社会不稳定。

卖淫嫖娼"合法化"的风波，源自专家学者的技术性考量，实际反映的是现阶段公民性道德标准之争。确切地说，公民性道德标准，不仅体现了一个民族的传统文化和伦理判断，而且折射出当下公民的价值取向和社会的文明程度，它绝非技术性考量所能完全涵盖。而技术性考量是远不能将性与道德剥离的。[①]

事实上，有关卖淫嫖娼问题的争论，在中国曾公开或私下发生过。据2000年10月25日的《人民日报》报道：1986年《治安管理处罚条例》提交审议时，围绕是否应对卖淫、嫖娼处以罚款等焦点问题，在立法中引起了激烈的争议，历经3次审议后才趋于一致。

(二) "卖淫嫖娼丑恶化"受到质疑

近二十多年来，中国警方对卖淫嫖娼活动的打击从未停止过，但此类现象却愈演愈烈。有学者认为，其根源在于生存方式的多样化，带来了道德评判标准的多元化。在计划经济年代，主流意识形态控制社会生活，"卖淫嫖娼丑恶化"成为社会成员共识。在社会转型时期，随着主流意识形态对社会生活的控制减弱，社会价值观也逐渐呈多元化趋势。在此背景下，"卖淫嫖娼丑恶化"作为社会

[①] 《大陆地下性产业"合法化"风波》，《凤凰周刊》2006年4月11日。

共识的基础性条件是否仍存在,受到质疑。

一些学者认为,"卖淫嫖娼丑恶化"应为社会成员的较高道德标准,而非道德底线。从某种意义上来说,中国刑法对个体性的卖淫嫖娼活动不予追究,遵循的正是这一逻辑。同时,从现实的角度看,现阶段政府尚难保证社会成员的充分就业,而性从业人员多为边缘人群,其选择应视为个体理性。因此,如果将"卖淫嫖娼合法化"视为一种冲击,它冲击的是较高道德标准,而非道德底线。它对意识形态的冲击也就无需夸大。应该承认,正视地下性产业的存在,在一定程度上,是降低了当今社会的整体道德标准,但称它为社会主义初级阶段道德标准的一种客观写照也不为过。

(三)从地下走到地上的"试验"

对于卖淫的法律界定,世界上大致有三种立场:卖淫非法化;卖淫合法化;卖淫非罪化。据了解,世界仅有少数国家和地区以法律形式规定卖淫为非法。中国的刑法并不惩罚妓女和嫖客,只惩罚强迫、组织、容留他人卖淫者。但治安管理法规却是禁止卖淫嫖娼的。

1990年12月28日,全国人大常委会通过的《关于严禁卖淫嫖娼的决定》中指出,"严禁",是为了"维护社会治安秩序和良好的社会风气";2006年3月1日,新修订的《中华人民共和国治安管理处罚法》中,执法部门对待卖淫嫖娼的态度更加严厉:嫖娼被抓将被通知家人,站接拉客等被定性为违法。

将卖淫定位非法,是将道德直接提升到法律的表现。在一个成熟的法治社会,道德与法律应该明显分野。尽管学者的主张并未得到政府的支持,但在2003年前,一涉及卖淫嫖娼话题,舆论便是一边倒,骂声一片的现象已有改变。

2005年6月9日,卫生部公布《高危行为干预工作指导方案(试行)》,鼓励性从业人员接受性病诊疗,使用安全套。有评论担心,这是中国政府以防艾为由,默许性产业合法化。卫生部有关官员解释:"推广安全套就像驾车使用安全带,当然不是鼓励你去违反交通规则，它的用意在于规范环境。这种做法不仅更负责任，而且更现代、更文明。"

事实上，一些地方已悄悄开始将性产业纳入公共管理的"试验"。最为公众所熟悉的是，税务部门对性从业人员征收个人所得税的做法，在不少城市已推广开来。

性产业"合法化"论战未息，但交锋双方却有一个共同点，那就是地下性产业的无序生存状态，正日益成为诸多社会问题之源。

四、必须正确认识"卖淫嫖娼"问题

对于日益严重的卖淫嫖娼问题，必须有正确的认识，当前要注意这样两种态度。

（一）脱离历史实际，仅仅把卖淫嫖娼问题看作道德问题而加以单纯批判

许多人痛恨卖淫嫖娼活动，责骂他们丧尽廉耻，甚至由此而惊呼世风日下。这种态度当然有其正当的一面，但又有一定的片面性。持这种态度的人，常常以建国初期人民政府肃清娼妓的种种成就为例，恨不得立竿见影地彻底消灭此种消极现象。这是不现实的。

（二）麻木不仁，错误地把容娼看成发展经济的润滑剂

不少人认为容娼有利于招商引资、搞活经济。也有人认为，城市总归是有污水的，与其让污水到处流淌，污染市容，不如修下水道，集中排污；既然妓女卖淫不能根绝，那也可以考虑建立红灯区，以便对妓女集中管理，政府还可以课以高额税收。此种看法显然与我国政情不符，很难被认可和接受。

我们应当站在维护国家长治久安和民族兴旺发达的高度上来认识禁止卖淫嫖娼问题。

事实证明，性泛滥一方面败坏道德民风，另一方面其直接后果必然导致性病、艾滋病的蔓延。目前，在非洲一些国家或地区，艾滋病的泛滥已经造成了毁灭性的影响。亚洲一些国家，由于性失

控,艾滋病正对社会产生心理、经济、政治、文化等诸多方面的沉重的压力,并且最终必将无情地大量消耗现代化的成果。因此,中国决不能以性泛滥换取现代化。

就中国国情而言,公开或变相承认娼妓合法,会进一步冲击人们的道德观念,恶化社会风气,在我国目前所面临的严重人口问题和剩余劳力问题及相对贫困的社会状态下,开禁所带来的"卖淫潮"非但限制不了卖淫,还会使卖淫问题更为严重,并伴生出严重的社会问题。所以,取缔卖淫嫖娼的政策无疑是有益于社会风气健康向上并为绝大多数群众拥护的治国良策。治理和控制卖淫嫖娼的扩散蔓延不能指望"开放红灯区"这种既不符合国情,在国外也没有得到成功的方式。

卖淫嫖娼现象,在我国已不能用"死灰复燃"来形容,它正在以一种极快的速度发展。在现阶段,我国《刑法》虽然没有明文规定卖淫嫖娼是犯罪,但它的违法性是不容置疑的。要想合理、有效地预防、制止、打击这种现象,需要对卖淫嫖娼现象已发展到何种程度有正确的认识,更需要对卖淫嫖娼的从业者本身有正确的认识。这不仅仅要求我们理性地认识,更要求有足够的勇气来面对。

五、预防和治理卖淫嫖娼的措施

预防和治理卖淫嫖娼,是一项宏大的社会系统工程,要动员全社会的力量共同参与。从当前的实际情况来看,必须采取强有力的措施,抓好社会综合治理,实行群防群治。

(一)加大主流文化宣传力度,努力在群众中确立积极向上的道德价值观

要对广大群众特别是农村妇女进行爱国主义、集体主义、社会主义和女性四自精神教育,发扬顾全大局、互助友爱、扶贫济困的精神,走勤劳致富、共同富裕的道路。要大力倡导男女平等、夫妻和睦、勤俭持家等家庭美德,提倡文明健康的生活方式,引导、教

育她们移风易俗，破除陈规陋习，坚决反对和抵制卖淫嫖娼等社会丑恶现象。

（二）加大法制教育力度，不断增强广大干部群众的法律意识

要有针对性地开展法制宣传，提高全民特别是妇女的法制观念和法律意识，使她们懂得什么是合法，什么是违法。

（三）加大综合治理力度，强化依法打击、预防卖淫嫖娼的整体合力

各级党委、政府、各有关部门要切实把打击、预防卖淫嫖娼活动摆上议事日程，齐抓共管，各负其责，实行综合治理。对近几年蔓延不绝的卖淫嫖娼问题，法律对卖方（多是女性）的制裁往往是劳教，对买方（多是男性）往往是罚款。清除性道德的性别双重标准，是消除商业性性交易的根本之一。因此，公安部门对商业性性交易中的男性也要从严惩治。要充分发挥社区、街道、居（村）委会的积极作用，建立以公安、司法部门为主，社会各有关方面紧密配合、共同参与预防卖淫嫖娼活动的社区管理和帮教网络。

（四）重点从各类隐蔽性较强的公共场所着手，加大管理力度

公安机关应组织开展经常性的专项斗争，严格开展对车站码头、公路、铁路沿线、个体旅社和路边店的清查。同时会同工商、文化等部门采取化装侦查和突击检查的方式，加强对公共娱乐场所的清理整顿。

（五）增强公安机关等相关部门的基础设施建设，完善相应的打击卖淫嫖娼活动的工作体系

公安机关应从执法角度出发建立收教、劳教共同信息档案库，这样便可以解决由于卖淫嫖娼人员的流动所造成的身份难以查清的问题；收教单位应当迅速建立卖淫嫖娼人员信息库，使公安机关治理卖淫嫖娼更有主动性；应迅速组建治理卖淫嫖娼的专门机构，使其真正负起协调各部门与社会控制的关系，以有效解决我国目前卖淫嫖娼复教率高的问题。

（六）完善有关治理卖淫嫖娼问题的法律法规

近些年，国家出台了相应的管理措施，以保证执法机关能依法

惩治卖淫嫖娼活动，但仍不能完全适应现实发展需求。比如说《娱乐场所管理条例》（国务院令261号）中明令禁止在公共娱乐场所中的任何"以赢利为目的的陪侍活动"，但这里却没有加注定语，也没有解释清楚何为"陪侍"。因此应将"色情"的定语加进去。此外，这个条例只规定了不允许陪侍，但对以赢利为目的的陪侍当事人如何进行处罚，却未做表述，对于这样一个模棱两可的管理条例，又如何拿来作为打击卖淫嫖娼活动的武器呢？

（七）加大素质工程力度，努力提高妇女的整体素质

卖淫嫖娼的防治最终要从提高女性素质这一内因着手，要在女性中深入开展学科学、学文化活动，引导妇女自觉抵制各种腐朽思想的侵袭，塑造良好的社会风尚。另外，妇联组织要坚持营造和引导广大妇女积极创业，进一步深化失土失业妇女创业小额贷款和创业培训等绿色通道，使广大妇女以主动提升自我的途径来消除被动维权的现状。

（八）查禁不良性文化制品，努力创作优秀的精神产品

为了防止、阻遏不良性文化对女性的侵蚀毒害，有关部门应加强对文化市场的管理与控制，并制订和完善相应的文化法律法规和政策，规范文化市场，消除无序和混乱状态，促进文化市场的健康发展，坚持不懈地开展扫黄活动，严厉打击制黄、贩黄违法犯罪行为，清除精神污染，为女性特别是女青少年提供一个有利于健康成长的良好社会环境。与此同时，文化宣传部门要组织力量，创作出内容积极向上，具有时代特点的优秀精神产品，占领文化阵地，使女性青少年能获得足够的健康的精神食粮，使她们的思想境界也得到净化、提高，从而自觉抵制不良文化的侵蚀，远离低级趣味、远离犯罪。

（九）注重行为矫治，搞好"特殊预防"

对卖淫嫖娼者，要区别不同对象，采用送工读学校、收容教养、收监改造等组织形式，进行行为矫治，以教育、挽救、改造他们。在矫治过程中，要针对女性特点，讲究方式方法，因人、因类

施教，做耐心细致的转化工作，帮助她们改掉恶习，形成良好的行为习惯，确立正确的观念，以防再犯。

（十）追根寻源，标本兼治，最大限度地减少卖淫嫖娼活动

首先，卖淫嫖娼活动与社会风气有着紧密的联系。社会风气好，卖淫嫖娼活动下降；社会风气坏，卖淫嫖娼活动上升。而社会风气的好坏又有赖于党风的好坏。所以，只有党和政府亲手抓党风和社会风气的问题，才能扼制住卖淫嫖娼活动的发展势头。其次，卖淫嫖娼活动与社会观念有着紧密的联系。党和国家要牢牢地掌握舆论宣传机器，向社会和人民灌输爱国主义精神、民族自强精神、集体主义精神、顾全大局的精神、艰苦奋斗的精神等等，要防止享乐主义、拜金主义和狭隘自私的个人主义的宣传和误导。绝不允许报刊、杂志、影视作品制造精神上的混乱。要像扫黄一样"扫灰"，扫除精神领域宿命、颓废、不求进取的"灰色调"，创造一个文明健康、积极向上的精神氛围。

参考文献：

[1]《揭开色情业肮脏面纱 美国色情业全面大揭秘》，http：//www. qianlong. com，2003－11－06.

[2] 丁子江：《中美婚恋的性学分析："性"无国界》，http：//www. book. sina. com. cn，2006－04－10.

[3] 贾淼：《法国：街民的愤怒和妓女的愤怒》，http：//www. lifeweek. com. cn，2002－11－29.

[4]《7万多在日外国妇女被逼卖淫 揭开日性奴黑幕》，http：//www. scol. com. cn，2003－12－01.

[5]《每年嫖娼200亿美元，色情业发展成韩国巨型产业》，http：//www. china. com，2003－2－8.

[6]《10万多外来人口在台卖淫 全球卖淫女大量进台湾》，http：//www. southcn. com，2005－12－07.

[7] 龙洁：《调查：中国妓女现状调查》，http：//www. nn118. com，2005－10－20.

[8] 王纯利：《社会转型时期卖淫嫖娼的现状》，《青年时讯》2000－

8—24。
[9] 赵军：《关于卖淫的社会调查》,《青年时讯》2000—8—24。
[10] 《大陆地下性产业"合法化"风波》,《凤凰周刊》2006—04—11。
[11] 潘绥铭：《存在与荒谬——中国地下"性产业"：客人的人群分布》,2002. 3. 14 http：//book. sina. com. cn.

第17章 当代中国的信任问题

第一节 信任概述

近年来，中国人的信任问题开始成为国内社会科学界学术研究的热点，有关论文日渐增多，其研究是在两大背景下展开的。

现实背景是社会转型中的中国正经历着相当严重的信任危机。从20世纪80年代的假表、假电器、假烟、假鞋，到现在的假棉被、假米、假药、假针筒等，假货不仅没有随着一轮轮的"打假"迅速得到遏制，反而愈演愈烈，许多严重危及生命安全的假货也在市场上时有出现，造成多起重大事故（山西汾酒事件、齐二药厂假亮菌甲素事件等）。不仅如此，影响更为深远的是，现在的造假已经不仅仅局限在产品市场。资本市场上，大量的上市公司有组织的报表造假早已不是新闻；劳动力市场上，假合同、假雇佣、欺诈勒索等行为层出不穷；建筑市场上，"豆腐渣"工程比比皆是；政府部门，大范围和大规模的数据造假已成标准的官场文化；教育界，假学历、假文凭泛滥成灾；学术界，论文抄袭事件时有发生。这一切都是社会缺乏信任与信誉的表现和结果[1]。与之相对应，诚信问题成为近年来中国社会最热门的话题之一。在新闻媒体的报道、人大代表的提案、政府官员的讲话中，都频频出现信用、信誉、信任和诚信等词汇；诚信被当作3.15晚会的主题，甚至成为高考的作文题目；一些机关单位设立"诚信日"，一些企业商家倡导"诚信经营"，推行"百城万店无假货"活动；各种形式的"诚信论坛"也红火起来[2]。

---

[1] 张维迎、柯荣住：《信任及其解释：来自中国的跨省调查分析》，《经济研究》，2002，（10）第59—70页。

[2] 彭泗清：《诚信的根基是什么》，《社会学》（人大复印资料），2002，（8）第3—5页。

理论背景则是西方社会科学界对中国人信任行为长期带有偏见性的研究。某些西方学者将中国看作一个不诚实而且不信任他人的民族。在史密斯的《中国人的性格》、韦伯的《儒教与道教》、高伟定的《中国资本主义精神》、汉密尔顿的《中国社会与经济》等书中都有这类观点。特别是日裔美国学者福山在其1995年出版的畅销书《信任》中一再认为中国是低信任度的社会，而信任是一种社会资本，一个国家的信任度高低直接影响企业的规模，进而影响该国在全球经济中的竞争力[①]。

出于对"外忧"的学术自卫与回应，加之对"内患"的深切感受，以彭泗清、郑也夫、张维迎、李向阳等为代表的一批本土学者对中国人的信任问题作了或理论或实证上的初步探讨，得出了一些很有启发性的结论。

一、诚信与信任

汉语中的"信"字，主要包含两重含义：一为与个人自身待人有关的"诚信"，如"人而无信，不知其可也"；一为与个人对待他人有关的"信任"。诚信被中国传统文化推崇备至，成为儒家伦理思想的基石之一（五常，仁义礼智信）。儒家主张先从自己做起，自己以诚待人，最终获得他人的信任，即先"思诚之道"而后"信则人任焉"。因此诚信是"为人信任"的充分必要条件，是信任产生的基础或原因；诚信是首要的、无条件的，而信任是派生的、有条件的。

虽然儒家以"诚者天之道"的论断赋予诚信至高无上的地位，但现实生活中普通老百姓却处于诚信与信任的两难困境。为了履行"义"和"诚"，人们以"害人之心不可有"来要求自己，愿意以诚待人，尽己之心；为了保护自己的"利"，人们又意识到"防人之心不可无"，以免被人利用，上当受骗。于是诚信与不信任并存，

---

① 福山：《信任：社会美德与创造经济繁荣》，海南出版社，2001年版。

诚信与信任之间出现了一道巨大的鸿沟。

西方文化推崇信任，而非诚信，因此信任被视为一种冒险及乐观的预期，因为在启动信任时通常并不知对方是否有"诚信"以至可信。①

可见，诚信与信任这两个词汇的含义有差异，但又紧密相关，虽然一些学者试图对它们作出清晰的区分，但是有关它们的理论观点和研究实际上是交织在一起的。

二、信任研究的五种取向

在研究信任时，对它进行概念化，给出清晰明确的定义是最基本的问题，也可能是最困难的问题。几十年来，不同学科（如社会学、经济学、社会心理学、组织行为学、文化与经济研究等）的研究者提出了无数的信任定义，但是至今没有达成共识。信任定义的不一致，反映了对信任理解的分歧，这种分歧导致了信任研究的不同取向。大体来说，西方社会科学界的信任研究，存在以下五种取向：②

第一，将信任理解为对情境的反应，是由情境刺激决定的个体心理和行为。在美国心理学家多依奇（Deutsch）的囚徒困境实验中，人际信任的有无以双方合作与否来反映。两个人之间的信任程度会随着实验条件的改变而改变。在这种情况下，信任被看作一个由外界刺激决定的因变量。

第二，将信任理解为个人人格特质的表现，是一种经过社会学习而形成的相对稳定的人格特点。其代表人物有心理学家罗特（Rotter）、怀特曼（Wrightsman）等。他们认为，一个人的生活经历和对人性的看法会使他（她）形成对他人的可信赖程度的通

---

① 杨中芳、彭泗清：《中国人人际信任的概念化：一个人际关系的观点》，《社会学研究》，1999，(2) 第1—21页。

② 彭泗清：《诚信的根基是什么》，《社会学》（人大复印资料），2002，(8) 第3—5页。

常期望（generalized expectancy）或信念。有的人倾向于信任他人；有的人则倾向于怀疑他人。持这种取向的学者编制了很多量表来测量人们在人际信任特质上的个体差异。

第三，将信任理解为人际关系的产物，是由人际关系中的理性计算和情感关联决定的人际态度。其代表人物有社会学家刘易斯（Lewis）和威格特（Weigert）等人。他们对信任的特点、维度、基本类型等进行了颇为系统的分析。他们认为理性（rationality）和情感（emotionality）是人际信任中的两个重要维度，二者的不同组合可以形成不同类型的信任，其中认知性信任（cognitive trust，基于对他人的可信程度的理性考察而产生的信任）和情感性信任（emotional Trust，基于强烈的情感联系而产生的信任）是最重要的两种，日常生活中的人际信任大都是这两者的组合。他们还认为，随着社会结构的变化和社会流动的增加，越来越多的社会关系都以认知性信任而非情感性信任为基础。

第四，将信任理解为社会制度的产物，是建立在理性的法规制度基础上的一种社会制度。

第五，将信任理解为文化规范的产物，是建立在道德和习俗基础上的一种社会现象。

如果说第一、二种取向是从个人的层面来看信任，第三种取向是从人际关系的层面来看信任，那么后两种取向就是从社会的层面来看信任。其代表人物有卢曼（Luhman）、巴伯尔（Barber）、祖克尔（Zucker）、福山（Fukuyama）等。这些学者都讨论了不同于"私人信任"（personal trust）的宏观层面的信任现象，但他们所用的术语不太一致，如"系统信任"（system trust，Luhmann）、"基于制度的信任"（institutionbased trust，Zucker）、"非私人信任"（impersonal trust，Shapiro）、"社会信任"（social trust，Earle）等。近年来，使用"社会信任"一词的学者似乎更多一些。

对社会信任有两种不同的解释。一些人将它看作法规制度的产物，认为人们之所以讲信任，是因为受到法规制度的制约，不敢作出违背信任的行为，人之所以信任他人，是因为相信这些社会机制的有效性，这种理解即第四种取向。另外一些人认为社会信任是文化价值观的产物，人们之所以守信或信任他人，是因为文化中含有倡导诚信的道德规范和价值观念并得到人们的认可和内化，此即第五种取向。也有一些学者的观点是这两种取向的综合，认为制度与文化价值观一起构成社会信任的基础。在有些理论中，文化价值观本身也是制度的一部分，所以在这样的理论中，第四和第五种观点也就合在一起。

采用前两种取向的多为心理学家。他们依照心理学的传统范式，将信任理解为个人的心理事件，只关注信任的认知内容或行为表现，而不考虑社会环境的因素。这类研究已经受到不少批评。社会学家多采用后三种取向。从社会学的观点来看，信任是社会关系的一个重要维度，是与社会结构和文化规范紧密相关的社会现象。因此，不能将信任从社会与文化中抽离出来，而要将它当作一个不可还原的多维的社会实体来研究。经济学家对信任的理解接近后两种取向，但是他们往往更强调信任的理性基础与制度基础（在某种程度上，法规制度是建立在理性之上的），也就是说，他们更倾向于第四种取向。

三、信任的建构类型与关系

以色列社会学家艾森斯塔德在1984年出版的《保护人、被保护人与朋友》一书中最先使用了"信任结构"这一概念，但是他并没有说明信任是如何构成的。就信任的建构类型，学术界大致有三种观点。

信任的"二分建构"。在关于信任的研究中，信任类别的建构多是"二分建构"，即将信任置于一个单一维度之上，由此区分出两种"理想类型"。英国社会学家吉登斯（Giddens）认为在信任结构里面存在着两大类，一类是人格信任，一类是系统信任，或者叫制度信任。而系统信任里又包括两个系统，一个是货币系统，一个是专家系统。郑也夫借用了这组概念，并认为传统的人格信任与现代的系统信任间的关系是继承、对应、共存的。① 有些学者则认为信任的两种"理想类型"相互排斥,互不相容。例如德国社会学家卢曼将信任区分为人际信任和制度信任,前者以人与人交往中建立起的情感联系为基础,后者以人与人交往中所受到的规范准则、法纪制度的管理制约为基础。韦伯认为,中国人的信任是一种以血缘家族关系为基础的特殊信任,因而不会持有以观念信仰共同体为基础建立起来的普遍信任。李伟民和梁玉成通过实证调查发现,中国人根据双方之间的人际关系所确定的有选择倾向性的相互信任即特殊信任,与根据有关人性的基本观念信仰所确定的对人的信任即普遍信任,两者之间并非相互排斥或相互包容,而是各自独立无明显关联的。②

信任的"三分建构"。塞利格曼(Seligman)在其《信任的问题》一书中,尝试根据新的"三分建构"来较为精确地分析信任的内涵、性质及类别。他将信任(trust)与信心(confidence)、信念(faith)区别开来,认为三者虽都包含有预期的成分,但终究不是相同的过程。信心指的是当制约管束他人的角色和规范完善确定(well-established)时,我们对他人所持有的有把握的期望。信念指的是人们对那些难以了解和超凡脱俗的杰出人物所持有的期望,这是一种带有宗教色彩的虔诚的心理倾向。信任则是指产生于制度规范系统之外的一种世俗现实的心理现象,它在人们无法预知他人将会做什么和将会怎样做时才有可能产生形成,即当人们对他人的善意行为无法作出判断和推测时却仍然相信他人会有善意行为的表现,这便是信任。塞利格曼进一步指出,信任、信心和信念三者之间并非是对立排斥互不相容的,而是互相支持补充,共同支撑着社会的秩序和理想。信心的确立将有助于信任的扩展,宗教或道德的共同信念能够为人们提供相互

---

① 郑也夫、彭泗清等:《中国社会中的信任》,中国城市出版社,2003年版。
② 李伟民、梁玉成:《特殊信任与普遍信任:中国人信任的结构与特征》,《社会学研究》,2002,(3)第11—22页。

信任的坚实基础,三者是同一组合体的不同方面或部分①。

  信任的"四分建构"。王绍光和刘欣根据置信对象的不同,将信任分为四类,并通过对中国上海、天津、武汉及深圳城市居民的实证调查发现,亲人间的信任、朋友间的信任、熟人间的信任及社会信任(对陌生人的信任)呈现亲疏有序的差序格局②。

  由此可见,信任究竟可以划分为几个类型,各信任类型之间的关系又如何,学者们就此问题还未达成共识。

四、有关组织信任的研究

  西方组织行为学的信任研究,主要集中在两个问题上:一是组织中信任的动力问题,有宏观、中观、微观三个层次的考察;另一个是探讨人们信任的原因。主要文献是美国学者罗德里克.M.克雷默汇编的论文集《组织中的信任》。③

  从组织行为学的角度对华人企业中人际信任的调查研究。怀特利研究华人企业中的信任行为,发现在中国社会中,人们主要采用以交往经验(包括个人声誉及过去交往状况)为基础的,以及以个人特性(包括两人特有的既定关系)为基础的信任建构方式,而很少采用以制度为基础的方式。高承恕和陈介玄等人对台湾企业中的"信任格局"作了一系列的研究,认为目前台湾企业中的人际信任既有传统的人情连带特质,又有基于后天成就的理性计算。郑伯埙的研究发现影响企业上下属信任的因素,除了关系之外,忠诚与才能是影响上司对下属信任的重要因素,而仁厚与正直则是影响下属对上司信任的重要因素。④ 樊景立等人的研

---

  ① Seligman, A. B. *The Problem of Trust*. Princeton: Princeton University Press, 1997.
  ② 王绍光、刘欣:《信任的基础:一种理性的解释》,《社会学研究》,2002,(3)第 23—39 页。
  ③ 罗德里克.M.克雷默:《组织中的信任》,中国城市出版社,2003 年版。
  ④ 郑伯埙:《企业组织中上下属的信任关系》,《社会学研究》,1999,(2)第 22—37 页。

究发现企业上下属之间的信任与二者之间的既有关系的强弱和年龄、教育程度等个人背景方面的相似性大小成正比。黄绍伦的研究发现，通过与西方文化的接触，在香港等地的华人企业中已经建立了普遍信任的机制。

总之，中西方学者几乎都是从组织行为学的角度研究与经济组织（企业）有关的信任问题，对非经济组织（如地方政府机构以及邮局、医院、学校等社区服务机构）的信任问题还未曾涉及。

第二节 中国城市居民信任状况

一、研究思路

城市居民是指在城市中有固定居住地、非经常流动的自然人。信任是一个相当复杂的社会心理现象，我们将信任定义为对交往对象一种正面的预期及信念。

大量研究表明，一个人对他人的信任程度受多种因素的影响，包括自身的人际信任倾向（有些人倾向于信任他人，有些人则倾向于怀疑他人，这种倾向与个人对人性的看法和个人的人格特点有关），他人的特点（人格、能力、动机等）以及自身与他人之间的关系（包括情感上的关联和工具性的理性算计）[1]。换句话说，考察信任至少有三个角度：信任主体、信任客体、信任主客体之间的关系。本章主要从中国城市居民这一信任主体角度考察。

本章采用描述性研究与解释性研究相结合的方法来论述中国城市居民信任的状况，即城市居民信任哪些人、信任哪些机构、对诚信状况如何认知，并参照前人的研究成果，对具体调查结果进行解释。

本研究资料收集以问卷调查法为主，辅以个案访谈法。抽样方

---

[1] 彭泗清：《信任的建立机制：关系运作与法制手段》《社会学研究》，1999，(2) 第53—66页。

法为判定抽样与配额抽样相结合。先在全国 31 个省、直辖市、自治区中,根据是否具有典型性的原则,选取了黑龙江、北京、上海、广东、湖北、陕西等 6 个省市;再按典型性原则,在抽中的 6 个省市中逐级抽取地级市(区)、街道、社区;最后在抽中的社区中,采用配额抽样的方法抽取调查对象(城市居民)。调查于 2004 年 7 月进行,共获得有效问卷 2049 份。调查样本的基本情况见表 1:

表 1　　　　　　　　样 本 概 况

变量	取 值	频次	%
性别 N*=2046	男	1058	51.7
	女	988	48.3
教育水平 N*=2038	小学及以下	74	3.6
	初中	533	26.2
	高中/中专/技校	766	37.6
	大专	355	17.4
	本科及以上	310	15.2
年龄 N*=2012	16~19 岁	79	3.9
	20~39 岁	1160	57.7
	40~55 岁	588	29.2
	56 岁及以上	185	9.2
职业 N*=2030	党政机关公务员	64	3.2
	企事业单位管理人员	129	6.4
	企事业单位一般职员	207	10.2
	教师医生技术人员	221	10.9
	企业工人	170	8.4
	商业服务业人员	245	12.1
	个体户民营企业主	191	9.4
	银行保险证券业人员	25	1.2
	离退休人员	249	12.2
	暂无固定工作者	183	9.0
	失业待业者	189	9.3
	其他职业者	157	7.7

注:*因调查对象填答问卷时有遗漏,故未达到总数 2049 人。

二、结果与分析

（一）信任的人

有关人际信任的问题设计是"目前您最信任下面哪些人（选1~5项）?"人之一生，是一个生命周期，可以划分为若干阶段，如婴幼儿期、少年期、青年期、中年期、老年期。社会成员在生命周期各阶段，交往对象不尽相同，信任对象也为之存在差异。因此，要想获知城市居民最信任哪些人，先要将调查对象按所处的生命周期阶段归类。划分生命周期的方法，一般是选取前后阶段区分度明显的标志性事件。在本研究中，我们将调查对象按结婚与否分为两类：未婚者、已婚者。两类城市居民的置信对象分布见表2。

表2　　　　　　城市居民的置信对象状况

次序	未婚者（n=613）		已婚者（n=1376）	
	置信对象	%	置信对象	%
1	父母	81.0	自己	80.4
2	自己	79.8	父母	71.7
3	朋友	36.1	配偶	64.4
4	配偶	22.8	子女	52.7
5	老师	17.0	朋友	21.9
6	亲戚	13.1	老师	15.9
7	同学	12.6	亲戚	12.2
8	子女	10.5	领导	7.8
9	同事	7.5	同学	6.3
10	领导	6.6	同事	5.1
11	邻居	2.8	邻居	3.3
12	老乡	2.0	老乡	1.5

注：离婚者（n=35）和丧偶者（n=20）人数太少，无统计意义，本文不作分析。

表2的结果表明，已婚者和未婚者置信的对象存有差异。(1)已婚者和未婚者信任自己的比率非常一致，均在80%左右；但信任父母的比率存在显著差异。未婚者，相对自己来说，更相信父母；而已婚者最信任自己。这可能是因为：①部分未婚被调

查者年龄较小，独立行为处事的能力尚未具备，遇事仍需征求父母意见，故对父母较自己更为信任。结婚，意味着一个人成熟——真正成为一个社会人。已婚者独立行为处事能力已经具备，能够担当家庭、工作的责任，所以最信任自己。②未婚者年龄较小，双亲或单亲一般健在；而部分年长被调查者的父母可能已经去世。（2）已婚者和未婚者信任配偶、子女的比率存在明显差异。这是因为多数未婚者还未择偶，对配偶、子女无从选择。（3）已婚者和未婚者信任同学的比率存在差异。这可能是因为部分未婚者还是在校学生，社交圈相当程度上局限在同学这一同辈群体中；部分未婚者虽已走出校门，但步入社会的时间尚短，跟同学的交往还比较多。而已婚者则较多的时间周旋于家庭、工作之间，跟同学的交往明显减少，"久别而情疏"。总之，已婚者与未婚者对不同对象信任的比率存在差异，与他（她）们处于生命周期的不同阶段，其交往对象存在差异有关。

表2的结果又表明，已婚者与未婚者置信的对象存有共性。城市居民信任家人、直系亲属的比率最高，信任亲密朋友、老师的比率次之，信任一般亲戚的比率再次之，信任同学、同事、领导、邻居、老乡等熟人的比率最低。即已婚者和未婚者在人际信任上均呈亲疏有序的差序格局。

（二）信任的机构

与以往多从经济组织内部进行信任研究（如研究企业中上司与下属之间的信任）不同，本章从城市居民主体角度，从组织外部进行信任研究。

表3　　　　　　　城市居民对机构的信任度

机构	平均信任度	标准差	作答人数
银行	4.01	0.908	2000
邮局	3.88	0.908	1984
子女的小学	3.58	0.941	1832
子女的中学	3.57	0.944	1776

续表

机构	平均信任度	标准差	作答人数
派出所	3.57	1.114	2017
区政府	3.55	1.044	1987
街道办事处	3.50	1.021	2008
社区居委会	3.45	1.031	1960
医院	3.44	1.068	2000
超市	3.35	0.932	1978
物业管理公司	3.12	1.080	1953

注：非常信任=5、比较信任=4、一般信任=3、不太信任=2、不信任=1。

从表3可见，城市居民对银行、邮局这两个机构比较信任（平均信任度接近4分），对超市、物业管理公司的信任度相对最低，对其他七个机构信任度一般（平均信任度介于3.4～3.6）。银行、邮局的标准差最小，说明城市居民对这两个机构信任度的个体差异最小；11个标准差均在0.9～1.1之间，波动幅度很小，说明城市居民对各机构信任度的个体差异非常稳定。

为什么城市居民对有些机构比较信任，而对有些机构信任度偏低呢？城市居民对银行的平均信任度高达4分，或许要归功于银行前面的"国有"两字。与其说老百姓信任国有银行，不如说他（她）们信任银行背后的"国家"——中央政府。[①] 城市居民对邮局也比较信任，或许是因为城市居民相信，中央政府通过价格管制，可以杜绝邮局牟取垄断利润，同时出于对中央政府的信任，相信邮局可以提供安全、准确、及时的服务。近些年来，子女上学费用不断上涨，部分城市居民苦不堪言，致使他（她）们对子女就读的小学、中学的平均信任度一般。个案访谈一再发现，被访者对地方政府抱怨连连。例如，张××（男，80岁，小学，退休公职人员，北京市朝阳区呼家楼北街社区）："好多老百

[①] 邱志强、乐宜仁：《论国有商业银行的信任结构》，《现代管理科学》，2003，(1) 第15—16页。

姓都没有饭吃了,那些当官的还是不管,却来修这个公园。修好了第一天晚上就被人给砸了,心里有气啊!"社区居委会,作为基层群众性自治组织,城市居民对它的信任度不高。例如,家住北京朝阳区呼家楼的高女士认为,她所居住的社区没有凝聚力,人们不愿意参加社区居委会组织的活动,就算是去也只是抱着看一看的态度。对之,武汉市江岸区民政局副局长何耀华解释道,"长期以来,居委会成员候选人由街道办事处内定,居委会成员角色错位,对上负责甚于对居民负责,与社区自治原则相悖。社区成员对居委会认同感差,居委会在社区没地位、无权威。"[①] 救死扶伤的医院,人们对它的信任度一般。看病托关系、送红包、走后门在市民眼里已是常事。一些人认为,有些医生医德滑坡,缺乏责任感,不从患者的角度考虑问题,而是从自身收入的角度决定治疗检查方案。当然,影响城市居民对某一具体机构信任度的因素是多方面的,以上解释只是或然性的。

为了综合分析城市居民机构信任的整体状况,我们首先采用主成分法对具体机构进行因子分析,并采用方差极大化原则对因子负荷进行正交变换,以便从中提取出概括多个具体机构的新因子。因子分析的结果见表4。表4表明,11个具体机构最终被概括为2个因子。根据因子所包含的具体机构,笔者给新因子取名为服务机构因子、政府机构因子。各具体机构的共量,除3个在0.4~0.5外,都在0.5以上。两个因子的累计方差解释率达到63.9%,基本达到因子分析的要求。

按照《城市居民委员会组织法》的定义,"居民委员会是居民自我管理、自我教育、自我服务的基层群众性自治组织"。它不是一级政府,更非国家行政机关。这几年,有些地区在居委会建设上走入误区,居委会行政化倾向比较严重。突出表现为居委会成员专职化、待遇工资化,甚至在人事关系上追求事业编制化。加上长期

---

① http://www.cnhubei.com/200307/ca300492.htm.

以来居委会成员候选人要通过街道办事处研究决定,所以在某种意义上,可以将社区居委会看作一个"类政府机构",与派出所、街道办事处、区政府归为同一个因子。

表4　　　　　　　城市居民机构信任的因子分析结果

	因子1	因子2	共量
派出所	0.190	0.939	0.918
街道办事处	0.223	0.902	0.863
区政府	0.288	0.865	0.831
银行	0.581	0.258	0.404
医院	0.703	0.395	0.650
邮局	0.662	0.172	0.468
超市	0.658	0.121	0.448
子女的小学	0.725	0.263	0.595
子女的中学	0.730	0.278	0.610
社区居委会	0.443	0.693	0.676
物业管理公司	0.441	0.626	0.586
新因子命名	服务机构因子	政府机构因子	
特征值	5.761	1.289	
方差解释率(%)	52.194	11.678	
累计方差解释率(%)	52.194	63.872	

注:相关矩阵中,只有一个相关系数小于0.3;KMO值等于0.878,适合做因子分析。

(三) 对诚信状况的认知

问卷调查发现,47.2%的城市居民认为目前社会上大多数人是讲诚信的(见表5)。这一点在访谈中也有所体现,例如:

刘××(女,32岁,中学,广州南湖区):人与人应该真诚相待。当今社会,的确有部分人不讲诚信,但大部分人是讲诚信的。

赵××(男,36岁,大学,武汉市百步亭社区):现在还是有蛮多人讲诚信的,至少我接触的大部分是这样的,诚信是社会秩序与安全的保障。

表5　　　　　　　　城市居民对诚信状况的认知

您认为目前人们是否讲诚信	频数	%	%
大家都讲	169	8.4	8.4
多数人讲	781	38.8	47.2
大约一半人讲	406	20.1	67.3
只少数人讲	491	24.4	91.7
大家都不讲	48	2.4	94.0
不知道	120	6.0	100.0
合计	2015	100.0	

第三节　关于中国城市居民信任状况的讨论

以上研究结果表明：尽管处于生命周期的不同阶段，已婚的和未婚的城市居民在人际信任上均呈亲疏有序的差序格局，对家人、直系亲属的信任高于对朋友的信任，对朋友的信任高于对一般亲戚的信任，对一般亲戚的信任高于对熟人的信任。城市居民对银行、邮局的信任度最高，对子女就读的学校、派出所、区政府、街道办、居委会、医院等机构信任度一般，对超市、物业管理公司的信任度相对最低；11个具体结构可以概括为"政府机构"和"服务机构"两个因子。近半数的城市居民认为目前社会上大多数人是讲诚信的。最后，就基本结论作几点讨论。

一、人际信任如何解释

城市居民对不同关系的人信任度不一样。就关系与信任之间的紧密关联，既有研究有两条解释路径：(1) 义务路径。彭泗清和杨中芳认为，稳定的关系意味着义务感，可以使人们按照一定的社会规范去行动，所以关系可带来行为的可预见性，从而导致人际信任。不同关系所蕴含的义务感不同，所能带来的信任程度也就不同[①]。(2) 情

[①] 郑也夫、彭泗清等：《中国社会中的信任》，中国城市出版社，2003年版。

感路径。李伟民和梁玉成认为,中国人对他人的信任,从外观形式上看,是"关系本位"取向的信任;但实质上起作用的不是关系本身,而是关系中所包含的双方之间心理情感上的亲密认同,它能够增强交往双方的义务感和责任心,为双方的相互信任提供保障。①这两条解释路径可以共通,并不排斥。义务路径,是基于对人际信任的理性考察。理性和情感都是人际信任的重要维度,日常生活中理性与情感相互交织,彼此难分。

中国人对不同的人际关系信任度不一样,而且对于同一种人际关系,在不同事件上的信任程度也有显著差异。前者,我们可以称为信任的"关系取向";后者可以称之为信任的"事理取向"。人际信任的关系取向与事理取向,不仅在现实生活中存在,而且在虚拟网络社会中也存在。②

二、机构信任度如何提高

影响老百姓对某一具体机构信任度的因素是多方面的,因此提高具体机构信任度的方法、途径也是很多的。但要从根本上消解机构信任危机,还得靠制度创新与制度实施。

比如,老百姓对地方官员为了个人升迁,大搞形象工程非常反感。而驱使地方官员短期行政行为的,却是现行的以"政绩"为导向的考核制度。只有在深层人事制度上进行变革,地方官员才能真正从群众的长远利益出发制定政策,赢回群众的信任。

"红包"、"药品提成"等问题使老百姓对医院不信任,医患关系紧张。但"红包"、"药品提成"等问题的产生,不能仅归咎于医务人员的道德水准下降,还有医务人员在社会转型中普遍存在的

---

① 李伟民、梁玉成:《特殊信任与普遍信任:中国人信任的结构与特征》,《社会学研究》,2002,(3)第11—22页。

② 奚春华、朱京:《青少年网络信任取向及其影响的实证研究》,《青年探索》,2004,(5)第14—17页。

"相对剥夺感"[①]。因此构建相互信任的医患关系,需要加强医护人员技术与职业道德培训,需要医患双方的换位思考,增加互相理解。与此同时,更要加快制度建设,用制度和法律来规范医患行为,通过制度较大幅度的提高医务人员的收入。这样,"红包"、"药品回扣"等非制度性交易方能淡出舞台。

社区成员对居委会的认知度、参与度不高;社区居民委员会角色错位,对上负责甚于对居民负责;居委会在社区没地位、无权威。解决这些问题,途径也许有很多,但实行直接选举是捷径和良方。居委会成员候选人由过去的街道办事处研究确定,改为经社区居民推荐、社区成员代表会议确定。在居委会选举制度上,实现由"为民做主"向"让民做主"的转变,才能从根本上提高社区居民对居委会的认同感。

三、中国社会信任度如何评判

中国社会信任度如何,中西方学者大体有两种观点。

一种观点认为中国是个低信任度的社会,西方学者以韦伯、福山为代表,中方学者以王飞雪、张维迎为代表。韦伯区分了两种信任方式——特殊信任与普遍信任。前者以血缘共同体为基础,建立在私人关系和家族关系之上;后者以信仰共同体为基础。韦伯认为,中国人的信任是建立在亲戚关系上面的,是一种凭借血缘共同体的家族优势和宗族纽带而得以形成和维续的特殊信任,因此对于那些置身于这种血缘家族关系之外的其他人,中国人是普遍地不信任。[②] 韦伯的这一论断后来被福山引用和扩展。福山将社会化分为两种形式,高信任的社会与低信任的社会。前者指信任超越血亲关系的社会,后者指信任只存在于血亲关系中的社会。他认为诸如中国、意大利和法国这样的国家,一切社会组织都是建立在以血缘关

---

① 黄毅:《医院红包现象与医疗体制转型》,《社会》,2004,(10)第28—30页。
② 韦伯:《儒教与道教》,商务印书馆,1995年版。

系维系的家族基础之上,对家族之外的其他人缺乏信任,因而是低信任度的社会;而美国、日本和德国这样的国家则是高信任度的社会。① 王飞雪将一般信任定义为,一种较强的依恋关系之外的对一般性他人的信任。他通过三次调查研究发现,与美国、日本相比,中国人的一般信任感偏低。虽然中国人对人性善良抱有较强的信念,但这种对人性表面上的高评价并不促进信任行为。所以中国是一个低信任社会,其根源在于强固的相互依恋关系起着支配性作用。中国的社会改革和经济发展将促进一般信任的形成②。张维迎认为,华人社会或者中国人是最缺乏信任的群体之一。但他并未给出理论上的解释或者经验数据的证明。

另一种观点认为中国是个高信任度的社会,西方学者以英格哈特为代表,中方学者以王绍光、刘欣为代表。英格哈特1990年主持"世界价值观调查(World Values Survey)"发现,在被调查的41个国家中,中国人相信大多数人值得信任的比例高达60%,排列第四,高于包括美国在内的大多数西方发达国家。1996年英格哈特进行了新一轮的"世界价值观调查",仍有超过50%的中国人相信大多数人值得信任。王绍光、刘欣在1998年的调查显示,有30%的人相信社会上大多数人值得信任,这在世界上仍属于高信任度国家③。

上述学者对中国社会信任度存有的分歧,可以追根到他们研究过程中的一系列差异。福山从文化与经济研究的学科视角出发,对信任进行宏观分析,主要靠罗列一些论据来支持其理论观点。这些论据包括各华人社会中的企业规模都相对较小、一些华人企业(如王安电脑公司)的家族经营特点及其内在的管理危机

---

① 福山:《信任:社会美德与创造经济繁荣》,海南出版社,2001年版。
② 王飞雪、山岸俊男:《信任的中、日、美比较》,《社会学研究》,1999,(2)第67—82页。
③ 王绍光、刘欣:《信任的基础:一种理性的解释》,《社会学研究》,2002,(3)第23—39页。

等。王飞雪从社会心理学的学科视角出发,对信任进行微观分析,根据实证调查数据提炼观点。问卷调查采用5分量表法,问题设计如下:"大多数人是值得信任的;大多数人都相信他人;我相信他人……"英格哈特对信任进行微观实证研究。调查问卷采用2分提问法,"你信任大多数人,还是时刻提防他人?"王绍光和刘欣从社会学的学科视角出发,对信任进行微观实证研究,请被调查者对"社会上大多数人"的信任做5分回答。张维迎从经济学的学科视角出发,进行信任的宏观研究。总之,由于学科取向、研究层次(宏观与微观)、研究方法(实证与理论)、概念所指(上述几位学者对社会信任的定义不一致)等方面的不同,学者们得出了截然相反的两种结论。因此,对中国社会信任度作评判前,应先明确研究的立足点。

通过调查,我们发现有47.2%的城市居民认为大多数人讲诚信。如果以英格哈特、刘欣的调查问题与数据为参照,此次调查表明中国是一个高信任度的社会。如果以韦伯、福山的理论观点为参照,中国也是一个高信任度的社会。因为本次调查发现,中国的城市居民除了信任家人、直系亲属、一般亲戚等具有血缘、姻缘关系的人群外,还信任那些与自己有着亲密情感联系的"外人"——朋友,而且对密友的信任超过对一般亲戚的信任。

四、单向信任如何解释

依常理而言,如果A信任B,那么B应当也信任A,如果A不信任B,那么B应该也不信任A,即信任是双向的,一般不会出现"单向信任"现象。但目前中国,单向信任现象比较普遍,信任和被信任之间并不对等。

张维迎从2000年跨省的信任调查数据发现,北京、上海两地的企业普遍的被其他省市的企业所信任,但北京、上海两地的企业对其他省市的企业却普遍的不信任。张维迎认为,出现这种现象的根本原因是省际交易还未充分发展,人之人之间的信任还停留在初始印象阶段。①

此外,我们在调查中还发现,党政机关公务员的社会信任度(54%的党政机关公务员认为大多数人讲诚信),比其他调查对象(企事业单位管理人员除外)的社会信任度高出7.5%;个案访谈又发现,被访者普遍地对地方官员表示不信任。这种单向信任现象的原因,还有待探讨。

参考文献:

[1] 张维迎、柯荣住:《信任及其解释:来自中国的跨省调查分析》,《经济研究》,2002,(10)。

[2] 彭泗清:《诚信的根基是什么》,《社会学》(人大复印资料),2002,(8)。

[3] 福山:《信任:社会美德与创造经济繁荣》,海口:海南出版社,2001年版。

[4] 杨中芳、彭泗清:《中国人人际信任的概念化:一个人际关系的观点》,《社会学研究》,1999,(2)。

[5] 郑也夫、彭泗清等:《中国社会中的信任》,北京:中国城市出版社,2003年版。

[6] 李伟民、梁玉成:《特殊信任与普遍信任:中国人信任的结构与特征》,《社会学研究》,2002,(3)。

[7] 王绍光、刘欣:《信任的基础:一种理性的解释》,《社会学研究》,2002,(3)。

[8] 罗德里克.M.克雷默:《组织中的信任》,北京:中国城市出版社,2003年版。

[9] 郑伯埙:《企业组织中上下属的信任关系》,《社会学研究》,1999,(2)。

[10] 王飞雪、山岸俊男:《信任的中、日、美比较》,《社会学研究》,1999,(2)。

---

① 张维迎、柯荣住:《信任及其解释:来自中国的跨省调查分析》,《经济研究》,2002,(10)第59—70页。

[11] 彭泗清：《信任的建立机制：关系运作与法制手段》，《社会学研究》，1999，(2)。
[12] 邱志强、乐宜仁：《论国有商业银行的信任结构》，《现代管理科学》，2003，(1)。
[13] 奚春华、朱京：《青少年网络信任取向及其影响的实证研究》，《青年探索》，2004，(5)。
[14] 黄毅：《医院红包现象与医疗体制转型》，《社会》，2004，(10)。
[15] 韦伯：《儒教与道教》，北京：商务印书馆，1995年版。
[16] http://www.cnhubei.com/200307/ca300492.htm.
[17] Seligman, A. B. *The Problem of Trust*. Princeton: Princeton University Press, 1997.

第18章 当代中国青少年犯罪问题

第一节 青少年犯罪的现状及特点

一、青少年犯罪的界定

青少年犯罪是指整个青少年群体中,有一部分人实施了危害社会、触犯刑律、应当受到处罚的行为。青少年群体是指哪一年龄阶段呢?按照心理学的划分,青少年时期是指少年期(11、12岁至14、15岁)、青年初期(14、15岁至17、18岁)和青年晚期(17、18岁至25岁),这一界定与我国刑法对刑事责任年龄的规定也大致相符合。我国刑法将刑事责任年龄划分为以下四个阶段:(1)行为人不满14岁的,是完全不负刑事责任年龄阶段;(2)行为人已满14岁不满16岁的,是相对负刑事责任年龄阶段,即这一年龄阶段的行为人对杀人、重伤、抢劫、纵火、惯窃罪或其他严重破坏社会秩序罪负刑事责任;(3)行为人已满16岁不满18岁的,是减轻刑事责任年龄阶段;(4)行为人已满18岁的,进入完全负刑事责任年龄阶段。此外,不满18岁不适用死刑。

从刑法的规定可以看出,14岁是追究刑事责任和适用刑罚的起始点。14岁以下的青少年身心发育尚未成熟,对于什么行为是犯罪,什么行为不是犯罪还不具备识别能力,对自己还缺乏控制能力。他们做出某些危害社会的行为,主要是出于好奇、幼稚、无知等等。而年满16岁后,对罪与非罪的行为基本有了辨别能力,也有了控制自我行为的能力,如果犯罪就应当承担与自己年龄和刑事能力相当的刑事责任。

我国于1991年9月4日颁布实施了《未成年人保护法》,其中第38条规定:对违法犯罪的未成年人实行教育、感化、挽救的方针。1999年颁布实施了《预防未成年人犯罪法》,其中明确指出:

"预防未成年人犯罪,立足于教育和保护,从小抓起,对未成年人的不良行为及时进行预防和矫治。"① 颁布实施这些法律,目的不是为了对青少年犯罪进行处罚或定罪量刑,而是从预防和减少其违法行为、不良行为入手,防止青少年走上犯罪的道路。因此,具体贯彻、实施这些法律,对保护未成年人身心健康,培养未成年人良好品行,有效地预防未成年人犯罪,具有极其重要的意义。

二、青少年犯罪的现状及特点

(一)闲散青少年群体违法犯罪明显

闲散青少年是指达到法定入学年龄、没上学、无职业的青少年,主要指没有在学校接受教育,又没有固定工作,游离于社会控制之外,处于社会边缘的25周岁以下的青少年。据中国青少年研究中心调查显示,我国目前约有1000万闲散青少年,主要年龄集中于15～24岁。据团中央对2361名青少年犯罪人员调查后发现,属于闲散青少年的占61.2%,就全国范围来看,闲散青少年群体犯罪占犯罪总数的60%左右。闲散青少年主要包括两类:一类是一些成绩不好的学生,由于家长、教师缺少教育的耐心和信心,或采用体罚等简单的处理方法,或听之任之,放任自流,使他们丧失自信而自暴自弃,从而盲目流向社会。另一类是因家庭经济负担太重而无法上学的困难学生,也会流向社会。教育部发布的《2005年全国教育事业发展统计公报》显示,全国高中阶段教育(包括普通高中、职业高中、普通中等专业学校、技工学校、成人高中、成人中等专业学校)毛入学率仅为52.7%。中国青少年基金会秘书长涂猛透露:据青基会调查,60%以上的农村学生在接受完义务教育之后,不能接受高中和大学教育而回乡务农或外出打工,流向社会。一位农村中学的校长说,农民的孩子就算能顺利考上大学,其付出的成本在短期内也未必能够收

---

① 邵文虹:《中华人民共和国预防未成年人犯罪法》,人民法院出版社,1999年版。

回。孩子书读得越多，家庭经济状况就越差；供养大学生越多，其家庭就越贫困。于是这些"童子军"在城市中寻找挣钱机会便成了他们本人和家庭成员的共同期望。针对这一现状，青基会秘书长涂猛说："由于没有经受过正规的职业教育，无一技之长，他们还不能成为合格的劳动者，个人难找工作，家庭难以脱贫。"现实情况也是如此，这些农村青少年进入城市以后，由于文化水平不高，无专业技能，很难在城市找到理想的工作。为了能够在城市找到立足之地，一些法制意识淡薄的农村青少年不惜走上盗窃、抢劫的犯罪道路。

（二）侵财型犯罪严重

侵财型犯罪是青少年犯罪的主要类型之一。青少年侵财型犯罪又主要集中于抢劫和盗窃两方面。当前，青少年犯罪中，盗窃罪和抢劫罪这两项共占青少年犯罪总数的71%。1999—2004年，这两种类型犯罪始终排在青少年犯罪的前两位。在青少年侵财型犯罪中，除了为贪图享受、追求不劳而获外，因贫困而导致犯罪逐渐成为一个值得注意的现象。据北京市某检察院的统计，在青少年犯罪嫌疑人中，30%的父母无业，33%的父母下岗在家，两项合计，没有固定职业与稳定收入的父母占60%以上，家庭的月平均收入在1000元以下。

（三）犯罪年龄趋向低龄化

从20世纪90年代以来我国青少年的初始犯罪年龄比70年代提前2~3岁。据统计，2000年至2002年全国法院共判处未成年人罪犯14万人，年均递增9.5%，与1997年至1998年未成年人罪犯总数10万人相比，上升了36%。[①] 2001年，在对全国十个省市2752名未成年犯的调查中，14岁的295人，15岁的653人，16岁的887人，占67%。从14岁到18岁的犯罪年龄曲线来看，第一个犯罪年龄高峰是15岁，第二个犯罪年龄高峰是16岁，比第一个犯罪年龄高峰高出5.8个百分点，犯罪人数骤增。青少年犯罪的低龄

---

① 柳晓森：《"问题少年"哪里出了问题》，《人民日报》2002年6月9日 (13)。

化增长势头,愈来愈引起全社会的关注,这绝不是一种偶然的、个别的现象,它代表着涌向各类违法犯罪的一种极危险的趋势和力量。

(四) 暴力性犯罪突出,盲目性、突发性强

据涂敏霞的《第四届亚洲青少年问题国际研讨会综述》表明,青少年犯罪中暴力性犯罪案件在1991年末仅占总数的7.8%,1995年底猛升到21.95%,1996年更达到36.2%。青少年在犯罪中之所以倾向于使用暴力,是因为他们在生理的发展水平上已接近成人,具有年轻体壮的优势,但思想还不是太成熟,大部分都是临时起意而盲目为之,具有突发性的特点,因而使用暴力自然是他们作为犯罪手段的首选。

(五) 团伙犯罪是青少年犯罪的主要形式

近年来,青少年团伙犯罪日益成为一个极为突出的社会问题,每年都呈现出增长态势。湖南省政法委和综合治理办公室有关人士透露,湖南省在2002年中仅被法院判刑的青少年犯罪团伙就有近100个左右(不完全统计),如果再加上没有被判刑只经过公安机关行政处罚或人民检察院不予起诉以及还没有被公安政法机关发现的,那么这个数字无疑是令人触目惊心的。北京市高级人民法院统计的数据表明,在2002年全市法院审理的未成年人案件中团伙犯罪超过一半以上。① 上海市第二中级人民法院审理的青少年犯罪案件中团伙犯罪约占三分之二。产生这种现象的原因主要有两点:一是对于青少年而言,由于缺乏足够的智力、胆量和经验,单独作案往往难以成功,结成团伙可以互相壮胆,减少作案阻力,使犯罪易于得逞;二是青少年渴望被同龄人关注的心理在独生子女的家庭里,在压力巨大的学校里都无法得以完全的满足。于是他们不得不转向社会,这种小团体化的不良现象往往就是团体化犯罪的前身。值得警惕的是,近几年来,青少年犯罪团伙的组织水平和犯罪水平

---

① 闻静、张连华:《关于青少年团伙犯罪的思考》,《公安教育》,2003 (7)。

都已发展到一个相当的高度。有的组织有名称、标志，成员动辄几十人甚至上百人，在犯罪时有明确分工，策划周密。有的地方已出现带有黑社会性质的青少年犯罪团伙。2005年1月，在温州苍南警方破获的一起建国以来温州市涉案人员数量最大的恶势力团伙犯罪案中，未成年人占到一半。2005年2月2日《南方周末》报道的犯罪团伙"五街帮"，为首的竟是一名16岁的青少年。该团伙共涉案300多起，包括绑架、强奸、抢劫、故意伤害等。

（六）青少年网络犯罪呈上升趋势

青少年网络犯罪是指青少年以计算机网络为工具或以计算机网络资产为对象，运用网络技术和知识实施的犯罪行为。① 它主要包括两种类型：一是散布破坏性病毒或者是偷盗、删除、破坏计算机相应的信息数据库和程序，这类是典型的以计算机为对象的犯罪；二是以计算机网络形成的虚拟空间和承载平台作为犯罪工具和犯罪场所所进行的犯罪，如网络诈骗、网络色情、网络恐吓、诽谤等。中国互联网络信息发展中心第15次调查报告显示：截至2004年底，我国已有网民9400万，其中24岁以下的网民占全部网民大军的51.7%，上网已经成为当今青少年的一项重要业余活动。但由于网络的虚拟性、匿名性，常常淡化了上网者的道德感、责任感，模糊了虚拟世界与现实社会的界限，混淆了青少年的是非观念，严重影响了青少年的健康成长。2004年武汉大学社会学研究所和武汉市团委在武汉21个社区，对2300名未成年人进行了一次上网情况调查，结果显示，有过违法犯罪记录的青少年中，竟有97.1%上过网，其中沉迷网络的人数高达36.6%。

（七）因吸毒引发的犯罪猛增

到2003年底，全国累计在册吸毒人员已达105.3万人，其中青少年占72.29%。从各地登记在册的青少年吸毒人员的情况来看，文化水平偏低，以初中、小学文化程度为最多。很多青少年是受好

---

① 彭科莲：《论青少年网络犯罪的心理成因及对策》，《公安教育》，2003（6）。

奇心驱使,抱着"体会体会吸毒是什么感觉"、"抽着玩玩"、"试一试"的轻率态度与毒品发生了实质性的关系。据深圳戒毒所统计,他们收戒的3006人中,因好奇心染上毒瘾的占70%。青少年不仅在吸毒人数中占多数,而且因吸毒诱发的犯罪问题也日趋突出。"以贩养吸,以卖淫养吸"已成为维持吸毒的两大经济来源。为筹资吸毒,很多吸毒青少年不惜以身试法,其涉及的案件性质有杀人、抢劫、强奸、故意伤害、盗窃、贩毒等;女性则大多数以卖淫养吸,少数涉及刑事犯罪。另外,吸毒也成为艾滋病的重要诱因之一。根据卫生部1997年对全国艾滋病病毒感染者和艾滋病患者的统计,静脉吸毒者感染艾滋病病毒的数量占总数的76.5%。

第二节 青少年犯罪的原因

一、自身原因

青少年时期是一个人社会化进程中的特殊阶段,不仅从生理上来说是个过渡阶段,而且从心理上来说,也是一个过渡阶段。首先,随着青少年整个身体和神经系统的发展、脑的机能的完善,他们精力充沛旺盛,活动能力大为增强。极强的求知欲和好奇心使他们对任何事物都想探个究竟,都想亲自尝试一下,具有好奇、任性、易冲动、模仿性强等特点。但由于他们的世界观、人生观和价值观正在形成中,辨别是非的能力低,社会阅历不足,在不良的诱惑面前很容易走向极端。其次,青少年这个时期是人生感情变化最为明显时期,他们对外界事物有着强烈的探索和求知欲,情感强烈而丰富。但是,他们面对的是一个纷繁复杂的大千世界,而且升学、就业、恋爱等许多问题都集中在这一阶段,加上缺乏必要的知识、经验,常会产生消极悲观的情绪,易受人暗示,或者情绪波动性大,有明显的冲动性。因此,有人称青少年是感情世界的"疾风怒涛"时期,同时,由于青少年的各种意志品质正在形成中,意志行动的独立性较差,思想和行为易受外界环境的影响和支配,对事物的模仿本能显得很突出。他们不仅模仿自己生活周围的语言、风俗等,而且对刺激性大、与个人生活密切或自己特别感兴趣的行为和思想也会去模仿。所以,他们很容易受到拜金主义等思潮的冲击,也极易吸收暴力、色情和毒品等有害的东西。第三,随着青少年自我意识、独立性的增强,在内心里希望自己能够受到应有的尊重,所以他们对别人的评价十分在意,如果成人给予他们的仅仅是说教,会使他们在感情上很难与成人进行心理和思想上的沟通,有的甚至与父母、师长发生争执与矛盾,而更愿意与年龄相仿的伙伴在一起。因此,在心理学上常常将青少年期称为"第二反叛期"。作为父母、师长应关注青少年在这一时期的成长,及时进行平等的、良好的沟通,避免青少年受不良群体的影响。

二、外界原因

(一) 家庭因素

家庭是个人出生后首先面临的具体社会环境。它不仅是青少年成长的摇篮,也是他们个性塑造的熔炉。在一般正常家庭中,父母子女的亲子三角关系结构平衡,父母对孩子采用民主型的教养方式,注意与孩子的情感交流。孩子在这样的家庭中,心理冲突较少,即使有心理冲突,也能在家长帮助下得到化解,个性能够得到健康的发展。而不良家庭对青少年个性影响的模式主要有以下几种类型:

1. 家庭残缺。家庭残缺主要指父母双方或一方死亡、父母离婚、父母一方被判处长期刑罚而导致家庭结构不全。健全的家庭结构意味着父母教育角色的完整,具备教养子女的必要条件;不健全的家庭结构自然就预示着父母教育角色的欠缺,家庭教养功能的减弱,潜伏着青少年走向犯罪的危机。美国犯罪社会学家阿马托(R. Amato)和凯思(B. Keith)曾进行过以家庭结构对孩童的影响为研究主题的实证研究,获得13000多名青少年的第一手资料。研究发现,家庭结构与青少年的行为之间存在相当的联结关系,不健全的家庭结构是导致青少年行为越轨、药物滥用、学业失败以及心灵创伤的高危险因子。据北京市少管所调研室统计,2002年北京市少管所少管犯中父母离异占9.5%,母亲亡故占4.7%,父亲亡故占5.4%,父母双亡占7.5%[①]。家庭完整性的破坏,使子女缺少家庭的温暖和教育,感情受到压抑,心灵受到创伤,往往导致逆反心理,甚至产生反社会行为。

2. 家庭教育不当。(1) 过分溺爱。自从20世纪70年代末中国实行计划生育政策以来,如今三口之家已成为中国占绝对多数的家庭模式。有的父母将自己的孩子视如掌上明珠,一味满足子女在物质、精神生活上的需求。久而久之,子女易养成骄横、任性、贪图享乐、唯我至上等不良习性,一旦遇到外界不良诱因,极易导致违法犯罪。

(2) 放任不管。这一类父母缺乏责任心,对孩子只养不教。有的忙于经商挣钱,享受玩乐,有的将子女往亲戚朋友家一扔了之等等。这种放纵式的教育只会使孩子个性发展失范,最终导致其社会行为失范。

(3) 粗暴打骂。犯罪社会学中的"暴力容许论"认为:一个愈赞许使用暴力,以追求某个社会目标(如家庭教养、学校秩序或社会控制),并将这种暴力视为"合法暴力"的社会,也就愈容易将这种暴力转化到这个社会的其他生活层面上。因此,容许使用较多"合法暴力"的社会,该社会也将会有较多的"非法暴力"。换言之,一个较赞成用体罚管教子女的社会,将比一个不太赞成用体罚管教子女的社会,有更多不合法的暴力出现。家长对孩子的体罚,实际上是一种成人用体罚这种暴力来达到某种目的的示范,这种示范可能会造成孩子对暴力的学习和模仿。一旦有类似的情境,即可唤起孩子的暴力意识。因此,如果父母采用"棍棒出孝子"的粗暴

[①] 海剑、朱信诚:《18个因素:解读青少年犯罪》,《检察日报》2003年3月24日。

教育方式，易使孩子和父母感情破裂，孩子或者为逃避家庭压力，学会说谎；或者为寻求心理上的慰藉而结交不良人群；甚至还出现孩子不堪忍受父母的打骂，精神崩溃而杀害父母的惨案。

（二）家庭环境不良

1. 家长自身行为的偏差。社会学习理论强调，青少年在与他人的互动过程中，透过观察与模仿，可习得他人某种特殊社会行为，逐渐形成自己的价值信仰体系。所以，父母有赌博、酗酒、盗窃、卖淫嫖娼等不良恶习，无形中会给子女以暗示或影响，在其心灵中孕育下违法犯罪的种子，导致这种家庭的子女犯罪率偏高。

2. 父母的严重冲突及亲子间的沟通障碍。家庭成员之间特别是夫妻之间经常吵骂、指责、厮打，孩子没有欢乐，享受不到父爱、母爱和家庭的温馨，有的只是恐惧、忧虑和失望。在这种家庭成长的子女要么形成懦弱的个性，要么攻击性极强，在外面极易惹事生非，通过破坏性行为达到宣泄的目的。父母不和，意见分歧，孩子很难形成评价事物好坏的统一标准，而形成冲突的价值观，极易受坏人引诱走上违法犯罪道路。

3. 家庭过于贫困。经济困难的家庭主要是指城市下岗职工和经济落后尚未脱贫的农村家庭。2003年全国城镇登记失业率为4.3%，在城市失业人口中，24~59岁的占56.6%。这一年龄段的人绝大部分面对"上有老，下有小"的家庭负担，而下岗后面临着无正常生活来源的困境，承受着巨大的心理压力与生存压力，将会影响家庭氛围与家庭教育功能的发挥。生活在这种弱势家庭中的青少年，与同龄人相比也将承受着更多的压力，更多体会到生存的危机，家庭的贫困还可能导致他们失去受教育的机会。据对青年大学生的心理健康状况调查发现，贫困大学生的心理健康状况明显差于非贫困生，他们中存在较多的心理问题，出现高焦虑和抑郁等情绪障碍，与周围人相处不融洽等等。如不及时进行积极的干预，这些青少年可能形成狭隘、自卑的性格，产生严重的心理问题。甚至导致违法犯罪行为的发生。马加爵杀人案即是一个典型。

(三) 学校教育不当

学校作为专门的教育机构，一方面对青少年传授基本文化知识和技能，另一方面对学生进行智力开发，培养学生具有良好的理想、信念、道德品质。但是现今的学校教育仍存在一些缺陷，如片面追求升学率，只重智育、忽视德育，对成绩较差的学生很少关心，这使得一些学习成绩跟不上、品德并不差的学生因受歧视开始放任自流，从"一差生"变成学习差、品德差的"双差生"，于是厌学、辍学现象增加，"流失生"的队伍不断增大。当他们招来更多的冷漠和蔑视，感到难以承受时，便与一些年龄相近的流失生结成小团伙，共同从事违法犯罪活动。此外，学校法制教育宣传不够。在有些中小学中虽然也设置了普法课程，但较多地流于形式。一些教师本身不熟悉法律知识，在教学中照本宣科，理论不能联系实际，学生学习积极性不高，导致许多青少年学生缺乏普通的法律常识，头脑中没有辨别是非的标准，不懂法、不知法，也就谈不上遵纪守法。

(四) 社会原因

1. 城市化进程的影响。当今世界，经济全球化已成为一股不可阻挡的潮流。在经济全球化趋势下，全球城市体系正在形成，这一经济全球化的背景对中国的城市化也起到了推动作用。所谓城市化，是指农业人口向非农业人口转化以及人们的生产、生活方式由乡村型向城市型转化的社会历史进程，它是伴随着工业化和现代化必然出现，又反过来推进工业化和现代化的历史进程。随着中国市场经济体制的建立、户籍对人口迁移限制作用力的减弱和大量农村剩余劳动力向城市的涌入，中国城市化进程将出现难以避免的快速发展。从发达国家看，犯罪是伴随城市化而至的。根据美国联邦调查局的统计，美国1850年7种严重刑事案件为6737件，到了1904年则上升为10万件，增加了约15倍。这一时期犯罪的大量增加是与19世纪末到20世纪初美国的人口城市化直接相联系的。当前我国城市化虽然有了突飞猛进的发展，城市化水平为39.78%，但仍低于发展中国家40%的平均水平，使得人口城市化的比率明显高于城市工业中就业人数的比率，结果在城市中形成大量的失业人口。由于城乡教育资源配置失衡以及教育收费的不断增加，一些农村初中生在接受完义务教育之后便放弃高中阶段的教育，到城市打工。他们由于文化水平不高，无一技之长，很难在城市找到理想的工作，于是一些法制意识淡薄的农村青少年由于缺乏必要的生活保障，以及与城市居民相比时心理失衡甚至产生偏执情绪等多方面原因，走上犯罪道路。另一方面，随着农村人口的大量涌入，他们的子女也很难在城市中找到定位，贫富不均等现象很容易让他们走上歧途。

2. 社会不良风气的影响。市场经济有利于刺激经济的发展，但它也存在着消极的因素，如惟利是图、金钱至上、极端个人主义等，使得部分青少年认同这些错误思想，产生了对金钱的强烈占有欲，为更多地得到钱财而走上违法犯罪道路。另外，不良文化对青少年的负面影响也是非常大的，如一些内容不健康的影视、录像、书刊等。社会学习理论认为，人主要通过观察别人的行为和行为结果而进行学习、习得行为。由于青少年的人生观、道德观、性格正在形成，尚未定型，如果我们的文化市场充斥着暴力或色情的音像制品、书刊等，而且缺乏正确的导向，青少年就很容易模仿其中的角色来学习，诱发犯罪。美国研究者雷夫克威兹（M. M. Lefknowitz）于1971年发表了研究报告《电视暴力和儿童侵犯性行为：一个后续研究》，这次研究长达10年。结果发现：在3年级越偏好电视暴力节目的儿童，其行为越倾向于暴力，10年后亦如此。英国心理学家威廉·爱·贝尔逊研究了1565位12~15岁的少年常看的电视节目及其后的行为，发现故事片中逼真的暴力行为，对他们有极大的危害作用。在喜欢看暴力镜头的孩子中，约有47%的少年有不良举止或犯罪行为[①]。

---

① 尤金.H.迈斯文：《电视中的暴力行为对青少年的影响》，原载［美］《读者文摘》，1983，(2)，《青少年犯罪研究》，1983，(7)。

3. 网络化时代的影响。21世纪是信息的时代、网络的时代，Internet 大潮以其令人难以想像的速度和不可阻挡的势头席卷全球，正在对人类的生存与发展产生重大的影响。目前中国大陆互联网用户过亿，仅次于美国。据中国互联网信息中心的统计结果显示，国内网民 8~35 岁青少年占 85.8%，18 岁以下的占 24%，而 24 岁以下就占了 56%。网络在极大地丰富青少年精神生活的同时，形形色色的思潮、观念甚至色情、暴力也充斥其间，不良信息会影响、误导甚至诱使青少年犯罪，具体来说，主要表现在以下几个方面：

（1）网络多元文化对中国民族文化提出了挑战。全球性信息网络在增加人类世界性交往机会的同时，也带来了文化和道德观念的冲突。由于西方在网络技术及信息量上的绝对优势，使其语言（特别是英语）在文化传播上占主导地位，并对非英语地区和民族的文化产生覆盖、腐蚀作用。面对互联网上滚滚而来的以美国为代表的西方文化的冲击，积淀在青少年头脑中的中国文化观念逐渐受到挑战，其世界观、人生观、价值观逐渐变得不稳定，社会主导价值观和积极向上的人生观对青少年的激励作用逐渐趋向弱化。在多元价值观、人生观的冲击下，青少年轻易就可感受到东西方的巨大差异，很容易陷入一个迷惘的境地。

（2）网络的匿名性削弱了道德规范的约束力。网络行为中个体所面对的不是具有自然特征的人，而是一堆数码符号。人们的交往往往是以数码符号的形式进行的，相互交往的人在很多时候并不知道对方的真实身份，因而，这种行为具有很强的隐蔽性，对传统伦理道德造成了较大冲击。首先，网络虚拟交往环境削弱了传统伦理道德的约束环境。伦理道德的约束机制有两个相辅相成的方面：信念、意志等为代表的内在方面和舆论、监督等为主的外在方面。网上交往的匿名性，必然会削弱外在约束功能，同时也弱化了内在的自我约束机制。上网之时如入无人之境，非道德活动在网上大肆盛行。其次，网上价值观淡化了传统道德价值观。传统交往中应遵守的"真诚"、"信用"、"责任"等价值标准的认同感在网上大大降低，随意交往、自得其乐、为我所用等在网上大为流行。正是由于网上行为的自主性和隐蔽性大大增强，犯罪风险小，侥幸在一定程度上助长了青少年网络犯罪行为的发生。

（3）网络的虚拟性造成青少年社会化能力减弱。青少年时期是人的一生中情感最丰富的时期，他们的喜怒哀乐在这个时期都有强烈的表现。如果家庭教育和学校教育中存在的某些缺陷使青少年的情感有时并不能无拘无束地表露，他们会对家庭和学校的生活、教育产生反感，并试图采取方式摆脱家庭、学校对他们的管束。于是，这种欲摆脱而不能摆脱和欲自由而不能自由所构成的矛盾时时困扰着他们。社会学将上述现象原因归之于社会角色紧张度，社会角色紧张度是导致青少年网瘾的重要心理基础。在网络上，青少年可以与互不相识的人交谈，互相倾诉彼此心中的烦恼。一些青少年便对网络过分迷恋，终日沉湎于网上交友、网上聊天，不愿与他人交往，最终发展成病态的网瘾。

第三节　预防青少年犯罪的对策

青少年是祖国的未来和希望，他们的健康成长关系到中华民族的前途。2000年2月1日江泽民同志发表了《关于教育问题的谈话》，从国运兴衰和民族复兴的角度，深刻地阐述了抓青少年思想政治教育、品德教育、法律教育的重要意义。2004年中共中央国务院颁发的《关于进一步加强和改进未成年人思想道德建设的若干意见》中提出：要充分认识、加强和改进未成年人思想道德建设的重要性和紧迫性，采取扎实措施，开创未成年人思想道德建设的新局面。当前，我国正处于一个深刻的社会变革和转型时期，在社会加速现代化的同时，社会矛盾突显，各种社会不良现象滋生，青少年犯罪问题日益成为全社会关注的焦点。如何预防青少年犯罪，成为新时期工作的重点。

一、实现经济与社会的协调发展,加大对职业教育的投入力度

城乡差别、贫富悬殊、教育公平、社会保障,是当前人们普遍关注的热点,也是与青少年健康成长关系极为密切的问题。而实现共同富裕和社会公平是和谐社会建设的两个根本支柱。建设和谐社会,必须正确处理效率与公平、先富与后富的关系。既要鼓励一部分人、一部分地区先富起来,又要防止两极分化。要在保护发达地区、优势产业、先富群体发展活力的同时,高度重视和关心欠发达地区、困难行业、困难群众,切实保障弱势群体中青少年受教育的权利。进城务工的农民工子女的教育也应纳入公共财政的预算范围之中,让外来务工者充分享受社会公共资源提供的保障。近年来,教育部门也在不断扩大中等职业教育招生规模,仅2005年和2006年每年就扩招100万人。国务院已决定,"十一五"期间中央财政对职业教育投入100亿元,重点用于支持实训基地建设,充实教学设备,资助贫困家庭学生接受职业教育。政府的目标是,到2010年,使50%以上的初中毕业生经过中等职业教育进入劳动力市场,把他们培养成高素质劳动者和技能型人才。

二、加强青少年思想道德建设,加快青少年思想道德建设法律化的进程

党的第三代领导集体提出"依法治国、以德治国"的伟大方略,胡锦涛同志也一再强调应高度重视和关心青少年的思想道德建设。因此,切实加强思想政治教育、道德品质教育,帮助广大青少年树立正确的世界观、人生观、价值观,是预防和减少青少年违法犯罪的根本途径。要根据当代青少年的价值观念多样性,基本需求分层化,利益主体多元化,行为方式个性化等基本特征,对青少年进行思想道德教育。同时,还应帮助青少年确立正确的网络道德观念,即不仅对自己正确使用计算机承担社会责任,还应该监督其他上网者不越轨、不犯罪。一旦发现网络犯罪,应及时报告,争取不法行为尽快被披露和打击。当前,网络伦理学已成为国内外一些学

校开设的课程，如美国杜克大学已开设"伦理学和国际互联网"课程。通过网络伦理教育，能够提升青少年的网络道德水平和网络行为自律意识，推动网络文明建设。所以，网络伦理教育已成为网络时代思想政治教育的新内容。此外，鉴于法律在青少年思想道德建设中具有普遍的教育价值、评判的权威意义，国家还应当加快青少年思想道德建设法律化的进程。我国于1992年实施了《未成年人保护法》，1999年实施了《预防未成年人犯罪法》，但法律规定过于笼统，操作难度较大，具体表现在以下几个方面：预防青少年犯罪的领导机制管辖范围、责任落实不到位；法律对学校、社会、家庭保护三结合的规定不明确。针对这些不足，国家应进一步加强立法工作，以法律的形式规定社会组织、职能部门在青少年犯罪预防与教育矫正方面的职责；明确父母或监护人预防与教育子女的不良倾向或违法犯罪的具体手段以及子女不服从教育可对子女采取的必要的措施范围。学校、家庭和社会是青少年社会化的重要场所，三者应逐步建立分工负责、相互协作的运行机制，真正形成三者齐抓共管的新格局。现在，包括我国在内，世界上许多国家也都十分重视针对网络犯罪的立法。我国先后制定了《中华人民共和国计算机信息网络国际互联网暂行规定》、《中华人民共和国计算机信息网络管理暂行规定实施办法》、《互联网电子公告服务管理规定》、《互联网站从事新闻业务管理暂行规定》、《互联网上网服务规定》等一系列的网络法律法规。由于网络犯罪和一般刑事犯罪相比还有其特殊性，如权力的非完整性和义务的非确定性等等。因此，网络立法要与现行的法律体系保持良好的兼容性，要从维护网络资源及其被合理使用、维护信息正常流通、维护用户正当权益出发，制定出便于司法机关办案的科学的法律体系。

三、强化家庭和学校的教育引导功能，建立和完善家庭—学校—社会"三结合"综合教育网络

家庭是预防青少年犯罪的一个重要场所，父母应当主动、自

觉地承担起管理和引导子女的责任和义务，要在子女的成才和良好的个性品质培养上多下功夫，注意教与养的有机良性结合。在家庭中营造良好的和睦环境，父母和子女之间相互尊重、相互支持，经常沟通思想。一旦发现子女的思想或行为出现异常，父母能够最早察觉，并能在最早的时间通过各种方法纠正，达到预防教育的目的。学校是预防青少年犯罪的又一道防线。学校的正确教育，老师的言传身教都对青少年成长有至关重要的影响。目前中国教育管理体制的改革重点是变"应试教育"为"素质教育"，要使学校和老师转变观念，从片面追求升学率到注重青少年的全面发展，从只关心好学生到关心每个学生的成长。对于差生，老师要善于发现他们身上的闪光点，用不同的方法来引导不同原因的差生，做到因材施教，尽力不使一个学生辍学或流失在街头，切实担负起全社会所赋予的教育功能。此外，青少年的心理不太成熟和稳定，好奇心和模仿性极强，因此，良好的社会环境对青少年的成长是非常重要的，所以必须抵制各种不良文化的影响，铲除这些污秽，要在全社会广泛而深入持久地开展社会主义精神文明建设，从源头上遏制导致青少年犯罪的不良诱因。

在预防青少年犯罪方面，丹麦有一个十分有特色的机制——SSP[①]，即学校（School）、社会（Social service）和警察（Police）的简称，它通过在学校、社会和警察之间进行的紧密合作，建立一个地方性的网络，不仅保护儿童和青少年在日常生活中免于受各种违法和犯罪行为的侵害，还有助于尽早发现一些违法的苗头和违法犯罪的新动向。丹麦政府设立SSP的主要思路是强调"预防比治疗重要"。随着SSP卓有成效的工作，已经有95%以上的地方当局肯定了SSP的工作，把它作为预防青少年犯罪的基础。我国可借鉴这一机制，建立起家庭、学校、社会三位一体的综合教育体制，着重抓住青少年成长中升学、就业、婚恋等几个关键时期，有组织有部

[①] 黄立：《丹麦预防青少年犯罪的机制——SSP》，《广西社会科学》，2005，(9)。

署地建立家庭、学校、社会三道防线。在具体教育中，应区别不同对象，采取不同措施，始终坚持"三结合为主"的原则，对待业青年采取社区、派出所和家长三结合，以街道为主；对少数违法犯罪青少年，采取社区、派出所和家长三结合，以派出所为主；对在校学生采取学校、社区、家长三结合，以学校为主；对在职青年，采取单位、社区和家长三结合，以单位为主的方法。在认真抓好各个环节教育的同时，还应认真抓好保护、教育和防范三项措施的落实，从国家到地方应形成一个完整的三结合教育系统，这样既统一行动，又分清主次，划清责任，真正把青少年的教育扎扎实实地落到实处。

四、对违法犯罪青少年坚持"教育为主，惩罚为辅"的方针完善社区矫正制度

我国1991年9月4日颁布实施的《未成年人保护法》第38条规定：对违法犯罪的未成年人实行教育、感化、挽救的方针。在这一方针的指导下，对违法犯罪的青少年进行审判时应采取不同于成年人的方式方法，坚持寓教于审，把对未成年被告人的法制教育落实到庭审全过程。庭审中在形式上尽量采取"圆桌式"审判方式，即法官、检察官、辩护人、被告人的法定代理人、被告人共同围坐在椭圆式的桌子周围。法警不站庭，被告人可以坐着回答问题，以形成平和、宽松的气氛。在庭审方法上做到庭审讯问与教育相结合、庭审调查与教育相结合、法庭辩论与教育相结合。在对犯罪青少年进行改造时，可借鉴国外的一些好的做法。在美国，对于罪行比较轻微的、初次涉足犯罪的少年，法院根据其罪行的轻重，判处8~2000次不等的社区服务作为处罚。社区服务的内容主要是让青少年参加力所能及的一些公益劳动，如打扫卫生等。这种处罚方式对青少年不实行任何形式的禁闭，而是把他们放在社区内一种正常的生活环境下服役，不影响他们的正常生活和学习。2003年7月最高人民法院、最高人民检察院、公安部、司法部联合发布了《关于开展社区矫正试点工作的通知》，在 2003 年 6 个省市成为社区矫正试点的基础上，2005 年我国新增 12 个省（区、市）作为社区矫正的试点省份，这标志着社区矫正制度已在我国初步确立，但总体水平仍比较低，应针对矫正对象设置具体的管理制度，如家属担保制度、信息收集反馈制度、考核奖惩制度、参加学习和劳动制度，使社区矫正在青少年犯罪再预防方面发挥积极的作用。

参考文献：

[1] 鲍宗豪：《全球化与当代社会》，上海：上海三联书店，2002 年版。

[2] Vincent N. Parrillo, John Stimson, Ardyth Stimson,《当代社会问题》，北京：华夏出版社，2002 年版。

[3] 朱力：《社会问题概论》，北京：社会科学文献出版社，2002 年版。

[4] 罗大华：《犯罪心理学》，北京：中国政法大学出版社，1997 年版。

[5] 高汉声：《犯罪心理学》，南京：南京大学出版社，1993 年版。

[6] 刘俊彦、吴鲁平等：《新状态——当代城市青年报告》，北京：中国青年出版社，1999 年版。

[7] 曹凤：《中国问题报告第五次高峰——当代中国的犯罪问题》，北京：今日中国出版社，1997 年版。

[8] 陈瑜：《青少年网络犯罪的社会学分析》，《天津市教科院学报》，2005（8）。

[9] 刘沫茹：《社区矫正与青少年犯罪再预防》，《黑龙江省社会主义学院学报》，2005（6）。

[10] 黄立：《丹麦预防青少年犯罪的机制——SSP》，《广西社会科学》，2005（9）。